中国粮食 中国饭碗系列：农业结构与经济

U0645277

# 黑龙江省农业结构调整、产业与区域农业经济发展研究

## 杨树果 刘 丽 刘 野 等著

哈尔滨工程大学出版社
Harbin Engineering University Press

## 内 容 简 介

本书对农业结构调整、农业经济增长、大豆产业和区域农业发展等相关问题展开较为系统的研究,具有一定的学术价值和应用价值。学术价值主要体现在其系统性和研究方法的科学性上,应用价值主要体现在其针对不同的研究主题,通过大量的实地调查,提出了相关政策建议。

本书不仅适合农业经济管理相关专业的研究生,从事农业经济、产业经济、区域经济等领域研究的科研工作者使用,也可为有关政府部门制定相关农业政策提供参考。

**图书在版编目(CIP)数据**

黑龙江省农业结构调整、产业与区域农业经济发展研究 / 杨树果等著. —哈尔滨:哈尔滨工程大学出版社,2022.6
ISBN 978 - 7 - 5661 - 3455 - 4

Ⅰ. ①黑… Ⅱ. ①杨… Ⅲ. ①农业经济结构 - 经济结构调整 - 研究 - 黑龙江省②地方农业经济 - 农业经济发展 - 研究 - 黑龙江省 Ⅳ. ①F327.35

中国版本图书馆 CIP 数据核字(2022)第 051652 号

**黑龙江省农业结构调整、产业与区域农业经济发展研究**
HEILONGJIANG SHENG NONGYE JIEGOU TIAOZHENG、CHANYE YU QUYU NONGYE JINGJI FAZHAN YANJIU

选题策划 姜 珊
责任编辑 章 蕾
封面设计 李海波

出版发行 哈尔滨工程大学出版社
社 址 哈尔滨市南岗区南通大街 145 号
邮政编码 150001
发行电话 0451 - 82519328
传 真 0451 - 82519699
经 销 新华书店
印 刷 北京中石油彩色印刷有限责任公司
开 本 787 mm × 1 092 mm 1/16
印 张 19.5
字 数 504 千字
版 次 2022 年 6 月第 1 版
印 次 2022 年 6 月第 1 次印刷
定 价 59.00 元
http://www.hrbeupress.com
E-mail:heupress@ hrbeu.edu.cn

# 前　言

2013 年以来,国家启动了以"粮经饲协调、生产生态协调、用地养地结合"为重点的新一轮农业结构调整。黑龙江省作为国家重要的粮食生产基地和商品粮基地,需要不断优化农业产业结构,推进主导产业发展,带动区域农业经济发展。

本书在国家新一轮农业结构调整背景下,从时间和空间两个维度系统梳理了黑龙江省农业结构的发展演变过程,深入分析了影响其发展变化的各种因素、黑龙江省农业结构面临的问题及原因,提出了黑龙江省农业结构优化的实施方案和政策建议,为黑龙江省新一轮农业结构调整战略的制定提供参考。本书首先从农村教育人力资本和健康人力资本两个主要方面考虑,构建农业经济产出与人力资本的有效劳动模型,分析黑龙江省农村人力资本对农业经济发展的作用,进一步优化黑龙江省农业经济发展过程中农村人力资本配置方式;其次从产业发展的视角,对黑龙江省大豆产业发展进行了较为详细的分析论述,提出了黑龙江省大豆产业发展的战略措施;最后聚焦黑龙江省典型的资源型城市大庆市,重点分析其转型发展过程中,在农业结构调整背景下,该区域农民收入的变化、特色种植业发展及秸秆综合利用等问题,为推动区域农业经济发展提供借鉴与参考。

本书共 9 章。第 1 章,从总体上分析了黑龙江省农业结构发展变化,是全书的铺垫;第 2 章,从宏观上分析了黑龙江省农村人力资本对农业经济增长的影响;第 3～5 章,分别对黑龙江省大豆－玉米轮作现代农业技术体系、黑龙江省对俄罗斯大豆投资、乡村振兴背景下黑龙江省大豆产业发展战略等进行了深入研究;第 6～9 章,聚焦区域——黑龙江省大庆市,重点研究了农业结构调整对该区域农民收入的影响、种植结构调整下大庆市特色种植业的发展、农户秸秆处理行为及其影响因素、农村秸秆能源化利用前景规划等问题。其中第 1,3,5 章和文前由黑龙江八一农垦大学的杨树果撰写;第 2,7 章和参考文献由黑龙江八一农垦大学的刘丽撰写;第 4 章由黑龙江八一农垦大学的刘蕊撰写;第 6,8 章由黑龙江八一农垦大学的刘野撰写;第 9 章由杨树果与黑龙江省牡丹江市人力资源和社会保障局的秦月共同撰写。

由于著者水平和学识有限,书中疏漏、欠妥与谬论之处在所难免,真诚希望读者、专家不吝赐教。

著　者

2022 年 2 月

# 目　　录

# 第1章 黑龙江省农业结构发展变化

## 1.1 引 言

### 1.1.1 背景与意义

农业结构是当前农业供给侧结构性改革的重要内容,其合理性不仅关系到农业生产的顺利发展,也关系到人们日益多元化的食物消费需求的满足,因此,构建合理的农业结构就成了现代农业发展过程中的一个重大战略性问题。

黑龙江省作为我国的农业大省,是国家重要的粮食生产基地和商品粮基地。改革开放以来,随着农村改革的深化,我国农业结构调整政策不断完善,黑龙江省的农业结构也发生了深刻的变化。在经历了1985—1997年需求导向下的农业结构调整和1998—2012年的农业结构战略性调整两个阶段后,2013年以来,国家开启了以"粮经饲协调、生产生态协调、用地养地结合"为重点的新一轮农业结构调整。在此背景下,黑龙江省农业必须适应新形势需要,加快新一轮的农业结构调整。农业结构的变化与宏观政策、市场状况和资源条件等的调整及变化息息相关。那么,如何在国家政策指导下,适应市场需求,因地制宜地合理布局农业结构,进而推进黑龙江省现代农业的协调发展和可持续发展成为摆在我们面前的重要课题,而这有赖于对黑龙江省农业结构发展变化的历史和现状的深入分析及对未来发展趋势的准确把握。

2017年,黑龙江省委农村工作暨脱贫攻坚工作会议提出要大力优化农业产业结构,大力发展畜牧养殖产业、农产品加工业,加快构建现代农业产业体系,以保障国家粮食安全和促进农民持续增收为主基调,突出市场导向,推进农业转方式、调结构、提质量、增效益;稳定发展粮食生产,突出发展绿色特色农业,加快发展外向型农业,不断完善现代农业生产体系,推进种植结构调整。

### 1.1.2 相关研究综述

过去几十年里,农业结构的布局和调整一直都是我国国民经济战略性结构调整的重要组成部分,这从十一届三中全会以来我国历年出台的农业结构调整的相关文件便可窥见一斑。也正因如此,农业结构问题一直是学术界高度关注的问题之一。与本研究密切相关的研究主要有以下几个方面。

### 1.农业结构的发展演变

李成贵对改革开放以来我国农业结构的形成、演变和未来发展等进行了深入分析;卢布等在分析我国农村经济在国民经济中的地位,农林牧产值和农产品结构特点的基础上,预测了其中长期的变化趋势,并提出了农业结构调整的对策建议。

### 2.农业结构调整的分析评价

高强、孔祥智对1985—1997年和1998—2012年两个阶段的农业结构调整政策的背景、措施、效果及影响进行了分析,提出了新时期农业结构调整的对策建议;郭秀兰分析了新常态下农业结构调整的必要性和面临的困境,提出了推进农业结构调整的路径;陈阜分析了我国种植业结构调整的基本特点和存在的问题,剖析了新一轮种植结构调整面临的挑战,提出了推进种植业结构调整的政策建议;张兵、刘丹提出,新一轮农业结构调整应当跳出农业范畴,将提高生产力水平、提高品质、规划布局、规模经营、培育主体、开拓市场和升级服务作为农业结构调整的着力点。

### 3.黑龙江省农业结构的相关研究

王颜齐、郭翔宇的研究揭示了黑龙江省各地区农业在产业结构与区位竞争力两方面的优劣势,并结合区域经济发展状况和资源优势提出了各地农业发展的重点和结构调整方向;又针对黑龙江省农业结构现状和宏观环境,提出了三种各有侧重的结构调整方案。苏阳运用数理统计和地理信息系统(GIS)空间分析法,分析了黑龙江省四种主要作物种植的时空格局演变和影响因素,并阐明了自然因素对作物空间格局演变的作用机理。刘方华提出了黑龙江省应鼓励地方政府按照区域性差异和产业生态的理念设计本地主导特色产业。蒲银等针对黑龙江省农业结构调整面临的新形势及存在的问题,提出了相关的政策建议。

目前,学术界对于农业结构这一问题的现有研究,无论是研究内容、研究视角,还是研究方法都为黑龙江省农业结构研究奠定了基础。但现有研究多在宏观层面,即从全国层面进行研究,尽管也有针对黑龙江省的研究,但研究视角和内容往往集中在种植业或农业结构的某一方面,且阶段性特征明显,而针对农业结构宏观和微观层面的历史的、综合系统的研究则比较少见。因此,本章将从时间和空间两个维度,从区域和农户两个层面,从生产结构、区域结构、产品结构、品种结构和品质结构五个方面,从农、林、牧、渔各产业全面系统考察黑龙江省农业结构发展演变的历史,分析当前黑龙江省农业结构的特点,预测未来黑龙江省农业结构发展变化的趋势,为黑龙江省未来农业结构布局优化提供依据。

## 1.1.3 概念及研究范围界定

### 1.概念界定

农业结构可从宏观和微观两个层面来理解。宏观层面认为农业结构是农业内部农、林、牧、渔各产业的构成和比例关系,除此之外还涉及农村的工业和服务业,属于更加广泛的农业经济范畴,因此又称为农业产业结构,包括农业生产结构、区域结构和品种结构等;微观层面的农业结构是农户(或农业生产组织)为了适应市场环境变化和自身发展需要,通过重新定位产业类型、选择生产项目、调整劳动力和物化生产要素配置的行为或过程,改善生产技术条件、提高经济效益和家庭收入。

### 2.研究范围

根据上述概念,结合黑龙江省的实际情况,本章对农业结构的研究包括以下几个方面。

(1)从产业的角度涵盖农、林、牧、渔各业。

(2)从研究内容的角度包括生产结构、区域结构、产品和品种结构及品质结构。

(3)从研究的对象层次上既包括黑龙江省、各地市,也包括对农户各层面的考察。

# 1.2　黑龙江省农业结构历史演变及特征

## 1.2.1　农业产值结构发展演变

作为全国重要的农业大省,黑龙江省不断优化三次产业结构,从 2013 年的 17.0∶40.6∶42.4 调整为 2017 年的 18.3∶26.5∶55.2,在这一调整过程中,农业在黑龙江省经济发展中的地位有所回升。同时,在农业发展过程中,黑龙江省不断调整农业内部产业结构,形成了不同时期从以种植业为主导,畜牧业不断壮大的产业发展格局。

### 1.农业在黑龙江省经济发展中的地位变化

中华人民共和国成立后,尽管农业在黑龙江省地区经济发展中的地位有所下降,但基础作用依然很重要,尤其近 10 年来在地区经济中的地位有所回升。1954—2017 年,第一产业增加值从 15 亿元增加到 2 968.8 亿元,年均增长率为 8.76%。农业在黑龙江省经济发展中的地位大体经历了四个阶段的变化:一是 1954—1960 年,第一产业增加值占地区总产值的比例大幅下降,从 40.9% 下降到 14.5%;二是 1961—1986 年,第一产业增加值占地区总产值的比例提高并保持稳定,提高到 1963 年的 28.96%,直到 1986 年,这一比例一直保持在 20% 以上;三是 1987—2006 年,第一产业增加值占地区总产值的比例不断下降,从 23.13% 下降至 12.01%;四是 2007 年以来,第一产业增加值占地区总产值的比例有所恢复,恢复到 2017 年的 18.33%(图 1-1)。

### 2.农业产值及其结构发展演变

黑龙江省农业经济发展迅速。1949—2000 年的 52 年里,农业总产值从 12.32 亿元增加到 625.1 亿元,年均增长率为 8.00%;2001—2016 年,黑龙江省农业生产总值迅速增长,从 711 亿元增长到 5 197.8 亿元,年均增长率达 14.18%。

农业内部种植业相对萎缩,但仍然是主体,畜牧业不断壮大。中华人民共和国成立以来,黑龙江省农业经济的发展主要依赖于种植业和畜牧业,种植业和畜牧业产值比例合计均在 90% 以上(除 2003 和 2004 年外)。其中种植业产值比例呈下降趋势,从 1949 年的 89.77% 下降到 2016 年的 55.29%(2009 年最低为 53.61%);畜牧业产值比例呈上升趋势,从 9.90% 上升到 35.68%(2009 年最高,达 38.66%);林业和渔业产值比例在波动中上升,分别从 0 和 0.32% 上升到 4.23% 和 2.39%,其间林业产值比例最高达 6.54%(2003 年),

渔业产值比例最高达 2.83%（2001 年）。自 2003 年,按照新的国民经济行业分类标准,农、林、牧、渔业新增加了农、林、牧、渔服务业,农、林、牧、渔服务业产值比例平均为 2.00%（图 1-2）。2017 年,黑龙江省实现农、林、牧、渔业增加值 3 036.2 亿元,按可比价格计算,比上年增长 6.4%,农、林、牧、渔业增加值结构为 69.7∶3.6∶22.9∶1.7[①]。

**图 1-1　1954—2017 年第一产业增加值及其在地区生产总值中的比例变化**

（数据来源:《黑龙江统计年鉴 2017》）

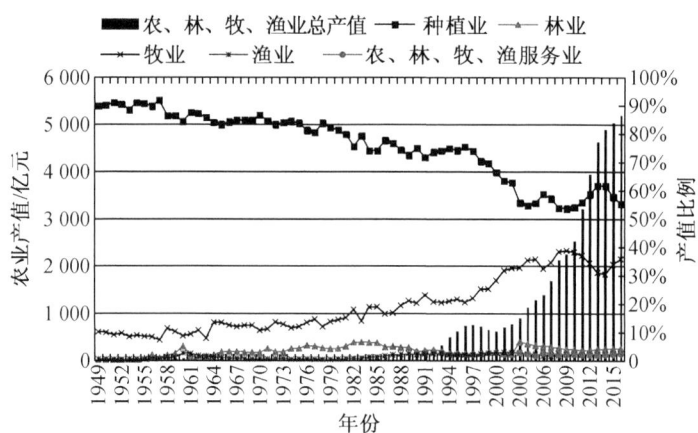

**图 1-2　1949—2017 年农业产值及其农、林、牧、渔业产值结构变化**

（数据来源:《黑龙江统计年鉴 2017》）

## 1.2.2　农产品品种结构发展演变

### 1.农作物面积结构

1949—2016 年,黑龙江省农作物种植面积不断增加,可划分为两个阶段:一是从 1949

---

①　数据来源于《黑龙江省 2017 年国民经济和社会发展统计公报》。

年的 569 万公顷增加到 2004 年的 964.7 万公顷,年均增长率为 0.96%;二是从 2004 年的 964.7 万公顷增加到 2016 年的 1 472.8 万公顷,年均增长率为 3.59%(图 1-3)。

种植结构中,粮食作物一直占主导地位。粮食作物种植面积占黑龙江省农作物种植总面积的比例平均为 90%,但期间波动较大,先是从 1950 年的 95.51% 下降到 1961 年的 83.48%,此后又上升到 1968 年的 93.16%,再下降到 1981 年的 83.44%,后又上升到 1997 年的 88.49%,再下降到 2003 年的 82.33%,又上升到 2015 年的 96.84%,再下降到 2016 年的 95.72%;经济作物种植面积比例整体呈上升趋势,但波动也较大,先是从 1949 年的 0.83% 上升到 1959 年的 4.23%,此后又下降到 1963 年的 1.01%,再上升到 1988 年的 15.3%,后又下降到 1997 年的 10.10%,再上升到 2002 年的 16.26%,又下降到 2015 年的 2.87%,再上升到 2016 年的 3.26%;饲料作物种植面积比例整体呈下降趋势,先从 1949 年的 1.59% 上升到 1950 年的 3.11%,此后又下降到 2015 年的 0.21%,再上升到 2016 年的 0.55%(图 1-3)。

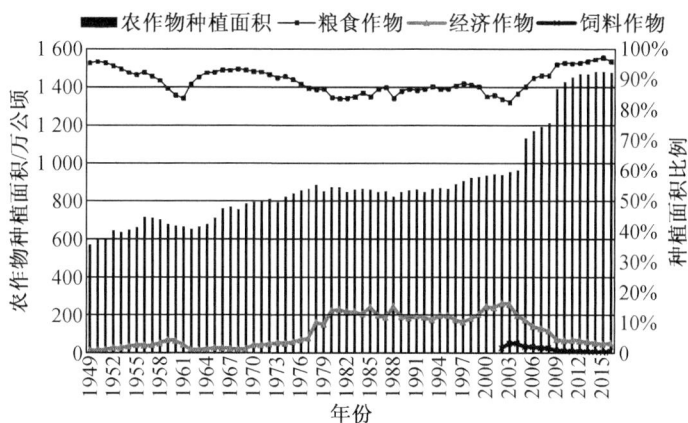

**图 1-3　1949—2016 年农作物种植面积及作物结构变化**

(数据来源:《黑龙江统计年鉴 2016》)

粮食作物种植面积不断增加。1949—2016 年,黑龙江省粮食作物种植面积从 540.73 万公顷增加到 2015 年的 1 432.8 万公顷,2016 年略有下降,为 1 409.8 万公顷。其中 2004—2015 年连续增加,年均增长率为 5.19%(图 1-4)。

粮食作物中,1999 年以前以玉米、大豆和小麦为主,2000 年之后则以玉米、大豆和水稻为主。1949—2016 年,玉米和水稻种植面积比例呈上升趋势,分别从 27.93% 和 2.36% 上升到 45.7% 和 27.03%,最高比例分别为 53.9%(2015 年)和 28.72%(2013 年);大豆种植面积比例呈增 - 减 - 增变化,先从 1949 年的 19.1% 上升到 2005 年的 42.62%,又下降到 2015 年的 16.44%,2016 年恢复到 22.17%;小麦种植面积比例呈先增后减变化,先从 1949 年的 8.26% 上升到 1981 年的 30.07%,而后下降到 2016 年的 0.80%;谷子、高粱和薯类种植面积比例均呈下降趋势,分别从 1949 年的 19.17%、11.59% 和 2.85% 下降到 2016 年的 0.23%、0.43% 和 1.47%(图 1-4)。

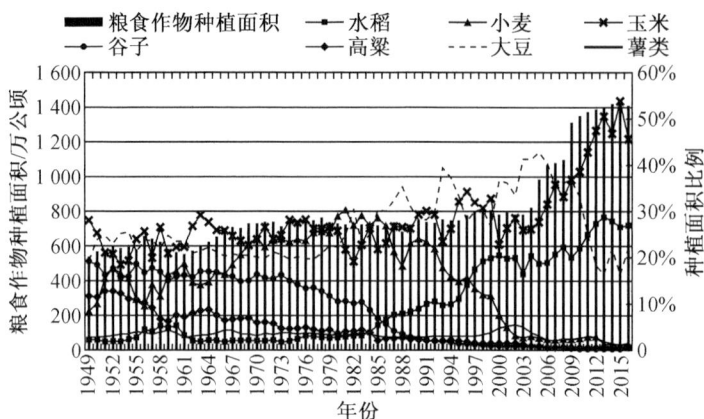

**图 1 – 4　1949—2016 年粮食作物种植面积及品种结构变化**

（数据来源:《黑龙江统计年鉴 2016》）

**2. 农产品产量结构**

（1）粮食产量及其结构变化

1949—2017 年黑龙江省粮食产量从 542 万吨增长到 6 018.8 万吨,年均增长率为 3.60%。其中,2004—2015 年实现了十二连增,粮食产量从 3 135 万吨连续增加到 6 324 万吨(图 1 –5)。

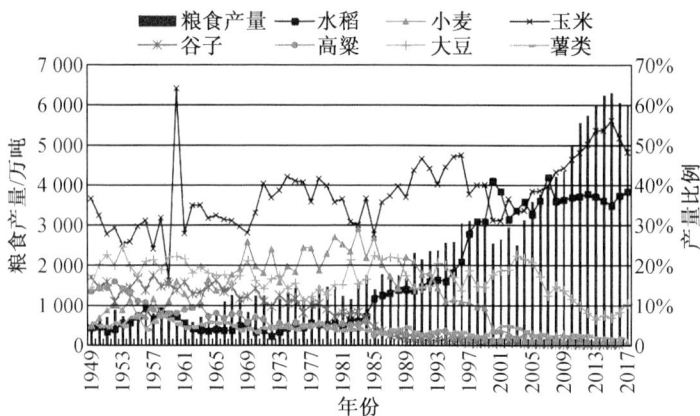

**图 1 – 5　1949—2017 年粮食产量及品种结构变化**

（数据来源:《黑龙江统计年鉴 2017》）

粮食产品中,玉米一直是最主要的粮食品种(除 2000—2001 年、2003—2004 年和 2007 年外)。玉米的产量比例在 1949—2017 年稳中有升,平均在 36% 左右,自 2008 年开始大幅度提高,从 2008 年的 43.12% 提高到 2015 年的 56.04%,随后下降到 2017 年的 48.11%。水稻的产量比例总体呈明显上升趋势,从 1949 年的 4.17% 提高到 2017 年的 38.23%,自 1995 年产量比例超过小麦和大豆,成为第二大粮食品种,并在 2000—2001 年、2003—2004

年和 2007 年跃居为第一大粮食品种。大豆的产量比例总体呈下降趋势,从 1949 年的 14.43% 下降到 2013 年的 6.44%,而后回升到 2017 年的 10.26%。1949—1966 年,大豆曾是第二大粮食品种,产量比例基本在 20% 左右;1967—1985 年和 1995 年至今,其产量比例分别低于小麦和水稻,成为第三大粮食品种。小麦的产量比例呈上升 - 下降的变化趋势,先是从 1949 年的 4.67% 上升到 1983 年的 29.12%,然后下降到 2017 年的 0.64%。1967—1985 年,其产量比例平均在 20% 以上,是第二大粮食品种。谷子、高粱和薯类的产量比例均呈下降趋势,分别从 1949 年的 16.88%、13.28% 和 5.54% 下降到 2016 年的 0.05%、0.33% 和 1.66%(图 1 -5)。

(2)经济作物产量变化

1949—2017 年,各类经济作物产量波动较大。油料作物产量从 1949 年的 1.83 万吨增加到 2006 年的 63.1 万吨,下降到 2017 年的 17.3 万吨;甜菜产量从 1949 年的 18.33 万吨增加到 1990 年的 632 万吨,又下降到 2017 年的 36.1 万吨;亚麻产量从 1980 年的 17.5 万吨增加到 2002 年的 35.7 万吨,又下降到 2017 年的 0.6 万吨;烤烟产量从 1980 年的 2.2 万吨增加到 1990 年的 19.3 万吨,又下降到 2017 年的 4.6 万吨(图 1 -6)。

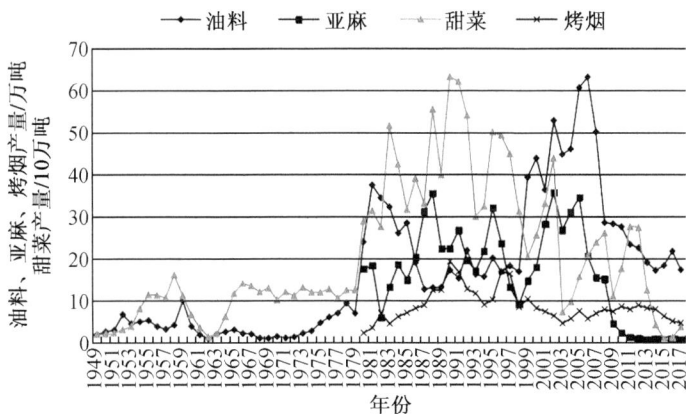

**图 1 -6　1949—2017 年各类经济作物产量变化**

(数据来源:《黑龙江统计年鉴 2017》)

(3)蔬菜和瓜果的产量变化

1985—2017 年,蔬菜产量经历了增 -减 -增的变化过程。先从 1985 年的 485.1 万吨增加到 2000 年的 1 325.6 万吨,而后下降到 2009 年的 701.2 万吨,又增加到 2017 年的 959.2 万吨。1990—2017 年,瓜果产量先增后减,先从 1990 年的 76.5 万吨增加到 2006 年的 366.6 万吨,后下降到 2017 年的 195.2 万吨(图 1 -7)。

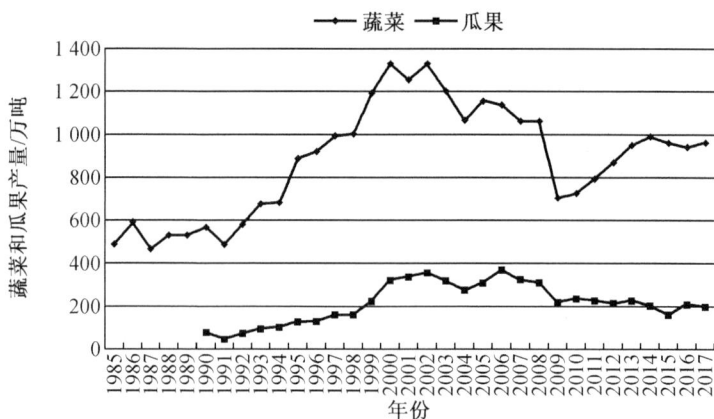

**图 1 - 7　1985—2017 年蔬菜和瓜果产量变化**

（数据来源:《黑龙江统计年鉴 2017》）

### 3. 畜牧业数量结构

（1）大牲畜数量及其结构变化

1978—2016 年,黑龙江省大牲畜数量从 1978 年的 286.9 万头增加到 2005 年的 840.2 万头,随后下降到 2006 年的 541.2 万头,又增加到 2008 年的 766.5 万头,自 2009 年开始呈小幅波动减少趋势,从 567.4 万头减少至 2016 年的 524.2 万头(图 1 - 8)。

20 世纪 80 年代以前,马是最主要的大牲畜,其比例达到 55% 以上。20 世纪 80 年代中期以后,其比例呈下降趋势,从 1985 年的 38.59% 下降到 2016 年的 3.91%;1985—2016 年,黄牛和肉牛是最主要的大牲畜,其在大牲畜中的比例从 49.07% 提高到 2004 年的 74.25%,随后下降到 2008 年的 48.78%,而后又开始上升,2009—2016 年基本稳定在 60% 左右;奶牛在大牲畜中的比例总体呈上升趋势,从 1978 年的 2.16% 上升到 2016 年的 33.72%(图 1 - 8)。

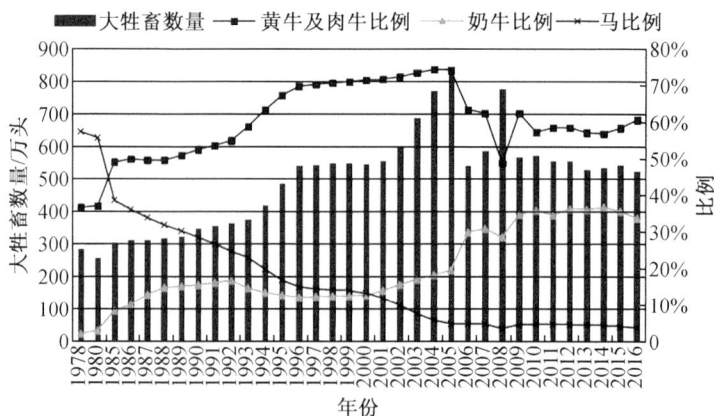

**图 1 - 8　1978—2016 年大牲畜数量及品种结构变化**

（数据来源:《黑龙江统计年鉴 2016》）

（2）羊存栏量和结构变化

1978—2016 年,羊存栏量先从 1978 年的 218.7 万只增加到 2005 年的 1 180 万只,随后下降到 2006 年的 777.6 万只,又增加到 2008 年的 1 010.8 万只,而后下降到 2013 年的 817.8 万只,又慢慢增加至 2016 年的 864.4 万只(图 1 - 9)。

绵羊一直是主要品种,占羊存栏量的 60% 以上,但总体呈下降趋势,先从 1978 年的 94.65% 下降到 2003 年的 60.85%,此后又逐渐恢复到 2016 年的 78.49%(图 1 - 9)。

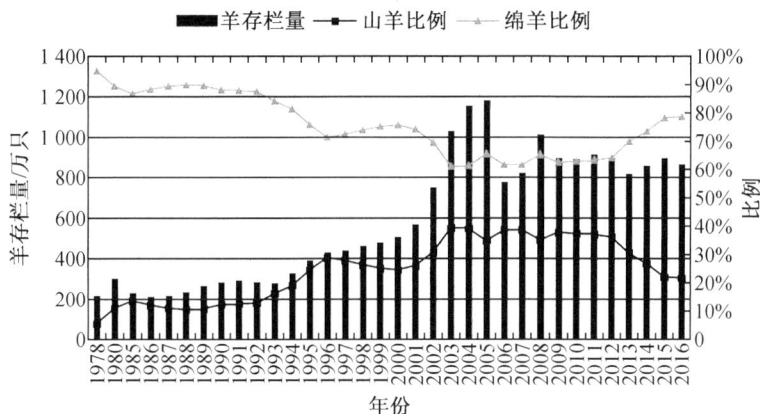

**图 1 - 9　1978—2016 年羊存栏量及品种结构变化**

(数据来源:《黑龙江统计年鉴 2016》)

（3）生猪的数量变化

1978—2017 年,生猪出栏量和存栏量呈增 - 减 - 增 - 减 - 增的变化趋势。生猪出栏量和存栏量分别从 1978 年的 403.7 万头和 835 万头增加到 2005 年的 2 238 万头和 1 670.4 万头,随后下降到 2006 年的 1 670.1 万头和 1 209.8 万头,又增加到 2008 年的 2 350.2 万头和 1 788.1 万头,下降到 2009 年的 1 512.6 万头和 1 288.65 万头。2010—2017 年,生猪出栏量增加,从 1 601 万头增加到 1 903.2 万头,而生猪存栏量减少,从 1 360 万头减少到 2016 年的 1 276 万头,2017 年恢复到 1 305.4 万头(图 1 - 10)。

（4）家禽数量的变化

1978—2016 年,家禽数量呈增加趋势,先从 1 899.7 万只增加到 1997 年的 1.86 亿只,随后下降到 1998 年的 1.20 亿只,又增加到 2004 年的 1.67 亿只,再下降到 2006 年的 1.20 亿只,又增加到 2008 年的 1.66 亿只,下降到 2009 年的 1.29 亿只,增加到 2016 年的 1.51 亿只(图 1 - 10)。

**4. 畜产品产量结构**

（1）肉类产量及其结构变化

1985—2017 年,肉类产量从 34.9 万吨增加到 242.39 万吨,其中 2005 年和 2008 年肉类产量分别为 306.3 万吨和 303.3 万吨,为两个历史较高水平。猪肉在肉类中占主导地位,其产量比例一直在 55% 以上,但总体呈下降趋势,从 1985 年的 85.1% 下降到 2017 年的 59.85%;同期牛肉和羊肉产量比例均呈上升趋势,分别从 2.87% 和 2.29% 提高到 18.11%

和 5.32%;禽肉产量比例先从 1985 年的 9.74% 提高到 2003 年的 21.96%,后下降到 2017
年的 16.02%(图 1-11)。

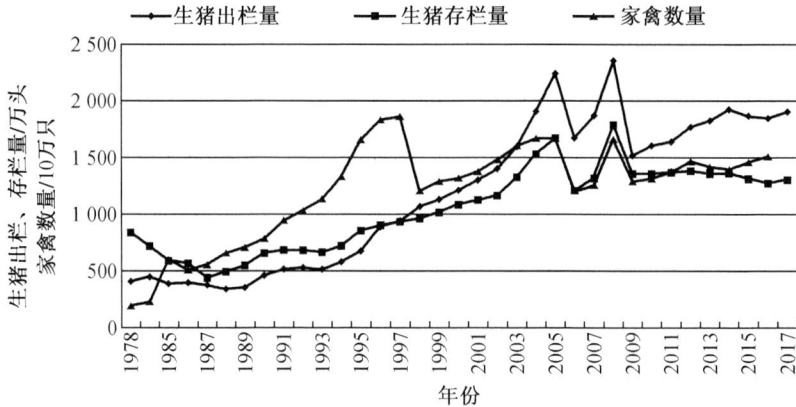

**图 1-10   1978—2017 年生猪存栏、出栏量和家禽数量变化**

(数据来源:《黑龙江统计年鉴 2017》)

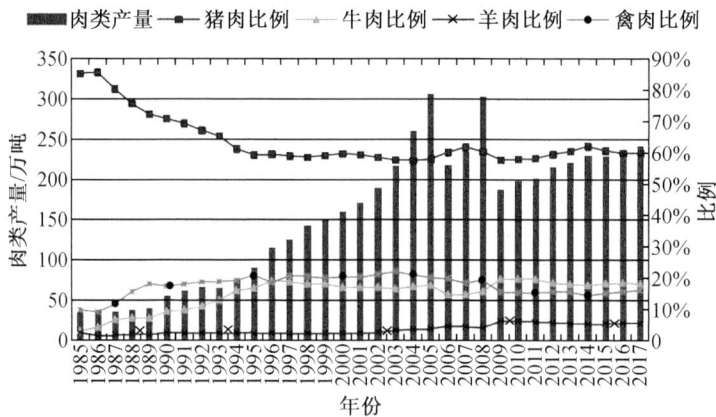

**图 1-11   1985—2017 年肉类产量及其结构变化**

(数据来源:《黑龙江统计年鉴 2017》)

(2)奶类产量及其结构变化

1980—2016 年,奶类产量不断增加,先从 13.9 万吨增加到 2009 年的 649.5 万吨,而后
又下降到 2016 年的 548.6 万吨,其中牛奶产量从 1987—2016 年占 97%~99%(除去 2009
年)(图 1-12)。

(3)羊毛产量及其结构变化

黑龙江省生产的主要羊毛品种有绵羊毛、山羊毛和羊绒,山羊毛和羊绒产量较少(2016
年分别为 1 786 吨和 270 吨),因此这里主要分析绵羊毛的产量及其结构变化。1980—2016
年,绵羊毛产量从 9 635 吨增加到 2.94 万吨,年均增长率为 3.15%,但其间经历了较大波
动,2005 年曾增加到 2.57 万吨,随后降到 2006 年的 1.97 万吨,后又增加到 2013 年的 3.21

万吨(为历史最高产量),2014年下降后又逐步回升。半细羊毛在绵羊毛中所占比例较大且呈不断上升趋势,从1980年的52.34%上升到2016年的81.14%(图1-13)。

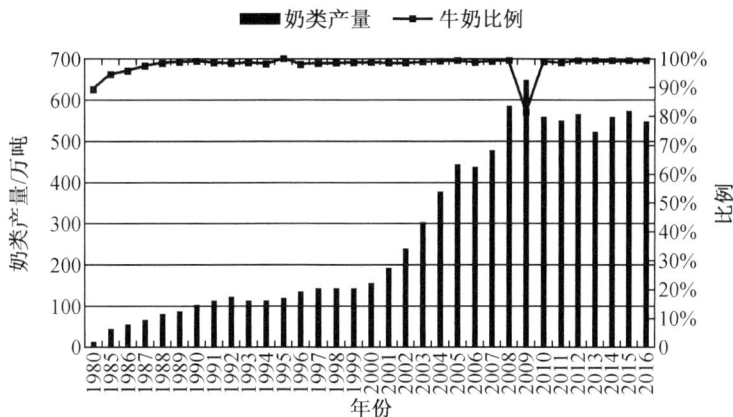

**图1-12 1980—2016年奶类产量及其结构变化**

(数据来源:《黑龙江统计年鉴2016》)

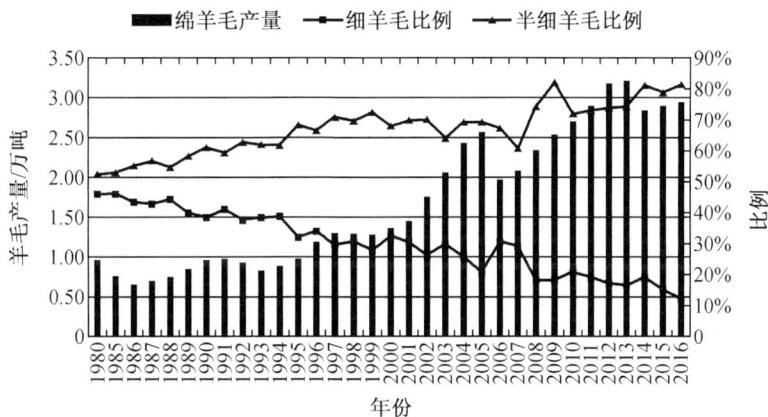

**图1-13 1980—2016年绵羊毛产量及其结构变化**

(数据来源:《黑龙江统计年鉴2016》)

(4)禽蛋产量和蜂蜜产量的变化

1985—2017年,禽蛋产量总体呈增加趋势,从20.5万吨增加到103.2万吨,年均增长率为5.18%,其中2015年产量为历史最高,达139.7万吨;蜂蜜产量在2000年以前基本维持在3 000吨左右的水平且呈下降趋势,2001—2016年,蜂蜜产量不断增加,从7 331吨增加到2.06万吨,年均增长率为7.12%(图1-14)。

**5.水产品产量及其结构变化**

1980—2016年,黑龙江省的水产品产量从2.02万吨增加到57.3万吨,其间经历了2006年的大幅下降和2011年的小幅下降,分别较前一年度下降了25.81%和10.75%。水产品以人工养殖为主,1980—2000年,人工养殖比例不断提高,从44.38%提高到84.92%。

2001 年以来,人工养殖水产品占水产品总量的比例相对稳定,在 90% 以上。水产品主要有鱼类、虾蟹和贝类,鱼类产量占水产品产量的 98% 以上(图 1 – 15)。

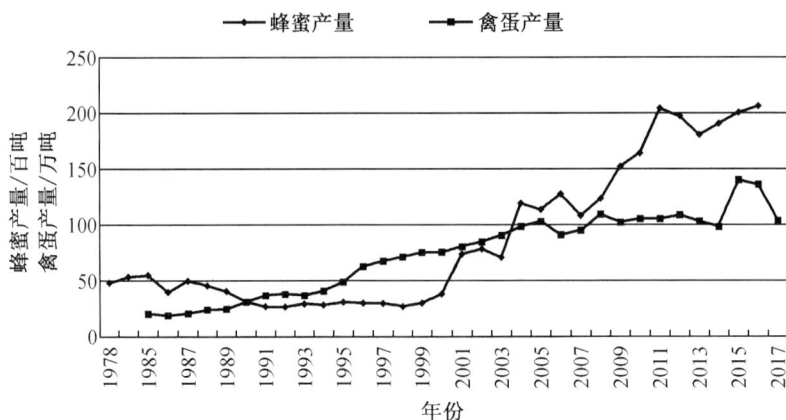

**图 1 – 14　1978—2017 年禽蛋产量和蜂蜜产量变化**

(数据来源:《黑龙江统计年鉴 2017》)

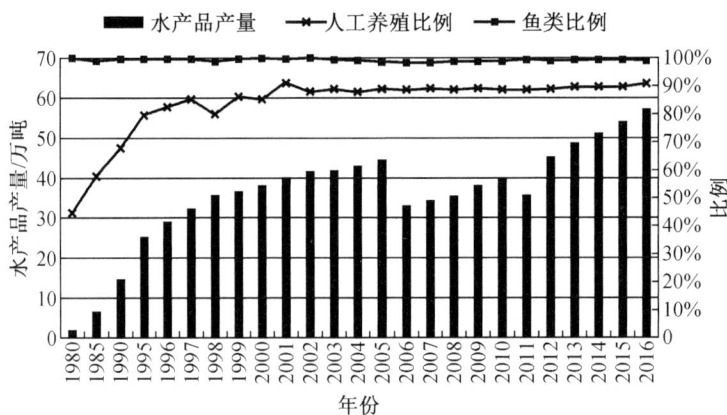

**图 1 – 15　1980—2016 年水产品产量及其结构变化**

(数据来源:《黑龙江统计年鉴 2016》)

### 1.2.3　农业区域结构发展演变

黑龙江省的农业产区主要是哈尔滨、农垦总局、绥化、齐齐哈尔、大庆、佳木斯、牡丹江和鸡西等 8 个地区,这 8 个地区农业总产值合计占黑龙江省农业总产值的 85% 以上。其中哈尔滨、农垦总局、绥化和齐齐哈尔一直是重要的农业生产区,哈尔滨和农垦总局在黑龙江省农业经济发展中的地位不断上升,其农业总产值占黑龙江省农业总产值的比例分别从 1986 年的 19.83% 和 1988 年的 12.87% 增加到 2016 年的 21.67% 和 15.86%;而同期绥化和齐齐哈尔在黑龙江省农业经济中的地位略有下降,农业总产值比例分别从 18.88% 和 18.86% 下降到 15.48% 和 9.61%;佳木斯、牡丹江和鸡西 3 个地区在黑龙江省农业经济中的地位不断下降,农业总产值比例分别从 17.81%、10.77% 和 6.51% 下降到 7.20%、6.50% 和 4.50%;大庆在全省农业经济中的地位日益增强,其农业总产值比例从 1.37% 增加到 6.75%(图 1 - 16)。

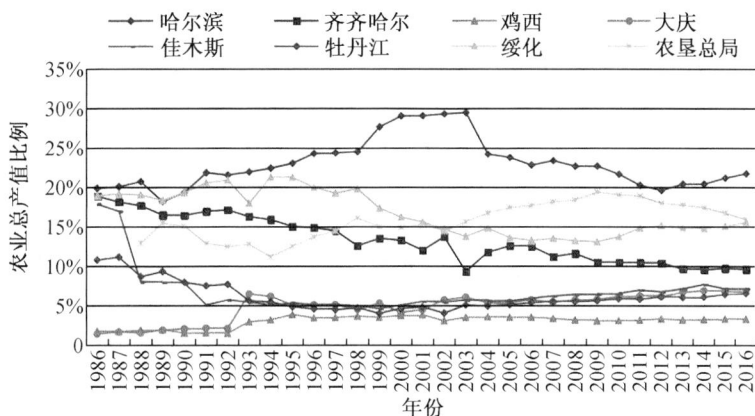

图 1 - 16  1986—2016 年各地区农业生产总值比例变化

(数据来源:《黑龙江统计年鉴 2016》)

**1. 种植业区域结构**

黑龙江省种植业布局呈现出"东稻、西玉、南菜、北薯"的特点,即东部水稻经济区、西部玉米经济区、南部蔬菜经济区、北部薯业经济区。东部水稻经济区包括松花江中下游及三江平原的佳木斯市、双鸭山市、鸡西市、牡丹江市的部分地区,以及农垦总局的宝泉岭管理局、红兴隆管理局、建三江管理局、牡丹江管理局 4 个分局。西部玉米经济区包括齐齐哈尔市南部市县、大庆、哈尔滨市西部地区。南部蔬菜经济区包括松花江中游哈尔滨市附近的阿城区、双城区、呼兰区及绥化市。北部薯业经济区包括嫩江支流乌裕尔河、讷谟尔河流域,以及大小兴安岭和松嫩平原接壤的大兴安岭地区,黑河地区的北安、孙吴、五大连池、嫩江等市县,齐齐哈尔市的克东、克山、讷河等市县,农垦总局的北安管理局、九三管理局。绥化市及其所辖海伦、绥棱、望奎、青岗等市县地处这 4 个经济区的过渡带,对于以上 4 种作物都适宜种植,具有天然的综合优势。

1986 年以来,黑龙江省种植业产值从 131.8 亿元增加到 2016 年的 3 538.72 亿元[①],年均增长率达 11.59%(图 1 - 17)。2017 年,种植业增加值 2 115.1 亿元,较上年度增长5.7%。

农垦总局、哈尔滨、绥化、齐齐哈尔、牡丹江、佳木斯和黑河 7 个地区是黑龙江省主要的种植业产区。农垦总局和哈尔滨的种植业在黑龙江省种植业发展中的地位不断提升,其种植业产值比例分别从 1988 年的 14.03% 和 1986 年的 19.43% 提高到 2016 年的 20.88% 和 20.23%;而同期绥化和齐齐哈尔的种植业在黑龙江省种植业发展中的地位不断下降,其种植业产值比例分别从 17.38% 和 14.86% 下降至 12.81% 和 8.32%;牡丹江、佳木斯和黑河 3

---

① 黑龙江省种植业产值为各地区种植业产值加总,由于各地区统计数据与黑龙江省统计数据有差异,因此这一数值不等于黑龙江省种植业产值。

个地区的种植业在黑龙江省种植业发展中的地位则经历了早期的下降和后期的平稳回升阶段,牡丹江和黑河种植业产值比例分别从 10.33% 和 7.01% 下降到 1999 年的 3.97% 和 3.06%,此后又逐渐提高到 2016 年的 8.35% 和 5.64%;佳木斯种植业产值比例从 19.07% 下降到 1994 年的 4.87%,而后又提高到 2016 年的 7.38%(图 1 - 17)。

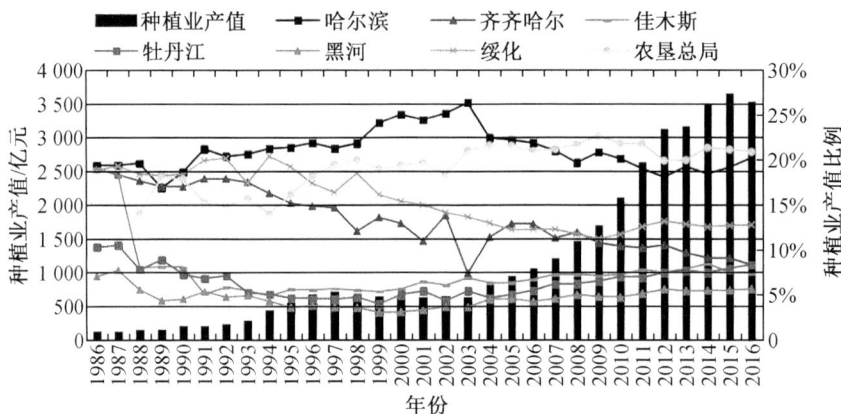

**图 1 - 17 1986—2016 年种植业产值及各地区比例变化**

(数据来源:《黑龙江统计年鉴 2016》)

(1)粮食主产区变化

20 世纪 90 年代初,绥化、哈尔滨、齐齐哈尔和农垦总局等四大主要粮食产区的粮食产量占黑龙江省粮食总产量的 79.18%,2016 年这一比例下降到 68.82%,粮食主产区由集中趋向分散。其中哈尔滨、绥化和齐齐哈尔的粮食主产区地位均不同程度地下降,粮食产量比例分别从 1988 年的 22.5%、22.31% 和 15.92% 下降到 2016 年的 16.06%、14.82% 和 13.06%;同期农垦总局的粮食主产区地位则不断上升,粮食产量比例从 14.54% 上升到 24.88%。1999 年至今,粮食主产区的排名基本稳定,依次为农垦总局、哈尔滨、绥化、齐齐哈尔(图 1 - 18)。

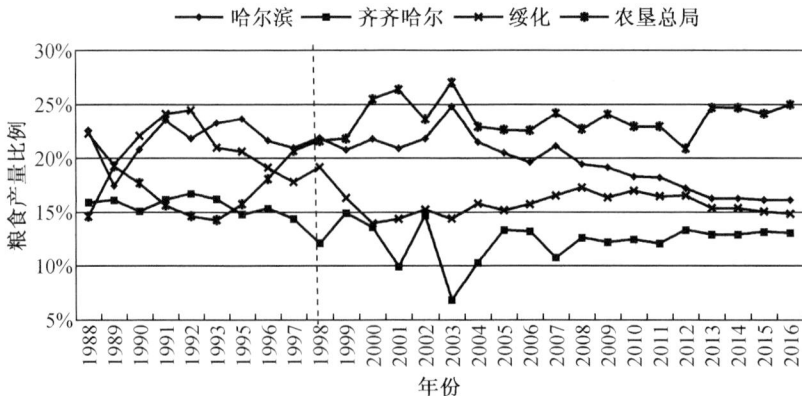

**图 1 - 18 1988—2016 年各地区粮食产量比例变化**

(数据来源:《黑龙江统计年鉴 2016》)

①水稻主产区变化

1986—2016 年,黑龙江省水稻产量从 220.8 万吨增加 2 300.8 万吨,年均增长率达 7.85%。哈尔滨、佳木斯、绥化和牡丹江是黑龙江省传统的水稻主产区,1986 年,这 4 个地区的水稻产量占黑龙江省水稻产量的比例分别为 37.04%、20.08%、18.68% 和 13.33%,但其水稻产量比例均呈下降趋势,分别下降到 2016 年的 13.51%、9.56%、8.72% 和 0.94%。特别是牡丹江,自 20 世纪 90 年代以来,便退出了水稻主产区。农垦总局的水稻产量比例呈大幅上升趋势,从 1988 年的 5.26% 上升到 2016 年的 45.71%,自 1996 年开始成为黑龙江省第一大水稻产区。齐齐哈尔的水稻产量比例呈小幅上升趋势,先从 1986 年的 4.53% 上升到 1994 年的 10.14%,后下降到 2016 年的 6.95%(图 1 - 19)。

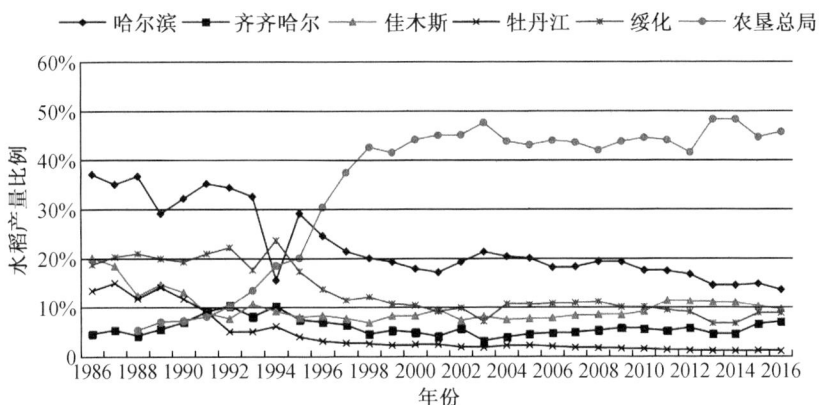

图 1 - 19　1986—2016 年各地区水稻产量比例变化

(数据来源:《黑龙江统计年鉴 2016》)

②玉米主产区变化

1986—2016 年,黑龙江省玉米产量从 632 万吨增加到 2 896.8 万吨,年均增长率为 5.03%。绥化、哈尔滨和齐齐哈尔 3 个地区一直是黑龙江省的玉米主产区,但绥化和哈尔滨的玉米产量在黑龙江省玉米产量中的比例呈下降趋势,分别从 1986 年的 32.87% 和 31.68% 下降到 2016 年的 19.9% 和 19.68%;齐齐哈尔的玉米产量比例呈波动小幅上升趋势,从 1986 年的 13.55% 提高到 2016 年的 15.53%;农垦总局和大庆逐渐成为玉米主产区,其玉米产量比例分别从 1988 年的 1.66% 和 1.28% 提高到 2016 年的 12.37% 和 7.09%;佳木斯和牡丹江的玉米产量比例均呈下降趋势,分别从 1986 年的 11.12% 和 6.2% 下降到 2016 年的 7.91% 和 4.33%(图 1 - 20)。

③大豆主产区变化

1986—2016 年,黑龙江省大豆产量从 378 万吨增加到 617.5 万吨,年均增长率为 1.60%。农垦总局和齐齐哈尔一直是黑龙江省的大豆主产区,但这两个地区的大豆产量占黑龙江省大豆产量的比例均不同程度下降,分别从 1986 年的 21.46% 和 1988 年的 28.33% 下降到 2016 年的 14.30% 和 24.52%;佳木斯、牡丹江和哈尔滨,这 3 个地区的大豆产量比例大幅度下降,分别从 1986 年的 26.98%、11.05% 和 10.9% 下降到 2016 年的 4.67%、4.70% 和 4.2%,由 20 世纪 80 年代末的大豆主要产区变为目前的次要产区。绥化的大豆产量比例在波动中略有下降,从 1986 年的 10.93% 下降到 2016 年的 9.13%,仍是主要的大豆产区。黑河的大豆产量比例则大幅提高,从 1986 年的 12.13% 提高到 2016 年的 25.79%,2015 年以来是黑龙江省最大的大豆产区(图 1 - 21)。

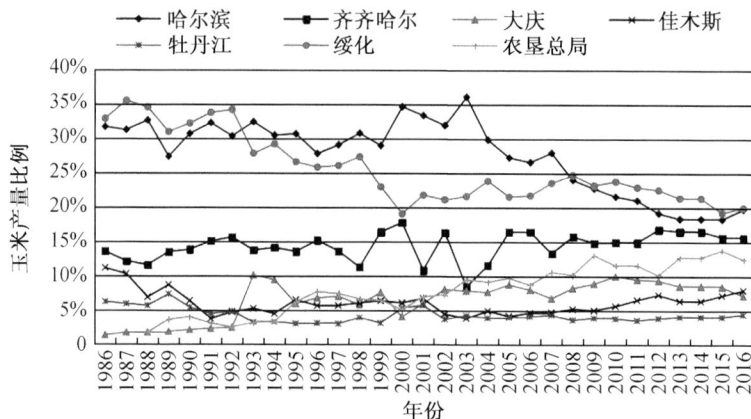

**图 1 - 20    1986—2016 年各地区玉米产量比例变化**

(数据来源:《黑龙江统计年鉴 2016》)

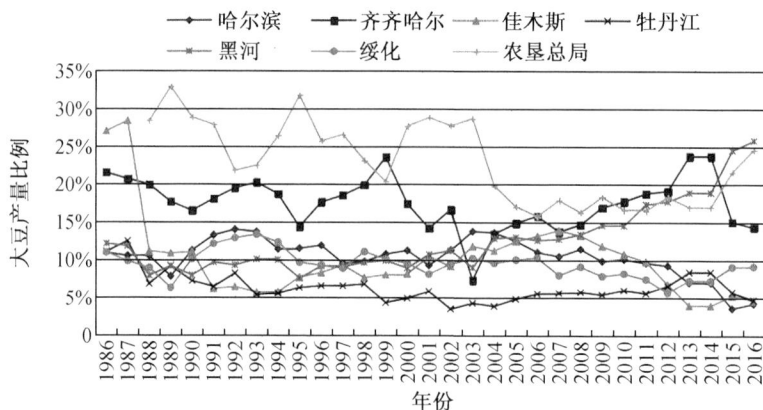

**图 1 - 21    1986—2016 年各地区大豆产量比例变化**

(数据来源:《黑龙江统计年鉴 2016》)

④高粱主产区变化

1986—2016 年,黑龙江省高粱产量从 55.0 万吨减少到 19.9 万吨,年均下降率 3.23%。其中,1986—1992 年,绥化、哈尔滨和齐齐哈尔 3 个地区是黑龙江省高粱主产区,3 个地区的高粱产量总和占黑龙江省高粱产量的 90% 以上。1993—2016 年,这 3 个地区的高粱产量比例均呈下降趋势,分别从 52.42%、22.90% 和 18.07% 下降到 2016 年的 6.36%、11.22% 和

9.79%。自 1993 年开始,大庆日益成为黑龙江省高粱主产区,并于 2001 年开始成为最大的高粱产区,其高粱产量比例从 1993 年的 22.28% 提高到 2012 年的 77.18%,而后下降到 2016 年的 47.3%(图 1 - 22)。

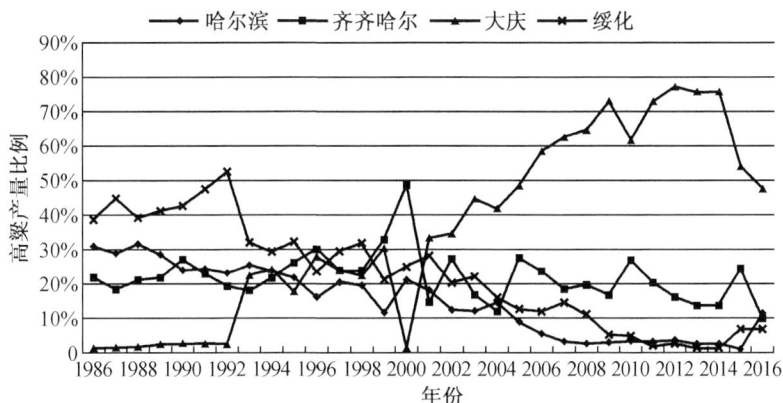

图 1 - 22　1986—2016 年各地区高粱产量比例变化

(数据来源:《黑龙江统计年鉴 2016》)

(2)蔬菜主产区变化

1988—2016 年,哈尔滨、牡丹江、绥化、齐齐哈尔和大庆是黑龙江省蔬菜主产区。其中哈尔滨和牡丹江的蔬菜产量比例整体呈上升趋势,分别从 1988 年的 22.04% 和 9.44% 上升到 2016 年的 25.04% 和 29.29%;齐齐哈尔、绥化和大庆的蔬菜产量比例呈先升后降趋势,分别从 1988 年的 17.92%、15.64% 和 2.87% 上升到 2000 年的 21%、1998 年的 33.59% 和 2009 年的 14.85%,而后下降到 2016 年的 6.93%、13.11% 和 8.27%(图 1 - 23)。

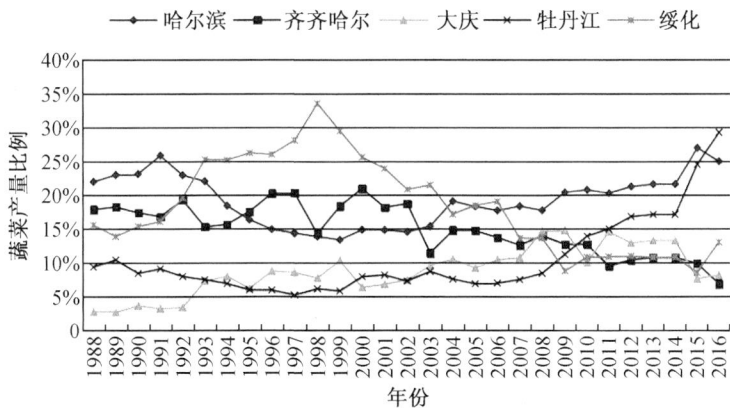

图 1 - 23　1988—2016 年各地区蔬菜产量比例变化

(数据来源:《黑龙江统计年鉴 2016》)

**2.畜牧业区域结构**

1986 年以来,黑龙江省畜牧业产值从 23.93 亿元增加到 2016 年的 2 008.26 亿元①,年均增长率达 15.91%(图 1 - 24),2017 年畜牧业增加值 694.7 亿元,较上年度增长 4.5%。

哈尔滨、绥化、齐齐哈尔、大庆、农垦总局、佳木斯和牡丹江 7 个地区是黑龙江省主要的畜牧养殖区域。1986—2016 年,哈尔滨和绥化的畜牧业产值比例尽管波动较大,但在黑龙江省畜牧业发展中起主导作用,且比例总体呈上升趋势,分别从 1986 年的 22.48% 和 19.77% 上升到 2016 年的 24.61% 和 21.93%;大庆在黑龙江省畜牧业发展中的地位不断提升,产值比例从 1986 年的 2.83% 上升到 2016 年的 11.05%;齐齐哈尔、农垦总局、佳木斯和牡丹江 4 个地区在黑龙江省畜牧业发展中的地位呈下降趋势,产值比例分别从 1986 年的 19.92%、9.15%(1988 年)、12.77% 和 11.05% 下降到 2016 年的 12.97%、6.56%、7.23% 和 3.78%(图 1 - 24)。

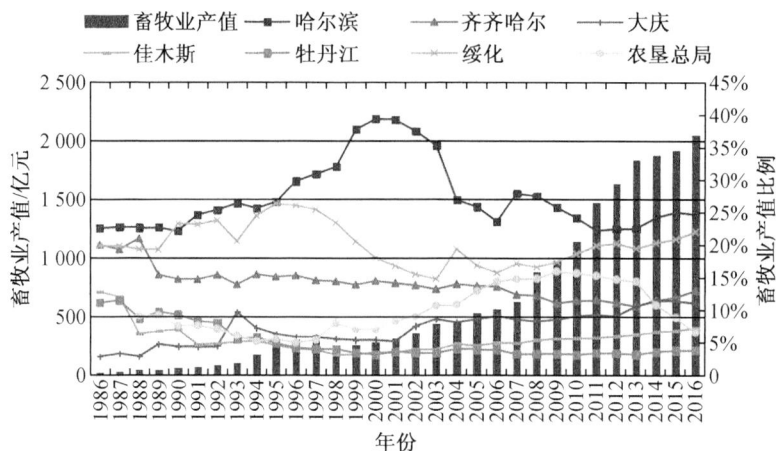

**图 1 - 24  1986—2016 年畜牧业产值及各地区比例变化**

(数据来源:《黑龙江统计年鉴 2016》)

**(1)大牲畜养殖区变化**

1986—2016 年,哈尔滨、齐齐哈尔和绥化是黑龙江省大牲畜的主要养殖区,哈尔滨和绥化的大牲畜数量比例呈上升趋势,分别从 18.81% 和 21.7% 上升到 23.57% 和 23.56%,齐齐哈尔的大牲畜数量比例呈下降趋势,从 26.56% 下降到 17.74%;佳木斯、黑河、牡丹江和大庆为次要养殖区,牡丹江和佳木斯的大牲畜数量比例呈下降趋势,分别从 10.75% 和 9.26% 下降到 8.62% 和 5.33%,黑河和大庆的大牲畜数量比例呈上升趋势,分别从 6.05% 和 2.49% 上升到 7.32% 和 6.48%;农垦总局的大牲畜比例波动较大,先从 1988 年的 5.61% 上升到 2007 年的 14.12%,后下降到 2016 年的 2.54%(图 1 - 25)。

---

①  黑龙江省畜牧业产值为各地区畜牧业产值加总,由于各地区统计数据与黑龙江省统计数据有差异,因此这一数值不等于黑龙江省畜牧业产值。

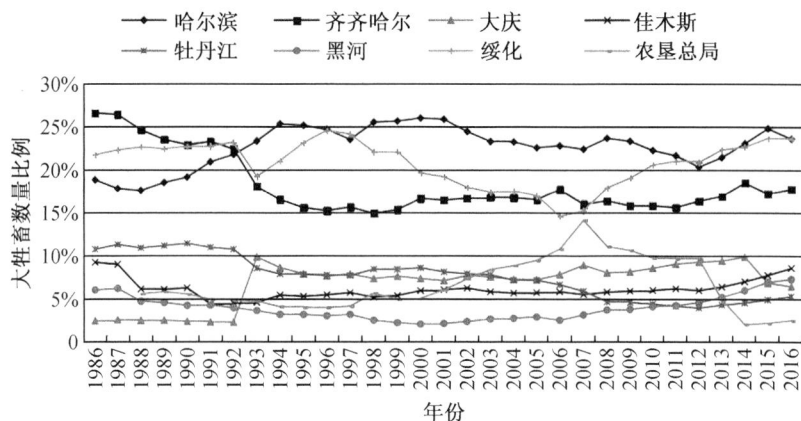

图 1 - 25　1986—2016 年各地区大牲畜数量比例变化

（数据来源：《黑龙江统计年鉴 2016》）

①黄牛和肉牛的数量比例变化

1986—2016 年，哈尔滨、绥化和齐齐哈尔 3 个地区是牛主要养殖区，牡丹江、佳木斯、黑河和大庆是牛的次要养殖区。由于黄牛和肉牛在大牲畜中的占比较大，因此牛主要和次要养殖区的数量比例变化趋势与大牲畜数量比例变化基本一致（图 1 - 26）。

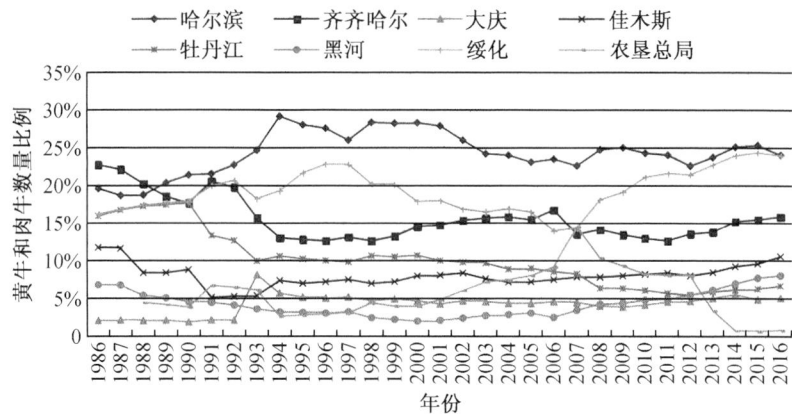

图 1 - 26　1986—2016 年各地区黄牛和肉牛数量比例变化

（数据来源：《黑龙江统计年鉴 2016》）

②奶牛的数量比例变化

1986—2016 年，齐齐哈尔、哈尔滨、绥化、大庆和农垦总局是奶牛主要养殖区，齐齐哈尔、绥化和农垦总局的奶牛数量比例整体呈下降趋势，分别从 1986 年的 31.30%、28.41% 和 1988 年的 20.41% 下降到 2016 年的 23.78%、22.36% 和 9.1%；哈尔滨的奶牛数量比例呈上升趋势，从 1986 年的 13.65% 上升到 2016 年的 22.50%；大庆的奶牛数量比例呈先升后降趋势，先从 1986 年的 3.6% 上升到 2014 年的 21.39%，后下降到 2016 年的 11.14%（图 1 - 27）。

③羊存栏量的比例变化

1986—2016年,齐齐哈尔和绥化是羊主要养殖区,其存栏数量比例均呈下降趋势,分别从39.12%和24.52%下降到25.74%和18.44%;大庆、黑河、哈尔滨、佳木斯、牡丹江和农垦总局是羊次要养殖区,其中大庆和黑河羊存栏数量比例呈上升趋势,分别从2.84%和5.18%上升到13.8%和9%(图1-28)。

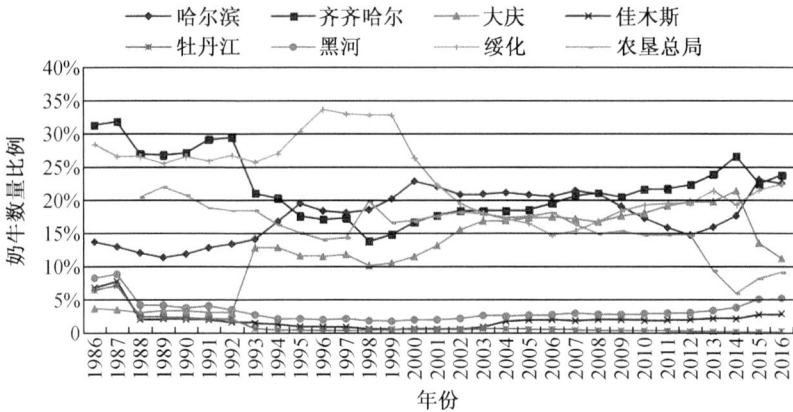

图1-27 1986—2016年各地区奶牛数量比例变化

(数据来源:《黑龙江统计年鉴2016》)

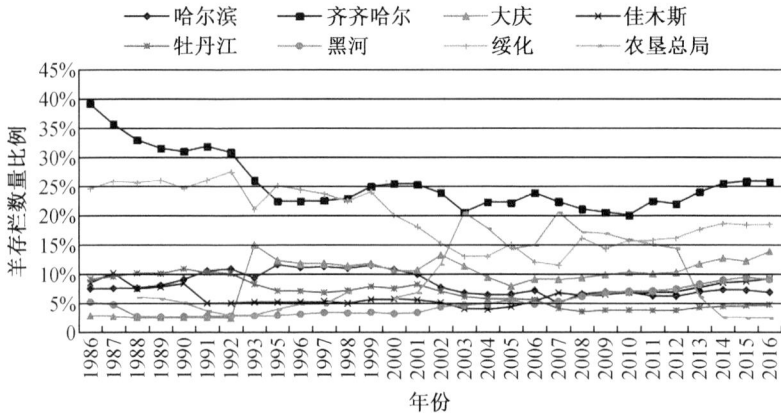

图1-28 1986—2016年各地区羊存栏数量比例变化

(数据来源:《黑龙江统计年鉴2016》)

(2)生猪养殖区域变化

1986—2016年,绥化、哈尔滨、齐齐哈尔和佳木斯是黑龙江省生猪主要养殖区,大庆、牡丹江和农垦总局是次要养殖区。从生猪出栏数量比例变化来看,哈尔滨和齐齐哈尔的生猪出栏数量比例呈下降趋势,分别从1986年的22.65%和16.88%下降到2016年的17.99%和14.15%;绥化的生猪出栏数量比例先升后降,先从1986年的21.37%上升到1995年的29.28%,后下降到2016年的20.34%;佳木斯的生猪出栏数量比例呈先降后升的趋势,先从 1986 年的 14.89% 下降到 1998 年的 4.74%,后上升到 2016 年的 14.25%(图 1 - 29)。

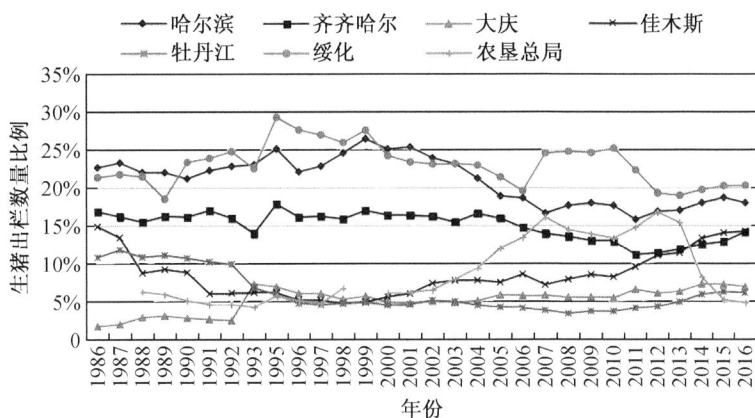

**图 1 - 29　1986—2016 年各地区生猪出栏比例变化**

(数据来源:《黑龙江统计年鉴 2016》)

(3)家禽养殖区变化

2002—2016 年,哈尔滨和绥化是家禽主要养殖区,哈尔滨的家禽数量比例略有下降,从 33.76% 下降到 29.64%,绥化的家禽数量比例呈明显上升趋势,从 18.69% 上升到 26.89%;齐齐哈尔、大庆、农垦总局和佳木斯是家禽次要养殖区,且齐齐哈尔、大庆和佳木斯的家禽数量比例整体变动不大,分别在 11%、7% 和 6% 左右;农垦总局的家禽数量比例略有波动,先从 2002 年的 6.93% 上升到 2007 年的 10.53%,后下降到 2016 年的 4.07%(图 1 - 30)。

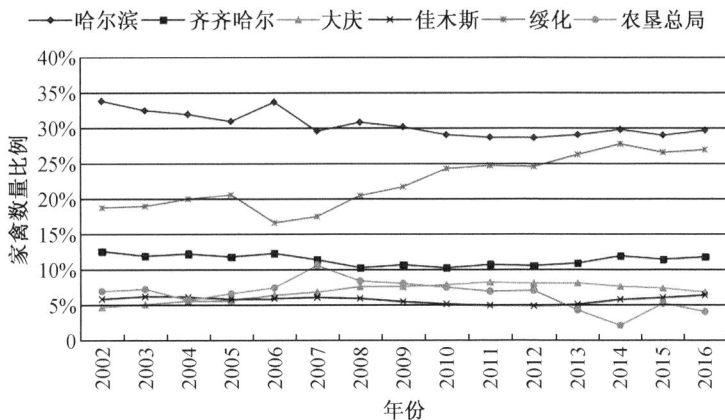

**图 1 - 30　2002—2016 年各地区家禽数量比例变化**

(数据来源:《黑龙江统计年鉴 2016》)

**3. 林业区域结构**

1986 年以来,黑龙江省林业产值从 6.7 亿元增加到 2016 年的 180.72 亿元,年均增长率达 11.61%。

大兴安岭、哈尔滨、伊春、黑河、鸡西等是黑龙江省的主要林区。1986—2016 年,大兴安岭、伊春、黑河和鸡西的林业产值比例总体呈上升趋势,分别从 3.9%、10.65%、5.12% 和 1.79% 上升到 18.57%、16.69%、11.76% 和 8.30%;牡丹江、绥化、齐齐哈尔和佳木斯的林业产值比例总体呈下降趋势,分别从 16.57%、15.48%、13.23% 和 11.33% 下降到 1.72%、4.13%、4% 和 4.28%;哈尔滨的林业产值比例先增后减,从 1986 年的 18.51% 上升到 2002 年的 29.47%,又下降到 2016 年的 17.9%(图 1-31)。

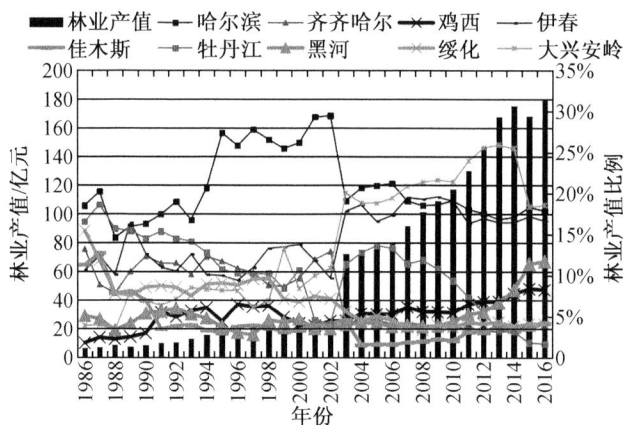

图 1-31    1986—2016 年林业产值及各地区比例变化

(数据来源:《黑龙江统计年鉴 2016》)

### 4. 渔业区域结构

1986 年以来,黑龙江省渔业产值从 2.3 亿元增加到 2016 年的 122.83 亿元[①],年均增长率达 14.17%(图 1-32),2017 年渔业增加值 50.8 亿元,较上年度增长 6.2%。

哈尔滨、绥化、佳木斯、大庆和齐齐哈尔等地区是主要渔业产区。1986—2016 年,绥化、齐齐哈尔和牡丹江的渔业产值比例整体呈下降趋势,分别从 21.63%、17.84% 和 15.7% 下降到 11.65%、8.75 和 2.64%;大庆、鸡西的渔业产值比例呈明显上升趋势,分别从 2.17% 和 1.16% 上升到 13.74% 和 7.91%;佳木斯的渔业产值比例呈降-升-降趋势,从 1986 年的 16.8% 下降到 2004 年的 8.33%,后又上升到 2014 年的 16.37%,下降到 2016 年的 13.17%;哈尔滨的渔业产值比例呈先升后降趋势,从 1986 年的 19.76% 上升到 2008 年的 24.07%,后下降到 2016 年的 19.54%(图 1-32)。

从水产品产量比例来看,1986—2016 年,哈尔滨、齐齐哈尔和佳木斯是相对稳定的水产品产区,哈尔滨的水产品产量比例略呈上升,从 17.37% 上升到 19.67%,其中 2011 年高达 26.73%;齐齐哈尔的水产品产量比例先下降后保持稳定,先从 23.20% 下降到 2003 年的 11.36%,后基本维持在 11% 左右;佳木斯的水产品产量比例略有波动,但基本维持在 10% ~ 15%;大庆和绥化的水产品产量比例波动较大,绥化的水产品产量比例最高时超过 25%,大

---

①    黑龙江省渔业产值为各地区渔业产值加总,由于各地区统计数据与黑龙江省统计数据有差异,因此这一数值不等于黑龙江省渔业产值。

庆最高时超过 15%（图 1 – 33）。

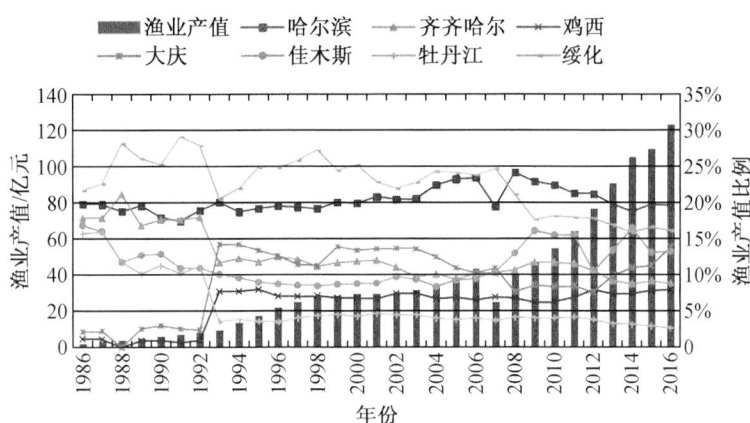

**图 1 – 32　1986—2016 年渔业产值及各地区比例变化**

（数据来源：《黑龙江统计年鉴 2016》）

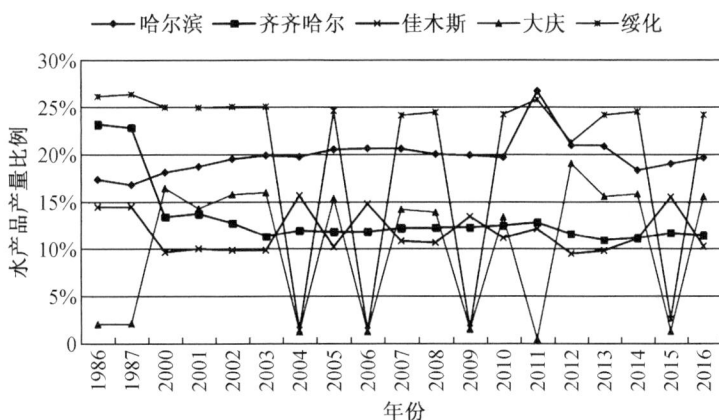

**图 1 – 33　1986—2016 年各地区水产品产量比例变化**

（数据来源：《黑龙江统计年鉴 2016》）

## 1.2.4　农产品品质结构发展演变

黑龙江省农产品品质主要体现在绿色食品的种植和养殖、特色作物种植和特色养殖等方面。

**1. 绿色食品种植**

2002 年以来，黑龙江省绿色和有机食品①种植面积不断增加，从 2002 年的 60.99 万公顷增加到 2017 年的 498.71 万公顷，年均增长率达 15.04%。其中以绿色食品（A 级）为主，其种植面积占比达 85% 以上，且逐年不断提高，从 2002 年的 85.06% 提高到 2016 年的99.04%（图 1 – 34）。

---

① 　有机食品包括 AA 级绿色食品和有机食品。

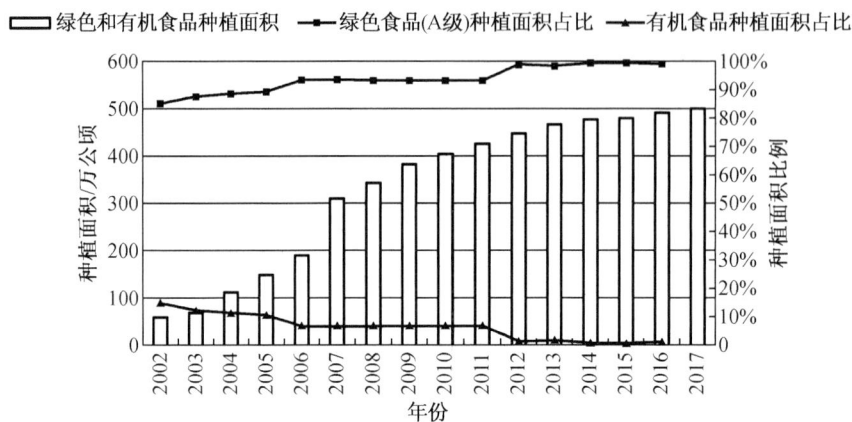

**图 1 – 34　2002—2017 年绿色及有机食品种植面积及比例变化**

（数据来源：《黑龙江统计年鉴 2017》《黑龙江省 2017 年国民经济和社会发展统计公报》）

　　A 级绿色食品种植面积从 2002 年的 51.88 万公顷增加到 2016 年的 488.09 万公顷，年均增长率达 17.36%。A 级绿色食品种类较为丰富，包括水稻、小麦、玉米、大豆、绿豆、马铃薯、甜菜和蔬菜等，但呈现向主要粮食作物集中的趋势。水稻、大豆和玉米 3 种作物种植面积占比合计从 2002 年的 69.02% 提高到 2016 年的 90.79%，3 种粮食作物种植面积比例分别从 2002 年的 35.64%、22.92% 和 10.47% 提高到 2016 年的 42.92%、26.12% 和 21.75%（图 1 – 35）。

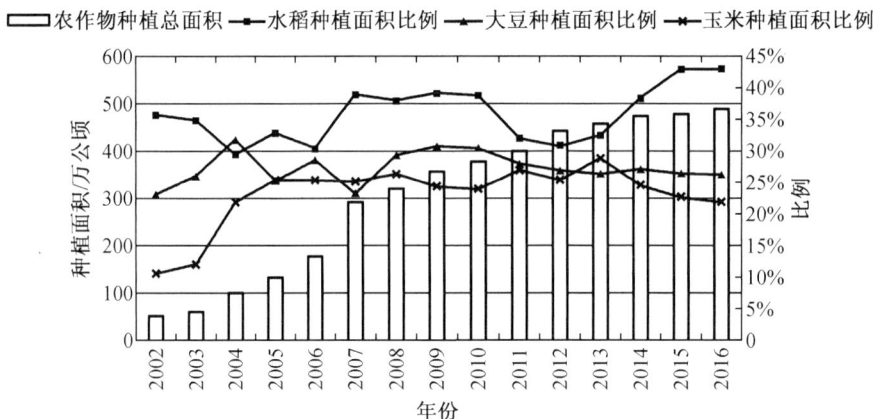

**图 1 – 35　2002—2016 年 A 级绿色食品种植面积及结构变化**

（数据来源：《黑龙江统计年鉴 2016》）

　　有机食品种植面积则呈先增后减变动，先从 2002 年的 9.11 万公顷增加到 2011 年的 30 万公顷，而后下降到 2016 年的 4.72 万公顷。其中以水稻、玉米、大豆和绿豆为主，2022—2016 年，水稻种植面积比例不断提高，从 6.81% 提高到 21.61%（2012 年高达 39.02%）；玉米种植面积比例先升后降，先从 2002 年的 19.21% 上升到 2004 年的 45.77%，后下降到 2016 年的 9.96%（2014 年最低达 4.21%）；大豆种植面积比例呈降 – 升 – 降趋势，先从 2002 年的 17.23% 下降到 2003 年的 1.12%，而后上升到 2013 年的 16.67%，后下降至 2016 年的 4.66%；

绿豆种植面积比例呈下降趋势,从17.01%下降到0.42%(图1-36)。

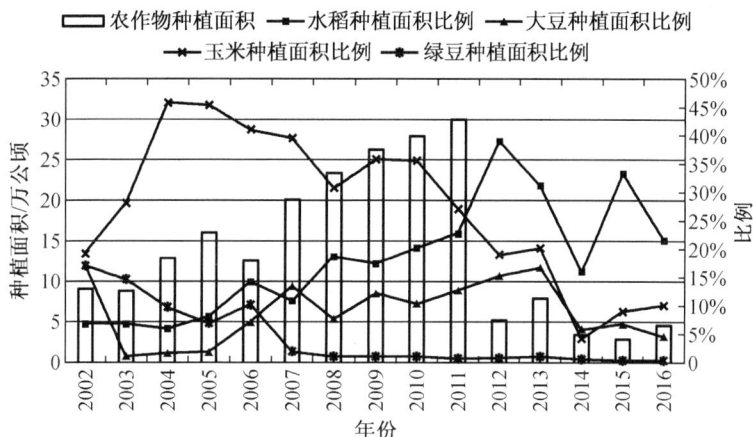

图 1-36　2002—2016 年有机食品种植面积及结构变化

(数据来源:《黑龙江统计年鉴2016》)

### 2. 绿色食品养殖

从绿色肉类产量的变化来看,2001—2016 年,肉类产量先增后减,先从 9 836 吨增加到 2004 年的 47 598 吨,后下降到 2016 年的 5 651 吨。其中 2007—2014 年以牛肉为主,但其产量比例呈下降趋势,从 92.51% 下降到 65.39%;2015—2016 年,以猪肉为主(图 1-37)。

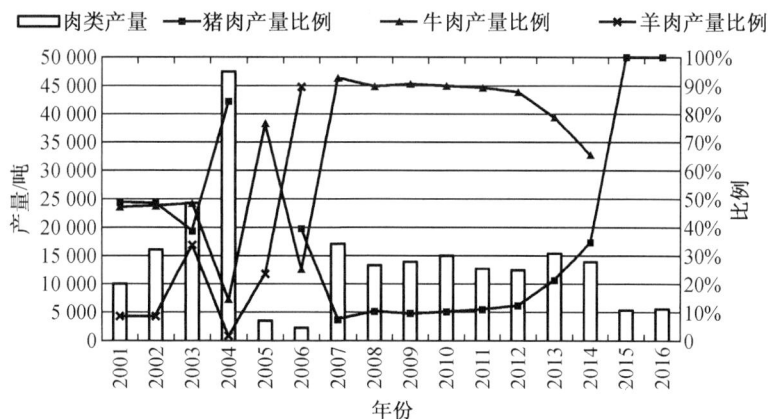

图 1-37　2001—2016 年绿色食品养殖(产量)及结构变化

(数据来源:《黑龙江统计年鉴2016》)

### 3. 特色作物种植和特色养殖

黑龙江省的特色作物主要有药材、白瓜子、万寿菊、甜葫芦和甜叶菊等,其中以药材和白瓜子种植面积较大,药材种植面积从 2001 年的 2.14 万公顷增加到 2007 年的 5.53 万公顷,后下降到 2016 年的 2.91 万公顷;白瓜子种植面积从 2001 年的 9.08 万公顷增加到 2007 年的 19.91 万公顷,后下降到 2013 年的 4.90 万公顷,2016 年上升到 8.01 万公顷。

黑龙江省的特色养殖有熊、鹿、鸵鸟、山鸡、貂子、鹧鸪、笨鸡和狐等，其中以笨鸡为主。笨鸡的年末存栏量从2001年的2 049万只增加到2012年的2 790万只，后下降到2016年的2 168万只。

# 1.3 黑龙江省农业结构变化的原因分析

## 1.3.1 自然条件

黑龙江省位于北纬43°26′~53°33′、东经121°11′~135°05′，南北长约1 120千米，东西宽约930千米，面积47.3万平方千米。其下辖12个地级市、1个地区，54个市辖区、21个县级市、45个县、1个自治县。

**1. 土地资源**

黑龙江省土地资源丰富，是土地资源大省。根据2017年土地利用变更调查结果显示，黑龙江省土地总面积为47.07万平方千米（含加格达奇区和松岭区，两区面积共1.82万平方千米），占全国土地总面积的4.9%，居全国第6位①。

（1）土地利用结构决定了农、林、牧、渔业发展结构

土地是农业生产赖以发展的基本条件，因此黑龙江省的土地利用结构是农、林、牧、渔各业发展的先决条件。根据黑龙江省自然资源厅的数据，截至2016年底，全省农用地4 142.29万公顷，其中耕地1 593万公顷，人均耕地6.2亩②，居全国第1位。根据《中国国土资源年鉴2009》~《中国国土资源年鉴2016》的统计数据，黑龙江省农用地面积平均在3 393万公顷，占全省土地面积的88.24%，其中耕地1 586万公顷，占土地面积的35.04%；林地2 182万公顷，占土地面积的48%；牧草地110万公顷，占土地面积的2.42%；园地4.5万公顷，占土地面积的0.1%；其他用地110万公顷，占土地面积的2.42%。根据"黑龙江统计年鉴"的数据，从黑龙江省的土地利用结构来看，20世纪80年代末至今，耕地占土地面积的比例不断提高，大体可划分为5个阶段：1986—1995年，耕地占土地面积的19%以上；1996—2004年，提高到20%~21%，提高了1~2个百分点；2005—2012年，提高到25%~26%，提高了5个百分点；2013—2016年，提高到35.06%，提高了近10个百分点；2017年略有下降，降到33.83%。林地占土地面积的比例呈下降趋势，先从1986—1995年的50%以上下降到1996—2004年的41%~44%，尽管2005年以来有所提升，但仍在50%以下（表1-1）。各地区的土地利用情况也大体上决定了农、林、牧、渔业各产业的区域分布（表1-2）。

表1-1 黑龙江省土地利用结构

| 年份 | 1986—1995年 | 1996—2004年 | 2005—2012年 | 2013—2016年 | 2017年 |
|---|---|---|---|---|---|
| 耕地/% | 19.44~19.81 | 20.21~21.82 | 25.37~26.13 | 35.06 | 33.83 |

---

① 参见《2017年黑龙江国土资源公报》。

② 1亩=666.6平方米。

表 1-1(续)

| 年份 | 1986—1995 年 | 1996—2004 年 | 2005—2012 年 | 2013—2016 年 | 2017 年 |
|---|---|---|---|---|---|
| 林地/% | 52.00~53.00 | 41.00~44.00 | 45.00 | 48.00 | 49.37 |
| 草地/% | 16.59 | 16.59 | — | 4.56 | 4.31 |
| 园地/% | — | — | — | 0.10 | 0.09 |

注:1. 数据来源,1986—2016 年数据根据"黑龙江统计年鉴"计算;2017 年数据根据《2017 年黑龙江国土资源公报》计算。

2. 这里的比例均为占土地面积的比例。

表 1-2　2005 年各地区土地利用情况　　　　　　　　　单位:万公顷

| 地区 | 土地面积 | 农用地 | 耕地 | 园地 | 林地 | 牧草 | 其他用地 | 水域 |
|---|---|---|---|---|---|---|---|---|
| 黑龙江省 | 4 526.45 | 3 778.47 | 1 166.95 | 6.03 | 2 288.51 | 222.61 | 94.37 | 150.67 |
| 哈尔滨 | 530.62 | 463.11 | 178.99 | 1.25 | 263.55 | 7.54 | 11.78 | 20.15 |
| 齐齐哈尔 | 422.06 | 341.59 | 222.49 | 0.58 | 49.38 | 53.41 | 15.74 | 17.17 |
| 鸡西 | 224.88 | 161.67 | 71.65 | 0.35 | 79.69 | 2.50 | 7.48 | 21.89 |
| 大庆 | 212.22 | 155.24 | 62.18 | 0.80 | 16.21 | 61.16 | 14.88 | 17.37 |
| 伊春 | 327.60 | 301.39 | 14.84 | 0.34 | 284.64 | 0.19 | 1.37 | 3.11 |
| 佳木斯 | 327.04 | 201.80 | 121.91 | 0.31 | 63.01 | 5.47 | 11.10 | 26.13 |
| 七台河 | 40.43 | 34.99 | 15.70 | 0.15 | 18.04 | 0.46 | 0.65 | 0.90 |
| 牡丹江 | 386.80 | 360.20 | 65.02 | 0.95 | 286.95 | 4.43 | 2.86 | 4.13 |
| 黑河 | 668.03 | 558.44 | 111.86 | 0.09 | 399.97 | 42.68 | 3.84 | 9.42 |
| 绥化 | 349.64 | 252.82 | 167.79 | 0.60 | 34.89 | 38.17 | 11.35 | 5.19 |
| 大兴安岭 | 829.75 | 725.06 | 7.21 | 0.00 | 714.62 | 2.05 | 1.19 | 6.86 |
| 农垦总局 | 524.92 | 451.27 | 304.26 | 0.53 | 97.53 | 18.51 | 30.45 | 18.35 |

注:1. 数据来源于《黑龙江省土地利用总体规划(2006—2020)》。

2. 各地区加总数不等于全省数。

(2)耕地资源的空间分布决定了种植业区域结构

黑龙江省耕地面积不断增加,从 1986 年的 893.1 万公顷增加到 2013—2017 年的 1 586.6 万公顷,人均耕地 6.2 亩,居全国第 1 位。

2020 年,黑龙江省的耕地按地区划分,松嫩平原地区耕地 665.2 万公顷,占全省耕地面积的 41.7%;三江平原地区耕地 516.2 万公顷,占 32.4%;张广才岭、老爷岭地区耕地 132.2 万公顷,占 8.3%;小兴安岭地区耕地 266.3 万公顷,占 16.7%;大兴安岭地区耕地 14.5 万公顷,占 0.9%[①]。

2005 年,从各地市第一次土地调查的耕地数据来看,作为种植业主要产区的农垦总局、

---

① 数据来源于黑龙江省自然资源厅。

哈尔滨、绥化、齐齐哈尔、牡丹江、佳木斯和黑河 7 个地区,其耕地面积占黑龙江省耕地面积的比例依次为 26.07%、15.34%、14.38%、19.07%、5.57%、10.45% 和 9.59%(图 1 – 38)。

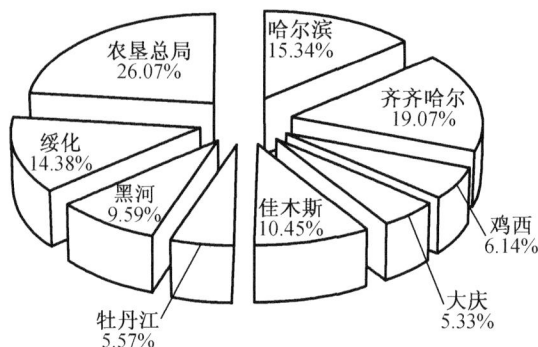

**图 1 – 38   2005 年主要种植区域耕地面积占黑龙江省耕地面积比例**

(数据来源:《黑龙江省土地利用总体规划(2006—2020)》)

(3)耕地质量及耕地灌溉条件决定了作物的品种结构

2020 年,黑龙江省耕地按坡度划分,2 度以下耕地 1 221.4 万公顷,占全省耕地的 76.6%;2 ~ 6 度耕地 290.4 万公顷,占 18.2%;6 ~ 15 度耕地 77.7 万公顷,占 4.9%;15 度以上耕地 4.9 万公顷,占 0.3%。全省耕地中,有灌溉设施的耕地 249.5 万公顷,占 15.6%;无灌溉设施的耕地 1 344.9 万公顷,占 84.4%。尽管黑龙江省是全国耕地第一大省,但受气候条件和农业基础设施不够完善等因素影响,耕地质量总体不高,中低产田占耕地总量的 78.6%,直接影响作物的产量结构和品种结构。

**2. 水资源**

黑龙江省境内江河湖泊众多,有黑龙江、乌苏里江、松花江、绥芬河四大水系,2019 年有流域面积 50 平方千米及以上河流 2 881 条,总长度为 9.21 万千米;现有常年水面面积 1 平方千米及以上湖泊 253 个,其中淡水湖 241 个,咸水湖 12 个,水面总面积 3 037 平方千米(不含跨国界湖泊境外面积)[①]。

20 世纪 90 年代末期以来,黑龙江省水资源量呈现先降后升的变动,水资源总量从 1998 年的 998 亿立方米下降到 2003 年的 280 亿立方米,此后波动上升到 2013 年的 1 419.58 亿立方米,又下降到 2016 年的 843.7 亿立方米,其中地表水资源 720 亿立方米,地下水资源 285.9 亿立方米(二者与水资源总量之差为地表水和地下水重复计算量)(图 1 – 39)。水资源的变化直接影响农作物的产量,也会影响耐旱作物和喜水作物的结构。

**3. 气候条件**

气候是农业生产必需的自然条件之一,为农作物生长发育提供了光、热、水、空气等能量和物质资源,也是影响农业生产及其分布的重要条件。黑龙江省东西跨 14 个经度,南北跨 10 个纬度,属于寒温带与温带大陆性季风气候。全省从南向北,依温度指标可分为中温

---

① 参见黑龙江省政府官网。

带和寒温带。从东向西,依干燥度指标可分为湿润区、半湿润区和半干旱区。全省气候的主要特征是春季低温干旱、夏季温热多雨、秋季易涝早霜、冬季寒冷漫长,无霜期短,气候地域性差异大。黑龙江省的降水表现出明显的季风性特征。夏季受东南季风的影响,降水充沛,冬季在干冷西北风的控制下,干燥少雨①。

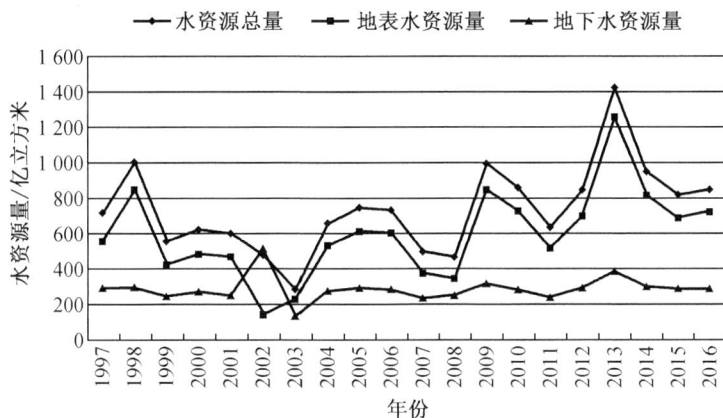

图 1-39　1997—2016 年黑龙江省水资源变化情况
（数据来源:《中国统计年鉴 2016》）

（1）气候条件对农作物的产量、空间布局和品种产生较大影响

研究表明,黑龙江省主要农作物单产时间和空间变化同温度之间存在着显著的相关性,随着气温的升高,玉米、水稻、大豆、小麦单产逐渐增加,平均温度每升高 1 ℃,粮食产量增加约 1 成;黑龙江省平均气温的升高,使喜温作物水稻的种植比例大幅度增加,种植北界已经达到呼玛等地区。小麦则在温度、技术等影响下,种植比例显著下降,呈现明显的北移趋势。玉米由于水分的要求较水稻低,主要表现为向北扩张趋势。大豆种植重心也呈现北移趋势,种植比例显著增加。

（2）气候条件也影响农产品的品质结构

黑龙江省冬半年低温的寒冷气候适于耐寒力很强的红松和落叶松等珍贵树种生存,适于耐寒的珍贵皮毛动物和脂肪丰富的鱼类繁衍生息。夏季“雨热同季”的气候优势,可促使一年生作物迅速生长,短期成熟。尤其是 6—8 月,日照时间平均每日可达 12 小时,北部夏至最长平均可达 16 小时。太阳辐射年总量多在 110 千卡②/平方厘米左右。多光照和强辐射是农作物与林木生长的有利条件,使小麦的蛋白质含量高、大米的质量好。

## 1.3.2　国家政策调整

改革开放以来,我国的农业结构调整政策以 1985 年、1998 年、2013 年为界,大致可以划分为三个阶段。

---

① 参见黑龙江省政府官网。
② 1 千卡 = 4 186.8 焦。

### 1.1985—1997 年需求导向下的农业结构调整阶段

1978 年以前,我国农业结构的基本特征是"农业以种植业为主,种植业以粮食生产为主,粮食生产又以高产作物为主",形成了"以粮为纲"的农业生产结构。这种单一的农业生产结构制约了农业生产率的提高,也成为农产品供给总量长期短缺的重要原因之一。1981年,中共中央、国务院转发了国家农业委员会发布的《关于积极发展农村多种经营的报告》,提出"决不放松粮食生产,积极发展多种经营",确立了农业结构调整的基本方针。这一时期的农业结构调整又可划分为两个阶段:一是 1992 年以前的以市场机制为主要推动力的调整阶段,调整的重点是在不放松粮食生产的前提下,支持畜牧业、林业和水产养殖业等产业,促进农、林、牧、副、渔业全面发展;调整农村产业结构,处理农业与二、三产业的关系,坚持农业作为基础产业的地位。二是 1992 年以后,随着人们生活水平的提高和国民经济结构的逐步调整,农产品的市场需求结构开始发生变化。这一时期,在产业结构方面,国家在保证粮、棉等农产品稳定增长的前提下,加快乡镇企业和其他非农产业的发展,从而实现农村产业结构调整;在产品结构方面,国家在确保粮食总量增长的同时,重点对农产品的种类和品质结构进行调整,将传统的"粮食作物 – 经济作物"二元结构,逐步调向"粮食作物 – 经济作物 – 饲料作物"三元结构。

### 2.1998—2012 年农业结构的战略性调整阶段

经过上一轮的农业结构调整,我国农业综合生产能力明显增强,粮食和其他农产品产量大幅度增长,基本解决了全国人民的吃饭问题。但绝大多数农产品价格持续下跌,农产品出现全面"卖难"现象,农业效益下降,农民收入增幅连年回落,农业发展由受资源与制度约束变为受资源和市场的双重约束,从而进入了一个全新的发展阶段。因此,这一轮农业结构调整的重点是调整我国粮食生产的品种结构和区域布局,改善品质,提高质量,进一步优化区域布局。为实现农业结构调整目标,相关政策措施陆续出台,如始于 1998 年的农机购置补贴,始于 2002 年的良种补贴政策,2002 年试点、2004 年在全国全面推行的种植直补政策,2004 年以来实行稻谷和小麦的最低收购价政策,始于 2005 年的产粮(油)大县奖励政策,始于2006 年的农资直补政策,2008 的大豆(到 2013 年)和玉米(到 2016 年)临时收储政策,等等。

### 3.2013 年以来以国际市场为导向的新一轮农业结构调整阶段

2013 年中央"一号文件"重点对专业大户、家庭农场、农民合作社和农业企业等新型经营主体的扶持政策进行了部署,这也是把 2013 年作为改革开放以来第三次农业结构调整开端的原因。2014 年中央"一号文件"高度重视粮食安全问题,明确要求实施"以我为主、立足国内、确保产能、适度进口、科技支撑"的国家粮食安全新战略,提出确保"谷物基本自给、口粮绝对安全"的国家粮食安全新目标。为实现这一目标,必须加快构建新型农业经营体系,推进结构改革,并"合理利用国际农产品市场""加快实施农业走出去战略""注重农业可持续发展"。因此,本次农业结构调整要在世界贸易组织(WTO)框架下,充分利用国内、国际两种资源,两个市场,不仅要满足城乡居民日益增长的对优质农产品的需求,还要通过劳动密集型农产品的出口提高农民收入,进而提高农业整体素质,加快农业现代化进程。其重点是确保国家粮食安全的实现路径,调整区域生产力布局、粮经作物生产结构、种养结构、产业结构、产品结构和品质结构,构建粮经饲协调发展的作物结构、适应市场需求的品种结构、生产生态协调的区域结构和用地养地结合的耕作制度。这一轮农业结构调整采取的相关政策措施有 2014—2016 年的大豆目标价格政策,始于 2016 年的轮作补贴政策、玉米生产者补贴政策,始于 2017 年的大豆生产者补贴政策,等等。

### 1.3.3　市场因素

#### 1.市场需求变化

改革开放以来,我国的农业和农村经济得到了快速发展,也推动了国民经济的快速发展,人均收入不断增加,居民的消费水平也在不断提高,对动物性食品、酒类等间接消费品的需求增长远远超过了直接口粮消费的增长;消费结构也发生了较大变化,呈现"高蛋白、中热量、低脂肪"的消费趋势。统计资料表明,直接口粮消费在 20 世纪 80 年代后期达到饱和后呈下降趋势,它占粮食消费总量的比例持续下降,1995 年已降到 60% 以下,比 1978 年下降了 15.4%;而与此形成鲜明对照的是,间接粮食消费量呈高速增长态势,并且仍增势强劲,相较于 1980 年,1995 年增长了 1 倍多,年均增长率在 3% 以上,其中最主要是工业用粮和饲料用粮。这表明我国粮食问题已由温饱问题开始转变为改善和提高食物品质的问题。

20 世纪 90 年代以来,随着人们生活水平的进一步提高,农产品的市场需求结构开始发生变化,调整农产品的品质结构也开始成为农业结构调整的主要内容。消费需求日益多元,推动了园艺、畜牧、水产品等产量快速增长。此外,消费者对于农产品质量安全的重视,拉动了无公害农产品、绿色食品与有机产品的消费。

#### 2.农产品的比较收益

黑龙江省的农作物之间存在竞争关系,尤其是在耕地资源约束的前提下。作为农业生产主体的农民,其种植什么、种植多少,虽然受多种因素的影响,但其中最重要的就是农作物的比较收益。2012—2017 年,对黑龙江省 425 户大豆农户的种植结构和养殖结构调查结果显示,种植业中,粮食作物(97.18% 的农户,98.62% 的面积)居主导,粮食作物中,大豆(91.76% 的农户,57.42% 的面积)和玉米(60.24% 的农户,24.13% 的面积)是最主要的品种(表 1 - 3);养殖业中,兼营养殖业的农户(136 户,32%),以饲养家禽(105 户,24.71%)和家畜(94 户,22.12%)为主(表 1 - 4)。在多项影响农户种植意愿和种植选择的因素中,作物比较收益一直都是最主要的因素(32.10%)(图 1 - 40)。

表 1 - 3　农户种植业生产情况

| 作物种类 | 种植面积/公顷 | 面积比例 | 户数 | 户数比例 | 农户面积中位数/公顷 |
|---|---|---|---|---|---|
| **粮食作物** | 2 495.96 | 98.62% | 413 | 97.18% | 6.04 |
| 大豆 | 1 453.31 | 57.42% | 390 | 91.76% | 1.33 |
| 玉米 | 610.61 | 24.13% | 256 | 60.24% | 1.09 |
| 小麦 | 234.80 | 9.28% | 12 | 2.82% | 7.33 |

表 1-3(续)

| 作物种类 | 种植面积/公顷 | 面积比例 | 户数 | 户数比例 | 农户面积中位数/公顷 |
|---|---|---|---|---|---|
| 水稻 | 158.53 | 6.26% | 81 | 19.06% | 1.00 |
| 其他粮食作物 | 38.71 | 1.53% | 38 | 8.94% | 0.63 |
| 其他经济作物 | 32.77 | 1.29% | 10 | 2.35% | 3.17 |
| 蔬菜 | 2.28 | 0.09% | 28 | 6.59% | 0.07 |
| 合计 | 2 531.01 | 100% | —— | —— | —— |

表 1-4 不同养殖规模下的农户数量分布

| 种类 | 数量/只/头 | 户均/只/头 | 不同规模下户数比例[①] | | | | | |
|---|---|---|---|---|---|---|---|---|
| | | | 10 以下 | 10~49 | 50~99 | 100~200 | 2 000~5 000 | 合计 |
| 家禽 | 18 225 | 174 | 19(4.47%) | 78(18.35%) | 2(0.47%) | 2(0.47%) | 4(0.94%) | 105(24.71%) |
| 猪 | 589 | 31 | 33(7.76%) | 2(0.47%) | 1(0.24%) | —— | —— | 36(8.47%) |
| 羊 | 193 | 5 | 8(1.88%) | 9(2.12%) | —— | 2(0.47%) | —— | 19(4.47%) |
| 肉牛 | 53 | 3 | 18(4.24%) | —— | —— | —— | —— | 18(4.24%) |
| 奶牛 | 72 | 5 | 11(2.59%) | 3(0.71%) | —— | —— | —— | 14(3.30%) |
| 兔子 | 25 | 4 | 6(1.41%) | 1(0.24%) | —— | —— | —— | 7(1.65%) |

注:①户数比例是指占全部受访农户(425 户)的比例。

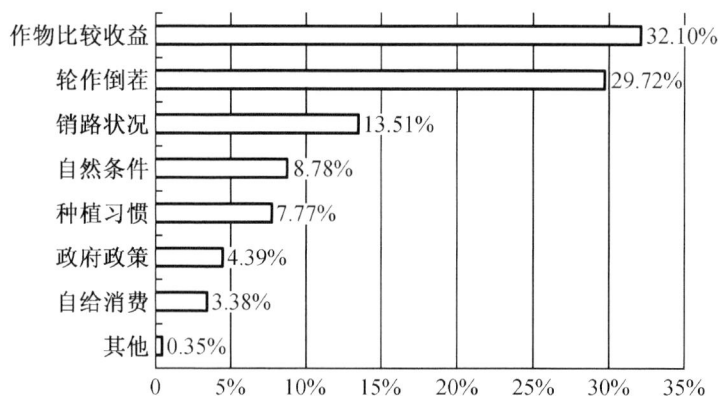

图 1-40 影响农户种植意愿的因素

从黑龙江省 4 种主要粮食作物的亩收益比较来看,1979—2016 年,水稻 > 玉米 > 大豆 > 小麦(图 1-41)。以大豆和玉米为例,2006—2014 年大豆的亩收益明显低于玉米的亩收益,这也是这一时期黑龙江省大豆种植面积迅速减少而玉米种植面积迅速增加的重要原因。这种生产效益上的差异,必然引起资源的重组和结构的变化。

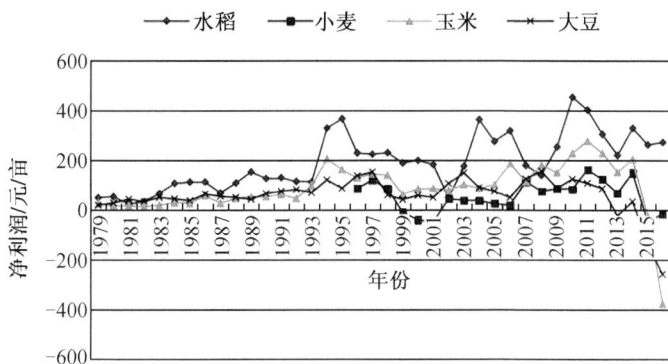

**图 1 - 41　主要粮食作物收益比较**

（数据来源:《全国农产品成本收益资料汇编2016》）

### 3.农业结构调整的机会成本

农户对结构调整的根本动力来自农业结构调整可能带来的经济收益及结构调整机会成本的高低。随着农民收入来源的多元化,特别是非农收入比例的增加,农民生产经营活动可选择的空间不断扩大,农业结构调整的机会成本上升,结构调整可能带来的收益对农民的刺激在一定程度上减弱,从而影响了农业结构调整。尤其是在某些富裕的县区,虽然在某种农作物生产上具有显著的比较优势,但由于农业生产机会成本相对较高,农民并不会投入太多的人力、财力、物力进行农业结构调整,甚至有的农民会完全放弃农业生产。

2012—2017 年对黑龙江省 425 户农户的收入调查来看,有 35.29%(150 户)的农户从事兼业化经营(既从事农业生产,也从事打工或商业等非农活动),而且有 11.82%的农户以打工等非农收入、政府补贴和财产性收入等为家庭收入主要来源(表 1 - 5)。

**表 1 - 5　农户总体收入结构和家庭收入主要来源分布**

| 收入结构 | 收入金额/万元 | 收入比例 | 作为主要收入来源的农户数 | 农户比例 |
|---|---|---|---|---|
| **农业收入** | 2 704.72 | 86.99% | 379 | 89.18% |
| **种植业收入** | 2 615.99 | 84.14% | 367 | 86.35% |
| 大豆 | 1 377.86 | 44.32% | 190 | 44.71% |
| 玉米 | 786.46 | 25.30% | 122 | 28.71% |
| 小麦 | 205.70 | 6.62% | 7 | 1.65% |
| 水稻 | 213.04 | 6.85% | 46 | 10.82% |
| 药材 | 6.50 | 0.21% | 1 | 0.22% |
| 地租 | 13.59 | 0.43% | 1 | 0.24% |
| 其他 | 12.84 | 0.41% | — | — |

表1-5（续）

| 收入结构 | 收入金额/万元 | 收入比例 | 作为主要收入来源的农户数 | 农户比例 |
|---|---|---|---|---|
| 畜牧业收入 | 85.12 | 2.73% | 12 | 2.83% |
| 园艺 | 3.61 | 0.12% | — | — |
| 非农收入 | 286.45 | 9.21% | 41 | 9.65% |
| 打工所得 | 160.15 | 5.15% | 27 | 6.35% |
| 运输业 | 20.80 | 0.67% | 3 | 0.71% |
| 商业和服务业 | 53.04 | 1.71% | 4 | 0.94% |
| 出租机器 | 16.95 | 0.55% | 1 | 0.24% |
| 其他经营 | 28.70 | 0.91% | 5 | 1.17% |
| 退休金（工资） | 6.81 | 0.22% | 1 | 0.24% |
| 政府补贴 | 110.01 | 3.54% | 4 | 0.94% |
| 良种和粮食直补 | 93.37 | 3.00% | 3 | 0.71% |
| 油料生产 | 0.31 | 0.01% | — | — |
| 农机补贴 | 16.13 | 0.52% | 1 | 0.23% |
| 扶贫款 | 0.20 | 0.01% | — | — |
| 财产性收入 | 7.94 | 0.26% | 1 | 0.23% |
| 利息收入 | 6.78 | 0.22% | 1 | 0.23% |
| 证券性投资收入 | 0.35 | 0.01% | — | — |
| 亲友赠款 | 0.75 | 0.02% | — | — |
| 变卖财产 | 0.06 | 0.01% | — | — |
| 合计 | 3 109.12 | 100% | 425 | 100% |

注：数据来源，根据实地调查整理。

## 1.3.4　技术因素

技术进步支持了结构调整。理论研究和实践都表明，制度安排是经济发展中起决定性作用的内生变量，而技术创新则是促进经济结构合理化演进从而推动经济发展的重要力量。1980年以来农业结构的较快转变，是以科技进步的作用不断增强为基础的。科技兴农的不断发展已在一定程度上促使农业由资源型向科技型转变，也有效地推动了农业结构的优化调整。

**1. 技术进步使作物间单产水平差距拉大**

良种繁育、病虫害防治、化肥使用、水利建设和高科技应用等诸多方面的进步，提高了土地单产水平和粮食供给。1980—2016年，黑龙江省主要粮食作物单产水平均不同程度地提高,水稻、玉米、薯类、小麦和大豆的单产水平分别从 3 808 千克/公顷、2 768 千克/公顷、2 126 千克/公顷、1 868 千克/公顷和 1 350 千克/公顷提高到 2016 年的 7 020 千克/公顷、5 994 千克/公顷、4 655 千克/公顷、3 639 千克/公顷和 1 746 千克/公顷,年均增长率分别为 1.73%、1.87%、2.17%、0.72% 和 2.16%,增速依次为玉米 > 薯类 > 小麦 > 水稻 > 大豆(图 1 - 42)。自 1996 年起,在国家粮食自给率 95% 的目标指导下,单产水平高的粮食作物种植面积不断扩张。

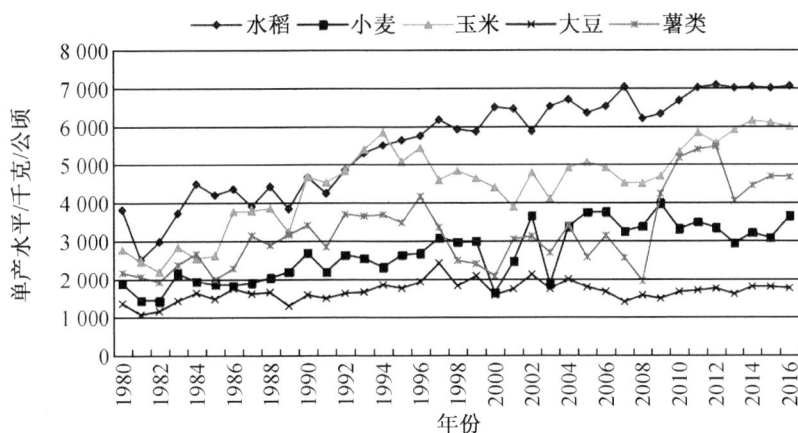

图 1 - 42　1980—2016 年黑龙江省主要粮食作物单产变化

(数据来源:《黑龙江统计年鉴 2016》)

### 2. 技术进步在不同产业部门间和地区间的增长效用出现差别

在多元化的技术供给结构中,不同生产部门的技术创新不可能齐头并进,且不同的技术运用对农民成本 - 收益函数的影响也存在差异,农民的技术采用往往会受到市场机制的影响,进而导致不同部门间技术进步的增长效用出现差别。技术对种植业的贡献率下降,而在畜牧业、水产业等领域的作用却持续提高,这是导致黑龙江省不同部门产值份额此消彼长的一个重要原因。

另外,由于各市区的资源条件不同,技术在不同地区间的效用也存在一定的差异,这也是形成农业区域结构的主要原因之一。最直接的体现是在地区间的作物单产水平上,以最主要的粮食作物玉米、水稻和大豆为例。众所周知,农垦总局由于其耕地的规模优势,使得同样的技术发挥了更大的效用,不仅单产水平明显高于其他地区(图 1 -43、图 1 -44、图 1 -45),而且单产增速也明显快于其他地区。1988—2016 年,农垦总局水稻单产年均增速为 3.42%,仅次于齐齐哈尔(3.58%)(图 1 -43);玉米单产年均增速为 4.99%,明显快于齐齐哈尔(3.24%)和其他地区(2% ~3%)(图 1 -44);大豆单产年均增速为 1.58%,快于绥化(1.24%)和其他地区,甚至有些地区大豆单产不升反降,如齐齐哈尔和牡丹江(图 1 -45)。

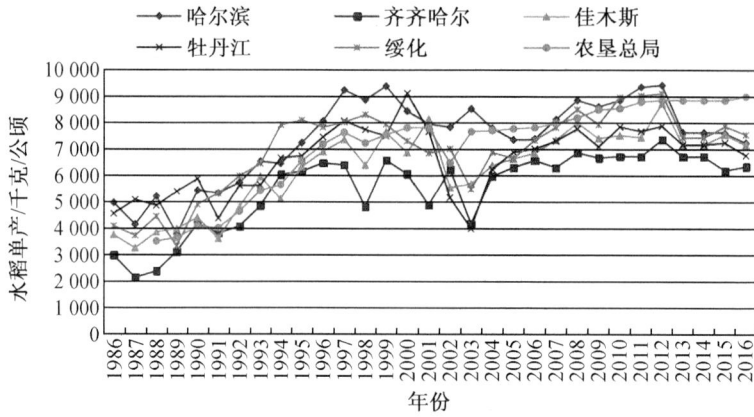

**图 1 - 43    1986—2016 年黑龙江省水稻产区水稻单产变化**

（数据来源：《黑龙江统计年鉴 2016》）

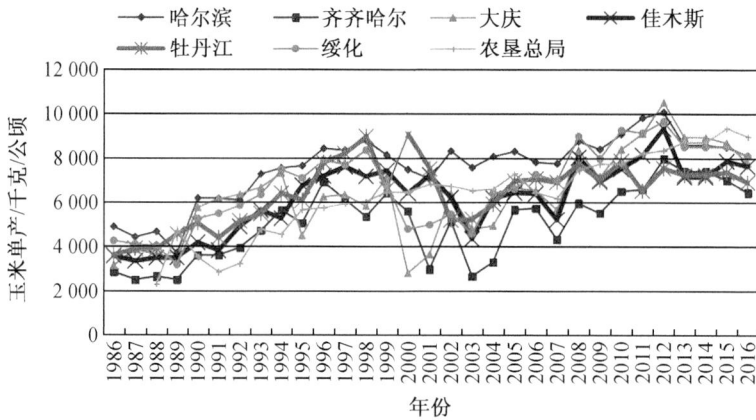

**图 1 - 44    1986—2016 年黑龙江省玉米产区玉米单产变化**

（数据来源：《黑龙江统计年鉴 2016》）

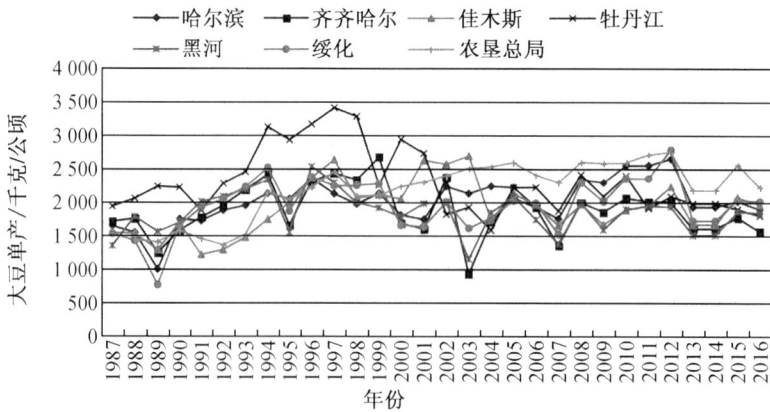

**图 1 - 45    1987—2016 年黑龙江省大豆产区大豆单产变化**

（数据来源：《黑龙江统计年鉴 2016》）

# 1.4　黑龙江省新一轮农业结构调整的成效与措施

### 1.4.1　新一轮农业结构调整取得的成效

黑龙江省坚持以"质量兴农、绿色兴农、品牌强农"为导向,以稳粮、优经、扩饲为目标,通过宣传各项惠农政策,引导广大农民积极调整种植结构,加快发展蔬菜、食用菌、鲜食玉米等高价值、高效益的经济作物。2018年黑龙江省高产作物种植面积增加,大豆种植继续保持稳定发展态势,玉米种植面积呈现恢复性增长,水稻种植面积比上年略有减少。鲜食玉米、蔬菜、食用菌、马铃薯等高价值、高效益作物种植面积达2 000多万亩。

#### 1. 粮食品质不断调高

黑龙江省大力发展质量效益型农业,推动农业生产由主要满足"量"的需求,向更加注重满足"质"的需求转变。全省范围内引导玉米适区适种。为满足不同消费者需求,推广种植高赖氨酸、高淀粉和鲜食玉米等专用型品种;发展品质优、适口性好的水稻生产。推广稻田养鱼、养蟹、养鸭、养蛙等四种"水稻 + "种养模式;重点发展食用型高蛋白大豆种植。2018年,全省绿色有机食品种植面积达到8 000万亩。由于粮食品质好,玉米含水量低,新粮上市价格一路走高,标准水玉米每千克平均销售价格达到1.60元以上。

#### 2. 科技兴粮能力调强

一直以来,黑龙江省注重农机与农艺相结合,提升农业生产整体科技水平。全省良种覆盖率连续多年保持在98%以上,重点模式化栽培技术推广面积1.95亿亩次。围绕1 000千米高标准科技示范带建设,建设现代农业科技园370个。全省农业综合机械化率达到96.8%,主要农作物基本实现全程机械化作业。农业科技进步贡献率达到66.5%,高于全国9个百分点。全省高度重视大豆生产,努力挖掘大豆增产潜力,通过推广大豆大垄密植、45厘米小垄密植等栽培技术模式,提高技术到位率,大豆单产水平进一步提升。2018年,孙吴县哈屯现代农机专业合作社22 500亩大豆,平均亩产达到205.5千克。

#### 3. 生产方式加快调绿

黑龙江省以绿色发展理念引导农民和新型农业经营主体大力发展绿色有机农产品种植,持续加大农业"三减"(减化肥、减化学农药、减除草剂)力度,推广测土配方施肥、机械侧深施肥、增施有机肥和绿色植保技术,提高农业投入品利用效率。2018年,全省测土配方施肥面积达1.8亿亩,新建220个旱田重大病虫监测点。在18个县开展统防统治和绿色防控融合示范,绿色防控措施覆盖率达到40%,农业"三减"高标准示范面积达到3 500万亩。

### 1.4.2　新一轮农业结构调整采取的措施

近年来,黑龙江省各地加大了农业结构调整力度,在减少玉米种植面积的同时,积极推动"米改豆""旱改水""粮改饲""粮改经",探索出了一系列符合地方实际的调整措施。

### 1. 扩大大豆、水稻、杂粮种植面积

2014—2016 年,在国家实行大豆目标价格补贴政策的带动下,作为黑龙江省大豆主产地的五大连池和海伦等地都扩大了大豆种植面积,2016 年较 2015 年分别增加 20.1% 和 17.6%;巴彦等松花江沿岸地区加大了旱改水力度,仅用 3 年时间,沿江区域水稻面积就增加 13.6 万亩;龙江将"张杂谷"作为农业新产业进行培育,2015 年种植基地面积达到 4.5 万亩,2020 年达到 100 万亩。

### 2. 发展蔬菜种植

2011 年,黑龙江省政府下发了《黑龙江省人民政府关于加快蔬菜产业发展的意见》,指出,到 2015 年,全省蔬菜种植面积达到 700 万亩,其中设施蔬菜面积达到 100 万亩。在该意见指导下,林甸投资建设生态有机果蔬棚室生产基地,建成棚室 8 600 栋;安达建成 18 万亩蔬菜生产基地,其中棚室设施蔬菜 3 万亩;兰西榆林镇依托专业合作社带动农户大力发展蔬菜种植,2015 年全镇蔬菜种植面积达 5 万亩,占耕地总面积 28%。

### 3. 发展特色种植

为推进农业产业提档升级,黑龙江省加快发展蔬菜、食用菌、鲜食玉米、中草药、汉麻等特色作物,并加大引导和扶持力度,形成了不同区域特色作物种植地。2015 年,林口把绿色南瓜作为主导农业产业,南瓜种植总面积达 35 万亩,占全省南瓜种植面积的 25%;宁安江南乡大力发展寒地果种植业,全乡寒地果种植面积达到 10 万亩,成为宁安万亩绿色苹果生产基地;伊春营造和改培红松果林 2.3 万亩,种植蓝莓浆果 6.2 万亩,为全国较大的红松子采集基地和蓝莓种植基地。

### 4. 发展经济作物

黑龙江省鼓励农民整合利用土地资源,发展经济作物,促进农民增收。2015 年,鸡东东宝村大力发展北药种植,种植面积超过 1 万亩,占全村耕地总数的 56%,成为黑龙江省东部地区较大的北药种植基地;依兰积极发展北药种植与加工,种植面积已达 5 万亩;桦南将紫苏作为结构调整的主要作物,全县紫苏生产基地 8 个,种植面积达到 12 万亩。

### 5. 发展绿色生态农业

黑龙江省积极发展绿色生态农业,推进农业可持续发展。海伦在减少玉米种植面积的同时,重点打造了 10 万亩富硒有机示范基地;巴彦围绕松花江做足水经济,全县绿色有机水稻发展到 11 万亩;庆阳农场大力发展"稻鸭共育"的有机水稻生产模式,2018 年已达到"1.5 万亩有机稻 +20 万只稻田鸭"的规模。2018 年 4 月 4 日,黑龙江省政府下发《黑龙江省创新体制机制推进农业绿色发展的实施意见》,全面推进农业绿色发展,全力保障国家食物安全、资源安全和生态安全。

### 6. 以养带种推动粮改饲

2017 年黑龙江省出台了《黑龙江省 2017 年粮改饲工作实施方案》,双城、龙江、克东为全国第一批粮改饲试点,种植青贮玉米 25 万亩,实际共收贮 109 万吨,为奶牛养殖提供了优质饲料。兰西建成 1 万亩高产优质苜蓿良种基地,带动周边农民种植苜蓿 5.5 万亩,使奶牛生鲜乳质量明显提高,经济效益显著。

# 1.5　黑龙江省新一轮农业结构调整面临的问题和政策建议

## 1.5.1　新一轮农业结构调整面临的问题

### 1. 部分地区调整积极性不高

（1）部分地区农业经营主体分散，农户经营规模小，对农业政策的理解不到位，对农产品市场的变化不敏感，不愿意调整。

①农户经营主体分散。2016 年黑龙江省登记户数 383.65 万户，其中 85.63%（328.5 万户）从事农业经营。农业经营户中，规模农业经营户 55.3 万户，占农业经营户的 16.83%；农业生产经营单位 48 827 个，其中农民专业合作社 30 513 个，占农业经营单位总数的 62.49%（表 1-6）。

从各市区来看，主要的农业市绥化和大庆的规模农业经营户分别为 58 142 和 19 048 户，分别占本市农业经营户的 9.66% 和 6.78%，远低于全省平均水平；大庆的农民专业合作社 886 个，占该市农业生产经营单位的 34.77%，远低于全省 62.49% 的平均水平（表 1-6）。如此分散的经营主体，加大了这两市区农业结构调整的难度。

表 1-6　2016 年黑龙江省及各市区农业经营主体数量

| 地区 | 登记户数/户 | 农业经营户数/户 | 规模农业经营户数/户 | 农业生产经营单位/个 | 农民专业合作社/个 |
|---|---|---|---|---|---|
| 黑龙江省 | 3 836 504 | 3 285 040 | 552 979 | 48 827 | 30 513 |
| 哈尔滨 | 1 100 583 | 988 803 | 156 681 | 13 959 | 9 068 |
| 齐齐哈尔 | 587 053 | 481 011 | 94 873 | 7 539 | 4 129 |
| 鸡西 | 158 453 | 137 365 | 18 603 | 2 202 | 1 676 |
| 鹤岗 | 43 637 | 36 965 | 11 171 | 803 | 390 |
| 双鸭山 | 108 856 | 84 012 | 17 693 | 285 | 169 |
| 大庆 | 310 527 | 280 952 | 19 048 | 2 548 | 886 |
| 伊春 | 67 454 | 62 195 | 12 323 | 492 | 304 |
| 佳木斯 | 247 890 | 184 937 | 56 299 | 2 523 | 1 507 |
| 七台河 | 63 604 | 49 338 | 8 793 | 228 | 123 |
| 牡丹江 | 258 471 | 217 278 | 49 523 | 2 585 | 1 925 |
| 黑河 | 193 515 | 128 352 | 43 567 | 3 172 | 2 480 |
| 绥化 | 62 181 | 601 948 | 58 142 | 10 619 | 7 266 |
| 大兴安岭 | 665 076 | 31 045 | 6 078 | 1 066 | 583 |

注：数据来源于《黑龙江省人民政府第三次全国农业普查主要数据公报》。

②农户经营规模小,耕地碎片化问题仍很突出。从2012—2017年的农户入户调查来看,样本农户(425户)可利用农地共2 873.34公顷,户均6.76公顷;利用类型结构是耕地的占74.50%、水面的占8.88%、林地的占4.58%、园地的占0.98%、草地的占0.65%和其他(含山地)的占10.41%。户均耕地面积5.04公顷,分布区间0.08~200公顷。从户均耕地规模分布看,10公顷以下的农户占88.5%,45.4%的农户落在1~3公顷这一耕地规模组。从耕地离散情况看,农户耕地地块数平均为4块,分布区间1~45块,大多数农户(68.5%)的地块在4块之内。从农户家与所种耕地的地块距离看,多数农户(89.3%)地块距家在5千米以内。总体上说,黑龙江省豆农耕地离家较远(表1-7)。

表1-7　农户耕地规模与地块分布

| 耕地规模 | 1公顷以下 | 1~3公顷 | 3~5公顷 | 5~10公顷 | 10~20公顷 | 20公顷及以上 | 合计 |
|---|---|---|---|---|---|---|---|
| 农户数及所占比例 | 62(14.6%) | 193(45.3%) | 61(14.4%) | 60(14.1%) | 33(7.8%) | 16(3.8%) | 425(100%) |
| 地块 | ≤4块 | 5~9块 | 10~14块 | 15~19块 | 20块及以上 | — | 合计 |
| 农户数及所占比例 | 291(68.5%) | 108(25.4%) | 20(4.7%) | 4(0.9%) | 2(0.5%) | — | 425(100%) |
| 地与家距离 | 1千米以内 | 1~5千米 | 5~10千米 | 10千米及以上 | — | — | 合计 |
| 农户数及所占比例 | 156(36.7%) | 228(53.7%) | 32(7.5%) | 9(2.1%) | — | — | 425(100%) |

注:第1行第2~5列及第5行第2~4列含下限。

从非耕地规模来看,37.92%的农户有非耕地农地,其中23.54%的农户经营规模在1公顷以下,1~3公顷的农户占8.95%,3公顷以上的农户仅占5.43%(表1-8)。

表1-8　农户非耕地农业用地规模分布

| | 0.5公顷以下/户 | 0.5~1公顷/户 | 1~3公顷/户 | 3~5公顷/户 | 5公顷及以上/户 | 合计/户 | 户均/公顷 |
|---|---|---|---|---|---|---|---|
| 林地 | 24(5.65%) | 12(2.82%) | 20(4.71%) | 2(0.47%) | 9(2.12%) | 67(15.77%) | 1.96 |
| 园地 | 40(9.41%) | 5(1.18%) | 7(1.65%) | 0 | 1(0.24%) | 53(12.48%) | 0.53 |
| 草地 | 4(0.94%) | 4(0.94%) | 3(0.71%) | 1(0.24%) | 1(0.24%) | 13(3.07%) | 1.43 |
| 水面 | 5(1.18%) | 3(0.71%) | 4(0.94%) | 0 | 4(0.94%) | 16(3.77%) | 15.95 |
| 其他 | 1(0.24%) | 2(0.47%) | 4(0.94%) | 1(0.24%) | 4(0.94%) | 12(2.83%) | 24.93 |
| 合计 | 74(17.42%) | 26(6.12%) | 38(8.95%) | 4(0.95%) | 19(4.48%) | 161(37.92%) | — |

注:表中数据是户数和户数比例,户数比例是指占全部农户(425户)的比例。

（2）许多地区农民的种植知识、生产工具限于玉米等传统作物农业种植,调整种植方向需要新的知识和新的设备,调整成本较高,知识和资金的缺乏导致不能调整。2016 年,黑龙江省受过高中以上教育的农业经营人员数量仅占农业经营人员总数的 10.1%,绝大多数（88.1%）只有小学和初中文化程度,未上过学的占 1.9%;规模经营户中,受过高中以上教育的仅占 5.9%,91.1% 只接受过小学和初中教育,且地区差异较大（表 1－9）。从 2012—2017 年的入户调查来看,受访农户（425 户）中,80% 以上的户主具有初中以下文化程度,仅 17.88% 的户主受过高中及以上教育（表 1－10）。

表 1－9　2016 年黑龙江省及各市区受过不同教育的农业经营人员构成　　　　单位:%

| 地区 | 未上过学 | 小学 | 初中 | 高中或中专 | 大专及以上 |
|---|---|---|---|---|---|
| 农业经营人员 | | | | | |
| **黑龙江省** | 1.9 | 35.9 | 52.2 | 7.8 | 2.3 |
| 哈尔滨 | 1.8 | 41.2 | 52.0 | 4.0 | 0.9 |
| 齐齐哈尔 | 1.6 | 40.0 | 54.2 | 3.5 | 0.7 |
| 鸡西 | 1.4 | 28.7 | 61.5 | 6.4 | 2.0 |
| 鹤岗 | 2.4 | 31.1 | 58.2 | 6.4 | 1.9 |
| 双鸭山 | 1.8 | 32.4 | 59.0 | 5.6 | 1.1 |
| 大庆 | 2.3 | 42.3 | 50.9 | 3.7 | 0.8 |
| 伊春 | 1.0 | 14.8 | 44.7 | 26.2 | 13.3 |
| 佳木斯 | 1.5 | 28.8 | 63.6 | 4.9 | 1.1 |
| 七台河 | 1.8 | 30.2 | 60.9 | 6.0 | 1.1 |
| 牡丹江 | 2.2 | 30.0 | 56.4 | 8.6 | 2.8 |
| 黑河 | 1.9 | 30.0 | 57.5 | 8.7 | 1.9 |
| 绥化 | 2.1 | 45.0 | 49.4 | 3.0 | 0.5 |
| 大兴安岭 | 1.4 | 15.2 | 54.0 | 19.5 | 9.9 |
| 规模经营户 | | | | | |
| **黑龙江省** | 1.0 | 29.9 | 63.2 | 5.0 | 0.9 |
| 哈尔滨 | 1.1 | 36.7 | 57.8 | 3.8 | 0.6 |
| 齐齐哈尔 | 0.7 | 32.3 | 63.0 | 3.5 | 0.6 |
| 鸡西 | 0.5 | 19.9 | 71.9 | 6.3 | 1.3 |
| 鹤岗 | 0.7 | 23.3 | 69.0 | 5.8 | 1.3 |
| 双鸭山 | 1.5 | 23.0 | 69.2 | 5.2 | 1.0 |
| 大庆 | 1.1 | 31.9 | 61.4 | 4.7 | 0.9 |
| 伊春 | 0.8 | 22.3 | 65.9 | 9.3 | 1.7 |
| 七台河 | 1.9 | 21.9 | 69.0 | 6.2 | 1.1 |

表 1 - 9(续)

| 地区 | 未上过学 | 小学 | 初中 | 高中或中专 | 大专及以上 |
|---|---|---|---|---|---|
| 牡丹江 | 1.3 | 23.0 | 68.9 | 6.1 | 0.7 |
| 黑河 | 0.6 | 24.6 | 63.7 | 9.4 | 1.7 |
| 绥化 | 0.9 | 33.9 | 60.3 | 4.1 | 0.8 |
| 大兴安岭 | 1.2 | 21.8 | 61.1 | 11.8 | 4.0 |

注:数据来源于《黑龙江省人民政府第三次全国农业普查主要数据公报》。

**表 1 - 10   被调查农户中户主的文化程度**

| 家庭规模 | | 户主文化程度 | |
|---|---|---|---|
| 人口数 | 农户数及比例 | 受教育程度 | 农户数及比例 |
| 1 人 | 21(4.94%) | 文盲 | 7(1.65%) |
| 2 人 | 54(12.71%) | 小学 | 135(31.76%) |
| 3 人 | 211(49.65%) | 初中 | 207(48.71%) |
| 4 人 | 92(21.65%) | 高中 | 48(11.29%) |
| 5 人 | 44(10.35%) | 职高/技校 | 17(4.00%) |
| 6 人 | 3(0.7%) | 大学 | 11(2.59%) |
| 合计 | 425(100%) | 合计 | 425(100%) |

(3)某些农产品的市场前景不明确,缺乏可靠的销路,面临较高的自然风险和市场风险,农民不敢轻易调整。在入户调查中也显示出,13.51%的农户认为农产品的销路状况是影响其进行种植调整的重要因素。

**2. 部分地区缺乏长远规划**

一些地方没有从地方特色和市场需求等角度进行长远规划,选择品种时存在过于关注短期价格走势和盲目跟风现象,没有形成自己的特色,没有实现"优势调强、产业调大、布局调优、效益调高"的目标。以粮改豆为例,有些地区扩大普通大豆种植面积后又陷入价格低迷的困境,而有些地区则把种植消费用有机大豆作为长远规划,取得了高收益。

**3. 配套支持跟不上调整需要**

(1)农业补贴政策不够灵活,执行不够严格,导致农民调整产业结构后没有得到更多补贴,甚至可能因为超出补贴范围而减少了补贴,使农业补贴的导向和支持作用大打折扣。

(2)农业保险覆盖范围过窄,限于主要农作物和主要禽畜,使特色种植和特色养殖等项目缺乏农业保险的保障,面临较高的自然风险和融资难度。

(3)农业科技升级缓慢,面对新的农业项目和新的农业科技需求,基层农技部门不能有效满足结构调整后的技术需求。

(4)农村金融发展缓慢,农户的农业生产受制于资金限制,直接影响农户向高投入收益的作物或品种调整。

从 2012—2017 年的入户调查来看，样本农户(425 户)在借款对象的选择上，一般情况下首选是亲友(79.1%)，分别有 57.9% 和 12% 的农户会首选信用社和村镇银行；已经借款的农户(85 户)，29.4% 的农户首先选择信用社担保贷款；打算借款的农户(68 户)首选是信用社(63.2%)，第二选择是亲友(48.5%)(表 1-11)。可见，农户对信用社这样的金融机构还是有资金需求的期待。而且，从借款用途来看，已有借款和打算借款的农户借款都主要是为满足生产需要，分别占该类农户的 94.12% 和 82.35%(表 1-12)。

表 1-11 借款对象与借款条件的农户比例分布

| 借款对象 | 首选借款对象 | 已发生借款的借款条件 | | | | 打算借款 |
| | | 担保 | 抵押 | 无条件 | 合计 | |
|---|---|---|---|---|---|---|
| 信用社 | 246(57.9%) | 25(29.4%) | 20(23.5%) | — | 45(52.9%) | 41(63.2%) |
| 亲友 | 336(79.1%) | 8(9.41%) | — | 38(44.7%) | 46(54.1%) | 30(48.5%) |
| 村镇银行 | 51(12.0%) | 3(3.5%) | | | 3(3.5%) | 3(4.4%) |
| 其他 | 2(0.5%) | 1(1.2%) | | | 1(1.2%) | — |
| 合计 | 642(151.2%) | 38(44.71%) | 20(23.5%) | 38(44.7%) | 96(112.9%) | 71(116.1%) |
| 农户总数 | 425 | — | — | — | 85 | 68 |

注：表中数据是农户数及农户比例。"农户总数"指该类型农户的总数；农户比例为农户数与该类农户总数的比值。由于农户可同时选择多个不同的借款对象，因此农户比例合计超过 100%。

表 1-12 农户借款的主要用途

| 借款用途 | 已有借款 | | 打算借款 | |
| | 农户数 | 农户比例 | 农户数 | 农户比例 |
|---|---|---|---|---|
| 生产需要 | 80 | 94.12% | 56 | 82.35% |
| 购买农资 | 53 | 62.35% | 30 | 44.12% |
| 购买生产工具 | 27 | 31.76% | 15 | 22.06% |
| 扩大土地规模 | 25 | 29.41% | 21 | 30.88% |
| 扩大非农经营 | 7 | 8.24% | 7 | 10.29% |
| 购买牲畜 | 3 | 3.53% | 2 | 2.94% |
| 外出打工 | — | — | 1 | 1.47% |
| 生活需要 | 45 | 52.94% | 29 | 42.65% |
| 孩子上学 | 30 | 35.29% | 16 | 23.53% |
| 人情往来 | 14 | 16.47% | — | — |
| 治病 | 13 | 15.29% | 2 | 2.94% |
| 购买大件 | 7 | 8.24% | 4 | 5.88% |
| 建房 | 5 | 5.88% | 5 | 7.35% |

表 1 - 12(续)

| 借款用途 | 已有借款 | | 打算借款 | |
|---|---|---|---|---|
| | 农户数 | 农户比例 | 农户数 | 农户比例 |
| 婚嫁 | 4 | 4.71% | 3 | 4.41% |
| 其他 | 2 | 2.35% | — | — |
| 资金周转 | 3 | 3.53% | — | — |
| 农户总数 | 85 | — | 68 | — |

注:表中"农户比例"指该借款用途占该类借款农户总数(分别是 85 户和 68 户)的比例。

## 1.5.2 新一轮农业结构调整的政策建议

### 1. 准确把握我国当前农业结构调整战略

新一轮的农业结构调整外部环境和内部条件正在发生重大变化,其内涵、运作机制,以及调整的目标和方向均不同于以往。因此,黑龙江省首先要准确把握新一轮农业结构调整面临的形势、内涵、运作机制和目标方向,才能为新一轮的农业结构调整指明道路。当前我国农业发展面临着粮食自给率下降、国际农产品市场冲击、资源环境约束增大、农业生产者老龄化和女性化问题突出等新形势。而在这样的新形势下,我国农业发展正向现代农业方向转型,新一轮的农业结构调整不仅涉及产业结构的调整,还涉及需求结构、要素结构(包括就业结构)和组织结构的调整,是产业结构、需求结构、要素结构、组织结构调整及优化升级的有机结合、良性互动的过程,更是三次产业融合互动、健全现代农业产业体系的过程;农业结构战略性调整应在市场导向、科技推动下,切实维护农民的主体地位,积极发挥政府的引导、服务、支持和调控作用,在资源禀赋和比较优势原理下,统筹利用好国际和国内两个市场、两种资源,旨在保障主要农产品的有效供给和促进农民持续较快增收。我国新一轮农业结构调整的首要目标是保障农产品的有效供给;核心目标是农业增效和农民增收;长期目标是构建现代农业产业结构,使农业走向标准化、精准化、高效化及国际化,从而实现农业和农村经济的可持续发展。根据农业结构战略性调整的目标要求,应从战略高度确定其合理的发展方向,应当跳出农业范畴,把农业结构调整着力点放在提高品质、规划布局、规模经营、开拓市场和升级服务上。

### 2. 进一步明确黑龙江省农业结构调整的重点和方向

按照农业农村部的调整规划,黑龙江省农业调整的方向为"稳、减、扩、建",即稳定水稻面积,调减玉米面积,扩种大豆、杂粮、薯类和饲草作物,构建合理轮作制度。

(1)稳定水稻面积

稳定三江平原、松嫩平原等东部优势产区的水稻面积。加快大中型灌区续建配套和节水改造,改进水稻灌溉方式,扩大自流灌溉面积,减少井灌面积,控制地下水开采。

(2)调减玉米面积

调减黑龙江省北部第四、五积温带,以及农牧交错带的玉米种植面积。全省籽粒玉米面积计划调减 1 000 万亩,其中北部第四、五积温带和"镰刀弯"地区要调减 500 万亩。

（3）扩种大豆、杂粮、薯类和饲草作物

调减的玉米面积改种大豆、春小麦、杂粮、杂豆及青贮玉米等作物。2020年东北地区大豆面积达到8 100万亩,青贮玉米面积达到1 000万亩。

（4）构建合理轮作制度

在黑龙江省第四、五积温带推行玉米大豆、小麦大豆、马铃薯大豆轮作,在南部推行玉米大豆轮作,在农牧交错区推行"525"轮作(5年苜蓿、2年玉米、5年苜蓿),在大兴安岭沿麓地区推行小麦、油菜轮作,实现用地养地相结合,逐步建立合理的轮作体系。

**3.新一轮农业结构调整的政策措施**

（1）积极培育和支持新型农业经营主体

①可以考虑通过贴息贷款、项目支持等方式,支持种养大户、家庭农场、农民合作社、龙头企业等发展适度规模种养业,引导农民以土地经营权入股农民合作社和龙头企业,鼓励工商资本发展适合企业化经营的现代种养业、农产品加工流通和农业社会化服务,推进农业产业化示范基地建设和龙头企业转型升级,增强开拓市场和带动农户的能力,从而一定程度上解决农户分散经营所带来的低效率、高风险等问题。

②进一步推动农垦改革,分离农场的社会职能,发挥农垦的土地规模化经营优势,提高市场竞争力。

（2）长期规划并保持政策的持续性、指导性

黑龙江省各市区,甚至各县乡村的自然条件差异较大,因此必须因地制宜地制定产业发展规划。在已经初步形成特色和优势的基础上,发挥寒地黑土、生态环境优良的优势,进一步明确调整的方向,并持续推进。

①继续往优质高效作物上调,推动全省由单一粮食种植向"粮经饲"三元结构协调发展转变,农产品由低效品种向高效品种转变,使农民从农业生产经营中获得更大收益。

②继续往现代畜牧业上调,大力发展"两牛一猪一禽",强力拉动畜牧业发展,加快"粮变肉""草变乳",使黑龙江省由大粮仓变成"粮仓＋肉库＋奶罐",力争建成全国重要的高品质畜产品强省。

③继续往绿色食品上调,扩大绿色有机作物种植面积,加快推进"三减"行动计划,培育一批绿色食品品牌,努力做大做强绿色食品产业。

（3）加大农业结构调整政策性补贴力度

在继续落实好各项国家现有补贴政策的基础上,结合黑龙江省农业发展实际,探索新的农业补贴项目,并推动进一步向农业结构调整优化倾斜。

①考虑加强农业内部产业结构调整的支持,加大对"粮改饲""粮改经"等调整项目的补贴力度,调动农民的种植积极性。

②考虑加强对绿色生态农业的支持,对深松整地、保护性耕作和秸秆还田给予补贴,支持探索开展粮豆轮作、粮肥轮作、退耕种草补贴试点,大力推广生物有机肥、低毒低残留农药,开展秸秆、畜禽粪便资源化利用和农用残膜回收等。

③考虑加强对适度规模经营的支持,这一项可以与新型农业经营主体的培育相结合,对土地集中有一定规模的种植大户、专业合作社及农业园区,给予相应补贴和支持,为农业

增产、农民增收注入动力。

（4）继续推进农业保险和涉农金融

①要扩大农业政策性保险的覆盖面，提高保费补贴标准。积极发展商业性、互助性农业保险，探索将区域主要特色农产品纳入保险保费补贴范围，提升风险保障水平。

②要完善金融支持政策，加强与各类金融机构的沟通合作，积极创新农业金融产品和服务，引导和激励金融资本参与农业结构调整优化，从而支持优质特色农产品生产、农产品加工流通和产业化经营。

可借鉴由大连商品交易所、南华期货与阳光保险公司联合开展的赵光农场大豆收入保险试点项目和海伦市大豆价格保险试点项目，扩大"订单＋保险＋期货"的覆盖面，考虑"订单＋保险＋期货＋银行"的合作模式，银行可根据保单及粮食购销合同为投保农户提供融资服务，解决农户现金流不足的问题。

# 第2章 黑龙江省农村人力资本对农业经济增长的影响

## 2.1 引　言

### 2.1.1 背景与意义

2017年,党的十九大报告在论述实施乡村振兴战略中指出,农业、农村和农民问题是关系国计民生的根本性问题,必须始终把解决好"三农"问题作为全党工作的重中之重。2018年,中央"一号文件"指出:"实施乡村振兴战略,必须破解人才瓶颈制约。要把人力资本开发放在首要位置,畅通智力、技术、管理下乡通道,造就更多乡土人才,聚天下人才而用之。"2018年3月8日,习近平参加十三届全国人大一次会议山东代表团审议时发表的重要讲话中指出:"要推动乡村人才振兴,把人力资本开发放在首要位置,强化乡村振兴人才支撑。"十四五规划中提出要深化人才发展体制机制改革,全方位培养、引进、用好人才。2021年中央"一号文件"指出:"把乡村建设摆在社会主义现代化建设的重要位置,全面推进乡村产业、人才、文化、生态、组织振兴。"由此可见,人力资本开发已上升至国家战略高度,乡村振兴战略的实施要发挥"人"的作用,农村人力资本是推动乡村振兴战略实施的内在驱动力。

随着经济社会的发展,传统的完全依赖物质资本促进经济增长的理论,无法解释新的经济增长现象,因此越来越多的专家学者开始关注人力资本的作用。美国经济学家欧文·费希尔最先提出了人力资本的概念,其后,诺贝尔经济学奖获得者西奥多·舒尔茨首次正式提出人力资本的概念,美国经济学家罗伯特·卢卡斯提出了人力资本是影响经济增长的关键内生变量。

黑龙江省是我国最大的商品粮出产基地,是我国农业大省,解决好农业、农村和农民问题是实现"龙江振兴"的根本所在。"三农"问题的解决离不开人才的支撑,人力资本开发是实现"龙江振兴"的关键环节,有效开发农村人力资本对黑龙江省农业经济发展也起着至关重要的作用。近年来,由于农业机械化水平的提高,农业发展对劳动力数量的需求逐渐减少,以及大量青壮年农业劳动力外出务工,转移到非农行业等,一方面使劳动力数量上的减少,另一方面在一定程度上降低了劳动力质量;随着现代农业的发展,对于能够掌握并使用现代科学技术和现代生产工具的劳动力需求越来越多,这就对培养和开发懂技术、有文化的劳动力资源提出了新要求。截至2019年末,黑龙江省常住总人口3 751.3万人,乡村人口1 466.8万人,乡村人口占总人口的39.1%,乡村劳动力875.4万人,农业从业人口595.4万人。如何使农村人力资源有效地转化为农村人力资本,从而发挥其对农业经济增长的贡献是推动黑龙江省农业经济发展的重要举措之一。

因此,本章从黑龙江省农村人力资本投资和农业经济发展的现状与问题出发,分析黑龙江省农村人力资本对农业经济发展的作用,以便构建黑龙江省农村人力资本开发体系,优化黑龙江省农业经济发展过程中农村人力资本配置方式,从而提出具有针对性的、切合黑龙江省实际的农村人力资本投资策略。黑龙江省推进实施乡村振兴战略和现代农业发展,关键要依靠掌握一定专业知识和懂农业、懂技术的人才培养。这就需要增加对人力资本的投资,尤其是教育上的投资。研究黑龙江省农村人力资本投资对农业经济增长的作用,目的在于全面提高农业劳动力素质,通过优化人力资本配置方式推动人才下乡,为黑龙江省的农业经济发展提供人才智力支持。

### 2.1.2　国内外研究综述

#### 1. 国外研究综述

舒尔茨在《论人力资本投资》一书中首次正式提出人力资本的概念,标志着人力资本理论的诞生。他认为人力资本是以劳动力为载体的人的健康水平、掌握的文化知识和能力等,合理的人力资本投入可以提高劳动生产率,从而促进经济发展。著名经济学家加里·贝克尔从微观角度提出,人力资本不但要包含一个劳动力自身先天所必须拥有的健康、时间、寿命,还要包含后天所形成的一种知识、技能与才干。罗伯特·卢卡斯认为贝克尔的理论弥补了舒尔茨从宏观角度对人力资本的界定。

随着舒尔茨等关于人力资本概念的正式提出,国外相关学者对人力资本的研究逐渐多了起来。

(1)国外学者从人力资本的教育投入角度展开了研究。如保罗·罗默将技术和知识水平作为经济增长的内生变量,并通过建立人力资本知识积累模型进行测算,得出了教育人力资本的积累是促进经济增长的主要动力;达龙·阿西莫格鲁运用普通最小二乘法对美国的人口普查数据进行了估算,发现美国的平均受教育年限和人均工资存在较大程度的正向关系。Laroche采用受教育年限法对加拿大1996—1971年的人力资本存量进行了测算,并对教育人力资本和积累了工作经验的人力资本与劳动力的工资收入之间的关系展开了研究,得出了通过教育和工作经验积累得到的人力资本存量对收入的影响与通过平均受教育年限所测得的人力资本存量对收入的影响不同,强调了劳动力在具有一定知识水平的同时积累工作经验的重要性。Yoon在真实经济周期(RBC)模型基础上,进一步区分了劳动力投入与提高人力资本水平的知识积累,发现后者是韩国20世纪80年代经济高速增长的主要动因。Rebelo等从知识技能学习投入、信息获取等不同视角出发,运用具有人力资本因素的真实经济周期模型进行估算,分析经济发展过程中人力资本因素的重要作用。

(2)国外学者还研究了其他影响人力资本积累的因素对经济增长的影响。Cabal\u00e9J、Greenwood和Francis等从影响人力资本积累的健康、迁移和工作经验等不同因素出发,研究了健康等人力资本对经济增长的长期影响。Pogas构建了联立方程模型,研究发现健康人力资本对葡萄牙的经济可持续增长具有重要作用。Freire-Serén和Martí研究了人力资本积累和避税之间的内生反馈作用对经济增长的影响,认为这种相互作用会产生显著的增长效果。Ashenfelter 采用纵向数据分析,估算了 20 世纪六七十年代美国各种人力资本投入产生的效果及收益,研究结果表明,一般的人力资本投入方案取得成功的概率小于具有一定特征的人力资本投资方案。

(3)国外学者还通过构建不同的计量模型研究人力资本与经济增长之间的关系。卢卡斯从宏观层面创建了内生经济增长模型,Mincer 从微观角度创建了人力资本收益模型,用于分析不同类型的人力资本对收入分配的影响。Davies 和 Whalley 构建了真实经济周期模型,研究发现在美国的经济高速增长阶段,人力资本积累对产出的贡献率是物质资本的近 3 倍。新经济发展理论中肯尼斯·阿罗"干中学"模型、索洛经济增长模型和罗默知识溢出模型等都充分考虑了现代人力资本和科学技术的进步对经济发展过程中的影响与作用,通过采用数学方法对其进行定量分析,得出了人力资本对经济发展的贡献率,突出了人力资本开发的重要性,奠定了人力资本理论的经济学基础。

(4)Becker 和 Barro 对人力资本投资结构进行了研究。Becker 从微观的角度考察家庭中人力资本的投入,揭示了家庭中两代人之间的一种耦合关系,代际之间自由传递的财富越大,可用于对下一代的投资就越多,两代人之间资本的传递和投入影响着家庭对人力资本的投资。Becker 将人力资本投资划分为教育、培训、迁移、医疗保健及获取信息的投入等。Barro 指出了投资结构在经济增长过程中的重要作用。在一定的经济总量下,人力资本存量水平越高,所占比例越大,而这个较高的比例可以促进经济的增长。

综上,国外学者对人力资本与经济发展的研究表明,人力资本对经济发展有促进作用,但很少涉及农村人力资本与农业经济发展关系的研究。人力资本理论和经济发展理论的发展与融合,逐渐用于解释一些新的经济增长现象。同时,随着社会经济的发展,人力资本对经济发展的重要作用逐渐突出,尤其是教育人力资本的重要作用。发达国家通过提高对各类人力资本的投入从而促进经济增长取得了成功,但是由于发达国家和发展中国家经济发展水平和人力资本存量具有较大差异,发展中国家在借鉴发达国家经验的同时,应该根据本国的实际情况,采取什么样的措施来提高本国的人力资本水平,从而更好地促进经济的稳定增长,是一个值得思考的问题。

**2. 国内研究综述**

国内学者对人力资本的概念界定起初是引用西方学者的观点。随着研究的发展和深入,通过不同的研究视角和方法,学者们对于人力资本的概念在理论和实践上做出了不同的阐述和解释。李建民研究认为人力资本是以劳动力自身的能力为主要载体,由其先天所具有的健康和后天学习到的知识技能、工作经验积累等构成的转移与创造价值的资本。程承坪将人力资本概念界定为一种存在于社会和人体之中的、可以直接影响未来经济收益的价值存量,它由高绩效、动力、交易型人力资本三部分组成。程承坪、刘小平从实际经济中的效率型人力资本、动力型人力资本及交易型人力资本三个角度对人力资本进行了阐述。兰玉杰等认为人力资本附着于劳动力,是其在生产过程中投入的各种知识技能和健康等影响因素的总和。吴震棚等扩展了人力资本理论的内涵,认为人力资本还包括人的信誉、品格和道德、个人魅力和社会关系等。张妍芬从狭义和广义两个方面对人力资本下了定义:狭义的人力资本指通过投资形成的、具有异质性的专业知识、技能和健康等因素之和;广义的人力资本还包括需求、动机、道德、声誉及社会关系等因素。付一辉从人力资本价值观的角度出发，认为人力资本体现为劳动力投入到生产过程中的知识技能、工作经验和情感意志等要素的价值创造能力。

相比于国外学者对人力资本理论的研究，国内的研究开始得比较晚。但是自西方人力资本理论传入中国以来，国内学者对人力资本的研究进展迅速，已经取得一些研究成果。

（1）徐杰等运用永续盘存法估算了中国1980—2006年的人力资本存量，实证分析了人力资本在经济增长中的贡献。昌先宇认为，人力资本作为推动经济增长的主动力，以北京市西城区为研究对象分析了人力资本对经济增长的作用和贡献。梁润等将劳动力人数的度量换为对人力资本总量的度量，估算了中国1983—2011年各要素对经济增长的贡献。由此可以看出国内的研究已初见成效。在涉及农业人力资本与农业经济增长关系研究上，国内学者通过实证分析，认为人力资本对促进农业经济增长有显著作用。

（2）在上述基础上，国内一些学者还扩展了人力资本对经济增长影响的研究范围。例如，韩瑞等利用C-D人力资本外部模型，运用Eviews7.0软件，对我国东部、中部、西部和东北四个地区的农业人力资本和物质资本对农业经济增长的贡献度做了测算，得出我国各个地区农业人力资本在整体上都对农业经济的增长具有显著的正向作用。胡艳等对安徽和江苏1998—2015年的人力资本对经济增长的贡献做了对比。马睿泽运用柯布-道格拉斯生产函数对我国农村贫困地区的农业人力资本投入与农村地区经济发展之间的关系展开了研究，分析了我国农村地区经济发展中可能出现的农村人力资本投入方面的现实问题。在对农村人力资本与农业经济增长的实证分析上，国光虎等运用了C-D生产函数、董奋义等采用了永续盘存法对安徽省1990—2017年农业物质资本和农村人力资本两种变量的存量进行了测算，并运用内生经济增长模型测算了两种投入变量的农业产出弹性和贡献率。尽管众多专家和学者已经对农村人力资本的影响和农业经济增长这一问题做了广泛的研究和探讨，但由于目前缺乏有关人力资本存量方面的官方统计数字，加上相关农业数据收集和获取的滞后性与困难性，致使大多研究将农业从业人数作为计量农村人力资本存量的主体来测算其对农业产出的贡献。如郭丽等、陈振等采用农业从业人数作为人力资本投入的计量指标，分别测算了甘肃省和河南省的农业生产效率。

（3）国内学者还展开了采用不同计量方法和模型测算不同类型人力资本对经济增长影响的研究。高远东等从人力资本的类型出发，将其细分为一般型、知识型、技能型及制度型人力资本，并建立了空间经济增长模型，结果发现各类人力资本均能够显著地推动经济增长；逯进等构建了耦合模型，证实了人力资本与经济增长的耦合水平较低，指出人力资本对经济增长的促进效应有待进一步提升；徐祖辉等将人力资本分为健康和教育人力资本，研究发现两种类型的人力资本与经济增长具有长期的协整关系；杜伟等指出人力资本主要凭借技术创新和技术模仿两条非直接路径作用于经济增长；李昕等通过构建人力资本积累的真实经济周期模型，研究发现可通过提升劳动生产率水平积累人力资本，从而作用于经济转型；董志华运用指数法，研究发现人力资本与经济增长存在双向作用，但在欠发达地区效果不显著；王丽娟等建立了在险价值（VAR）模型，证实了人力资本能够长期拉动经济增长。

（4）国内学者对人力资本影响农业经济增长的理论模型研究。国内学者普遍借鉴了国外学者卢卡斯从宏观层面创建的内生经济增长模型、Mincer从微观角度创建的人力资本收益模型。张艳华等、龙翠红和汤琼等分别运用了以上两种模型,实证分析了不同人力资本投资对全国或地区农业经济发展的影响程度。虽然两种研究的时间范围与区域范围的数据样本选取的范围与标准不同,但结论十分相似,即人力资本投资对农业经济产出具有促进作用,但作用程度有限,而且贡献率远远低于物质资本。白菊红等应用人力资本收益模型,做了大量的微观数据调查,分析了全国农村人力资本与农民收入之间的关系,研究得出结论,农村人力资本的投入是影响农民收入增长的关键因素。陈治国等基于卢卡斯的内生经济增长模型,构建了农村人力资本结构对农业经济增长的影响效应模型,并选取农村人力资本存量和人力资本水平测度指标,实证分析了农业经济增长与农村人力资本结构关系。

综上,目前为止,我国学者对人力资本理论的研究可以分为以下几个方面:从区域研究范围上看有全国、区域、东西部和省域;从研究背景上看有新常态、乡村振兴、城镇化和人口老龄化等;从人力资本类型划分上看,有信息技术型、创新型、教育和健康人力资本等;从性质上看主要集中在人力资本的异质性上;其他涉及的因素有人口流动和人力资本差异等。

**3. 国内外研究评述**

虽然国内外学者对人力资本与经济增长的关系、农村人力资本与农业经济增长的关系等问题做了大量研究,研究范围从人力资本对农业产出的影响逐步细化、扩展到农业生产效率、农民收入、农村劳动力流动和就业等方面,在这一过程中人力资本结构不断细化和完善,对后续的研究具有一定的借鉴意义和参考价值。

但是相关问题的研究仍有进一步深入和拓展的空间,如农村人力资本结构仍有待进一步细化,农村人力资本存量的计量指标和度量方法纷繁复杂,尚未形成统一标准,导致不同的度量方法和指标的选取在研究结果上存在较大差异。尤其是对农村人力资本影响农业经济增长的省域研究相对较少。不同地区的农村人口数量、农村劳动力数量、农业从业人员数量,以及其受教育情况、健康状况和劳动力转移情况都存在较大差异,各地的整体经济发展水平、农业经济发展状况和拉动经济发展的主动力也存在较大差异,这就导致各地的人力资本积累与经济发展的关系也存在差异性,因此分地区、省域来研究人力资本对地区的经济发展更有意义。

# 2.2　概念界定与基础理论

## 2.2.1　概念界定

### 1. 人力资本

目前学术界关于人力资本的概念尚未形成统一的定义和标准,根据国内外相关学者对人力资本概念的界定,本节将人力资本的概念界定为,人力资本是通过学校教育、技能培训、医疗保健和劳动力迁移等投入从而凝结在劳动力身上的知识技能、健康状况和工作经验的总和。

根据舒尔茨的观点,通过对人力资源的投资形成人力资本,人力资本由投资费用转化而来,在货币形态上表现为教育培训费用支出、医疗保健费用支出和迁移费用支出等。人力资本主要包含教育人力资本、健康人力资本和迁移人力资本等类型。其中教育人力资本是指教育培训等费用支出投资于人力资源从而凝结在劳动力身上的教育知识技能的总和;健康人力资本是指医疗保健费用支出投资于人力资源从而凝结在劳动力身上的健康状况的总和;迁移人力资本是对人力资本的一种具有长期经济影响的投资行为,即个人和家庭适应变换就业机会的迁移等方面的投资,劳动力通过区域或行业之间的流动,可以增加劳动力的人力资本存量和劳动收入。

人力资本的形成是通过对人力资源投资而产生的,人力资本投资是人力资本开发的一种方式和途径。

### 2. 人力资源

人力资源的定义有广义和狭义之分:广义上是指在一定范围内的人口总体具有的劳动能力的总和,或者是指能够推动整个经济社会发展的、具有智力和体力劳动能力的总称,包括数量和质量;狭义上是指一定时期内一个国家或地区处于劳动年龄、未到劳动年龄和超过劳动年龄但具有劳动能力的人口之和。人力资源是对价值创造起贡献作用的教育、技能、工作经验和体力等的总称。

### 3. 农村人力资源

结合人力资源的概念,本节将农村人力资源概括为在农村地区内拥有智力和体力劳动能力并能够为社会创造物质财富与精神财富的人口总和,包括数量与质量。农村人力资源数量是指农村地区内拥有劳动能力的人口总和。农村人力资源质量包含农村劳动力的受教育程度、技能水平、健康状况等个体特征。与人力资源数量相比,人力资源质量更重要。

### 4. 农村人力资本

目前,国内外关于农村人力资本的概念界定没有统一的标准,但相关学者分别从人力资本的构成、表现形式和内涵等角度做出了界定。王芳芳认为农村人力资本是指凝结在农村劳动力身上的体能、知识、技能及能够使农村劳动生产率得到提高的能力,这种能力表现为一种人力资本存量的形式。徐丽杰指出农村人力资本是指通过教育培训、健康投资和迁移投资等形式形成的,凝结在农村劳动力身上的非物质资本。

根据以上人力资本及相关概念的界定,本节对农村人力资本的界定是将群体范围限定在农村,其具有人力资本所具有的属性。由此可以认为,农村人力资本也是通过学校教育、技能培训、医疗保健和劳动力迁移等投入,用来提高农村人力资源质量,而凝结在农村劳动力身上的资本量,即凝结在农村劳动力身上的知识技能、健康状况和工作经验的总和。基于此,本章将农村人力资本划分为农村教育人力资本、农村健康人力资本和农村迁移人力资本等。

农村人力资本的有形形态是农村人力资源,通过费用投资而形成和凝结在农村人力资源体中,并能够转移、创造和带来新的价值增值的体力、智力和技能的总和。农村人力资本通过对农村人力资源的投资而形成。本节的农村人力资源主要是指对农村人力资源质量方面的投入,从而积累人力资本存量。

## 2.2.2　基础理论

### 1. 人力资本理论

（1）人力资本思想的萌发

柏拉图在《理想国》一书中强调了人具有经济效用，劳动力可以通过基础教育和训练的方式提高劳动能力，实现自身价值；英国古典政治经济学家威廉·配第先后在其著作中肯定了人的劳动在生产过程中的重要作用，开始研究人作为一种生产要素对经济的影响，已经具备了人力资本思想，并用于解释人在经济中的价值；亚当·斯密提出了劳动在经济增长中具有重要作用，并将人的价值看作资本，论述了教育的重要性；大卫·李嘉图利用人力资本的赋税思想进行研究，认为只有人的劳动才是创造价值的唯一途径；约翰·穆勒提出学习技能有利于生产力的提高，学习技能是通过教育来实现的，对劳动力教育和技能费用的投资十分重要，但由于存在市场失灵现象，需要国家采用宏观手段进行干预；弗里德里希·李斯特将资本分为"物质资本"与"精神资本"；阿尔弗雷德·马歇尔在《经济学原理》一书中指出，人的数目、健康和知识能力是研究的重点，知识是生产力进步的发动机，投入在人身上的资本是最有价值的。

从上述学者的观点可以看出，在人力资本思想的萌芽阶段，经济学家们已经开始认识到人的作用，他们从不同角度论述了劳动力在经济活动中的重要作用，并认识到对劳动力在教育、知识和技能培训等方面投资不仅可以提升人的自身价值，同时也可以直接或间接地提高生产率和生产水平、积累社会财富、发挥人的经济效用。上述学者关于人力资本及相关问题进行的论述，虽然只是零散地分布在他们的著作当中，没有形成系统的人力资本理论，但也为后续人力资本理论的创立奠定了基础。

（2）现代人力资本理论

①舒尔茨是首个对人力资本影响经济增长的作用进行系统论述的人。舒尔茨指出资本存在两种形式，即物质资本和人力资本，这一观念与亚当·斯密提到的"固定资本"十分相似，可以通过投资医疗保健、教育、技术培训和迁移等方式获得人力资本并在以后获得回报，相比于其他资本的投资，人力资本的投资效益最佳，人力资本投资的目的是获得收益；他还发现了教育对经济增长的贡献率和教育投资的收益率，并采用收益率法测算了美国教育投资对经济增长的贡献率，得出通过持续不断的人力资本投资，使得从业人员受教育程度持续提高，直接促进了经济增长；他还从农业发展的角度研究了人力资本，研究发现农业人口素质是导致发展中国家农业落后和农民贫困的主要原因；他还强调一国劳动力的知识程度、能力水平及健康状况，即所拥有的人力资本存量与人均产出率存在正相关关系，相比于其他类型的投资，人力资本投资的回报率较高。舒尔茨的《教育与经济增长》和《人力资本投资》等著作，是现代人力资本理论的奠基之作。

②贝克尔从微观角度出发，他在《人力资本》一书中认为人力资本还包括时间和健康、精力等个人的身体状况，明确阐述了家庭教育、学校教育和技能培训的重要性，而且他认为医疗保健、教育和培训方面的支出属于投资而不是消费，能够增加回报并产生经济效益。他还对人力资本与物质资本的区别做出了进一步的界定，他认为人力资本回报率与拥有人

力资本的个人努力程度呈正相关关系,即努力程度越高受外部效应影响就越多,人力资本生产率也随之升高,反之,人力资本生产率就越低,同时,收入也会随劳动力年龄的增长而增加;此外,他在对同龄组进行横向比较时发现,劳动力的受教育水平越高收入也越高,而物质资本不具有这一特性。他将新古典经济学的理论运用到了对人力资本的研究中,形成了人力资本生产分析理论、人力资本收益分配理论等。贝克尔对人力资本理论发展做出的贡献最具有综合性,不仅完善了人力资本的内涵、形成了人力资本的理论框架,还对其展开了具体的论述。

③雅各布·明赛尔从收入分配的角度出发,进一步发展了人力资本的研究方法,在其相关的著作中先后阐述了劳动力市场行为,系统地分析了人力资本与劳动力个人收入之间的关系,通过构建收益函数模型,分析劳动力的受教育程度和工作经验与劳动力收入差异之间的关系,估算出了在职培训、教育投资和个人收益率,结果发现对劳动力的人力资本投资是导致劳动力存在收入差异的主要影响因素。

(3)当代人力资本理论

①罗默的知识溢出和驱动模型

罗默将知识纳入技术与经济体系中,他认为知识积累是推动经济发展的重要动力,并且把知识分成了专业知识和一般知识两种类型。知识储备量越大,人力资本产出率越高,便越能推动经济发展。在此基础上,将知识作为一种社会生产要素,劳动力知识水平的提高会促进社会生产的发展,增加对人力资本的投资能持续提高经济增长率。基于此,他将知识设定为一种变量归入到经济发展模式当中,建立了知识溢出和驱动模型,即

$$Q_i = F(K_i, k, X_i)$$

式中　$Q_i$——$i$ 厂商的产出水平;

　　　$K_i$——$i$ 厂商生产某产品的专业化知识;

　　　$X_i$——$i$ 厂商其他生产要素的向量;

　　　$k$——全社会知识水平。

②卢卡斯的内生经济增长模型

卢卡斯根据舒尔茨的人力资本理论,并结合索洛的技术决定论,建立了内生经济增长模型,即

$$H = h(t) \cdot \delta[1 - u(t)]$$

式中　$h(t)$——掌握一定专业知识的人力资本;

　　　$H$——人力资本增量,即卢卡斯所指的"有效劳动";

　　　$\delta$——人力资本的产出弹性;

　　　$u$——全部生产时间;

　　　$1 - u(t)$——脱产学习的时间。

如果 $u(t) = 1$,则 $H = 0$,即无人力资本积累;如果 $u(t) = 0$,则 $H$ 按 $\delta$ 的速度增长,即 $H$ 达到最大值。卢卡斯还强调专业化的人力资本是促进经济增长的重要因素,该模型通过将劳动力从生产中分离出来,从教育中积累人力资本,分析了劳动力在经济增长中的作用。

卢卡斯还将资本划分为有形和无形两种形式,将劳动力分为完全依靠体力的一般劳动力和掌握一定专业知识的劳动力,即专业化的人力资本。人力资本同时还具有内部效应和

外部效应。其强调劳动力通过学习知识、积累经验、增强体魄和提升素养,从事生产活动,从而降低生产成本,提升劳动力的边际产出水平和收入水平。随着收入水平的提升,劳动力可以通过更充分地投入学习、保持健康等方面来提升自身素养,形成正的内部效应;相反,则是负的内部效应。外部效应是指通过增加人力资本存量可以使资本、劳动力和产出等其他社会生产要素产生递增收益,而且还会使单位产出的投入成本降低。高质量的人力资本会对周围的劳动力和社会产生更多有利的影响:一方面,高质量的人力资本能够转移和扩散自身的知识和技能,开发新技术,发挥带动作用,带动群体和整体社会生产效率提高;另一方面,高质量人力资本收入的增加还能够增加家庭人力资本的投入,提升人力资本的质量,促进社会整体素质的提升。

虽然当代人力资本理论尚未形成一个系统而完整的框架,但学术界对人力资本在经济发展中所能发挥的重要作用的认识是统一的。同时,人力资本具有较强的外部性。随着经济的发展,人力资本的作用越来越强于物质资本。

**2. 经济增长理论**

在不同的时代背景下,一国的经济增长会面临不同的问题,因此经济学家为了解释不同的经济现象和解决不同的问题,提出了一系列的经济增长理论。

(1)古典经济增长理论

①1776 年,亚当·斯密发表的《国富论》,标志着古典政治经济学的正式诞生。亚当·斯密在多部著作中探讨了如何有效促进一国经济增长,强调了劳动是经济增长的主要来源,细化劳动分工可以提高劳动生产率,有效促进经济增长和积累国民财富。他认为细化了的劳动分工对增加劳动力收入和社会资本积累具有重要作用,较高的人力资本积累又会进一步促进劳动专业分工的细化和深化,从而提高全社会的劳动生产率,促进经济发展和全社会的财富积累;将劳动划分为生产性劳动和非生产性劳动,并做了概念界定和区分,认为能够通过生产某种有形产品,且能够创造价值和利润的劳动属于生产性劳动。亚当·斯密的这些思想为后续经济增长理论奠定了基础。

②大卫·李嘉图指出经济增长主要依赖于土地、资本、劳动力和技术,强调了劳动生产率的提高和分配对经济增长的重要影响,其中蕴含着大量的人力资本对经济增长的直接影响。其分析了资本对经济增长的影响,认为资本积累是根源,如果资本积累停滞或下降,经济发展也会受其影响,可能会出现经济停滞甚至出现负的经济增长;另外,他还考察了收入分配对经济增长的影响。

(2)新古典经济增长理论

①哈罗德 – 多马经济增长理论是经济增长理论的第一次革命。该理论首次运用规范的理论模型研究经济原理、解释经济现象。罗伊·哈罗德和埃弗塞·多马结合凯恩斯的需求理论,建立了数学模型,称为哈罗德 – 多马经济增长模型,即

$$G = \frac{\Delta Y}{Y} = \frac{s}{c} = \frac{\dfrac{s}{Y}}{\dfrac{k}{Y}} = \frac{s}{Y} \cdot \frac{Y}{k}$$

式中　$s$——储蓄率;

$G$——经济增长率；

$Y$——国民收入；

$C$——资本产量比；

$k$——物质资本。

该模型中,储蓄率越高,能够带来的经济增长率就越高。由此可见,资本的投入在整个经济社会发展过程中显得极其重要。该模型中的经济增长来源于储蓄和物质资本,是典型的物质资本驱动型。该模型没有正确认识技术进步在经济发展中的作用,忽视了其重要性。

②索洛 – 斯旺经济增长理论。1956 年,美国经济学家索洛提出了新经济增长理论,模型称为索洛模型。其将技术水平、劳动力和物质资本作为经济增长的主要决定因素,并假设资本的产出比可变,分别用 $Y$、$K$、$L$ 代表经济产出、物质资本和劳动力,得到生产函数 $Y = (K,L)$。随后索洛又将技术进步因素引入到模型中,但该技术进步是中性的,一个具有固定趋势的常数,不会改变资本和劳动的比例。索洛指出,经济发展速度的增减、劳动力受教育质量的提高及其他生产函数因素都可以归入到技术变化中,由此得到新的生产函数 $Y = A_t f(K,L)$($A$ 为技术发展水平,$t$ 为时间),进一步证实了人力资本积累决定经济增长的观点。该模型主要区分了经济增长来自要素的增长和技术进步带来的增长。

(3)新经济增长理论

①罗默的内生经济增长理论。罗默分别于 1986 年和 1990 年建立了知识溢出和技术进步内生经济增长模型,并对这两个模型做了三个前提假设:第一,技术进步是经济增长的核心,这里的技术是指能够将生产要素的投入转化为产出的方法;第二,技术进步是人们做出有意识行为的结果,即技术进步是内生性的;第三,创新能让知识成为商品。1986 年,罗默首先建立了知识溢出的内生经济增长模型,他把用受教育的年限来界定的人力资本纳入经济增长模型,即

$$Y = H_Y^\alpha L^\beta \sum_{i=1}^{\infty} x_i^{1-\partial-\beta}$$

式中　$Y$——最终产品产出；

$H_Y$——用于最终产品生产的人力资本总投入；

$L$——劳动力投入量；

$x_i$——第 $i$ 种资本产品的投入量；

$t$——时间；

$\alpha$、$\beta$——产出弹性($0 < \alpha$;$\beta < 1$)。

在这个模型中,技术水平能无限增长,但是人力资本是一定的,还假设劳动力是固定的。同时,在该模型中,各类资本不能完全相互替代,每一类都具有独特的作用。

②卢卡斯的内生经济增长理论。卢卡斯结合舒尔茨和贝克尔的人力资本理论,指出了人力资本积累可以在某些方面提高劳动生产率;在罗默模型的基础上,建立了新的经济增长模型,又称为人力资本驱动型的经济增长模型。在该模型中,卢卡斯综合考虑了各种生产要素在经济增长中发挥的作用,即

$$Y_t = AK(t)^\beta [u(t)h(t)N(t)]^{1-\beta} h_\alpha(t)^\gamma$$

式中　$A$——不变的技术水平;

　　　$K(t)$——物质资本存量;

　　　$u(t)$——有效劳动,即劳动的有效性;

　　　$h(t)$——人力资本存量;

　　　$N(t)$——劳动力数量;

　　　$\beta 、\gamma$——产出弹性;

　　　$Y$——产出量;

　　　$t$——时间;

　　　$h_\alpha(t)^\gamma$——人力资本的外部性。

卢卡斯的研究成果标志着新经济增长理论的形成,但是在人力资本存量的估算上并没有提出能够被一致认可的核算方法。

### 2.2.3　农村人力资本与农业经济增长相互作用机理

通过上述对国内外相关文献的梳理,以及人力资本理论与经济增长理论的梳理,我们可以得出人力资本与农业经济增长的作用是相互的;通过对人力资本的投资,可以增加人力资本存量;通过直接和间接作用,可以提高要素效率并作用于经济增长。经济得以增长之后,将会促进对教育学习、医疗保健和技能培训等要素投资的增加,而经济增长通过提升人力资本的投资来对人力资本的积累起引致作用,从而形成良性循环机制,即人力资本与经济增长的相互作用机理。故以此为基础,本节在理论上重点分析农村人力资本与农业经济增长的相互作用机理,机理关系如图 2 - 1 所示。

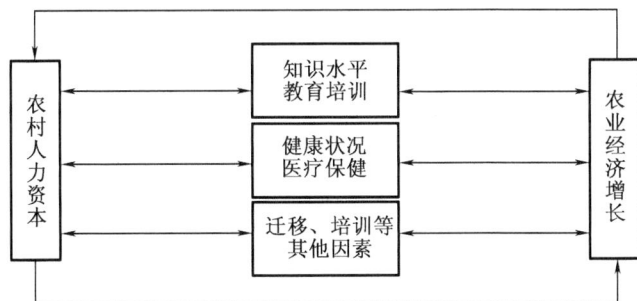

图 2 - 1　机理关系

#### 1. 农村人力资本对农业经济增长的促进作用

根据舒尔茨等人的人力资本理论和卢卡斯等人的经济增长理论,人力资本的结构主要包含教育培训、健康和迁移等因素,农村人力资本结构的划分类型与人力资本的结构划分类型一致。根据目前已有的研究,构成农村人力资本积累的主要因素是农村劳动力的教育水平和健康状况,迁移和职业搜寻等其他因素对农村人力资本积累的增量作用较小。身体健康状况是劳动力从事生产生活等活动的基础,接受教育和学习则可以提高劳动力的知识水平和生产技能,同时健康人力资本还能够间接影响教育人力资本,产生内生增长效应,从而促进经济增长。这两种因素均是影响劳动力生产效率的主要因素,故本章对农村人力资本对农业经济增长的研究主要从以下两个方面出发。

(1)农村教育人力资本对农业经济增长的作用

农村教育人力资本的投入,可以使农村劳动力提升专业知识和技能水平,积累人力资本存量,从而更好地服务于农业经济。较高的农村教育人力资本存量也意味着农村劳动力的整体文化素质和知识水平的提升。同时,掌握一定劳动技能和专业知识的个体更容易进行技术改进、提升工作效率和农业经济的产出率,可对先进农业技术进行学习使用和创造,从而提高整体的劳动生产率。增加教育投入可以提升教育人力资本存量,同时还可以使劳动力个体在生产中提高知识技能,并通过作用于劳动生产率提高生产要素质量,从而促进农业经济增长。

(2)农村健康人力资本对农业经济增长的作用

农村健康人力资本的投入可以提升农村劳动力的健康水平,保持农村劳动力规模稳定,促进农业经济增长。身体健康的劳动力能够有更多的时间、更充沛的精力投入到工作、学习中,提高自身质量;而身体不健康的劳动力会减少劳动生产时间,降低生产效率和质量,不利于农业生产的有序开展,不利于农业经济增长,更需要家庭中其他成员的照料,从而挤占工作时间和效率,影响整个家庭的农业产出水平。劳动力较高的健康水平,会延长寿命和工作时间,提供更加稳定的劳动供给规模。增加对农村健康人力资本的投资,能够提升农村整体人力资本质量,从而直接或间接地对家庭和社会的发展产生影响,促进农业经济增长。

**2.农业经济增长对农村人力资本的引致作用**

农村人力资本投资与农业经济增长之间在一定程度上存在着相互作用关系。农村人力资本通过直接和间接作用于农业经济增长,同时,农业经济增长可以作用于农村人力资本积累。

(1)农业经济增长可以增加农村劳动力的经济收入,农村劳动力可以有更充足的资金投入到教育和健康上,直接作用于农村人力资本的积累。

(2)农业经济增长可以提升劳动力的消费水平和生活质量,劳动力的基本生活需求得到满足后会追求更高层次的需求,劳动力依据自身需求意愿会主动地将更多的时间、精力和资金投入到教育学习和文化娱乐上,从而间接地促进农村人力资本的积累。

(3)农业经济的增长会使整体经济实力日益增强,国家或地区对农村教育、医疗保健等投资能力增强,使教育水平和医疗保健水平得到提高,从而使劳动力的文化素质、知识技能和身体素质越来越强,能够投入到农业生产的知识技能、时间和精力会更多,从而促进农业经济增长。

因此,农村人力资本的发展促进农业经济增长。随着农业经济增长,个人和社会对农村人力资本的需求愈加旺盛,同时,社会和个人也有能力对农村人力资本投资,从而使得农村人力资本得以发展,发展了的农村人力资本又给农业经济增长注入新动力。农村人力资本与农业经济增长在这样的动态发展中相互促进,从而形成一个良性的循环过程。

# 2.3　黑龙江省农村人力资本与农业经济增长的演变分析

## 2.3.1　黑龙江省农村人力资本分析

要掌握黑龙江省农村人力资本状况,就需要全面地了解农村人力资源情况,包括人口总量、农村人口、农村劳动力和农业从业人员的数量与质量,如农村的教育、医疗保健和居民消费等情况,这些因素直接影响了农村人力资本的构成,是影响农村人力资本的关键因素。

**1.黑龙江省农村人力资源概况**

农村人口数量与农村人力资本存量联系紧密。一般情况下,农村人口规模越大,其农村人力资本存量越丰富。本节整理了 1999—2019 年黑龙江省农村人口及从业人员数量变动情况(表 2-1)。从表 2-1 中可以看出,2000 年末,黑龙江省农村人口数为 1 829.6 万人,占总人口比例为 48.06%,与 1999 年的 1 736.7 万人相比,2000 年末,农村人口数增加了 92.9 万人。2001 年末,农村人口数 1 814.8 万人,2002 年末,农村人口数为 1 808.5 万人,这两年黑龙江省的农村人口数略有减少。2003 年末,农村人口数 1 808.7 万人,比 2002 年末增加了 0.2 万人。此后,一直处于下降趋势,截至 2019 年末黑龙江省农村人口数为 1 466.8 万人,为近 21 年来最低。其中农业从业人数一直处于波动下降的趋势。从 2003 年以后,黑龙江省农村人口数量呈逐年下降趋势,可以将其划分为两个阶段,2003—2007 年下降幅度较小,2007 年以后出现明显下降,2007—2019 年整体下降幅度较大。与此同时,农村人口占总人口的比例自 2000 年起也呈逐年下降趋势,2000 年末,农村人口为 1 829.6 万人,占总人口比例为 48.06%,达到近 20 年来的高点。至 2019 末,其比例已下降到 39.10%。

通过黑龙江省农村人口数量和占总人口比例的整体变化趋势来看,农村人口规模在减小,城镇人口比例上升(表 2-1),由此不难看出城镇化的影响正逐步加深,城镇化水平在逐步提高。截至 2019 年末,黑龙江省常住人口城镇化率达 60.90%(表 2-1)。城镇化率的提升反映出黑龙江省农村剩余劳动力转移在持续推进,农村劳动力的非农就业比例在提高。但是从农村社会经济发展的角度来看,农村劳动力转移对农村人力资本的存量与质量会产生直接和间接的影响,一方面随着农业机械化水平的提高,农业发展对劳动力数量的需求逐渐减少,以及大量青壮年农业劳动力外出务工,转移到"非农"行业等,导致了劳动力数量上的减少,进而在一定程度上降低了质量;另一方面随着近年来城镇化的发展,农村人口向城镇迁移,造成农村人口流失,尤其是具有较高文化和掌握技术应用的劳动力外流对农村社会经济发展是一种损失,长此以往会形成恶性循环,进而影响整个社会经济的发展。

由此可以看出,农村发展不仅需要一定的人口数量来支撑,更重要的是提升劳动力的质量及优化农村人力资本结构。党的十九大报告中提出了乡村振兴战略。乡村振兴,人才是关键,人是乡村振兴的主体,是带动城乡间资源流动和城乡建设的主要因素。通过对农村人力资源的投资来开发农村人力资本,进而推动乡村振兴的实施,并促使优秀人才返乡、留乡就业和创业,这是农村人力资本开发的关键。

表 2 - 1   黑龙江省人口及从业人员数量变动情况(1999—2019)

| 年份 | 总人口/万人 | 农村人口/万人 | 农村人口比例/% | 城镇人口/万人 | 城镇人口比例/% | 农村劳动力/万人 | 农业从业人员/万人 |
|---|---|---|---|---|---|---|---|
| 1999 | 3 792.0 | 1 736.7 | 45.80 | 2 055.3 | 54.20 | 894.9 | 744.7 |
| 2000 | 3 807.0 | 1 829.6 | 48.06 | 1 977.4 | 51.94 | 913.2 | 744.1 |
| 2001 | 3 811.0 | 1 814.8 | 47.62 | 1 996.2 | 52.38 | 918.8 | 742.5 |
| 2002 | 3 813.0 | 1 808.5 | 47.43 | 2 004.5 | 52.57 | 929.2 | 745.9 |
| 2003 | 3 815.0 | 1 808.7 | 47.41 | 2 006.3 | 52.59 | 936.1 | 734.8 |
| 2004 | 3 816.8 | 1 802.3 | 47.22 | 2 014.5 | 52.78 | 943.3 | 706.1 |
| 2005 | 3 820.0 | 1 791.6 | 46.90 | 2 028.4 | 53.10 | 950.1 | 696.7 |
| 2006 | 3 823.0 | 1 777.7 | 46.50 | 2 045.3 | 53.50 | 944.3 | 689.6 |
| 2007 | 3 824.0 | 1 762.9 | 46.10 | 2 061.1 | 53.90 | 949.4 | 675.1 |
| 2008 | 3 825.0 | 1 706.0 | 44.60 | 2 119.0 | 55.40 | 966.3 | 678.0 |
| 2009 | 3 826.0 | 1 702.6 | 44.50 | 2 123.4 | 55.50 | 978.2 | 684.1 |
| 2010 | 3 833.4 | 1 699.7 | 44.34 | 2 133.7 | 55.66 | 989.4 | 677.5 |
| 2011 | 3 834.0 | 1 667.8 | 43.50 | 2 166.2 | 56.50 | 989.2 | 677.7 |
| 2012 | 3 834.0 | 1 652.5 | 43.10 | 2 181.5 | 56.90 | 988.5 | 667.3 |
| 2013 | 3 835.0 | 1 633.7 | 42.60 | 2 201.3 | 57.40 | 992.8 | 666.7 |
| 2014 | 3 833.0 | 1 609.5 | 41.99 | 2 223.5 | 58.01 | 982.8 | 647.9 |
| 2015 | 3 812.0 | 1 570.5 | 41.20 | 2 241.5 | 58.80 | 976.0 | 642.5 |
| 2016 | 3 799.2 | 1 550.1 | 40.80 | 2 249.1 | 59.20 | 955.3 | 632.5 |
| 2017 | 3 788.7 | 1 538.2 | 40.60 | 2 250.5 | 59.40 | 930.5 | 619.9 |
| 2018 | 3 773.1 | 1 505.5 | 39.90 | 2 267.6 | 60.10 | 906.5 | 603.5 |
| 2019 | 3 751.3 | 1 466.8 | 39.10 | 2 284.5 | 60.90 | 875.4 | 595.4 |

注:数据来源于《黑龙江统计年鉴2019》。

### 2. 黑龙江省农村地区教育情况

通过对国内外相关文献的梳理,国内外的研究都证实了教育对人力资本形成的促进作用,政府、社会、企业和个人通过对教育的投入来提高劳动力综合素质和工作效率。本节整理了黑龙江省农村地区的教育情况。通过表2-2可以看出,黑龙江省农村劳动力文化程度主要集中在初中和小学。2005年开始农村劳动力具有初中文化程度的比例超过60%,其文化程度有了明显提升。同时,高中和中专程度变化不大,大专及大专以上程度在2005年出现明显上升。

**表2-2　1999—2012年黑龙江省农村居民家庭劳动力文化程度**　　　　单位:%

| 年份 | 不识字或识字很少 | 小学 | 初中 | 高中(含中专) | 大专及大专以上 |
| --- | --- | --- | --- | --- | --- |
| 1999 | 3.79 | 33.39 | 53.47 | 9.00 | 0.34 |
| 2000 | 2.78 | 29.71 | 56.74 | 10.15 | 0.62 |
| 2001 | 2.26 | 29.59 | 57.73 | 9.91 | 0.51 |
| 2002 | 2.34 | 29.33 | 27.51 | 10.21 | 0.61 |
| 2003 | 2.52 | 28.14 | 59.73 | 8.93 | 0.67 |
| 2004 | 3.17 | 28.34 | 58.26 | 9.30 | 0.93 |
| 2005 | 2.44 | 26.52 | 61.14 | 8.96 | 1.24 |
| 2006 | 2.32 | 25.32 | 62.13 | 8.99 | 1.16 |
| 2007 | 2.15 | 24.27 | 64.04 | 8.39 | 1.10 |
| 2008 | 1.90 | 24.10 | 63.80 | 9.00 | 1.20 |
| 2009 | 1.80 | 22.50 | 66.20 | 8.40 | 1.10 |
| 2010 | 1.50 | 22.60 | 65.90 | 8.70 | 1.20 |
| 2011 | 2.40 | 29.90 | 60.20 | 6.40 | 1.10 |
| 2012 | 2.40 | 29.60 | 60.40 | 6.40 | 1.20 |

注:数据来源于《中国农村统计年鉴2016》,2012年后农村劳动力文化程度数据缺失。

　　如图2-2所示,黑龙江省农村人口中未上过学、高中文化程度和大专及以上文化程度的人口占6岁及以上人口的比例均低于10%。2001年以来,大专及以上文化程度的比例逐渐上升,这也说明了农村接受高等教育的人口在增多,可见,较高层次的教育越来越受到黑龙江省农村地区居民的重视。2001—2018年具有小学和初中文化程度的人口比例一直占较高比例,2001年和2002年,具有小学文化程度人口的比例高于初中文化程度的人口比例,从2003年开始,具有初中文化程度的人口比例开始波动上升,具有小学文化程度的人口比例开始降低,农村人口受教育程度有了一定的提升,即初中文化程度成为黑龙江省农村人口文化程度的主要组成。随着近年来教育体制改革,农村地区的教育环境得到改善、教育资源得到合理配置和教学水平得到提升,农村人口的教育意识也发生了转变,文盲人口不断减少。近年来,黑龙江省农村文盲人口占15岁及以上人口比例明显降低(图2-3)。

　　综上,从黑龙江省中小学的教育资源情况和农村人口的受教育情况可以看出,农村人口的文化水平在逐渐提高,即黑龙江省农村人力资本的主体在过去的20多年中整体受教育程度有了很大提升,但是具有较高文化水平的高层次人才还比较稀缺。

**3. 黑龙江省农村地区医疗卫生状况**

　　乡镇卫生院作为农村的基础医疗平台,对农村居民的医疗保健起到了重要的作用。如表2-3所示,1999年黑龙江省乡镇卫生院1 109个。2000—2008年整体呈下降趋势(图2-4),2008年,黑龙江省乡镇卫生院为919个,到2013年波动增加到996个,此后基本维持在970~990个,而床位数和卫生人员数保持增长的趋势(图2-4)。卫生人员数1999年为25 026人,此后波动下降到2007年的21 418人,2007—2013年整体呈持续增长趋势,

2014 年略有下降,2014—2017 年小规模上涨到 23 747 人,截至 2018 年末下降到 22 776 人,2019 年略有增加。与前两者相比,床位数的增加明显,1999—2008 年维持在 12 000 ~ 14 900 张,此后一直增长,截至 2017 年末,为 23 947 张,2018 年末略有减少,2019 年又再次增长。

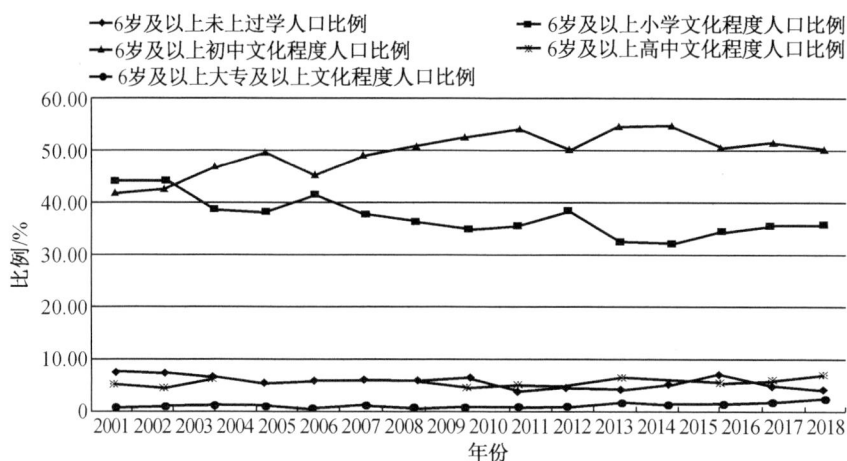

**图 2－2 黑龙江省 6 岁及以上农村人口受教育程度变动情况（2001—2018）**

（数据来源:《中国人口和就业统计年鉴 2018》）

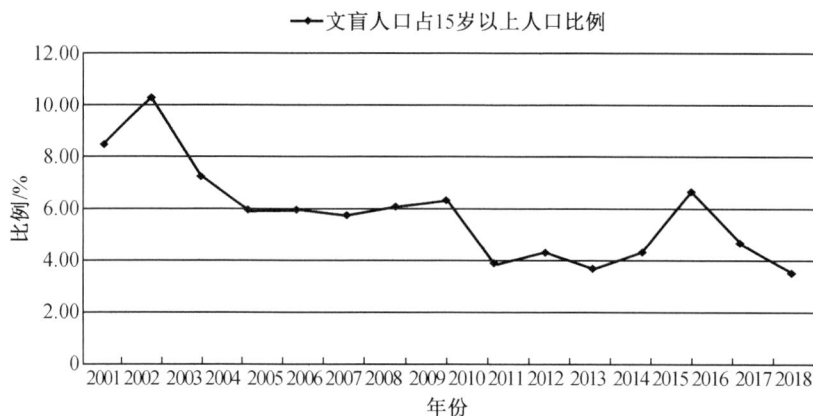

**图 2－3 黑龙江省农村文盲人口占 15 岁及以上人口比例变动情况（2001—2018）**

（数据来源:《中国人口和就业统计年鉴 2018》）

**表 2－3 黑龙江省乡镇卫生院、床位数和卫生人员情况（1999—2019）**

| 年份 | 卫生院数/个 | 卫生人员数/人 | 床位数/张 |
| --- | --- | --- | --- |
| 1999 | 1 109 | 25 026 | 12 855 |
| 2000 | 1 111 | 25 090 | 12 880 |
| 2001 | 1 031 | 24 468 | 12 988 |
| 2002 | 999 | 23 160 | 12 756 |
| 2003 | 965 | 22 213 | 12 505 |

表 2 −3(续)

| 年份 | 卫生院数/个 | 卫生人员数/人 | 床位数/张 |
|---|---|---|---|
| 2004 | 931 | 22 105 | 13 050 |
| 2005 | 922 | 21 784 | 12 425 |
| 2006 | 925 | 21 572 | 13 009 |
| 2007 | 920 | 21 418 | 12 675 |
| 2008 | 919 | 21 867 | 14 804 |
| 2009 | 977 | 22 625 | 17 009 |
| 2010 | 954 | 24 177 | 18 418 |
| 2011 | 958 | 23 336 | 18 732 |
| 2012 | 996 | 23 221 | 20 500 |
| 2013 | 996 | 25 061 | 20 852 |
| 2014 | 992 | 23 067 | 21 529 |
| 2015 | 990 | 23 524 | 22 151 |
| 2016 | 988 | 23 625 | 22 469 |
| 2017 | 982 | 23 747 | 23 947 |
| 2018 | 972 | 22 776 | 23 866 |
| 2019 | 966 | 22 902 | 23 908 |

注:数据来源于《中国农村统计年鉴 2000》~《中国农村统计年鉴 2019》。

　　2002—2019 年黑龙江省乡村卫生院的数量变化不大,维持在 900 ~ 1 000 个,而卫生人员数 1999 年、2000 年和 2013 年超过 25 000 人,其他年份在 21 000 ~ 24 000 人波动变化(图 2 −4)。与前两者相比,床位数自 2007 年开始保持增长的趋势,可以看出农村居民对医疗条件的需求在增加。黑龙江省医疗卫生质量在不断提升,乡村基础医疗软硬件环境不断改善,因此需要加大对农村医疗卫生的投入力度,从而改善农村地区的医疗卫生条件,并提高农村地区的医疗卫生服务水平。农村地区医疗卫生状况的持续改善,有利于积累农村健康人力资本存量。

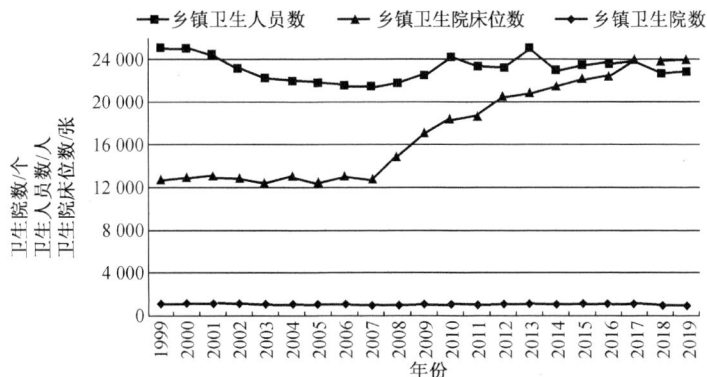

图 2 −4　黑龙江省乡镇卫生院、床位数和卫生人员变化情况(1999—2019)

(数据来源:《中国农村统计年鉴 2019》)

### 4.黑龙江省农村居民消费支出情况

农村人力资本开发不仅需要政府和社会等公共投入部分的公共财政支出与服务的投入,同时,也需要农村劳动力个体支出的投入。根据本章基础理论部分对农村人力资本概念的界定及其对农业经济增长的作用机理分析得出,对农村人力资源的教育投入和健康投入是构成农村人力资本积累的主要因素,故农村劳动力个人用于教育、文化、娱乐消费支出和医疗保健的消费支出是农村人力资本积累的重要投入要素,这主要是从货币形态上反映出农村劳动力个体对农村人力资本的投资,农村人力资本直接由投资费用转化而来。故农村居民家庭教育、文化、娱乐消费支出和医疗保健消费支出能够反映出农村劳动力个人对农村人力资本投资的情况。其中,对教育、文化、娱乐的消费支出是农村居民通过不同的投入方式和渠道来提升其自身的科学文化水平、素质修养和专业技能等,而医疗保健消费支出则是农村居民通过健康投资来提升其健康水平。

近年来,随着全面建成小康社会和乡村振兴战略的实施,农村居民的生活水平得到了提高,农村居民人均消费支出也随之发生了变化。如表2-4所示,1999年黑龙江省农村居民家庭人均全年消费支出为1 371.6元,2012年增长到了5 718.0元,截至2019年末,农村居民家庭人均全年消费支出为12 495.0元,是1999年以来的最高值。但是,与全国农村居民家庭人均全年消费支出比较来看,黑龙江省的消费支出整体上低于全国的平均值(图2-5),2008—2013年黑龙江省的农村居民家庭全年人均消费支出高于全国,其他年份均低于全国,这不仅与黑龙江省的经济发展水平相关,同时也受到黑龙江省农村居民的消费观念影响,从整体上看,近20年来黑龙江省农村居民的消费支出结构发生了较大变化。如图2-6和图2-7所示,1999年食品和居住等基本生活消费支出占全年消费支出的比例较大,尤其是食品支出占总支出的比例达到了52.82%,占总支出一半以上。2019年食品支出比1999年减少了近50%,转变为教育等精神层面的支出占较大比例。由此可以看出,近年来农村居民的消费支出由基本生活需求转变为精神需求,这在一定程度上提升了农村人力资本的质量。

表2-4 黑龙江省农村居民家庭人均消费支出情况(1999—2019)

| 年份 | 全年消费支出/元 | 教育、文化、娱乐消费支出/元 | 医疗保健消费支出/元 | 教育、文化、娱乐支出占总消费支出比例/% | 医疗保健支出占总消费支出比例/% |
|---|---|---|---|---|---|
| 1999 | 1 371.6 | 114.5 | 71.5 | 8.35 | 5.21 |
| 2000 | 1 540.4 | 150.7 | 117.2 | 9.78 | 7.61 |
| 2001 | 1 604.5 | 161.6 | 126.6 | 10.07 | 7.89 |
| 2002 | 1 674.2 | 172.7 | 120.2 | 10.32 | 7.18 |
| 2003 | 1 661.7 | 188.2 | 135.2 | 11.33 | 8.14 |
| 2004 | 1 837.4 | 188.5 | 131.0 | 10.26 | 7.13 |
| 2005 | 2 544.7 | 277.0 | 253.5 | 10.89 | 9.96 |
| 2006 | 2 618.2 | 279.7 | 253.8 | 10.68 | 9.69 |
| 2007 | 3 117.4 | 312.3 | 272.5 | 10.02 | 8.74 |
| 2008 | 3 844.7 | 437.6 | 351.0 | 11.38 | 9.13 |

表 2 - 4(续)

| 年份 | 全年消费<br>支出/元 | 教育、文化、娱乐<br>消费支出/元 | 医疗保健消费<br>支出/元 | 教育、文化、娱乐支出占<br>总消费支出比例/% | 医疗保健支出占总消费<br>支出比例/% |
|---|---|---|---|---|---|
| 2009 | 4 241.3 | 496.4 | 434.3 | 11.70 | 10.24 |
| 2010 | 4 391.2 | 560.7 | 443.2 | 12.77 | 10.09 |
| 2011 | 5 333.6 | 663.9 | 573.6 | 12.45 | 10.75 |
| 2012 | 5 718.0 | 518.0 | 727.0 | 9.06 | 12.71 |
| 2013 | 6 813.6 | 601.4 | 839.2 | 8.83 | 12.32 |
| 2014 | 7 830.0 | 984.2 | 992.1 | 12.57 | 12.67 |
| 2015 | 8 391.5 | 1 098.0 | 1 113.0 | 13.08 | 13.26 |
| 2016 | 9 424.0 | 1 249.0 | 1 270.0 | 13.25 | 13.48 |
| 2017 | 10 524.0 | 1 362.0 | 1 551.0 | 12.94 | 14.74 |
| 2018 | 11 417.0 | 1 419.0 | 2 030.0 | 12.43 | 17.78 |
| 2019 | 12 495.0 | 1 779.0 | 1 925.0 | 14.24 | 15.41 |

注:数据来源于《黑龙江统计年鉴2000》~《黑龙江省统计年鉴2019》。

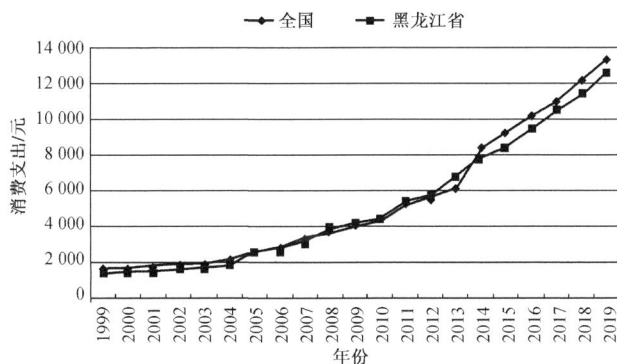

**图 2 - 5　全国及黑龙江省农村居民家庭人均全年消费支出对比(1999—2019)**

(数据来源:《中国农村统计年鉴2000》~《中国农村统计年鉴2020》,《黑龙江统计年鉴1999》~《黑龙江统计年鉴2020》)

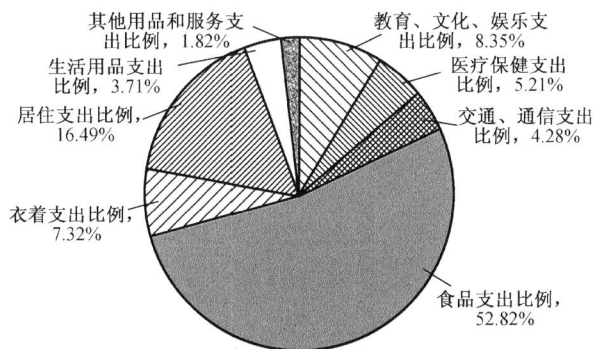

**图 2 - 6　1999 年黑龙江省农村居民家庭人均全年生活消费支出结构**

(数据来源:《黑龙江统计年鉴1999》)

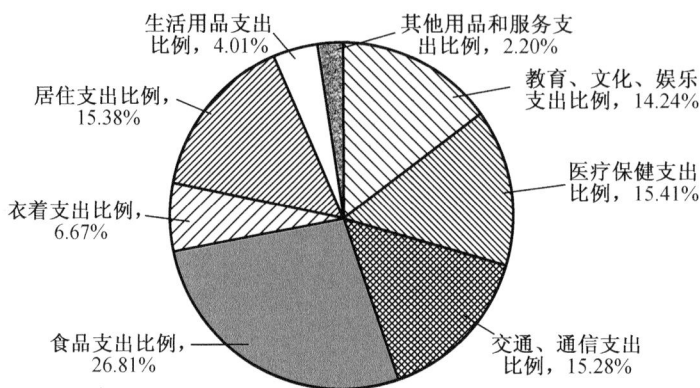

图 2 - 7　2019 年黑龙江省农村居民家庭人均全年生活消费支出结构

（数据来源：《黑龙江统计年鉴 2019》）

如图 2 - 8 所示，教育、文化、娱乐支出和医疗保健支出从 2005 年开始增长趋势明显，尤其是医疗保健支出 2005 年开始逐年增长，教育、文化支出除 2012 年稍有回落外，自 2005 年开始也是逐年上升。这主要是由于九年义务教育政策的实施，国家财政对教育投入增多，尤其是对基础教育的投入不断增加，农村居民的教育支出比例减少了，可以更多地将消费支出用于医疗保健等其他方面。近 10 年来，农村居民医疗保健支出比例比教育、文化、娱乐支出的比例大，并且呈现不断扩大趋势。从整体来看，黑龙江省农村居民的教育、文化、娱乐支出和医疗保健支出，在一定程度上提升了农村人力资本的质量。

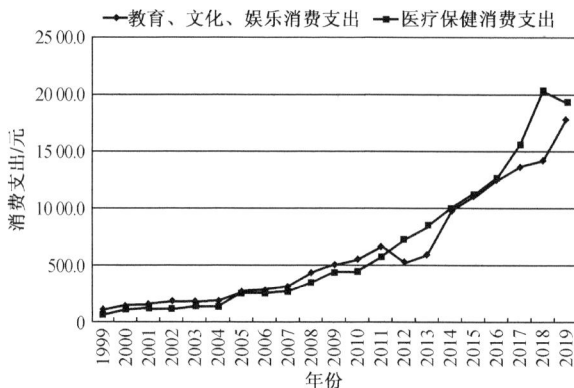

图 2 - 8　黑龙江省农村居民家庭人均教育文化娱乐和医疗
保健消费支出变化情况（1999—2019）

（数据来源：《黑龙江统计年鉴 2019》）

## 2.3.2　黑龙江省农业经济发展状况分析

黑龙江省地处我国东北部，具有天然的地理环境优势和自然资源优势，是全国耕地最多的农业大省。近年来，随着国家振兴东北战略的实施，整个东北地区经济发展水平得到显著提高，农业经济也取得了较大成就。

从表2-5中可以观察到黑龙江省耕地面积的增长主要集中在1999—2017年,2012年以来基本保持不变。但整体看,黑龙江省的耕地面积从1999年的926.5万公顷增长到2019年的1 584.4万公顷,增长了0.7倍。耕地面积的增长为黑龙江省农业经济发展起到了推动作用。农业机械化总动力从1999年的1 559.7万千瓦增长到2018年的6 082.4万千瓦,2019年略有减少,近20年增长了2.9倍,由此可以看出,黑龙江省的农业机械化水平提升较大。这与近年来相关部门制定的农业发展政策和现代化大农业的发展是紧密相连的,得益于现代农业技术的推广和使用。农业机械化程度助推了黑龙江省农业经济的发展。

从表2-5中可以看出,从1999—2019年20年的时间跨度中,黑龙江省第一产业的生产总值总体上是不断增加的,从1999年的377.2亿元增长到2019年的3 182.5亿元,在不考虑物价上涨等因素的前提下,增长了7.4倍;农、林、牧、渔业总产值从1999年的660.5亿元增长到2019年的5 930.0亿元,增长了近8倍,这说明黑龙江省在农业经济发展上具备一定的优势和发展动力。

**表2-5 黑龙江省农业经济状况(1999—2019)**

| 年份 | 第一产业生产总值/亿元 | 农、林、牧、渔业总产值/亿元 | 农业机械化总动力/万千瓦 | 耕地面积/万公顷 | 农、林、牧、渔业增加值/万元 |
|---|---|---|---|---|---|
| 1999 | 377.2 | 660.5 | 1 559.7 | 926.5 | 382.3 |
| 2000 | 383.1 | 625.1 | 1 613.8 | 961.7 | 353.6 |
| 2001 | 435.6 | 711.0 | 1 648.3 | 960.1 | 409.3 |
| 2002 | 474.2 | 776.7 | 1 741.8 | 951.2 | 446.6 |
| 2003 | 504.8 | 903.3 | 1 807.7 | 969.0 | 512.8 |
| 2004 | 593.3 | 1 136.6 | 1 952.2 | 990.5 | 600.3 |
| 2005 | 684.6 | 1 294.4 | 2 234.0 | 990.5 | 684.6 |
| 2006 | 750.1 | 1 391.1 | 2 570.6 | 1 177.3 | 737.7 |
| 2007 | 915.4 | 1 591.7 | 2 785.3 | 1 183.8 | 915.0 |
| 2008 | 1 088.9 | 2 004.1 | 3 018.4 | 1 183.0 | 1 089.0 |
| 2009 | 1 154.3 | 2 136.8 | 3 401.3 | 1 183.0 | 1 154.3 |
| 2010 | 1 302.9 | 2 422.2 | 3 736.3 | — | 1 302.9 |
| 2011 | 1 701.5 | 3 103.0 | 4 097.8 | | 1 701.5 |
| 2012 | 2 113.7 | 3 842.0 | 4 549.3 | 1 584.6 | 2 113.7 |
| 2013 | 2 474.1 | 4 560.2 | 4 848.7 | 1 586.6 | 2 516.8 |
| 2014 | 2 611.4 | 4 865.8 | 5 155.5 | 1 586.6 | 2 659.6 |
| 2015 | 2 633.5 | 5 030.1 | 5 442.7 | 1 586.6 | 2 687.8 |
| 2016 | 2 670.5 | 5 202.9 | 5 634.3 | 1 586.6 | 2 731.7 |
| 2017 | 2 965.3 | 5 586.6 | 5 813.8 | 1 586.6 | 3 036.9 |
| 2018 | 3 001.0 | 5 624.3 | 6 082.4 | 1 584.4 | 3 079.9 |
| 2019 | 3 182.5 | 5 930.0 | 5 273.5 | 1 584.4 | 3 628.2 |

注:数据来源于《中国农村统计年鉴1999》~《中国农村统计年鉴2019》、《黑龙江统计年鉴1999》~《黑龙江统计年鉴2019》。

# 2.4　基于有效劳动模型的实证分析

## 2.4.1　模型构建

从对国内外文献梳理及其相关基础理论部分可以看出,许多专家学者对人力资本在经济增长中的作用做了不同程度的论证和解释,在这一过程中,人力资本的计量模型也在不断地创新和完善,而且不难发现,大多数经济学家提出的人力资本相关的计量模型,都是建立在柯布－道格拉斯生产函数的基础上。该函数反映了社会生产过程中投入要素与产出之间的技术关系,而在对人力资本的计量模型的研究中,卢卡斯和索洛等学者假定技术进步为希克斯中性。

基于此,本节以舒尔茨的人力资本概念和卢卡斯的内生经济增长理论为基础,引用索洛的技术进步理论,即技术进步是中性的,是具有固定趋势的常数,根据卢卡斯的人力资本理论,教育是人力资本形成和发展的最主要途径,同时考虑到实际工作中身体健康的重要性,以及农村人力资本对农业经济增长的作用机理是从农村教育人力资本和健康人力资本两个主要方面展开的,将农村教育人力资本和农村健康人力资本引入到模型中,依据索洛－旺斯经济增长理论中劳动的有效性,建立有效劳动模型。模型如下:

$$Y_t = A_t K_t^{\alpha} E_t^{\beta} H_t^{\gamma} \tag{2.1}$$

式中　$Y_t$——农业经济产出;

　　　$A_t$——不变的技术水平;

　　　$K_t$——农村物质资本;

　　　$E_t$——农村教育人力资本;

　　　$H_t$——农村健康人力资本;

　　　$t$——时间;

　　　$\alpha$、$\beta$、$\gamma$——农村物质资本、农村教育人力资本和农村健康人力资本投入要素的产出弹性。

对式(2.1)两边取对数,即

$$\ln Y_t = \ln A_t + \alpha \ln K_t + \beta \ln E_t + \gamma \ln H_t \tag{2.2}$$

对式(2.2)两边同时求导,得到:

$$\frac{\Delta Y_t}{Y_t} = \frac{\Delta A_t}{A_t} + \alpha \frac{\Delta K_t}{K_t} + \beta \frac{\Delta E_t}{E_t} + \gamma \frac{\Delta H_t}{H_t} \tag{2.3}$$

并令 $y = \frac{\Delta Y_t}{Y_t}, a = \frac{\Delta A_t}{A_t}, k = \frac{\Delta K_t}{K_t}, e = \frac{\Delta E_t}{E_t}, h = \frac{\Delta H_t}{H_t}$ 分别为农业经济增长率、技术进步率、农村物质资本增长率、农村教育人力资本增长率及农村健康人力资本增长率,并对式(2.3)进行整理,得到:

$$y = a + \alpha k + \beta e + \gamma h \tag{2.4}$$

利用几何平均法计算这几种投入要素的年平均增长率,再利用所得增长率计算各投入要素的贡献率,来分析在农业经济增长中这几种投入要素的作用程度。

贡献率可用于分析经济增长中各要素作用大小的程度,公式如下:

$$贡献率(\%) = \frac{某因素贡献量(增量或增长程度)}{总贡献量(总增量或增长程度)} \times 100\% \tag{2.5}$$

故设 $M_k$、$M_e$、$M_h$ 分别为农村物质资本、农村教育人力资本和农村健康人力资本这几种投入对农业经济增长的贡献率,计算公式如下:

$$M_k = \alpha \frac{k}{y} \times 100\% \tag{2.6}$$

$$M_e = \beta \frac{e}{y} \times 100\% \tag{2.7}$$

$$M_h = \gamma \frac{h}{y} \times 100\% \tag{2.8}$$

### 2.4.2　变量指标描述

#### 1.农业经济总产出的度量

本章对农业经济总产出的度量,考虑到数据的可得性,以及研究的准确和方便,采用广义上的农业概念及统计口径,即采用农、林、牧、渔业总产值作为农业产出的计量指标,并利用相应的指数进行核算,相关数据来源于"黑龙江统计年鉴"。

#### 2.农村物质资本的度量

物质资本存量是由固定资产投资形成的,相关统计资料按照行业划分为农、林、牧、渔业固定资产投资、采矿业固定资产投资和建造业固定资产投资等,考虑到本章的被解释变量是农业经济,故采用农、林、牧、渔业固定资产投资(以下简称"农业固定资产投资")作为物质资本的计量指标。根据国家统计局对统计指标全社会固定资产投资的解释,可以总结出农、林、牧、渔业固定资产投资是以货币形式表现出来的、在一定时期内用于建造和购置农业生产的固定资产的有关费用的总和。在现有统计资料中,可获得的数据是黑龙江省全社会(不包含农户)和农户两种投入主体对农业固定资产的投资,无法获取的数据是按照区域范围的投入。虽然全社会的农业固定资产投资的支出主体较全面,但是全社会的农业固定资产投资涵盖的区域范围较大,不仅包括农村地区,还包括了投入到城镇地区用于农业发展的固定资产投资等,如对"城市农业"的投入等,即全社会的农业固定资产投资是投入到全部区域范围的总数,而全社会的投入主体对农村的农业固定资产投资的具体数据是无法获取的。由于全社会的农业固定资产投资区域范围较大,考虑到研究的范围为农村,故最终采用农村农户的农业固定资产投资作为农村物质资本的计量指标。

本章采用永续盘存法来核算黑龙江省 1999—2019 年的农村物质资本存量。公式如下:

$$K_t = \frac{I_t}{P_t} + K_{t-1}(1 - Q_t) \tag{2.9}$$

式中　$K_t$——农村物质资本存量;

　　　$I_t$——按当期价格计算的投资额;

$P_t$——投资价格指数;

$\dfrac{I_t}{p_t}$——当年实际投资额;

$Q$——年折旧率;

$t$——时间。

使用永续盘存法,基年选择越早,基年农村物质资本存量估计的误差对以后年份的影响就越小,本章将1999年定为基年,其中对应的当年投资指标应该选取农业固定资产投资,但是由于现有统计数据缺少农业固定资产价格指数,故采用固定资产价格指数来代替。折旧率采用吴方卫的研究,取5.40%。对基年的农村物质资本存量的估计采用国际上的通用做法,即基年的实际投资额除以10%作为初始农村物质资本存量,之后年份均以基年为基础,运用永续盘存法进行计算。

由于现有统计资料中,对农业固定资产投资的统计在2003年前没有按照行业划分的完整统计,与2003年后的数据无法进行比较,故研究的农村物质资本存量从2003年开始计算,相应的农村物质资本核算均以2003年为基年(表2-6)。

**表2-6 黑龙江省农村物质资本存量**

| 年份 | 农户农、林、牧、渔业固定资产投资/亿元 | 固定资产投资价格指数(上年为100) | 固定资产投资价格指数(1999年为100) | 农、林、牧、渔业固定资产实际投资/亿元 | 折旧率 $Q/\%$ | 农村物质资本存量/亿元 |
|---|---|---|---|---|---|---|
| 2003 | 54.87 | 102.2 | 103.94 | 52.79 | 5.40 | 527.88 |
| 2004 | 62.16 | 105.6 | 109.77 | 56.63 | 5.40 | 556.00 |
| 2005 | 101.99 | 101.6 | 111.52 | 91.45 | 5.40 | 617.43 |
| 2006 | 115.98 | 101.5 | 113.19 | 102.46 | 5.40 | 686.55 |
| 2007 | 145.35 | 103.9 | 117.61 | 123.59 | 5.40 | 773.06 |
| 2008 | 187.09 | 108.9 | 128.08 | 146.08 | 5.40 | 877.39 |
| 2009 | 206.47 | 97.6 | 125.00 | 165.17 | 5.40 | 995.18 |
| 2010 | 250.40 | 103.6 | 129.50 | 193.35 | 5.40 | 1 134.80 |
| 2011 | 207.69 | 106.6 | 138.05 | 150.45 | 5.40 | 1 223.97 |
| 2012 | 211.46 | 101.1 | 139.60 | 151.48 | 5.40 | 1 309.35 |
| 2013 | 158.07 | 100.3 | 140.02 | 112.89 | 5.40 | 1 351.54 |
| 2014 | 158.69 | 100.5 | 140.72 | 112.77 | 5.40 | 1 391.33 |
| 2015 | 172.55 | 98.2 | 138.18 | 124.87 | 5.40 | 1 441.07 |
| 2016 | 169.58 | 99.4 | 137.35 | 123.46 | 5.40 | 1 486.72 |
| 2017 | 166.81 | 105.8 | 145.32 | 114.79 | 5.40 | 1 521.22 |
| 2018 | 136.28 | 105.4 | 153.17 | 88.98 | 5.40 | 1 528.05 |
| 2019 | 130.83 | 102.6 | 157.09 | 83.28 | 5.40 | 1 528.82 |

注:数据来源于《中国固定资产投资统计年鉴2003》~《中国固定资产投资统计年鉴2019》。

**3. 农村人力资本的度量**

(1) 人力资本的计量方法

目前的研究成果,对人力资本的指标选取和计量方法纷繁多样,但使用的较为普遍的几种计量方法有教育年限法、支出法和收入法。目前有关人力资本存量计量方法的成果尚处于初级水平,这几种计量方法各有利弊。

①教育年限法

教育年限法也称为教育存量法,是按照劳动力的不同学历划分,再对受教育年限进行加权求和得到人力资本存量,公式为

$$H_t = L_t \times h_t \tag{2.10}$$

式中　$H_t$——人力资本存量;

$L_t$——劳动力数;

$h_t$——劳动力平均受教育年限;

$t$——时间。

要计算人力资本存量,首先要计算农村劳动力的平均受教育年限,公式如下:

$$h_t = \frac{\sum P_i E_i}{P} \tag{2.11}$$

式中　$h_t$——人口平均受教育年限;

$P$——某组人口合计数;

$P_i$——该组人口中具有 $i$ 级受教育程度的人口数;

$E_i$——具有 $i$ 级受教育程度人口的受教育年限系数。

该方法的优点是避免了数据获得的主观性,而且能够保证使用的基础数据具有可靠性。教育年限法在目前的研究中应用比较广泛和普遍。

②支出法

支出法,也称成本法,是从用于培养劳动力经费投入的支出成本出发,分为个人支出与公共支出两部分。个人支出主要包括个人或者家庭用于劳动力的教育学习、技能培训和医疗保健等方面的直接费用支出,以及劳动力在接受教育期间错过的机会成本等间接支出;公共支出为国家财政、企业和公共机构对公共教育、医疗卫生保健、劳动保险、文化体育和交通运输等方面的经费的投入。该方法的优点是能够比较全面地衡量人力资本的货币价值。但是在统计数据上,地区性的农村数据获取存在一定困难,尤其是在企业和公共机构的投入方面,投入种类较多,投入标准和群体也有所差别,这些数据往往只统计了公共财政支出和居民人均支出的部分。

③收入法

收入法,也称收益法,从产出的角度出发,一般是用劳动力获得的报酬作为计量指标。但是在实际工作中,劳动力的实际产出贡献的价值与其所获得的劳动报酬有时会存在较大差异,而且统计到的劳动报酬与劳动力的实际收入往往也有一定的差别。

(2) 农村人力资本度量指标选取

农村人力资本存量的多少会直接影响农村人力资本的开发程度,有效的农村人力资本

存量可以使农业经济的产出效率得到提高,从而促进农业经济的增长。要核算黑龙江省的农村人力资本存量,首先要明确黑龙江省农村人力资本的群体范围,结合前文对农村人力资本的概念界定,并考虑到研究的被解释变量是农业经济,故本章研究的农村人力资本的劳动力范围选取农业从业人员,研究的农村人力资本是投资于农业从业人员的教育培训、医疗保健和迁移等方面的费用支出。

根据舒尔茨等的人力资本理论和卢卡斯等的经济增长理论,可以推断出农村人力资本的结构主要包含教育培训、健康和迁移等因素,从卢卡斯在人力资本论理论中提出的教育是人力资本的主要来源可知,教育人力资本是人力资本投资的重要部分。根据本章农村人力资本对农业经济增长的作用机理及目前已有的研究成果可知,构成农村人力资本积累的主要因素是教育水平和健康状况两个主要要素,这两种投入要素往往同时存在并相互影响。只有客观地区分不同类型的农村人力资本,才能有效地发挥其对农业经济的拉动作用。同时,由目前已有研究可知,迁移和职业搜寻等其他因素对农村人力资本积累的增量作用较小,研究使用范围较小,而且其他投入方式的度量标准不一,故本章将从农村教育人力资本和农村健康人力资本两种农村人力资本类型来分析其对黑龙江省农业经济增长的影响。

结合黑龙江省农村人力资本投资的实际情况,经过对各种方法的综合考量,研究最初选择了教育年限法对农村教育人力资本进行测算。但是在收集数据过程中发现,2012年以后随着城镇化进程的推进,农村劳动力文化程度不再进行统计,故无法使用教育年限法。经过对数据的重新梳理,最终选择支出法对本章研究的农村教育人力资本和健康人力资本进行测算。

基于此,本章将采用支出法对黑龙江省农业从业人员的教育投入和健康投入两个方面进行测算,从而得出黑龙江省农村教育人力资本和健康人力资本的存量。根据目前已有的统计资料,国家财政和企业等公共支出对教育与健康的投资统计主要是按照费用支出主体、投入类别进行的,虽然有教育和医疗卫生的支出项目,但统计的是各类支出主体的费用支出情况。费用的投入地域范围数据缺失。在医疗卫生费用情况统计中查得的是全国农村的支出情况,黑龙江省农村医疗卫生费用情况数据缺失,且是按照费用使用范围统计的。在黑龙江省地方公共财政支出统计中,统计范围划分为省级、地级和县级,这与农村人力资本的划分范围不同,数据精确性差;同时由于前文对农村物质资本度量指标选取的投入主体是农户。因此综合以上几点原因,借鉴官爱兰等对农村人力资本的度量方法,本章采用支出法中的个人支出部分对农村人力资本存量进行估算,即采用农村居民消费支出中的教育和医疗保健支出作为计量指标。

这里选取农业从业人员的个人支出对农村教育人力资本和健康人力资本投入进行测算,用农村居民家庭生活消费中的教育、文化、娱乐消费支出代替教育投资,用医疗保健消费支出代替健康投资(表2-7)。支出法对农村教育人力资本存量和健康人力资本存量的估算公式如式(2.12)和式(2.13)。

$$E_t = L_t \cdot (S_{et}/P_{et}) \tag{2.12}$$

$$H_t = L_t \cdot (S_{ht}/P_{ht}) \tag{2.13}$$

式中　$E_t$、$H_t$——农村教育人力资本存量和健康人力资本存量;

$L_t$——农业从业人员数;

$S_{et}$、$S_{ht}$——农村居民家庭人均教育、文化、娱乐消费支出和医疗保健消费支出;

$P_{et}$、$P_{ht}$——农村居民家庭人均教育、文化、娱乐消费支出和医疗保健消费支出的价格指数;

$S_{et}/P_{et}$、$S_{ht}/P_{ht}$——剔除价格变动因素的实际支出;

$t$——时间。

综上,本章在计量指标的选取上可以总结为,农业经济产出的计量指标为农、林、牧、渔业总产值,农村物质资本的计量指标为农村农户的农、林、牧、渔业固定资产投资,农村人力资本的计量指标为农村居民消费支出中的教育和医疗保健支出。由此可以看出,农村物质资本和人力资本的计量指标的选择范围与投入主体一致,都为个人投入积累的资本存量,故本章分析的是农村农业从业人员个体投入积累的资本存量对农业经济增长的影响。

### 表 2-7 黑龙江省农村人力资本存量

| 年份 | 农村居民人均教育、文化、娱乐支出/元 | 农村居民人均医疗保健支出/元 | 教育、文化、娱乐消费价格指数(1999年为100) | 医疗保健消费价格指数(1999年为100) | 农村居民人均教育、文化、娱乐实际支出/元 | 农村居民人均医疗保健实际支出/元 | 农业从业人员/万人 | 农村教育人力资本存量/万元 | 农村健康人力资本存量/万元 |
|---|---|---|---|---|---|---|---|---|---|
| 1999 | 114.50 | 71.50 | 100.00 | 100.00 | 114.50 | 71.50 | 744.70 | 85 268.2 | 53 246.1 |
| 2000 | 150.70 | 117.20 | 90.20 | 94.70 | 167.07 | 123.76 | 744.10 | 124 319.1 | 92 089.3 |
| 2001 | 161.60 | 126.60 | 89.30 | 96.50 | 180.97 | 131.19 | 742.50 | 134 368.1 | 97 410.6 |
| 2002 | 172.70 | 120.20 | 87.96 | 96.50 | 196.34 | 124.56 | 745.91 | 146 454.7 | 92 911.5 |
| 2003 | 188.20 | 135.20 | 86.99 | 102.10 | 216.34 | 132.42 | 734.78 | 158 966.1 | 97 303.0 |
| 2004 | 188.50 | 131.00 | 86.73 | 100.56 | 217.34 | 130.26 | 706.14 | 153 472.6 | 91 984.4 |
| 2005 | 277.00 | 253.50 | 87.86 | 97.55 | 315.28 | 259.87 | 696.69 | 219 655.7 | 181 051.4 |
| 2006 | 279.70 | 253.80 | 90.05 | 97.55 | 310.59 | 260.18 | 689.63 | 214 194.5 | 179 428.9 |
| 2007 | 312.30 | 272.50 | 92.31 | 91.40 | 338.33 | 298.13 | 675.10 | 228 409.2 | 201 269.2 |
| 2008 | 437.57 | 351.05 | 93.14 | 92.41 | 469.81 | 379.89 | 678.01 | 318 540.3 | 257 571.0 |
| 2009 | 496.40 | 434.30 | 92.76 | 92.32 | 535.12 | 470.45 | 684.10 | 366 080.0 | 321 837.9 |
| 2010 | 560.71 | 443.16 | 93.13 | 91.95 | 602.04 | 481.97 | 677.52 | 407 897.2 | 326 547.8 |
| 2011 | 663.87 | 573.59 | 94.81 | 94.70 | 700.21 | 605.67 | 677.71 | 474 534.1 | 410 464.2 |
| 2012 | 518.04 | 727.02 | 96.23 | 95.84 | 538.32 | 758.57 | 667.32 | 359 231.1 | 506 211.6 |
| 2013 | 601.40 | 839.16 | 96.23 | 97.28 | 624.94 | 862.64 | 666.66 | 416 620.9 | 575 083.8 |
| 2014 | 984.22 | 992.06 | 95.94 | 98.64 | 1 025.82 | 1 005.74 | 647.87 | 664 600.8 | 651 590.7 |
| 2015 | 1 098.00 | 1 113.00 | 94.41 | 101.11 | 1 163.02 | 1 100.82 | 642.50 | 747 242.4 | 707 278.2 |
| 2016 | 1 249.00 | 1 270.00 | 96.26 | 103.00 | 1 297.58 | 1 232.99 | 632.50 | 820 717.2 | 779 863.1 |
| 2017 | 1 362.00 | 1 551.00 | 96.26 | 107.85 | 1 414.91 | 1 438.13 | 619.94 | 877 159.6 | 891 558.6 |

表 2 –7(续)

| 年份 | 农村居民人均教育、文化、娱乐支出/元 | 农村居民人均医疗保健支出/元 | 教育、文化、娱乐消费价格指数（1999 年为100） | 医疗保健消费价格指数（1999 年为100） | 农村居民人均教育、文化、娱乐实际支出/元 | 农村居民人均医疗保健实际支出/元 | 农业从业人员/万人 | 农村教育人力资本存量/万元 | 农村健康人力资本存量/万元 |
|---|---|---|---|---|---|---|---|---|---|
| 2018 | 1 419.00 | 2 030.00 | 97.42 | 110.44 | 1 456.64 | 1 838.16 | 603.54 | 879 137.8 | 1 109 398.9 |
| 2019 | 1 779.00 | 1 925.00 | 96.73 | 115.63 | 1 839.06 | 1 664.83 | 595.40 | 1 094 977.8 | 991 242.3 |

注:数据来源于《中国农村统计年鉴1999》~《中国农村统计年鉴2019》和《黑龙江统计年鉴1999》~《黑龙江统计年鉴2019》。

### 2.4.3 数据来源

本章选取黑龙江省1999—2019 年的数据进行分析,使用的黑龙江省农业经济总产出的数据、农村物质资本衡量指标的数据、农村人力资本衡量指标的数据及其他所涉及的数据来自"黑龙江统计年鉴""中国统计年鉴""中国农村统计年鉴""中国固定资产投资统计年鉴"和"中国人口和就业统计年鉴",以及国家统计局和黑龙江省统计局官方网站。

### 2.4.4 数据处理

通过上述分析和计算,研究得出了黑龙江省农业经济产出、农村物质资本存量和农村教育人力资本及农村健康人力资本存量的相关数据。最初选定的时间为1999—2019 年,但是农村物质资本存量的计量受数据可得性的限制,只收集到了2003—2019 年,故最终选定的时间为2003—2019 年。研究的主要目的是分析各投入要素对农业经济产出的影响,传统的分析方法是多元回归,但使用该方法的回归模型可能会存在多重共线问题,为了排除多重共线性的影响,并保证变量指标的完整,研究采用主成分分析法,运用Spss23.0 软件进行回归分析。

#### 1. 多元回归分析

在进行主成分回归之前,首先要建立多元回归模型,即式(2.1),为了解决异方差的影响,对数据进行对数化处理,即式(2.2),并对多元回归模型中变量的相关性进行分析,结果如表2 –8 所示。其中式(2.1)和式(2.2)在前文已介绍,在此不再赘述。

表 2 –8　变量的相关性分析

|  | $\ln Y$ | $\ln K$ | $\ln E$ | $\ln H$ |
|---|---|---|---|---|
| $\ln Y$ | 1 | — | — | — |
| $\ln K$ | 0.966** | 1 | — | — |
| $\ln E$ | 0.913** | 0.941** | 1 | — |
| $\ln H$ | 0.957** | 0.975** | 0.969** | 1 |

注:**表示在0.01 水平下显著。

由表 2 - 8 可知，$\ln Y$ 与 $\ln K$、$\ln E$ 和 $\ln H$ 之间的相关系数分别为 0.966，0.913，0.957，相关系数均大于 0.8，说明自变量与因变量间存在高度相关关系且为正相关。而自变量之间的相关系数大于 0.9，说明多元回归模型存在多重共线问题。

由表 2 - 9 可知，模型的拟合度为 0.939，拟合效果好。对模型做 $F$ 检验，$F$ 统计量对应的 $p$ 值小于 0.05，模型总体显著，具有统计学意义。

表 2 - 9　多元回归结果

| | 系数 | $t$ 统计量 | $p$ |
| --- | --- | --- | --- |
| （常量） | 1.742 | 2.784 | 0.015 |
| $\ln K$ | 0.567 | 2.096 | 0.056 |
| $\ln E$ | -0.095 | -0.647 | 0.529 |
| $\ln H$ | 0.208 | 1.161 | 0.267 |
| $R^2$ | — | 0.939 | — |
| 调整 $R^2$ | — | 0.925 | — |
| $F$ | — | 66.468 | — |
| $p$ | — | 0.000 | — |

对方程进行 $t$ 检验，$\ln K$、$\ln E$ 和 $\ln H$ 的 $t$ 统计量对应的 $p$ 值均大于 0.05，因此 $\ln K$、$\ln E$ 和 $\ln H$ 对 $\ln Y$ 不存在影响。在前面的相关分析中，已经证明了自变量与因变量是存在相关关系的，回归模型的结论与相关分析的结论矛盾，造成参数不显著的原因是由于模型存在多重共线性引起的，前文相关分析已经证明了多重共线性的存在。

为了解决多重共线问题，常用的修正方法是逐步回归法，但该方法会导致模型的变量减少，无法完整地分析所有自变量与因变量之间的具体数量关系，因此本章采用主成分回归法对模型的多重共线问题进行修正。

**2. 主成分回归分析**

（1）主成分分析

首先由于本章选取的变量单位不统一，在进行主成分分析时，先运用 Spss23.0 软件对数据进行标准化处理，对数据进行标准化的公式为

$$x_i^* = \frac{x_i - E(x_i)}{\sqrt{D(x_i)}}, i = 1,2,3,\cdots p \tag{2.14}$$

式中　$x_i$——原始数据；

　　　$E(x_i)$——平均值；

　　　$\sqrt{D(x_i)}$——标准差。

再对变量做 KMO 和巴特利特球形度检验，结果如表 2 - 10 所示，KMO 检验的统计量为 0.727，大于 0.6，变量适合做主成分分析。

表 2 – 10　KMO 和巴特利特球形度检验

| KMO 取样适切性量数 | | 0.727 |
|---|---|---|
| 巴特利特球形度检验 | 近似卡方 | 82.440 |
| | 自由度 | 3.000 |
| | 显著性 | 0.000 |

由表 2 – 11 可知，只有第一个主成分的特征值 2.924 大于 1，因此提取第一个主成分。累积的方差贡献度为 97.461%，说明变量提取了 97.461% 的信息，提取的信息较为充分。

表 2 – 11　总方差解释

| 成分 | 初始特征值 | | | 提取载荷平方和 | | |
|---|---|---|---|---|---|---|
| | 总计 | 方差/% | 累积/% | 总计 | 方差/% | 累积/% |
| 1 | 2.924 | 97.461 | 97.461 | 2.924 | 97.461 | 97.461 |
| 2 | 0.059 | 1.964 | 99.425 | — | — | — |
| 3 | 0.017 | 0.575 | 100.000 | — | — | — |

表 2 – 12 是主成分载荷系数，显示了各变量与主成分的相关系数，由此可以利用相关系数通过式(2.15)计算得到主成分表达式的系数，即主成分的特征向量。

$$\rho(\mathbf{Z}_k, x_i) = a_{ki}\sqrt{\lambda_k} \quad (k = 1, 2, 3, \cdots, k) \tag{2.15}$$

式中　$\rho(\mathbf{Z}_k, x_i)$——成分得分系数矩阵；

　　　$\mathbf{Z}_k$——标准化矩阵；

　　　$x_i$——原始数据；

　　　$a_{ki}$——主成分载荷系数；

　　　$\lambda_k$——特征根，即计算线性组合系数矩阵用载荷系数除以对应特征根的平方根。

表 2 – 12　主成分载荷系数

| | $z$ |
|---|---|
| $z\ln K$ | 0.985 |
| $z\ln E$ | 0.983 |
| $z\ln H$ | 0.994 |

每个主成分表达式中 $X_i^*$ 前的系数就是主成分矩阵除以 $\sqrt{\lambda_k}$。将第一个主成分特征值 $\lambda_1 = 2.924$ 代入式(2.15)可得到主成分特征向量，即主成分表达式的系数，见表 2 – 13。

表 2 - 13　主成分表达式系数

| | $z$ |
|---|---|
| $z\ln K$ | 0.576 |
| $z\ln E$ | 0.575 |
| $z\ln H$ | 0.581 |

由表 2 - 13 可知,主成分表达式的系数为

$$z = 0.576 z\ln K + 0.575 z\ln E + 0.581 z\ln H \tag{2.16}$$

（2）主成分回归分析

以主成分 $z$ 为自变量,以 $\ln Y$ 为因变量,建立回归模型,见表 2 - 14。

表 2 - 14　主成分回归

| | 系数 | $t$ 统计量 | $p$ |
|---|---|---|---|
| （常量） | 0.000 | 0.000 | 1.000 |
| $z$ | 0.560 | 12.858 | 0.000 |
| $R^2$ | 0.917 | — | — |
| 调整 $R^2$ | 0.911 | — | — |
| $F$ | 165.333 | — | — |
| $p$ | 0.000 | — | — |

由表 2 - 14 可知,模型的表达式为

$$z\ln Y = 0.000 + 0.560z \tag{2.17}$$

将主成分表达式系数代入回归模型,结果如下:

$$z\ln Y = 0.000 + 0.322\ 56 z\ln K + 0.322 z\ln E + 0.32536 z\ln H \tag{2.18}$$

故 $\alpha \approx 0.323$, $\beta \approx 0.322$, $\gamma \approx 0.325$。

由式（2.18）可知,当标准化后的 $K$ 变化 1% 时, $Y$ 变化 0.323% ; $E$ 变化 1% 时, $Y$ 变化 0.322% ; $H$ 变化 1% 时, $Y$ 变化 0.325% ,且 $H$ 对 $Y$ 的影响最大。

由此可以得出,农村物质资本、农村教育人力资本和健康人力资本的产出弹性分别为 0.323,0.322,0.325。农村物质资本每增加 1% 的投入,农业经济产出增加 0.323 个百分点;每增加 1% 的农村教育人力资本投入,农业经济产出增加 0.322 个百分点;农村健康人力资本每增加 1% 的投入,农业经济产出增加 0.325 个百分点。这表明当前农村物质资本和农村人力资本都投入 1% 时,农村健康人力资本投入对农业经济增长的产出弹性最大,农村物质资本的产出弹性大于农村教育人力资本。

**3. 贡献率计算**

根据上述回归模型所得系数对 2003—2019 年黑龙江省农村地区的相关数据进行计算,得到以 2003 年为基年的农村物质资本、农村教育人力资本和农村健康人力资本对农业经济

增长的贡献率(表2-15、图2-9)

**表2-15 各生产投入要素对黑龙江省农业经济增长的贡献率**　　　　　单位:%

| 年份 | 农业经济产出增长率 | 农村物质资本增长率 | 农村教育人力资本增长率 | 农村健康人力资本增长率 | 农村物质资本贡献率 | 农村教育人力资本贡献率 | 农村健康人力资本贡献率 |
|------|------|------|------|------|------|------|------|
| 2004 | 2.70 | 2.63 | -1.74 | -2.77 | 31.46 | -20.79 | -33.37 |
| 2005 | 2.91 | 5.36 | 11.38 | 23.00 | 59.45 | 125.80 | 256.54 |
| 2006 | 2.43 | 6.79 | 7.74 | 16.53 | 90.12 | 102.39 | 220.74 |
| 2007 | 3.58 | 7.93 | 7.52 | 15.65 | 71.63 | 67.71 | 142.22 |
| 2008 | 5.24 | 8.84 | 12.28 | 17.61 | 54.45 | 75.45 | 109.21 |
| 2009 | 4.52 | 9.48 | 12.66 | 18.64 | 67.75 | 90.15 | 133.99 |
| 2010 | 4.76 | 10.04 | 12.50 | 16.34 | 68.10 | 84.53 | 111.52 |
| 2011 | 6.36 | 9.79 | 12.92 | 17.34 | 49.76 | 65.43 | 88.65 |
| 2012 | 7.38 | 9.51 | 8.49 | 17.93 | 41.63 | 37.07 | 78.97 |
| 2013 | 7.90 | 8.92 | 9.15 | 17.53 | 36.48 | 37.31 | 72.12 |
| 2014 | 7.31 | 8.41 | 12.66 | 17.17 | 37.18 | 55.79 | 76.37 |
| 2015 | 6.51 | 8.03 | 12.64 | 16.48 | 39.85 | 62.54 | 82.30 |
| 2016 | 5.88 | 7.68 | 12.44 | 16.03 | 42.17 | 68.12 | 88.59 |
| 2017 | 5.66 | 7.31 | 12.06 | 15.91 | 41.72 | 68.60 | 91.37 |
| 2018 | 5.12 | 6.87 | 11.28 | 16.43 | 43.35 | 70.98 | 104.33 |
| 2019 | 4.99 | 6.46 | 12.02 | 14.63 | 41.82 | 77.65 | 95.37 |
| 平均 | 5.20 | 7.75 | 10.38 | 15.90 | 51.06 | 66.80 | 99.34 |

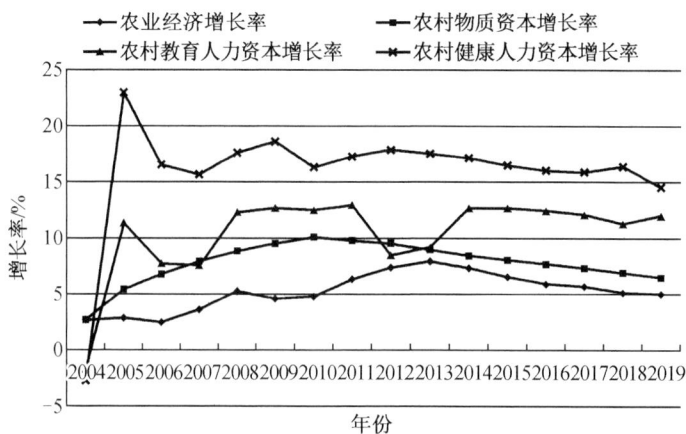

**图2-9 2004—2019年黑龙江省各项经济指标增长率**

由表 2 - 15 和图 2 - 9 可以看出，黑龙江省在 2004—2019 年的农业经济产出平均年增长率为 5.20%，其中在 2004—2013 年呈波动上升趋势，2014 年开始缓慢下降；农村物质资本的年平均增长率为 7.75%，在 2004—2010 年增长率呈逐年上升趋势，2010 年以后逐年缓慢下降；农村教育人力资本增长率和农村健康人力资本增长率一直都处于波动变化状态，但越来越趋于平稳，说明农村人力资本的投入越来越稳定。在 2004—2011 年二者增长率整体上发展趋势相近，而且波动较大，2011—2014 年农村教育人力资本增长率呈现先降后升趋势，2014—2018 年一直降低，2019 年上升。而农村健康人力资本增长率从 2006 年开始整体趋势平稳，较农村教育人力资本增长率平稳，从 2005 年起整体呈下降趋势，而农村教育人力资本增长率整体上呈现上升趋势。这说明农村人力资本的投入比例逐渐优化，在关注健康投入的同时，越来越注重教育方面的投入，而且除 2007 年和 2012 年农村教育人力资本增长率低于农村物质资本增长率外，两种农村人力资本的增长率均高于农村物质资本的增长率，说明黑龙江省的农业经济发展已经走出了完全依赖农村物质资本投入的经济时代。从 2005 年开始各生产投入要素的增长率均高于农业经济产出的增长率。

同时，在对黑龙江省农村人力资本存量进行估算时发现，农业从业人数由 2003 年的 734.78 万人逐年递减到 2019 年的 595.4 万人；而农村教育和健康人力资本存量在 2003 年分别为 158 966.1 万元和 97 303.0 万元，2019 年分别为 1 094 977.85 万元和 991 242.3 万元（1999 年为不变价），分别增长了 5.9 倍和 9.2 倍。2003—2019 年，农村教育人力资本投入呈波动增长趋势，而农村健康人力资本投入持续增长，到 2019 年有所减少（表 2 - 7）。由此可以看出，虽然农业从业人数在不断减少，但是对农村教育和健康人力资本的投入仍在增加，说明黑龙江省农村人力资本的质量在不断提升。

由图 2 - 9 可以看出，农村物质资本、农村教育人力资本及农村健康人力资本对黑龙江省农业经济增长的贡献率差距逐渐缩小。总体而言，这三种生产投入要素对农业经济增长的贡献率从高到低依次是农村健康人力资本、农村教育人力资本和农村物质资本。由表 2 - 15 可知，2004—2019 年农村教育人力资本和农村健康人力资本的平均贡献率分别为 66.80% 和 99.34%，均高于农村物质资本的平均贡献率，表明黑龙江省在这段时间内农业经济增长主要依赖于农村人力资本积累，其次才是农村物质资本积累。

由图 2 - 10 可知，黑龙江省农村物质资本对农业经济增长的贡献率整体呈下降趋势，而且较平稳。黑龙江省农村人力资本对农业经济增长的贡献率整体上可分为两个阶段：第一阶段为 2004—2013 年，两种农村人力资本贡献率呈倒 U 形走势，最高为 2005 年的 125.8% 和 265.4%，最低为 2004 年的 - 20.79% 和 - 33.37%，主要是因为这一阶段黑龙江省农业经济发展由传统农业向现代农业过渡，农村人力资本的推动力作用越来越明显。同时，随着这一阶段农业机械化水平的提高，农业发展对劳动力数量的需求逐渐减少，以及大量青壮年农村劳动力外出务工，转移到"非农"行业等，导致农村人力资本贡献率下降。第二阶段为 2013—2019 年，在这段时间两种农村人力资本贡献率均呈缓慢上升趋势，逐渐趋于稳定，而且均高于农村物质资本投入的贡献率，这说明农村人力资本逐渐成为拉动黑龙江省农业经济增长的主要因素。

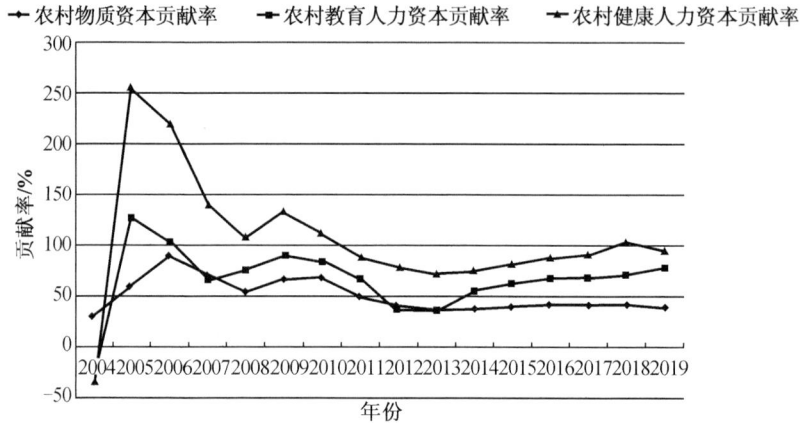

图 2-10　各生产投入要素对黑龙江省农业经济增长的贡献率

### 2.4.5　结果讨论

本章利用永续盘存法和支出法分别对黑龙江省 2003—2019 年农村物质资本和农村人力资本进行估算,再以卢卡斯内生经济增长理论为基础,将变量引入到有效劳动模型中,测算了农业物质资本、农村教育及健康人力资本三种生产投入要素对农业经济增长的产出弹性和贡献率,三种生产投入要素的产出弹性分别为 0.323,0.322,0.325,农村健康人力资本对经济增长的产出弹性最大,农村物质资本的产出弹性介于两种人力资本的产出弹性之间,农村教育人力资本的产出弹性最小;农村教育人力资本和健康人力资本对农业经济增长的平均贡献率分别为 66.80% 和 99.34%,农村物质资本的平均贡献率为 51.06%。

结果表明,从投入变量的产出弹性看,虽然三种生产投入要素的产出弹性十分接近,但影响黑龙江农业经济增长的首要因素是农村健康人力资本,其次是农村物质资本,最后是农村教育人力资本;从贡献程度和贡献率发展趋势上看,首先是农村健康人力资本,其次是农村教育人力资本,最后是农村物质资本。由此发现,农村健康人力资本产出弹性和贡献率都占比最高,而农村教育人力资本对农业经济增长贡献率虽然高于农村物质资本,但是产出弹性小于农村物质资本。由此可见,黑龙江省农村教育人力资本投入不足,农村人力资本投资结构不合理。对于这些问题,不仅需要政府等相关部门合理引导调动农村劳动力个体投入意愿,同时还需要政府等相关部门通过公共财政支出弥补个体投入的不足。

导致上述结果的原因主要包括以下四个方面。

(1)随着近年来社会经济的发展和政府政策的支持,农业经济增长已经摆脱了过去完全依赖物质资本投入的传统经济发展模式,转变为多要素投入的新的发展模式,由此农业经济发展也不再单纯依靠物质资本的投入,实现了由传统农业向现代化农业的过渡,农村人力资本成为农业产业结构调整和农业现代化的重要推动力,这就导致了三种生产投入要素的产出弹性逐渐接近,以及农村人力资本的贡献率上升并高于物质资本,农业经济发展不再完全依赖物质资本的投入。

(2)随着经济社会的发展,人们生活水平得到提高,更加注重对自身的科学文化水平和身体健康素质的提升,从而导致教育和医疗保健消费支出增多,促进了教育和健康人力资本存量的积累。

(3)物质资本具有边际效益递减的客观规律,导致农村物质资本对于农业经济增长的贡献率在不断下降。

(4)舒尔茨在人力资本理论中将教育投入作为形成人力资本的主要途径,但是教育人力资本的投入具有长期性,回报具有滞后性,而且形成的成本比较高,这就导致了农村教育人力资本对农业经济增长的产出弹性最小。

# 2.5　政　策　建　议

通过本章的分析可知,从宏观数据看,近些年,黑龙江省农村劳动力数、农业从业人员数下降,人员外流或转移从事其他行业;从实证分析得出的各生产投入要素的产出弹性和贡献率看,黑龙江省农村教育人力资本投入不足,农村人力资本投资结构不合理。针对这些问题,本章分别从合理引导农村劳动力转移、提升教育投资质量、优化农村人力资本投资结构和引导农村劳动力个体投资意愿四个方面出发提出政策建议。对于这些现状的改善,不仅需要政府等相关部门合理地引导农村劳动力个体转变传统的思想观念并调动其投入意愿,同时还需要政府等相关部门建立相应的政策措施,以及提供公共财政支出的投入来弥补个体投入的不足,并为农村劳动力个体投入提供投资教育学习和医疗卫生的基础环境与相应的政策支持。

## 2.5.1　合理引导农村劳动力转移,带动农村人力资本流动

农村劳动力合理转移是优化农村人力资本结构、激活农村人力资本活力的重要手段。合理引导农村劳动力转移,应做到以下几点。

(1)从完善农村劳动力转移的政策措施角度出发,政府等相关管理部门应该为劳动力转移创造良好的环境和转移条件,可以从户籍制度和医保制度改革等方面制定政策措施,以此给农村地区的劳动力转移提供相应的政策保障。

(2)从帮助农村居民提高工资性收入的角度出发,提高农村地区居民的工资性收入,是促进农村地区居民消费的一种最直接、最有效的手段。当前农村居民的工资性收入主要是通过劳动力转移方式实现的,政府等相关部门应积极调配并整合各种社会资源,致力于培育与发展民营企业和个体经济,为更多的农村剩余劳动力创造新的就业机会,提高他们的工资性收入。

(3)从加快城镇化进程的角度出发,农村剩余劳动力的转移,一方面可以增加收入,另一方面可以提高消费水平。农村居民在城乡间的流动及当今社会网络媒体的大众传播,带动农村居民的消费行为逐渐发生改变,消费水平也越来越高,加快城镇化发展进程从而推进农村剩余劳动力转移。

(4)要积极引导并加强对农村劳动力的教育引导,激发农村劳动力的内生动力,大力宣传党和政府的相关政策,通过网络媒体广泛宣传传播农村劳动力转移就业后发生的变化,带动农村劳动力改变传统的就业观念,增强其外出就业和转移就业的信心和决心。

用产业发展带动劳动力转移激发农村人力资本活力,农业供给侧结构性改革的发展,使农业生产率迅速提升,农村剩余劳动力将继续扩大。农村劳动力向非农产业转移成为必然趋势,农村一、二、三产业融合发展,将为劳动力提供更多的就业岗位和创业机会。

### 2.5.2 提升教育投资质量,提供农村人力资本新动能

教育投资是提升农村劳动力质量的重要投入方式,是提升农村人力资本存量的重要途径,更是提供农村人力资本新动能,从而促进乡村振兴的重要手段。乡村振兴是乡村的全面振兴,农村教育的振兴也是其中的一个重要方面。这需要政府等相关部门从农村劳动力个体支出的投入和政府等公共支出的投入两方面出发,对农村劳动力个体支出投资个人教育学习的调整进行引导。政府要加大对农村居民的宣传教育力度,引导农村居民加大教育投入,引导农村居民转变传统的受教育观念和对教育的投入方式,并且注重对学习教育投入的类别和针对性,注重教育投资的质量。同时,更需要政府等相关部门通过公共财政支出及采取相应的政策措施等方面投入到农村教育事业的发展中,具体如下。

(1)需要政府加大教育经费的财政投入力度并优化投资结构。

(2)需要政府采取一定的政策措施,优化农村教育资源的配置方式,增强合理性,鼓励并引导社会力量投入教育事业,破除城乡间教育资源流动障碍,建立城乡间教育教学资源流动通道,将优质教育资源引入乡村教育。

(3)结合乡村振兴的需要,从基础教育、职业教育和高等教育及就业创业教育等方面出发,全方位多领域地培养乡村振兴所需人才,尤其是培养农村实用人才,强化培养涉农专业人才,以满足智慧农业、精准农业和高效农业的人才需求,为实现乡村振兴积累人力资本,为农业经济的持续稳定增长和农村的持续发展提供新动能。

### 2.5.3 优化农村人力资本投资结构,促进农业经济可持续发展

用于农村人力资本的教育和健康的投资等,对农业经济增长的影响程度和贡献作用各不相同。因此,应优化农村人力资本投资的支出结构,合理调整各项人力资本投资要素的投入比例,使其对农业经济产出的作用效应更有效。从长远角度考虑,农村教育投资对农业经济增长的作用效果具有平稳性和拉动作用,且对农业经济增长的长效作用远高于农村健康人力资本的投资,在农业经济增长过程中,农村人力资本的教育投资是核心动力。调整并优化农村人力资本投资结构,需要从农村劳动力个体投入和政府等公共投入两方面出发。农村劳动力个体对农村人力资本的投入会受到自身认知、生活环境和家庭实际状况等多种因素的影响,因此,要用政府等公共投入来弥补农村劳动力个体支出投入的不足,调整农村人力资本的投资比例,应结合当地农业经济发展特点和农村劳动力的状况,充分考虑并测算对农村教育和健康等方面的投资对其农业经济增长影响的差异程度与作用方式的区别。通过调整农村人力资本投入结构和投资比例,使各类农村人力资本能够更好地发挥对农业经济增长的拉动作用和效果。因此,在今后的农村人力资本投资中,要调整投资政策,着重提高用于农村教育投资的比例。这样做,长期来看能够增加农村人力资本存量的积累,也是促进农业经济长期稳定增长的有效方式。此外要适度调整农村人力资本的健康投资,发挥其对农村教育人力资本投资的协同促进作用,从而更有效并充分地发挥其对农

业经济增长的作用。

### 2.5.4　引导农村劳动力个体投资意愿,促进农村人力资本存量合理增长

劳动力个体对农村人力资本投资意愿不仅受其收入水平和支付能力等现实因素的影响,还受社会经济发展形势和所处环境等外部因素的影响,同时其自身认知和文化素质也是影响其投资意愿的重要因素。

随着当今社会发展形势和环境的影响,农村劳动力对科学文化知识重要性的认识已经明显提高,但是受其自身认知和所处周围环境的影响,农村劳动力对教育人力资本积累投入的时间和精力较少,接受教育和技能学习的文化场所较少。

(1)政府等有关部门要合理引导农村劳动力积极接受教育和技能培训,为其提供学习和交流的平台与机会,用公共支出投入农村教育人力资本来弥补个体投入因现实因素的限制导致的不足。

(2)要引导农村文化素质较高的基层工作人员和高技能的农业从业人员向其他农村劳动力普及科学文化知识与专业技能。

(3)要向农村劳动力普及接受教育和技能培训带来的益处,当劳动力掌握一定的专业技能和知识水平时,能够提高农业生产效率和质量,从而增加农业经济收入,以此来激励农村劳动力主动学习和接受教育技能培训,将合理的时间、精力和费用投入到农村教育人力资本存量的积累中。

对于农村健康人力资本,政府等有关部门可以开展线上线下的宣传引导,如普及定期体检和及时就医的益处,预防重大疾病的发生,减少农村劳动力不必要的健康投资,一方面可以增加农村健康人力资本的积累,另一方面可以将节省下来的费用用于其他方面的人力资本存量投入。同时,除了财政性的医疗卫生投入外,还要针对农村不同收入群体制定不同的医保支付个人承担标准,将农村劳动力个人的健康投入控制在合理的范围内;向农村劳动力普及医疗保健知识并提倡通过体育锻炼来增强体魄,使农村劳动力提高身体健康素质,从而减少用于医疗费用的支出,这样不仅可以积累农村健康人力资本,同时还可以节省劳动力个体的费用支出。

## 2.6　结论与展望

### 2.6.1　研究结论

(1)从宏观数据看,近些年,黑龙江省农村劳动力数、农业从业人员数下降,说明农村劳动力和农业从业人员外流或转变为从事其他行业;农村 6 岁及以上人口的受教育程度不断升高,文盲人口比例下降明显;农村卫生院数、床位数和卫生人员数均呈明显上升趋势,教育和医疗保健支出逐年上升,农村劳动力人数的减少和教育、健康投入的增加,促进了农村人力资本存量的积累;但是对于流出或转移行业的农村劳动力和农业从业人员有待建立合理地引导农村劳动力转移的策略。对此,本章从合理引导农村劳动力转移带动农村人力资

本流动方面提出了政策建议。

（2）从实证分析结果看，农村教育、健康人力资本和物质资本对农业经济增长的影响均呈正的影响，其中黑龙江省农村健康人力资本的产出弹性最高，农村物质资本的产出弹性高于农村教育人力资本的产出弹性，可见，对农村教育人力资本的投入还需要加强。对此，本章从提升教育投资质量打造农村人力资本新动能的角度提出了政策建议。

（3）从三种生产投入要素对农业经济增长的贡献率来看，农村教育人力资本的贡献率远低于农村健康人力资本的贡献率，说明农村人力资本投资结构有待优化。对此，本章从优化农村人力资本投资结构促进农业经济可持续发展的角度提出了政策建议。

（4）从本章选取的计量指标主体和研究范围看，所得结果体现的是农村个人投入人力资本积累的情况，而个体对人力资本投资的意愿不仅受自身需求和社会经济发展形势的影响，同时还需要政府等有关部门合理地引导调动个体的投入意愿。对此，本章从引导农村劳动力个体投资意愿促进农村人力资本存量合理增长的角度提出了政策建议。

### 2.6.2　不足与展望

（1）由于农村人力资本与农业经济增长具有相互作用机制，因此本章仅分析了单项的作用，这主要是由于现有资料和研究文献中，无论是经济增长对人力资本影响还是农业经济对农村人力资本影响的实证研究十分少见，而且理论分析和研究方法也十分欠缺。在未来的研究中会尝试对农村人力资本与农业经济增长之间的相互作用关系进行更全面、深入的剖析。

（2）本章以黑龙江省农村个人投入积累的人力资本存量对农业经济增长的作用情况为研究对象，受到研究群体范围可得数据和研究方法等现实因素的限制，没有考虑公共支出等其他的农村人力资本投资来源对农业经济增长的作用影响。在未来的研究中会尝试扩大研究范围，比如将国家财政支出、社会支出等融入其中进行分析，作为未来可行的研究方向。

（3）学术界对人力资本指标体系的构建有待完善，目前不同学者选择构建的人力资本指标体系各不相同，缺乏一个统一标准，而不同的人力资本测度方法、衡量指标及研究的地域和区域，会得出不同的结论，且大多数指标间的单位不同，难以进行加总。在未来的研究中，可以从人力资本的类型和投入方式等角度出发构建指标体系与测量方法。

# 第3章 黑龙江省大豆－玉米轮作技术体系的构建

## 3.1 引　言

### 3.1.1 背景与意义

黑龙江省作为我国第一产粮大省、最大的商品粮基地和粮食战略后备基地,为保障国家粮食安全、食品安全和生态安全做出了积极贡献。然而,近年来黑龙江省在粮食连年增产的同时,也面临着水土流失、土层变薄、肥力下降等一系列农田生态问题,农业可持续发展面临着挑战。数据显示,开发了40~50年的黑土地,有机质含量一般下降1/3~1/2。20世纪60年代,农民施用1千克氮肥可增产15~18千克粮食,到了2012年同样投入只能增产5~7千克粮食。除了地力下降,水土流失问题也很严重,2014年黑龙江省水土流失面积11.5万平方千米,占全省土壤总面积的25.4%。每年流失土壤量达2亿~3亿立方米,其中包括了大量的珍贵黑土资源。调查发现,不合理耕作方式是黑土区水土流失与土地退化的主要原因。近年来,由于受比较效益的影响,黑龙江省单一玉米连作现象严重,这不仅带来日益严重的农田生态问题,也降低了边际经济效益。

粮豆轮作是改善土地利用结构和耕作方式的重要手段。2015年5月20日,农业部①、国家发展和改革委员会、科技部等颁布的《全国农业可持续发展规划2015—2030》将东北地区列入优先发展区,以保护黑土地等为重点,综合治理水土流失,实施保护性耕作,增施有机肥,推行粮豆轮作。2015年,农业部在东北地区30个县开展了粮豆轮作试点,推进黑土地保护技术创新,建立耕地质量保护监督机制,制定了《东北黑土地保护规划纲要(2017—2030)》,提出科学布局作物种植结构,提倡用养结合,实现黑土资源的永续利用。2015年10月,党的十八届五中全会发布的《中共中央关于制定国民经济和社会发展第十三个五年规划的建议》,以及2016年3月5日,李克强的《2016年国务院政府工作报告》中,都明确提出探索实行耕地轮作休耕制度试点。

农业部于2015年在黑龙江省北安市实行粮豆轮作试点,一年试点取得了明显的生态和单产效益,每亩少施化肥3~3.5千克,大豆亩产增加10~15千克,玉米单产提高5%~10%。粮豆轮作充分显示了大豆固氮肥田作用,改善了土壤结构,提高了土壤肥力,减少了

---

① 农业部即农业农村部,2018年3月13日组建的。

病虫害和杂草危害,减少了化肥使用量,为"秋整地"提供了便利。2016年开始在包括黑龙江省在内的东北地区开展的大豆轮作补贴试点,对黑龙江省推行大豆－玉米轮作起到了积极促进作用。截止到2018年,黑龙江省大豆－玉米轮作试点面积累计达1 900万亩,占东北地区轮作试点面积的近50%。但这一补贴政策支持的是大豆－玉米－大豆轮作模式,并于2019年取消。由于不同的大豆－玉米轮作模式在不同地区因生产条件和技术应用等的差异,其经济效益和生态效益也明显不同,尽管黑龙江省部分地区也实行大豆－玉米轮作,但由于缺乏相应的政策制度,随意性大,尚未形成一个完整的体系。因此,急需在黑龙江省建立由不同大豆－玉米轮作模式所构成的现代大豆－玉米轮作体系,调整和优化粮食生产结构和土地利用结构,在兼顾经济收益的同时,确保农业生产的可持续发展。

本章研究的意义在于:以技术经济比较和技术综合评价理论为基础,以技术选择理论和可持续发展理论为指导,探索大豆－玉米轮作模式的适用性,构建黑龙江省现代大豆－玉米轮作技术体系,一方面,可为调整和优化粮食生产结构与土地利用结构提供依据,解决黑龙江省水土流失、黑土保护、农业生产可持续发展问题;另一方面,可为国家现代耕作制度体系相关政策的制定提供参考。

### 3.1.2　国内外研究动态

#### 1.国外研究动态

国外对大豆－玉米轮作效益分析的研究主要集中在美国、加拿大、马拉维共和国和巴西等国的增产增效与技术改进对经济效益、土壤及生态环境影响等方面。

（1）增产增效

玉米和大豆轮作是美国中西部地区常见的生产体系,与连作相比,每年轮作使玉米产量增加20%,大豆产量提高22%。在内布拉斯加州东部,玉米轮作的产出投入比最高(14),大豆连作的产出投入比最低(9.9)。进一步研究发现,采用2年和4年轮作可使玉米与大豆单产更高、更稳定。在马拉维共和国的多瓦、姆钦吉和萨利马三个地区,与大豆轮作的玉米平均产量是连作玉米产量的1.4倍。

（2）技术改进和生产条件对经济与生态环境的影响

固氮、豆类作物的产量表现及对后续禾谷类作物的剩余效益取决于一系列环境和作物管理因素。肥料施用、灌溉技术、耕作方式、轮作顺序、对轮作作物的扩展及各项技术的综合应用都对效益产生不同程度的影响。

①耕作制度选择是生产性农业的一项基本管理决策。由于经济和环境效益,美国玉米带的生产者采用了广泛的耕作制度。在美国中西部的玉米和大豆生产中,少耕(包括免耕)和作物轮作是常见做法。采用免耕、条播、深翻、凿耕等少强度耕作制度和较好的作物残茬覆盖可有效减少二氧化碳排放,从而改善玉米－大豆轮作中的土壤固碳,短期内在土壤表层15厘米增加土壤有机碳和土壤有机氮,免耕与条播优于凿耕和翻耕。在明尼苏达州,与高频率的每年耕作相比,长期进行两年一次的凿耕可以提高碳储量,降低耕作相关的燃料成本并保持产量。在威斯康星州,与免耕相比,传统耕作使玉米产量提高18%,大豆产量提高10%。但在内布拉斯加州的西部玉米带,作物轮作对玉米和大豆产量的影响要大,如果

管理得当,几乎所有的轮作组合都能保证稳定的产量。在巴西圣保罗的博图卡图,免耕条件下的作物轮作将土壤 - 植物系统中的有效磷含量从 80% 增加到 100%,并将钾损失降低到 4% ~ 23%。在加拿大安大略省,如果将免耕与氮施用率和作物需求时间相符合的策略结合,可以显著降低净温室气体排放量。在加拿大东部的大豆 - 玉米轮作中,铧式犁耕比保护性耕作产量更高,而且总体上利润率更高,但在渥太华,传统耕作的玉米单产比免耕玉米单产高 20%,而对大豆产量没有显著影响。

②在玉米 - 大豆轮作中,施氮速率和季节变化对作物氮磷吸收的影响大于耕作制度(免耕、条耕、旋耕),施氮可降低土壤中二氧化碳的排放速率和季节性累积排放量。1997 年5—9 月,艾奥瓦州玉米生产过程中的氮含量平均下降了 367 千克/公顷,但随着 1998 年大豆的生长,氮含量增加了 320 千克/公顷。以作物需要为基础的肥料对作物产量和环境有积极的影响。在威斯康星州,在长期玉米 - 大豆 - 小麦轮作中,2013—2015 年进行的田间试验表明,无论轮作制度如何,施氮率建议应基于作物需求。施氮可降低土壤中二氧化碳 - 碳的排放速率和季节累积排放量。在加拿大东部,玉米产量与每年添加的合成氮呈线性增长,而大豆产量几乎不受残留氮的影响,并且两种作物对肥料磷没有反应。对氮肥的反应没有因耕作或磷而不同。尽管与耕作相关的成本较高,但在这种黏壤土中由于单产较高,翻耕的盈利能力高于保护性耕作。专门的管理实践(如延迟种植、更好的除草剂选择、秋季覆盖作物、行内耕作等)可能有助于改善在这些凉爽、湿润、细密纹理土壤中的保护性耕作性能。2009 年,在明尼苏达州的四个点,艾奥瓦州、阿肯色州和路易斯安那州各三个点,密歇根州的两个点,在现代更高级的管理生产系统中,玉米 - 大豆轮作的第一年,玉米生产前两年按建议的施用量施用磷和钾肥的做法似乎并不是产量的限制因素。在加拿大安大略省,合理施氮量与作物需氮量同步,与其他管理实践(免耕、豆类覆盖作物)配合使用,可提高玉米和小麦的氮素利用率,同时减少化肥和土壤氮素的损失,而不影响产量。当免耕与氮肥施用量相结合时,可以显著减少温室气体净排放量。

③目前研究表明,轮作顺序对作物产量没有任何影响。在加拿大渥太华,轮作中的作物顺序(玉米 - 大豆 - 小麦与玉米 - 小麦 - 大豆)没有导致显著的产量差异。在威斯康星州,无论是玉米 - 大豆种植历史,还是耕作制度对确定玉米或大豆的最佳植物群体都不重要,采用小于 76 厘米的行距对两种作物都没有好处。

④季节性温度和降雨模式影响了耕作与轮作对玉米产量的影响。只有温度模式影响耕作对产量的影响。在艾奥瓦州,氮速率和季节性变化对植物氮与磷吸收的影响大于耕作系统。在内布拉斯加州的雨林实验(20 年)和灌溉实验(10 年)中,在与大豆 2 年的轮作中,玉米从大豆中获得了大概 65 千克/公顷/年的氮;雨林地区(20 年)的大豆 - 高粱轮作中,高粱从大豆中大概获得了 80 千克/公顷/年的氮。在内布拉斯加州东部的雨水滋养环境中,与较短的轮作或连续种植相比,采用 2 年和 4 年轮作可使玉米、高粱和大豆产量更高、更稳定。

扩展的轮作对土壤质量指标有积极影响。对艾奥瓦州和威斯康星州的研究发现,扩展大豆 - 玉米轮作(如扩展到饲料作物)对土壤质量指标有积极影响,未来的保护政策和奖励计划应有更多的多样性和扩展的作物轮作。在巴西圣保罗,与上年玉米单作相比,玉米和葛根间作有利于大豆植株数量、株高和产量。黑麦作物覆盖之后的大豆产量通常与未种植黑麦覆盖作物的产量相当,但通常会降低经济回报。在艾奥瓦州,即使政府支付了农场支持费用,包括玉米－大豆－燕麦/苜蓿－苜蓿－苜蓿在内的模拟5年轮作仍比5年玉米－大豆－玉米－大豆－玉米的净收入增长24%。

（3）生态效益评估方法

现有的生态评价方法是多种多样的,体现在生态压力、影响和成本的不同方面,可持续过程指数（SPI）方法的应用较为广泛,根据环境可容性采用SPI方法进行评估模拟。国外学者利用农业生态经济模型进行了大量研究并取得了丰富的研究成果,这一模型在传统农业和畜牧业的环境效应评价中应用得较为广泛,借鉴国外系统性的、经济系统和环境系统整合的研究思路,用复杂生态经济模型建模的研究方法,来考察、研究中国农业及其他生产过程中的经济和生态环境效应及其相关政策是有必要的。

**2. 国内研究动态**

轮作制是我国传统的用地与养地相结合的一种耕作制度,早在战国中后期就有了轮作制的雏形。长期以来,我国重视作物的轮作倒茬,但不同时期,由于生产条件、科技水平及轮作倒茬的特点不同,我国的轮作制经历了撂荒、休闲轮作—豆科养地轮作—现代集约轮作等阶段,并在东北地区形成了春小麦－玉米－大豆定区轮作方式。对于轮作制的研究始于《齐民要术》,据《齐民要术·种谷》中记载:"凡谷田,绿豆、小豆底为上,麻、黍、胡麻次之,芜菁、大豆为下……谷田必须岁易。"所谓"岁易",就是对轮作换茬的总结。此后学者们对大豆和玉米轮作的研究主要集中在以下几个方面。

（1）养地功能方面

大量研究和多年的生产实践表明,合理轮作倒茬能减轻作物病、虫害,调剂利用土壤养分和水分,消除"忌地"现象。黄豆和玉米轮作的效益体现在增产作用及其经济效益、养地（改善土壤氮素供应状况和活化土壤中磷钾营养）与在旱地的稳产避灾作用方面;但作物的轮作倒茬也有一定的原则,即肥茬与瘦茬轮作（如大豆和玉米）,可以实现用地与养地结合。

（2）增产增效方面

在符合当地自然规律的前提下,大豆、玉米轮作,能够改善土壤理化性质,提高土壤肥力,减少病虫危害,提高玉米产量。大豆－玉米轮作处理在干物质积累、叶面积、叶面积指数及籽粒产量等产量构成因素方面均优于连作处理。试验数据表明,黄豆茬比秋玉米茬的春玉米增产18.1%,且黄豆产量愈高,春玉米产量也愈高,这一结果在吉林省梨树县的试验中也得到了验证,试验采用了玉米、大豆套种轮作机械化增产技术,玉米和大豆可增产10%。

（3）技术改进方面

大豆－玉米轮作需要有技术作为支撑。有机大豆轮作免耕杂草管理技术在黑龙江省大豆生产中势在必行。黑龙江省要实行以大豆为核心的新轮作体系,即北部和东部以迎茬轮作为主,辅以重茬轮作,南部和西部应以正茬轮作为主,同时需要相对应的综合配套技术。黑龙江省黑土区钾肥的投入能够有效地缓解降水较多和大豆连作对大豆籽粒产量的影响,是保障该地区大豆产量的有效措施之一。

（4）效益评价方面

评价轮作的经济效益,不能简单地用产量高低与劳动耗费多少为标准,而是要符合以下几方面要求:既考虑到国家的计划任务,又照顾到集体和个人的需要;必须符合农业企业的经营方向,既保证种植业本身的发展,又为畜牧业及其他各业的全面发展创造条件;既要保证劳力、畜力机械及设备的均衡利用,又要保证资金的均衡利用;既要保证很好地用地,又要保证很好地养地,达到用养结合;既要符合农业技术要求,同时在评价耕作制度经济效益时又要讲求耕作制度经济效果的目的、实质、标准和主要经济评价指标。

综上所述,人们对于大豆－玉米轮作在改善土壤品质、减少病虫害、提高产量等方面的作用已有共识,理论上也探讨了适于大豆－玉米不同轮作方式的免耕和施肥等技术措施,并提出了大豆－玉米轮作的效益评价的设想和标准,从而为进一步研究提供了基础。但尚存主要问题和有待进一步理清的问题:一是目前对于大豆－玉米轮作合理性的现有实证研究多分布在各个分离的层面,缺乏经济、技术、生态及政府政策干预等多方面因素的综合系统考量。从现有研究中也可发现,不同的大豆－玉米轮作模式在不同区域和不同生产条件下,其经济效益和生态效益及由此带来的社会效益等均有较大差异,这不仅涉及生产者,也涉及消费者的利益,因此国家的相关决策和政策的出台需要对各方面关系进行综合考虑,这需要科学的经济分析作为决策过程的参考和决策之后的效果评估。二是长期以来,大豆－玉米耕作制度经历了较大变化,那么经历了怎样的演变及变化的动因是什么? 三是大豆－玉米不同耕作模式的效益有何不同? 四是大豆－玉米不同轮作方式的技术要求有何不同,不同轮作方式在什么条件下适用? 这些问题都有待研究和解决。

### 3.1.3　研究对象

本章研究将以黑龙江省大豆和玉米耕作制度为研究对象,主要包括大豆连作、玉米连作、大豆－玉米轮作的不同模式,即大豆－玉米－大豆;玉米－玉米－大豆、大豆－其他(如春小麦)－玉米等,梳理其发展演变历程,比较其经济效益和生态效益并综合评价,分析其技术要求和适用条件,从而构建黑龙江省现代轮作技术体系。

# 3.2　黑龙江省耕作制度演变及动因分析

耕作制度是对农业生态系统的设计、控制和调节,是对作物布局的结构与组成的设计和规划,如作物种类、品种、复种程度,轮作还是连作,单作还是间作等,这些技术措施从根本上决定了这个系统的能量、物质转化循环的途径与效率。合理的耕作制度着眼于土壤肥力的提高,其基本特点之一就是用养结合。土壤因素往往是限制作物产量的主导因素。

大豆和其他豆类均可共生固氮,根茬落叶多且较易腐解,是良好的养地作物。粮豆轮作具有培肥地力、调节作物茬口、防治作物病虫害、促进多种经营等方面的作用。我国是大豆等多种豆类的起源国,以粮豆轮作为基础的耕作制度和以有机肥料(含农作物秸秆还田)为主体的施肥制度是我国传统农业的精华。早在汉代,黄河中下游南部地区就建立了小麦－大豆－杂谷两年三熟为主要形式的轮作复种制度;黄河中下游北部地区在后魏时代就形成了一年一熟的大豆－杂谷轮作格局;东北地区在清末即通行大豆－杂谷－杂谷三年轮作制,实行糨扣交替的轮耕垄作。

### 3.2.1 黑龙江省玉米和大豆生产演变

**1. 玉米和大豆种植面积变化**

1949 年以来,黑龙江省的玉米种植面积呈"先增后减"变化,先从 1949 年的 151.01 万公顷增加到 2015 年的 772.3 万公顷,然后减少到 2017 年的 586.3 万公顷,同期占粮食作物面积的比例从 27.93% 提高到 53.9%,然后下降 41.42%(图 3 - 1),一直是黑龙江省最主要的粮食作物;大豆种植面积呈增 - 减 - 增变化,先从 1949 年的 103.3 万公顷增加到 2009 年的 486.3 万公顷,然后减少到 2013 年的 230.2 万公顷,2014 年开始恢复,到 2017 年为 391 万公顷,同期占粮食作物面积的比例从 19.1% 提高到 37.03%(2005 年最高达 42.62%),后下降到 16.40%,2017 年恢复到 27.62%(图 3 - 1)。目前大豆是继玉米和水稻之后的第三大粮食作物。

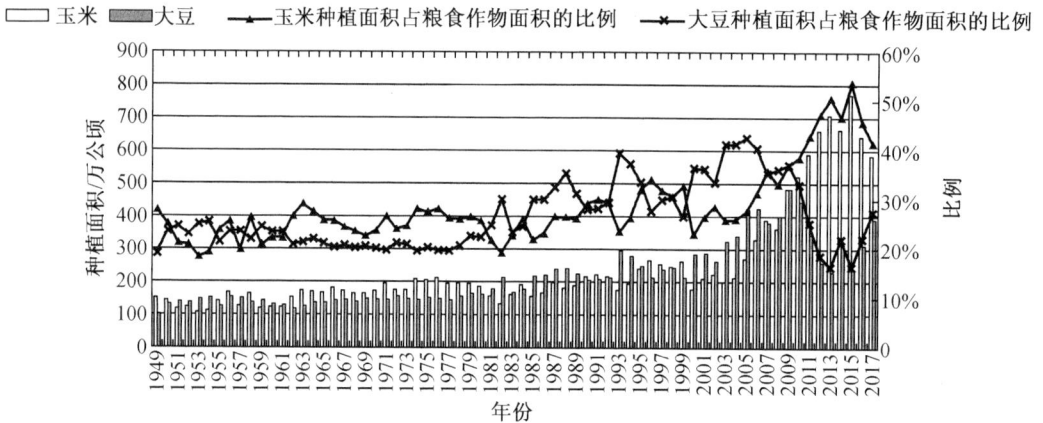

**图 3 - 1  1949—2017 年黑龙江省玉米和大豆种植面积及占粮食作物面积比例**

(数据来源:《黑龙江统计年鉴 2018》《中国统计年鉴 2018》)

**2. 玉米和大豆产量变化**

玉米产量从 1949 年 197.5 万吨增加到 2015 年的 3 544.14 万吨,2017 年减少到 2 895.8 万吨,占粮食产量的比例在 1949—2007 年相对稳定,基本在 36% 左右,自 2008 年开始大幅度提高,从 2008 年的 43.12% 提高到 2015 年的 56.04%,随后下降到 2017 年的 48.11%,是黑龙江省第一大粮食产品。大豆的产量从 1949 年 78.2 万吨增加到 2005 年的 748 万吨,2013 年下降到 386.7 万吨,2017 年恢复到 617.5 万吨,占粮食产量的比例从 1949 年的 14.43% 下降到 2013 年的 6.44%,而后回升到 2017 年的 10.26%,1949—1966 年,大豆曾是黑龙江省的第二大粮食产品,产量比例基本在 20% 左右;1967—1985 年和 1995—2017 年,其产量比例分别低于小麦和水稻,成为第三大粮食产品(图 3 - 2)。

**3. 玉米和大豆单产变化**

玉米单产从 1980 年的 2 768 千克/公顷提高到 1994 年的 5 836 千克/公顷,后下降到 2001 年的 3 884 千克/公顷,又提高到 2014 年的 6 146 千克/公顷,到 2017 年下降为 4 939

千克/公顷;大豆单产从 1980 年的 1 350 千克/公顷提高到 1997 年的 2 408 千克/公顷,后下降到 2007 年的 1 390 千克/公顷,又提高到 2014 年的 1 787 千克/公顷,到 2017 年下降至 1 579 千克/公顷(图 3 - 3)。

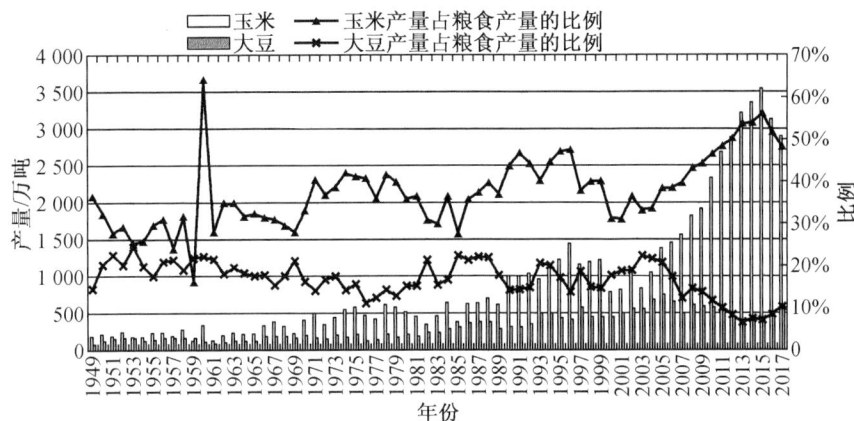

**图 3 - 2　1949—2017 年黑龙江省玉米和大豆产量及占粮食产量比例**

(数据来源:《黑龙江统计年鉴 2018》《中国统计年鉴 2018》)

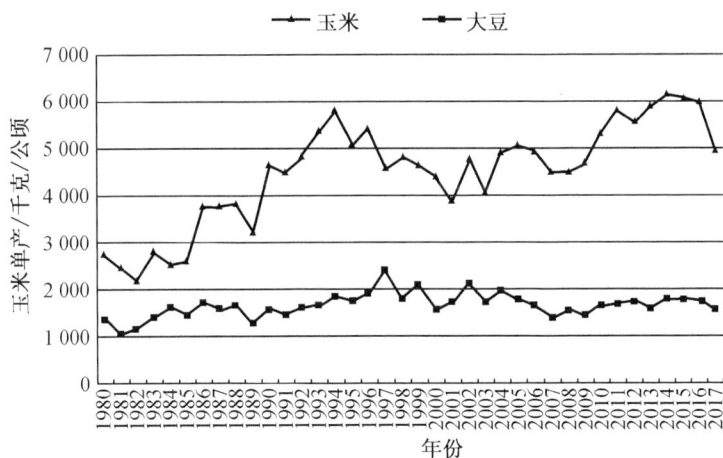

**图 3 - 3　1980—2017 年黑龙江省玉米和大豆单产变化**

(数据来源:《黑龙江统计年鉴 2017》《中国统计年鉴 2017》)

### 4. 玉米和大豆主产区变化

绥化、哈尔滨和齐齐哈尔三个地区一直是黑龙江省的玉米主产区,但绥化和哈尔滨的玉米产量在全省玉米产量中的比例呈下降趋势,齐齐哈尔的玉米产量比例呈波动小幅上升趋势,农垦总局和大庆逐渐成为玉米产区,佳木斯和牡丹江的玉米产量比例均呈下降趋势。

农垦总局和齐齐哈尔一直是黑龙江省的大豆主产区,但这两个地区的大豆产量占全省大豆产量的比例均不同程度下降;佳木斯、牡丹江和哈尔滨,这三个地区的大豆产量比例大幅度下降,由 20 世纪 80 年代末的主要产区变为目前的次要产区。绥化的大豆产量比例在波动中略有下降,但仍是主要的大豆产区。黑河的大豆产量比例则大幅提高,2015 年以来是黑龙江省最大的大豆产区。

2016 年,黑龙江省大豆产量超过 1 万吨的县、市有 19 个,合计大豆种植面积达 70.50 万公顷,产量 124.39 万吨,分别占黑龙江省当年大豆种植面积和产量的 22.56% 和 24.70%。其中齐齐哈尔市下辖的 4 个县、市(讷河市、拜泉县、克山县和克东县)大豆种植面积和产量名列前茅(表 3 - 1)。

表 3 - 1 2016 年黑龙江省大豆生产超过万吨的县市

| 序号 | 县市 | 大豆种植面积/公顷 | 大豆产量/吨 | 序号 | 县市 | 大豆种植面积/公顷 | 大豆产量/吨 |
|---|---|---|---|---|---|---|---|
| 1 | 讷河市 | 136 114 | 217 714 | 11 | 依兰县 | 11 044 | 30 665 |
| 2 | 拜泉县 | 120 863 | 203 521 | 12 | 巴彦县 | 15 278 | 26 653 |
| 3 | 克山县 | 106 049 | 154 300 | 13 | 木兰县 | 12 637 | 25 195 |
| 4 | 克东县 | 85 833 | 136 682 | 14 | 萝北县 | 11 937 | 16 912 |
| 5 | 尚志市 | 34 415 | 87 188 | 15 | 延寿县 | 3 499 | 16 423 |
| 6 | 依安县 | 36 753 | 85 153 | 16 | 甘南县 | 7 095 | 14 825 |
| 7 | 虎林市 | 31 657 | 61 774 | 17 | 鸡东县 | 6 954 | 13 357 |
| 8 | 宝清县 | 30 231 | 53 509 | 18 | 方正县 | 5 844 | 11 806 |
| 9 | 饶河县 | 24 629 | 42 516 | 19 | 通河县 | 6 804 | 11 758 |
| 10 | 密山市 | 17 334 | 33 949 | 小计 | | 81 092 | 167 594 |
| 小计 | | 623 878 | 1 076 306 | 合计 | | 704 970 | 1 243 900 |

注:数据来源于《黑龙江统计年鉴 2016》。

### 3.2.2 黑龙江省耕作制度的演变

黑龙江省的耕作制度随着生产关系的变革与生产力的发展,经历了改革、发展、完善和变化的历程。如 1955 年马拉农具的推广使用;20 世纪 60 年代上半期,以机械化耕作为基础,以豆科与禾本科作物轮作为中心的轮耕、轮施肥的耕作制度;20 世纪 70 年代初的深松耕法;20 世纪 80 年代以后,小型拖拉机与农机具以机动、灵活、价廉、实用等特点应运而生,从而推动了农业生产的发展。原有较成型的耕作制度表现出明显的不适应,制约了农业长远发展,表现为土壤基本耕作水平下降,土壤理化性状恶化,全省土壤耕层由 20 厘米减少到 10 ~ 15 厘米,造成土壤持水能力下降。据宝清、绥化、海伦等县(市)调查,耕层土壤密度普遍超过 1.1 克/立方厘米,比承包前增加 0.11 ~ 0.2 克/立方厘米;耕地用养失调,水土流失严重,加重了土地资源的破坏程度。据多点调查结果,黑龙江省 873.2 万公顷耕地,每年约 129.4 万公顷耕地土壤养分投入支出平衡,占 14.8%;657.1 万公顷耕地支出大于投入,占 75.2%;86.7 万公顷耕地只支出不投入,占 10%。另外,全省水土流失面积约 400 万公顷,每年流失表土 2 亿吨,带走氮磷 48 万 ~ 84 万吨,钾 78 万 ~ 156 万吨,加快了土壤肥力的下降速度。黑龙江省南部开垦较早的耕地,土壤有机质以年均 0.1% ~ 0.4% 的速度递减,北部开垦较晚的耕地有机质以 0.2% ~ 0.3% 的速度下降,西部风沙地区的泰来县土壤有机质每年以 0.2% 的速度减少。大部分地区土壤有机质下降 3% ~ 4%。在风蚀、水蚀严重地区,有机质含量就更低了。

1949 年,因作物品种陈旧混杂,施肥少,种植密度稀,除水稻外多数作物盛行混种,如玉米混大豆、高粱混小豆、谷子混小豆等。20 世纪 70 年代中期,化肥施用量增加,新育成品种推广,玉米面积扩大,混种越来越少,代之而起的是小麦绝大部分清种,只少数以小麦玉米 1:2、2:2 行比与玉米间套,或以小麦、大豆 1:1 间套;玉米除与小麦、马铃薯、豌豆、圆葱等夏收粮菜间套外,还大量和大豆间种。由于大豆秋季收获,窄行比间套带来高秆玉米增产,矮秆大豆减少且品质下降,于是又推行各自清种。20 世纪 80 年代为解决玉米清种的通风透光问题,除部分仍实行米麦间套外,自身清种改为"比空"栽培,在垄宽 53 ~ 60 厘米条件下,"比空"栽培比垄垄种约增产 12% ~ 14%。直至 20 世纪 90 年代中期,高粱、谷子、大豆、大部分小麦和玉米,以及许多经济作物均已清种。

### 1. 以大豆为主的轮作制度

黑龙江省的耕作制度基本上是禾豆轮种一年一熟垄作耕作制。根据黑龙江省的地理位置、气候、地形、土壤、社会经济条件、主导作物等同异,全省耕作制度可划分为 5 个区,分别为北部丘陵漫岗高寒气候麦薯豆作物区,主要轮作方式为小麦 – 大豆 – 杂谷和小麦 – 大豆 – 杂谷 – 经济作物,实行垄平结合、翻耙松结合的耕作方法;东部三江低平原湿润气候大豆、小麦、经济作物区,主要轮作方式为大豆 – 粮食作物 – 经济作物,实行松、翻、耙、旋相结合的耕作方法;东南部山地丘陵温暖温润气候经济作物、粮食作物、水果作物区,主要作物有大豆、水稻、烟草、甜菜、药用、水果等,采用横坡打垄,少耕技术;中南部松嫩高平原半湿气候粮食作物、大豆、经济作物区,主要轮作方式为玉米(旱田) – 大豆 – 经济作物,实行翻、松、原垄种或耙茬起垄的耕作方法;西南部松嫩低平原半干旱气候经济作物、粮食作物区,主要作物有玉米、糜谷、高粱、甜菜、向日葵、亚麻、烟草等,实行碱地改良、引墒保墒、风沙土改良,深松储墒和耙茬保墒的耕作方法(表 3 – 2)。

截至 20 世纪末,以大豆为中心的轮作制,是黑龙江省长期生产实践形成的宝贵经验和重要科技成果。"八五"(1991—1995 年)以来,随着农民商品经济意识的逐渐增强,同时受产品价格和效益的拉力,大豆种植面积迅速增加,同"五五"(1976—1980 年)期间相比增加了 50% 多,造成每年至少 1/3 的大豆面积重迎茬。许多小麦、大豆主产区的轮作方式已由小麦 – 小麦 – 大豆变成了大豆 – 大豆 – 小麦或大豆 – 小麦 – 大豆。作物种植比例失调,违背了合理轮作换茬的客观规律。大豆重迎茬面积的不断扩大,造成了严重的不良后果:一是大豆病、虫、草害加重,产量降低,品质变劣,失去了龙江大豆品质好的特色;二是土壤养分比例失衡,地力受损。虽然玉米连作危害不及大豆严重,但玉米螟、大斑病、茎腐病都有加重趋势。1999 年,据双城调查,玉米螟重茬 4 年的为 40.3 头,重茬 6 年的达 110.4 头,生理病害如黄苗、紫苗、白苗等也随着重茬年限的增加而加重。

表3-2 黑龙江省耕作制度分区

| 作物区 | 主要作物 | 轮作方式 | 耕作方法 | 地形 | 气候 | 土壤 | 社会经济条件 | 涵盖区域 |
|---|---|---|---|---|---|---|---|---|
| 麦薯豆 | 春小麦、马铃薯、大豆等 | 小麦-大豆-杂谷；小麦-杂谷-大豆-经济作物 | 垄平结合；翻耙松结合 | 北部丘陵漫岗 | 高寒气候；无霜期85~105天；年降水335~498毫米 | 黑土及部分暗棕壤、草甸土和黑钙土等 | 农业开发较晚，耕作水平低 | 黑河市郊及漠河、塔河、呼玛、爱辉、嫩江、孙吴、逊克、讷河、嘉荫、伊春、北安、德都、克东、克山、依安、拜泉等 |
| 豆麦经 | 春小麦、玉米、水稻、甜菜、烟草等 | 大豆-粮食作物-经济作物 | 松、翻、耙、旋相结合 | 东部三江低平原，地势低平 | 温润气候；无霜期126~145天；年降水量460~591毫米 | 草甸土、白浆土和黑土等 | 国营农场多，农业机械化发达 | 佳木斯、七台河、鹤岗、双鸭山等市郊及勃利、依兰、萝北、汤原、桦南、集贤、桦川、绥滨、抚远、饶河、虎林、宝清、友谊、富锦、同江等 |
| 经粮果 | 大豆、水稻、烟草、甜菜、糜谷、药用、水果等 | — | 横坡打垄，少耕技术 | 东南部山地丘陵，群山起伏，地形复杂 | 温暖湿润气候；气候变化较大，无霜期100~137天不等 | 暗棕壤、白浆土、草甸土和水稻土等 | 小型拖拉机拥有量多 | 牡丹江、绥芬河两市郊及东宁、海林、林口、鸡西、鸡东、密山、穆棱、宁安、方正、尚志、延寿等 |
| 粮豆经 | 玉米、大豆、亚麻、甜菜、水稻、高粱等 | 玉米(旱田)-大豆-经济作物 | 翻、松、原垄种或耙茬起垄 | 中南部松嫩高平原 | 半湿气候；无霜期118~144天；年降水量463~662毫米 | 黑土、河淤土为主 | 交通发达，人口密集；开发早，生产水平最高 | 哈尔滨市郊及呼兰、巴彦、宾县、木兰、通河、双城、五常、庆安、海伦、绥棱、庆化、望奎、明水、青冈、兰西、铁力等 |
| 经粮 | 玉米、糜谷、高粱、甜菜、向日葵、亚麻、烟草等 | — | 碱地改良；引水压碱；深松土改良，耙茬储墒 | 西南部松嫩低平原；地势较平坦，从东北向西南略有倾斜 | 半干旱气候；无霜期124~170天；年降水量368.7~467.9毫米 | 盐碱、碳酸盐黑钙土、草甸土、风沙土等 | 农业机械动力较好，机电井较多 | 齐齐哈尔、大庆两市郊及富裕、甘南、龙江、泰来、肇源、林甸、杜尔伯特、安达、肇东、肇州等 |

注：资料来源于陆欣来. 东北耕作制度[M].北京：农业出版社，1996。

轮连作物由以大豆为主的轮作体系打破,目前是主栽作物产区连作(如玉米连作、大豆连作、水稻连作)与一些地区各种轮作共存的局面。轮作形式主要经历了 20 世纪五六十年代的主谷式轮作到以大豆为中心的轮作方式;20 世纪 70 年代的以大豆为中心的轮作方式被打破,轮作体系受到作物布局的冲击而变得不稳定;20 世纪 80 年代以后,由于市场价格拉力作用,主产区玉米和大豆重迎茬加剧,另外,由于现代科学技术的发展,一些消除连作危害的农业化学品层出不穷,解决了某些作物连作造成的负面影响。

### 2. 以小麦为主要前作的套复种制度

截至 20 世纪末,黑龙江省是春小麦的主产区,播种面积占粮食作物总面积的 10% 以上(20 世纪 80 年代曾高达 30%),特别是由于北部、东北部各地区不断开荒,小麦面积是"稳中有扩"趋势,1949 年为 783.3 万亩,1989 年增至 2 522.7 万亩。小麦生育期短,收后耕地还有 50~60 天的有效生育期可用。过去,由于地多人少、机械化水平不高,小麦茬利用率很低,基本上是半年闲。1976 年以来,随着科学种田水平的不断提高,小麦后茬利用逐渐引起人们的重视。从全省情况看,利用途径有以下三个方面。

(1)小麦收后复种白菜、萝卜,消灭留茬菜地,扩大粮田面积。这项技术基本上得到普及。

(2)小麦套种、复种绿肥,培肥地力。这项技术多用于国有农场,通过翻压绿肥,解决国有农场长期不施有机肥和养分贫乏的问题。绿肥种类有草木樨、紫花苜蓿和油菜,应用普遍的是草木樨和油菜。

(3)在热源比较丰富的地区,实行小麦套种、复种粮油作物。从各地试验看,利用早熟小麦作为前作,实行行间套种或麦收后复种粮食、油料作物是可行的。

### 3. 以玉米为中心的间作制度

黑龙江省间作的主要内容是以玉米为中心,实行玉米同矮棵作物间作,以挖掘玉米的增产潜力。间作对玉米而言,一方面改善了玉米的通风光照条件,另一方面通过间作利用边行优势增加玉米密度,增产效果比较明显。据黑龙江省各地统计,在同样条件下,间作玉米比清种玉米增产 20%~30%,最高可达 50% 以上。通过多年试验初步肯定,间作组合以玉米同小麦、玉米同水陆稻、玉米同茄子等为适宜。玉米同小麦间作,由于生育期一长一短,一早一晚,两者共生期短,矛盾不大,在水浇条件下,基本上可以消除相互间的影响,可以获得米麦双丰收;玉米同水陆稻间作,可以避免水陆稻开花时受风害,从而提高水陆稻的结实率;玉米同茄子间作,可以防止茄子早枯。间作比例以 6:6 较为适宜,既能发挥玉米的增产作用,又便于机械化作业。

### 4. 以深松为中心的土壤耕作制度

为解决耕层浅、地板硬、土壤冷浆等问题,黑龙江省采取以深松为中心的保护性耕作制度。保护性耕作是一项先进的农耕技术,具有保水、保土、保肥、节约成本的特点,是旱作农业耕作制度的一项重大变革。黑龙江省以深松为中心的土壤基本耕作制度大体经历了以下三个阶段。

（1）第一个阶段是旧式犁的垄作耕作制

在旧式畜力步犁的条件下，形成扣、怀交替的垄作耕作体系。这种体系，由于耕地浅，熟土层薄，底土过硬，特别是由于多年垄翻所形成的"三角生格子"的影响，土壤水、肥、气、热不协调，限制了作物单产的提高。

（2）第二个阶段是新式农具引入的翻、扣、怀结合的平翻和垄翻并存的耕作制

由于机引五铧犁平翻的使用，彻底打破了垄翻条件形成的"三角生格子"，做到了耕层全面耕翻，使耕层由过去的15~16厘米加深到18~22厘米，改变了土壤水、肥、气、热状况，增强了土壤供水、供肥能力，促进了作物生长，粮食单产和总产都有一定提高。

（3）第三个阶段是深松法

长期的平翻又使土壤形成了一个坚硬的平板犁底层，又成了作物生育的限制因素。特别是不合理的平翻和连年翻，造成土壤结构变坏，养分大量消耗，杂草全层感染，致使粮食单产下降。据试验，在一个轮作周期中，与翻、搅、扣、怀结合的轮翻相比，连年翻耕后，玉米、谷子、大豆、小麦四种作物平均减产10.5%；在有深翻基础的大豆茬上耙茬种小麦，比在连年深翻地块上的小麦增产13.03%。这里就给我们提出了一个新的问题：土地连翻不好，但不翻又解决不了浅、硬、凉的问题。"深松耕法""翻、松、耙"和"翻、松、耙、搅"的新耕作法解决了这个问题。其特点是通过深松突破平板犁底层，加深耕层，既达到了深耕，又不乱土层。具体优点有以下三点。

①改善了土壤耕层的通透性能，增强了蓄水保水能力。深松比对照（未深松）土壤总孔隙度增加0.39%~5.91%，容积含水量增加1.12%~1.9%；土壤气相增加1.56%~7.81%，土壤固相减少5.91%~0.39%，土壤容重也相应减少。

②深松有明显的增温作用，特别是苗期垄沟深松，可提高地温，促进幼苗生长。据各地统计，增温幅度为0.4~1.5℃。据调查，深松后50天内，日平均增温0.4~1.0℃，其后，温差逐渐变小，70天后温差变为0。

③深松打破了平板犁底层，熟化了深层土壤，变潜在肥力为有效肥力。据呼兰前进大队基点调查，深松30厘米，10~20厘米土层速效氮比对照增加0.28毫克/100克土壤，20~30厘米土层增加3.64毫克/100克土壤，速效磷在上述各层次中也比对照分别增加2.5毫克/100克土壤。以黑龙江省垦区为例，主要有深松耙茬、深松旋耕法、原垄卡种法、原茬免耕深松起垄法、浅翻深松法和全耙一松耕作法，其特点和应用见表3-3。

### 3.2.3 黑龙江省耕作制度的特点及问题

长期以来，黑龙江省形成了基本的耕作制度：一是寒地一年一熟的耕作制度；二是旱地雨养农业耕作制度；三是以垄作为主，垄平结合的耕作制度；四是农业机械化占主导地位的耕作制度。这些耕作制度的特点及问题如下。

表 3 - 3　黑龙江垦区的保护性耕作工艺

| 耕作工艺 | 应用作物 | 技术标准 | 典型区域 | 特点 |
|---|---|---|---|---|
| 深松耙茬法 | 小麦、油菜、甜菜等作物收获后 | 在土壤宜耕期用深松犁全方位深耕 25～30 厘米，用轻型耙耙平达到起垄碎，用重型耙耙实耙碎，然后秋施药，秋起垄，翌年垄上卡播 | 赵光农场 | — |
| 深松旋耕法 | 大豆茬深松旋耕种小麦 | 豆茬用深松旋耕机秋季整地一遍，深松 25～27 厘米，旋耕 12～14 厘米；春季耙一遍即可达播种状态 | 延军农场 | 少耕法 |
| 原垄卡种法 | 大豆茬原垄卡种小麦、油菜、玉米茬原垄卡种大豆 | 春季地表雪化净后，用道机耪子耪茬（正反向各耪一遍），达到垄形不变，豆茬根部折断。然后进行垄上双行卡播，播种施肥一次成 | 引龙河农场 | 少耕法，可节省秋季作业，重耙两遍，轻耙两遍。 |
| 原茬免耕深松起垄法 | 不限 | 利用 2BJGL - 6 型精播机的机架，施肥箱，深松铲定座及传动机构，将改装好的平板铧式培土起垄器移植到该机架上即可。一次作业可完成原茬深松，起垄，包肥；为了保证深松起垄作业质量，在该机作业前，最好先用轻耙把茬顺茬耙一遍，以处理地表残余物。这种耕作工艺具体分两种：垄沟深松，破茬起垄；垄台深松，趟沟扶垄 | 绥溪农场 | 抢农时 |
| 浅翻深松法 | 小麦茬翻、大豆茬耙深松，大豆茬浅翻深松，或小麦茬翻、玉米茬浅翻深松、大豆茬耙的轮耕制 | 秋麦茬，玉米茬浅翻 15～18 厘米，深松 35～40 厘米，然后耙耢整平，秋起垄或春季随趟起垄随耙耢随趟 | 三江平原 | 适于土壤黏、湿、冷、耕性不良、渗透性差的区域 |
| 全耙—松耕作法 | 大豆、玉米 | 全耙，是指前茬作物收获后，既不翻地，也不深松，只采用由前后排缺口耙后排圆盘耙组成的中型复合耙或由前后排缺口耙后再用圆盘轻耙带立式刮板耙子斜耙组成的重型耙对土壤耕作，斜耙两遍，即可达到播种状态。一松，是指大豆、玉米在管理期间进行垄体、垄沟深松 | 黑龙江省北部农场 | — |

注：资料来源于张嵋峰. 黑龙江省耕作制度发展的历史经验及现状研究[J]. 中国西部科技,2014,13(2):67 - 68。

### 1. 耕地用养失调

农业科学技术的进步和化肥投入量的增加,促使粮食增产、农民增收,但是由于黑龙江省长期实行比较粗放的耕种方式,高投入、高产出、高资源消耗的常规种植业系统已对农田生态系统资源超度消耗。根据"黑龙江省统计年鉴",从2000—2015年,黑龙江省农业种植的化肥投入量从121.6万吨增加到255.31万吨(折纯量),年均增长率5.07%。土壤养分的入不抵出,地力逐年下降,当然地力下降与水土流失也有密切关系,水土流失带走大量的氮磷钾元素。从哈尔滨市10个市县的土壤养分和化学性状的调查数据来看,其中土壤有机质、pH值、全磷、碱解氮、速效磷、速效钾含量等因子对作物来说不平衡,全氮、全钾含量基本维持平衡。

### 2. 原有的轮作体系被打破

以大豆为中心的轮作制,是黑龙江省长期生产实践形成的宝贵经验和重要科技成果,但由于国家政策导向、农村市场经济的发展和农民商品经济观念的逐渐增强,在农民短期行为还比较严重的情况下,一些地区违背了作物合理轮作换茬的客观规律,造成黑龙江省麦豆主产区普遍存在大豆重迎茬种植问题,原有合理的麦豆轮作体系不复存在。以麦豆主产区黑河市为例,2007年大豆播种面积61万公顷,而小麦播种面积为8.6万公顷,种植比例严重失调。麦豆轮作体系的破坏,导致小麦种植面积大幅减少不能满足市场需求,更为严重的是直接威胁着大豆生产的安全。由于小麦种植面积过小,无法满足当地麦豆合理轮作需求,有些地块大豆重茬种植年限超10年,导致土壤生态状况严重恶化,大豆各种病害频繁发生,专家称大豆田已成为"毒田"。如2002年在嫩江县等地,已经出现了大豆生育期间4次施药灭虫也无法控制红蜘蛛对大豆生产的危害现象。而且重迎茬对大豆产量与商品质量会造成极大的影响。据统计,迎茬大豆(即隔年种植)比正常大豆减产6.1%,重茬一年减产9.9%,重茬两年减产13.8%,重茬三年减产19%。重迎茬大豆百粒重下降,病粒率、虫食率增加,商品质量显著降低。所以这种轮作体系的被打破已经成为黑龙江省大豆生产的主要障碍,严重威胁了我国的大豆生产安全。不仅如此,近10年来,由于片面追求高产,在黑龙江省出现长期连作玉米的局面,导致土壤肥力不断下降,病虫害(如东北玉米螟、黑穗病,黄淮海小麦赤霉病、全蚀病)明显加重,生产成本不断上升,种植效益逐步下降,农产品质量难以保证。

## 3.2.4 国家对黑龙江省耕作制度的政策调整

### 1. 购销价格调整(1993年以前)

1953年实行统购统销时,全国稻谷等6种主要粮食的平均统购价格水平为每50千克6.6元,其中小麦9.41元、大豆8.01元、稻谷6.05元、谷子5.53元、玉米5.34元、高粱5.21元;全国大米等6种主要粮食产品的平均统销价格为每50千克11.22元,其中面粉18.56元、大米10.82元、大豆9.25元、小米9.19元、玉米6.57元、高粱5.67元。

1966—1978年,在其他粮食作物价格基本未变的情况下,由于大豆播种面积持续下降,供求紧张,大豆统购价格曾单独做过几次提高,1971 年提高了 10% ,1978 年提高了 23% ,1981 年大豆提价 50% ,大豆提价幅度大大高于其他粮食。1993 年由于大豆的生产成本不断上升,大豆购销价格每 50 千克均由 45 元提高到 55 元。

**2. 保护价收购政策(1993—1998 年)**

保护价收购政策最早可追溯到 1985 年的中央"一号文件"。1990 年保护品种为小麦、稻谷和玉米,南方主产区小麦 41 元,北方主产区小麦 46 元;稻谷南方主产区早籼稻 37 元;关外玉米(东北三省及内蒙古自治区)25.5 元,关内 27.5 元。大豆是 1993 年被列入保护价收购政策的,保护价格为 45 元(每 50 千克,中等质量标准)。因此,1993 年列入粮食年度收购保护价格的品种有大豆、冬小麦、玉米、早籼稻、中籼稻、晚籼稻、粳稻(表 3 - 4)。大豆收购于 1998 年退出保护价范围。1999 年 5 月,各粮食品种陆续退出保护价范围,到 2001 年,实行保护价收购的粮食品种主要是长江中游地区的中、晚稻谷,东北地区的优等稻谷,黄淮海地区的小麦,东北地区和内蒙古东部的玉米。2004 年和 2008 年,保护价政策分别被小麦和稻谷的最低收购价政策,以及大豆和玉米的临时收储政策所取代。

表 3 - 4　1993 年全国主要粮食品种的收购保护价格基准(中等质量标准) 单位:元/50 千克

| 品种 | 保护价 |
| --- | --- |
| 大豆 | 45.00 |
| 北方冬小麦 | 32.50 |
| 南方冬小麦 | 31.00 |
| 关内玉米 | 21.00 |
| 关外玉米 | 20.00 |
| 早籼稻 | 21.00 |
| 中籼稻 | 26.00 |
| 晚籼稻 | 28.00 |
| 北方粳稻 | 35.00 |
| 南方粳稻 | 31.50 |

**3. 最低收购价和临时收储政策**

2004 年,国家启动稻谷和小麦的最低收购价政策(表 3 - 5)。2008 年,国家启动临时收储政策,品种包括北方地区的大豆、玉米(表 3 - 6)和南方的稻谷[①],此后在大宗农产品中陆续展开(油菜籽,2009 年;棉花,2011 年;食糖,2012 年)。大豆和玉米临时收储政策分别于 2014 年和 2016 年取消,实行大豆目标价格政策和玉米生产者补贴政策。

---

① 稻谷在 2008 年同时启动临时收储政策,临时收储价格为南方稻谷产区的中晚籼稻 1.88 元/千克,东北产区的粳稻 1.84 元/千克。

表 3 - 5　历年最低收购价及启动情况　　　　单位:元/斤①

| 年份 | 早籼稻 | 中晚籼稻 | 粳稻 | 白麦 | 红麦、混合麦 | 备注 |
|---|---|---|---|---|---|---|
| 2004 | 0.70 | 0.72 | 0.75 | 无 | 无 | 本年度没启动 |
| 2005 | 0.70 | 0.72 | 0.75 | 无 | 无 | 粳稻没启动 |
| 2006 | 0.70 | 0.72 | 0.75 | 0.72 | 0.69 | 粳稻没启动 |
| 2007 | 0.70 | 0.72 | 0.75 | 0.72 | 0.68 | 籼稻没启动 |
| 2008(1) | 0.75 | 0.76 | 0.79 | 0.75 | 0.70 | 未启动 |
| 2008(2) | 0.77 | 0.79 | 0.82 | 0.77 | 0.72 | 稻谷没启动 |
| 2009 | 0.90 | 0.92 | 0.95 | 0.87 | 0.83 | |
| 2010 | 0.93 | 0.97 | 1.05 | 0.90 | 0.86 | 稻谷没启动 |
| 2011 | 1.02 | 1.07 | 1.28 | 0.95 | 0.93 | 早籼稻、小麦没启动 |
| 2012 | 1.20 | 1.25 | 1.40 | 1.02 | — | |
| 2013 | 1.32 | 1.35 | 1.50 | 1.12 | — | |
| 2014 | 1.35 | 1.38 | 1.55 | 1.18 | — | |
| 2015 | 1.35 | 1.38 | 1.55 | 1.18 | — | |
| 2016 | 1.33 | 1.38 | 1.55 | 1.12 | — | |
| 2017 | 1.30 | 1.36 | 1.50 | 1.12 | — | |
| 2018 | 1.20 | 1.26 | 1.30 | 1.15 | — | |

注:数据来源,根据国家发展和改革委员会、国家粮食和物资储备局等资料整理。

表 3 - 6　历年大豆和玉米临时收储价格　　　　单位:元/斤

| 粮食品种 | 年份 | | | | | | | |
|---|---|---|---|---|---|---|---|---|
| | 2008 | 2009 | 2010 | 2011 | 2012 | 2013 | 2014 | 2015 |
| 大豆 | 1.85 | 1.87 | 1.90 | 2.00 | 2.30 | 2.30 | — | — |
| 玉米* | 0.75 | 0.75 | — | 0.99 | 1.06 | 1.12 | 1.12 | 1.12 |
| 黑龙江省(三等级) | 0.74 | 0.74 | — | 0.98 | 1.05 | 1.11 | 1.11 | 1.11 |
| 吉林省(二等级) | 0.75 | 0.75 | — | 0.99 | 1.06 | 1.12 | 1.12 | 1.12 |
| 内蒙古自治区和辽宁省(一等级) | 0.76 | 0.76 | — | 1.00 | 1.07 | 1.13 | 1.13 | 1.13 |

注:*玉米临时收储政策2010年没有启动。

### 4.大豆目标价格政策(2014—2016 年)

2014 年,国家取消 2008—2013 年执行了 6 年的临时收储政策,在东北三省和内蒙古自治区实行大豆目标价格改革试点,至 2016 年结束,目的是要稳定东北地区大豆的种植面积

---

① 　1 斤 =0.5 千克。

和产量,防止进一步下滑。2014—2016 年大豆目标价格均为 4.80 元/千克,均高于原来的临时收储价格,东北三省和内蒙古自治区的补贴情况见表 3 - 7。

表 3 - 7　2014—2016 年东北三省和内蒙古自治区大豆目标价格补贴情况

| 省/区 | 2014 年 | | 2015 年 | | 2016 年 | |
|---|---|---|---|---|---|---|
| | 补贴资金 /亿元 | 补贴标准 /元/亩 | 补贴资金 /亿元 | 补贴标准 /元/亩 | 补贴资金 /亿元 | 补贴标准 /元/亩 |
| 黑龙江省 | 25.60 | 60.50 | 46.22 | 130.87 | 55.45 | 118.58 |
| 吉林省 | 1.80 | 54.05 | 2.78 | 139.72 | 未公布 | 未公布 |
| 辽宁省 | 0.18 | 10.00① | 1.40 | 150.00 | 未公布 | 136.69 |
| 内蒙古自治区 | 5.00 | 36.56 | 9.69 | 32.63② | 7.90 | 45.30 |
| 合计 | 32.58 | — | 60.09 | — | 未公布 | — |

注:①53 元/吨。

②兴安盟的补贴标准。

### 5. 玉米和大豆生产者补贴政策

2016 年,国家取消实行 8 年的玉米临时收储政策,实行玉米生产者补贴。2016 年,中央财政分配补贴资金约 300 亿元,其中黑龙江省 116 亿元、内蒙古自治区约 66 亿元、辽宁省约 46 亿元、吉林省约 73 亿元。

2017 年 3 月,国家宣布取消实行 3 年的大豆目标价格政策,国家对大豆生产者实行市场化收购 + 生产者补贴,与 2016 年的玉米生产者补贴政策相统一。2017 年,黑龙江省玉米生产者补贴标准 133.46 元/亩,大豆生产者补贴标准为 173.46。吉林省和辽宁省各地补贴标准不一。吉林省敦化市 2017 年玉米生产者补贴标准为 97.18 元/亩,大豆生产者补贴标准为 165.58 元/亩;公主岭玉米生产者补贴标准约为 201 元/亩,大豆生产者补贴标准为 266 元/亩;东丰县玉米生产者补贴标准为 169.69 元/亩,大豆生产者补贴标准为 188.25 元/亩。辽宁省大板镇玉米生产者补贴标准为 137.62 元/亩,盘锦兴隆台玉米生产者补贴标准则为 225.28 元/亩。内蒙古自治区 2017 年玉米生产者补贴标准为 140.58 元/亩,大豆生产者补贴标准为 176.5 元/亩。2018 年 4 月公布的大豆生产者补贴标准为 210 元/亩,玉米生产者补贴标准为 100 元/亩。2018 年 10 月,黑龙江省玉米和大豆生产者补贴资金发放工作正式启动,大豆生产者补贴标准实际为合法种植面积每亩 320 元,玉米生产者补贴标准为合法种植面积每亩 25 元。2019 年 4 月,黑龙江省农业农村厅发布大豆生产者补贴每亩高于玉米生产者补贴不超过 200 元以上,大豆生产者补贴不超过每亩 270 元。

### 6. 轮作补贴政策(2016—2018 年)

2016 年国家重点在东北冷凉区、北方农牧交错区等地开展轮作试点,推行以大豆、玉米轮作为主的耕作方式,其目的是多方面的,既有利于耕地休养生息和农业可持续发展,又有利于平衡粮食供求矛盾、稳定农民收入、减轻财政压力。主产区黑龙江省立即开展玉米改种大豆轮作补贴试点工作,进一步调动新型经营主体玉米改种大豆轮作的积极性。根据《关于印发黑龙江省探索实行耕地轮作制度试点方案的通知》(黑农委联发〔2016〕76 号),轮作试点面积 250 万亩(其中伊春市 4 万亩、黑河市 186 万亩、省农垦总局 60 万亩),补贴对象为 2015 年种植玉米、2016 年种植大豆、其他试点年度合理轮作的新型农业经营主体,补贴标准为 150 元/亩;根据《黑龙江省 2017 年耕地轮作试点工作方案》,2017 年黑龙江省试点任务增至 500 万亩,分解落实在第三、四、五积温带耕地面积占比大的黑河、伊春、齐齐哈尔、绥化、佳木斯、双鸭山、鹤岗等 7 个市和农垦总局,补贴标准 150 元/亩;根据《关于印发全省 2018 年耕地轮作休耕试点实施方案的通知》(黑农委联发〔2018〕53 号),轮作试点面积 1 150 万亩(表 3 - 8),对于 2016 年、2017 年已实施轮作的区域,按照"一定三年"的要求继续开展试点,已落实的各项试点任务不变,保持政策的连续性,补贴标准 150 元/亩。

表 3 - 8　2016—2018 年轮作试点面积任务分配　　　　　　　　　单位:万亩

| 省/区 | 2016 年 | 2017 年 | 2018 年 |
|---|---|---|---|
| 黑龙江省 | 250 | 500 | 1 150 |
| 吉林省 | 100 | 200 | 未公布 |
| 辽宁省 | 50 | 100 | 未公布 |
| 内蒙古自治区 | 100 | 200 | 未公布 |
| 合计 | 500 | 1 000 | 2 500 |

此外,粮食直接补贴、农资综合补贴、良种补贴及产粮(油)大县奖励政策(2005 年)等,都对作物种植产生不同程度影响。种粮直补政策经过 2000—2001 年的改革酝酿,自 2002 年在安徽省、吉林省、湖南省、湖北省、河南省、辽宁省、内蒙古自治区、江西省、河北省等粮食主产区开始试点,2003 年经安徽省天长市和来安县经验推广,试点扩大到 13 个主产省(区),2004 年在全国全面推行;农资综合直补始于 2006 年,良种补贴始于 2002 年,大豆是我国实施良种补贴政策最早的农作物。小麦良种补贴于 2003 年设立,补贴标准为 10 元/亩。水稻良种补贴于 2004 年设立,补贴标准为粳稻 15 元/亩。玉米良种补贴于 2004 年设立,补贴标准为 10 元/亩。目前,我国实施良种补贴的农作物有大豆、小麦、水稻、玉米和马铃薯 5 大粮食作物,以及天然橡胶、棉花、油菜、花生和青稞 5 大经济作物。2015 年经过试点,2016 年在全国推开,将农作物良种补贴、种粮农民直接补贴和农资综合补贴合并为农业支持保护补贴,旨在支持耕地地力保护和粮食适度规模经营。

# 3.3　大豆－玉米不同轮作模式效益比较

## 3.3.1　综合效益指标和数据来源

### 1. 效益指标选择

国内外研究的相关文献,从经济、生态和社会效益三个方面对不同轮作模式进行评价。经济效益主要从节本和增收两个维度考察;生态效益重点从节约资源、促进作物生长、改善土壤、减少病害和循环农业等维度来衡量;社会效益则重点从保障国家粮食安全、改善产品品质、保持生物多样性等方面来考察(表 3－9)。

表 3－9　三大效益指标及内容

| 效益 | 指标和内容 |
|---|---|
| 经济效益 | 节本:节省生产成本,减少化肥、农药等物资投入 |
| | 增收:增加产量、增加产值 |
| 生态效益 | 节能:节约自然资源,包括充分利用自然资源、节省能源资源投入和提高能量转化利用效率等 |
| | 促长:促进作物生长发育,为实现作物高产、高效打下基础 |
| | 改土:改善土壤理化性状和生物学性状,培肥地力。其中土壤质量指标包括容重、土壤 pH 值、水稳定性大团聚体、总有机碳、总氮、微生物碳、可提取的钾和磷、抗穿透性等;土壤功能指标包括养分循环、水分分配和贮藏、植物根系生长等 |
| | 减害:减少病、虫、杂草危害,消除土壤中有毒物质的危害,大大减少农药、除草剂等化学药品的使用量,保护农田生态环境,利于生产健康食品 |
| | 循环农业:有利于农业生态系统的可持续发展 |
| 社会效益 | 增产:维护粮食安全,确保社会稳定 |
| | 改善品质:改善农产品品质,有利于生产健康食品,提高人民生活质量和营养保健水平 |
| | 丰富种类:通过轮作,增加作物品类,保持生物多样性,增加农产品的花色和品种,改善膳食结构,提高健康水平 |
| | 环境改善:减少二氧化碳排放 |

### 2. 数据来源

本节研究所需数据来自黑龙江省农业科学院黑河分院 2012—2018 年承担的国家大豆产业技术体系粮豆定位轮作的试验田数据和黑龙江省农垦九三管理局尖山农场 2014—2018 年大田轮作数据。

## 3.3.2　早期大豆－高粱－谷子轮作的效益

以大豆－高粱－谷子轮作式为主体的耕作制度是东北地区最普通的轮作制度,也是黑龙江省最普遍的耕作制度。大豆－高粱－谷子耕作制度在轮作方面是按照大豆－高粱－谷子的顺序换茬播种,在耕作方面是大豆扣种,高粱及谷子糠种,高粱是第一糠,谷子是第二糠,也就是按"两糠一扣"土壤耕作制来耕种;在施肥方面是在轮换的 3 年内,逢扣种时施一次底粪,糠种时施粪,或不施粪,也就是"三年一茬粪"。大豆－高粱－谷子耕作制度是经过几百年长期适应东北地区的自然条件及生产条件而形成的,因此它具有适应和利用这一地区的自然条件的特点,而且也具有适应几百年生产方式的特点。

**1. 大豆－高粱－谷子耕作制度的生态效益**

(1)土壤结构

根据沈昌蒲等在哈尔滨市五常县(现五常市)牛家公社的调查数据,可知政朴大队调查区域的土壤类型(表 3－10)和调查地段(表 3－11)。

表 3－10　政朴大队土壤类型

| 土类 | 面积/亩 | 占全公社同一土类的比例/% |
| --- | --- | --- |
| 岗地黑土 | 234 | 3.4 |
| 坡地黑土 | 2 796 | 7.0 |
| 平川黑土 | 13 938 | 7.1 |
| 二洼地 | 438 | 1.1 |

注:数据来源于沈昌蒲,刘明泉.黑龙江省固有耕作制度的特点研究初报[J].东北农学院学报,1963(2):1－12。

表 3－11　测定地段的选择

| 茬口 | | | 地段名称 | 队别 | 面积/亩 | 土壤肥力 |
| --- | --- | --- | --- | --- | --- | --- |
| 1960 年 | 1961 年 | 1962 年 | | | | |
| 高粱 | 谷子 | 大豆 | 二节地家西 | 2 队 | 600.00 | 中 |
| | | | | 5 队 | 150.00 | 中 |
| 谷子 | 大豆 | 高粱 | 头节地道东 | 2 队 | 15.00 | 好 |
| | | | | 5 队 | 25.00 | 好 |
| 大豆 | 高粱 | 谷子 | 房西 | 2 队 | 150.00 | 中 |
| 谷子 | 大豆 | 小麦 | 近三队地 | 2 队 | 150.00 | 差 |
| — | 土豆 | 小麦 | 房后 | 5 队 | 135.00 | 中 |

注:数据来源于沈昌蒲,刘明泉.黑龙江省固有耕作制度的特点研究初报[J].东北农学院学报,1963(2):1－12。

①固有耕地制度的垅体结构

固有耕作制度的垅体构造 3 年内变换一次。垅的高度以大豆地刨趟结束为准。春季播种时以谷子的垅体最低,其前作是高粱,在播种谷子以前要把高粱茬刨掉,所以在播种谷子时,垅体只有 5 厘米高。同时播种沟低于垅面 2～3 厘米,实际上播种深度只在地面上 1～2

厘米。高粱播于大豆茬上,在播种前大豆原茬不动,因此耩种后垄高 10 ~ 12 厘米。大豆采取扣种(破旧垄成新垄),是由 8 厘米的谷子茬硬垄扣成疏松的新垄,所以垄体有 12 ~ 14 厘米高。在耕作层浅的条件下,集土成垄,加厚了耕作层,增加了对多变的小气候的调节能力。

②固有耕地制度的土壤结构

土壤结构的变化是耕作制度中水、肥、气、热平衡的主要条件之一。固有耕作制度的耕作层实际上只有 7 ~ 8 厘米,作成垄后,耕作层最厚的部位才有 15 ~ 17 厘米。因此土壤结构的变化较大的,也就只限于犁底层以上各土层。由于条件所限,测定土壤结构暂以容重为指标。土壤容重的变化,无论在平地或坡地,耩种或扣种及在不同季节,0 ~ 20 厘米土层的容重总的变化是在 0.9 ~ 1.35(变幅 0.45),犁底层在 1.35 ~ 1.44(变幅 0.09),犁底层以下土层,在 1.15 ~ 1.31(变幅 0.19)。耕作层容重变化较大,差异为 0.4 左右。坡地及平川地由于土壤质地及有机质含量不同,坡地容重皆小于平川地,两地相差 0.05 左右。

在不同茬口上,以扣种各层次及各时期容重最小,扣种时破旧垄成新垄,在 15 厘米以上容重皆小于耩种,甚至在铲趟时期以后,仍小于耩种春季的容重。由此可证明,扣种是固有耕作制度的基本耕作,是调节耕层土壤结构最有效的措施。两次耩种(高粱及谷子)的容重差异不是很大,从它们的前茬看来,似乎应该是大豆茬耩高粱的土壤容重应小于高粱茬耩谷子。实际上,从 10 厘米土层以下有这样的趋势。因高粱是直接耩种在大豆原垄上,所以表土较紧密,而耩谷子以前,要先把高粱茬刨掉或捞冻茬子,所以第二耩表土反而比第一耩要疏松。

在各层次变化中可以看出,表土 0 ~ 5 厘米变化最大,其中以大豆表土变化幅度最小,而在平川地及坡地的大豆地中又以质地疏松、有机质含量较多的坡地容重最小(0.9 ~ 1.08)。5 ~ 10 厘米的容重在耩种茬一般比 0 ~ 5 厘米要大,因此其变化曲线多为左向倾斜。扣茬 5 ~ 10 厘米即比 0 ~ 5 厘米要小,因扣种起土量大,尽管土层在扣种后有沉实的作用,但还没有 0 ~ 5 厘米受到小量雨水的拍击作用大,变化曲线有右向倾斜的现象。10 ~ 15 厘米土层,在各茬口上容重都有偏重的趋势,但其中扣茬仍小于耩种 0.1 ~ 0.2。15 ~ 20 厘米土层因包括犁底层,容重应稍有加大,但同时因其还包括一部分犁底层以下土层,所以总的趋势是比 10 ~ 15 厘米土层减小,而扣茬因 10 ~ 15 厘米新疏松的土层,所以与之相比 15 ~ 20 厘米土层增大很多。但不论这一土层减小或增大,总的容重都是在 1.1 ~ 1.2。

在整个季节变化中,各茬口均以春季播种前土壤容重最小,6—8 月容重最大,而 11 月又有所下降,但又全都没有下降到春季的土壤容重。铲趟作业并没有改变容重自春至秋的逐渐加大的规律,只是缓和了容重加大的趋势。

(2)土壤水分

按大豆－高粱－谷子耕作制度种植的各地块,无论是平川地还是坡地,土壤水分变化总的规律是表土 0 ~ 10 厘米土壤含水量在 5% ~ 20%,变化幅度较大,全都超过 10%;10 ~ 20 厘米土层(包括犁底层在内)土壤含水量在 15% ~ 25%,变化幅度在 10% 左右;20 ~ 30 厘米土层(犁底层以下)土壤含水量始终保持在 20% ~ 27%,变化幅度仅为 7%。这种变化规律是与土壤容重变化相一致的。

①平川地与坡地相应的地段,土壤含水量坡地略多于平川地,且其变化幅度也小于平

川地。平川地土壤含水量年变化在6%～20%,变化幅度为14%,而坡地虽有轻微的表蚀现象,表土含水量仍在10%～22%,变化幅度只有12%,最低含水量多于平川地。

②在不同茬口中,扣种时全年各土层含水量变化幅度小,这对大豆生育期的保花、保荚极为有利。而第一穰种的全年各土层含水量又比第二穰种的幅度小。这说明土壤在一定疏松程度下,有透水保墒作用,而土壤稍紧密,耗水量较多,透水少,变化幅度增大。所以在固有耕作制度中的第二穰茬只能种植抗旱能力较强的谷子,因此在黑龙江省很少有大豆－谷子－高粱的轮作方式。

③"两穰一扣"耕作制度种植的各地块,各茬口的季节含水量的变化在各层次表现上不同。0～10厘米土壤含水量,在春季播种时,以第二穰土壤最多,第一穰土壤其次,扣种土壤最少。这是因为在穰谷子以前,经过刨高粱茬,将干土层耢至沟中含水量较多的土层呈现于地表,所以第二穰土壤水分多,而大豆地是扣种,起土量大,丢失水分多。但是进入干旱的6月,各茬口丢失水分都很多,其中仍以坡地含水量多于平川地(表3－12)。

表3－12　6月0～10厘米各茬口含水量降低情况

| 地段 | 茬口 | 层次 | 4月含水量/% | 6月含水量/% | 含水量降低程度/% |
|---|---|---|---|---|---|
| 平川地 | 大豆 | 0～5 | 15.5 | 5.0 | 10.5 |
| | | 5～10 | 20.5 | 14.9 | 5.6 |
| | 高粱 | 0～5 | 16.5 | 4.0 | 12.5 |
| | | 5～10 | 19.5 | 15.5 | 4.0 |
| | 谷子 | 0～5 | 18.5 | 6.5 | 12.0 |
| | | 5～10 | 25.5 | 17.5 | 8.0 |
| 坡地 | 大豆 | 0～5 | 18.5 | 12.5 | 4.0 |
| | | 5～10 | 23.0 | 17.5 | 6.5 |
| | 高粱 | 0～5 | 21.5 | 10.5 | 11.0 |
| | | 5～10 | 24.5 | 19.5 | 5.0 |

注:数据来源于沈昌蒲,刘明泉.黑龙江省固有耕作制度的特点研究初报[J].东北农学院学报,1963(2):1－12。

10～20厘米土层的水分在春季没有作物利用,同时上面有0～10厘米土层的覆盖,因此其水分的消耗只有一个方面,那就是0～10厘米土层毛管张力的运动所引起的水分上升,在各茬口上的变化幅度都要比表层小,一直到极干旱的6月仍然保持这一变化。进入7—8月,尽管雨量增多,但土层中分布了大量根系,尤其正当作物开花及灌浆,耗水量极大,因此这一土层水分消耗(蒸发与根系利用)仍大于补充(雨水渗透),成为一年中含水量最低的时期。

尽管20～30厘米这一土层的水分不断补充上面各土层,但是变化幅度不大,一直保持较稳定的状态。这是由于它位于犁底层以下,而犁底层的透性及水分上升的速度比一般耕作层要缓慢得多(表3－13)。

表 3－13　犁底层和耕作层水分上升速度及透水性(坡地)

| 地段作物 | 土层/厘米 | 水分上升速度(3 天)/克/100 立方厘米 | 透水性/毫升/30 分钟 |
|---|---|---|---|
| 高粱 | 耕作层 0～5 | 39.00 | 37.2 |
| | 耕作层 5～10 | 21.90 | |
| | 犁底层 10～20 | 10.03 | 15.8 |

注:数据来源于沈昌蒲,刘明泉.黑龙江省固有耕作制度的特点研究初报[J].东北农学院学报,1963 (2):1－12。

(3)土壤有机质

在土壤质地方面,虽然两小队土壤黏粒( ＜0.01 毫米)皆较少,但坡地有轻微的跑水现象,土壤质地较平川地略疏松(表 3－14)。由于平川地长期接受由坡地冲刷来的胭土粒,土壤质地较黏,同时土壤有机质含量略低于坡地(表 3－15)。平川地不如坡地耐旱,特别1962 年的 6 月初,大豆、高粱及谷子皆有蔫苗及死苗现象。由于气候干旱,尽管 10 厘米土层的水分含量不低,并且还不断地上升,但表土失水的速度远较下面土层的水分上升速度快。坡地蔫苗现象稍好,但也有晚苗(大豆约占1/3)现象。春旱时期,作物的蔫苗主要是表土的含水量得不到底土的及时补充。

表 3－14　牛家公社耕地土壤质地状况

| 取样地点 | 取样深度/厘米 | 颗粒大小/毫米 | | | | | |
|---|---|---|---|---|---|---|---|
| | | ＜0.001 | 0.001～0.005 | 0.005～0.01 | 0.01～0.05 | 0.05～0.25 | ＞0.25 |
| 坡地 | 0～13 | 5.5 | 11.7 | 10.3 | 27.5 | 45.0 | 0 |
| | 13～90 | 7.1 | 10.6 | 10.6 | 43.2 | 28.5 | 0 |
| | 90～118 | 14.4 | 10.5 | 6.9 | 39.8 | 28.4 | 0 |
| 平川地 | 0～16 | 6.9 | 7.3 | 10.4 | 41.6 | 23.8 | 0 |
| | 16～54 | 15.0 | 20.7 | 7.1 | 35.7 | 21.5 | 0 |
| | 70～117 | 14.0 | 14.0 | 7.0 | 28.2 | 36.8 | 0 |

注:数据来源于沈昌蒲,刘明泉.黑龙江省固有耕作制度的特点研究初报[J].东北农学院学报,1963 (2):1－12。

表 3－15　固有耕作制度各茬口有机质含量百分数[*]

| 茬口 | 层次/厘米 | 平川地/% | 坡地/% |
|---|---|---|---|
| 大豆－高粱－谷子 | 0～5 | 2.80 | — |
| | 5～10 | 2.74 | — |
| | 10～20 | 2.65 | — |
| 高粱－谷子－大豆 | 0～5 | 3.06 | 3.19 |
| | 5～10 | 3.04 | 3.07 |
| | 10～20 | 3.12 | 3.21 |

表 3 – 15（续）

| 茬口 | 层次/厘米 | 平川地/% | 坡地/% |
|---|---|---|---|
| 谷子－大豆－高粱 | 0～5 | 2.82 | 2.86 |
| | 5～10 | 2.58 | 2.64 |
| | 10～20 | 2.78 | 2.73 |
| 谷子－大豆－小麦<br>（土豆－小麦） | 0～5 | 2.72 | 2.77 |
| | 5～10 | 2.69 | 2.88 |
| | 10～20 | 2.60 | 2.78 |

注:1. ＊播种前测定,实际上是前茬状况。

　　2. 数据来源于沈昌蒲,刘明泉.黑龙江省固有耕作制度的特点研究初报[J].东北农学院学报,1963
　　（2）:1 – 12。

### 2. 大豆 – 高粱 – 谷子耕作制度的经济效益

坡地和平川地作物种植比例中,一般是稳产作物比例较大,其中大豆占 30% ～50%,高粱及谷子各占 20%,玉米占 10% ～20%,而小麦全不超过 10%。这种种植比例历年大致相同,坡地和平川地历年产量较好(表 3 – 16),说明两地的技术水平都是较高的。

表 3 – 16　政朴大队坡地和平川地历年作物产量　　　　　单位:斤/亩

| 土地类型 | 年份 | 大豆 | 谷子 | 小麦 | 高粱 | 玉米 |
|---|---|---|---|---|---|---|
| 平川地 | 1959 | 243.3 | 250.0 | 106.6 | 290.0 | 330.0 |
| | 1962＊ | 133.0 | 200.0 | 80.0 | 266.0 | 266.0 |
| 坡地 | 1959 | 217.3 | 263.0 | 116.6 | 286.0 | 325.0 |
| | 1962＊ | 160.0 | 266.0 | 80.0 | 333.0 | 266.0 |

注:1. ＊估计产量。

　　2. 数据来源于沈昌蒲,刘明泉.黑龙江省固有耕作制度的特点研究初报[J].东北农学院学报,1963
　　（2）:1 – 12。

### 3.3.3　近年来大豆 – 玉米不同轮作方式的效益比较

#### 1. 黑河分院试验田不同轮作模式效益比较

黑龙江省农业科学院黑龙江分院的轮作试验开始于 2011 年秋,试验地位于黑龙江省农业科学院黑河分院试验基地,为固定场圃。采取小区定位试验（GPS 定位）(北纬 50°15′41.21″,东经 127°28′23.52″),土壤类型为典型暗棕壤土,试验区生长期气候特点见表 3 – 17。2012年设为试验区,前茬为小麦。供试土壤类型为暗棕壤,有机质含量 41.9 克/千克,全氮含量 2.16 克/千克,全磷含量 1.59 克/千克,全钾含量 20.91 克/千克,速效磷含量 19.3 毫克/千克,速效钾含量 56.5 毫克/千克,速效氮含量 222.9 毫克/千克,pH 值为 5.26。

表 3 – 17　2012—2016 年试验区生长季节月平均气温和月降水量

| 项目 | 月份 | 30 天平均值 1979—2011 | 年份 | | | | | | |
|------|------|--------|------|------|------|------|------|------|------|
| | | | 2012 | 2013 | 2014 | 2015 | 2016 | 2017 | 2018 |
| 气温 | 4 | 6.2 | 4.0 | 3.9 | 8.2 | 4.7 | 5.1 | 4.8 | 6.1 |
| | 5 | 12.4 | 13.9 | 14.1 | 12.6 | 11.3 | 11.4 | 13.9 | 14.1 |
| | 6 | 19.0 | 20.8 | 19.1 | 20.8 | 19.4 | 19.4 | 19.0 | 17.8 |
| | 7 | 21.2 | 21.7 | 21.3 | 21.2 | 22.1 | 19.4 | 22.1 | 21.5 |
| | 8 | 18.9 | 19.2 | 18.9 | 20.4 | 21.5 | 22.1 | 19.5 | 19.8 |
| | 9 | 12.1 | 12.5 | 12.4 | 12.2 | 12.2 | 21.5 | 12.7 | 12.9 |
| | 平均 | 15.0 | 15.4 | 15.0 | 16.0 | 15.2 | 16.5 | 15.3 | 15.4 |
| 降水量 | 4 | 18.5 | 19.7 | 12.0 | 0.0 | 5.4 | 2.3 | 4.3 | 0.9 |
| | 5 | 38.8 | 14.4 | 95.4 | 64.5 | 52.5 | 52.5 | 46.0 | 24.7 |
| | 6 | 87.5 | 142.4 | 80.1 | 18.4 | 28.0 | 28.0 | 84.0 | 192.0 |
| | 7 | 133.9 | 146.0 | 267.8 | 140.3 | 110.6 | 110.6 | 80.4 | 157.8 |
| | 8 | 119.2 | 36.6 | 194.7 | 23.8 | 78.3 | 78.3 | 135.1 | 94.1 |
| | 9 | 59.0 | 146.0 | 42.9 | 79.9 | 79.6 | 79.6 | 79.6 | 89.3 |
| | 平均 | 457.0 | 505.1 | 692.9 | 326.9 | 354.4 | 351.3 | 429.4 | 558.8 |

注:资料来源于黑龙江省农业科学院黑河分院 2018 年的数据。

(1)试验设计

①试验品种

大豆品种为黑河 43 号;小麦品种,2012—2016 年为克春 11 号,2017—2018 年为龙麦 35 号;玉米为德美亚 1 号。小麦 4 月 10—18 日播种,8 月 10—15 日收获;大豆和玉米 5 月 3—7 日播种;10 月 1—5 日收获。

②试验处理

田间试验采用随机区组排列,3 次重复,总面积 2 880 平方米,小区面积(20 米 × 0.6 米,10 垄)120 平方米。试验共设 6 个处理,每个处理分出两个裂区,即优化施肥处理和纳米碳肥料增效剂处理。

处理 1:玉米连作(玉米)裂区:玉米连作 + 纳米碳肥料增效剂(肥料减量 30%);

处理 2:大豆连作(大豆)裂区:大豆连作 + 纳米碳肥料增效剂(肥料减量 30%);

处理 3:麦豆轮作(小麦)裂区:麦豆轮作 + 纳米碳肥料增效剂(肥料减量 30%);

处理 4:豆麦轮作(大豆)裂区:豆麦轮作 + 纳米碳肥料增效剂(肥料减量 30%);

处理 5:玉豆轮作(玉米)裂区:玉豆轮作 + 纳米碳肥料增效剂(肥料减量 30%);

处理 6:豆玉轮作(大豆)裂区:豆玉轮作 + 纳米碳肥料增效剂(肥料减量 30%)。

试验共设 6 个轮作模式,分别为玉米连作、大豆连作、小麦 – 大豆 – 小麦轮作、大豆 – 小麦 – 大豆轮作、玉米 – 大豆 – 玉米轮作和大豆 – 玉米 – 大豆轮作。截至 2017 年,已完成完整的 3 轮轮作试验(表 3 – 18)。

表 3 - 18　黑河农业科学院试验田的试验设计

| 种植年份 | 轮作模式 | | | | | |
|---|---|---|---|---|---|---|
| | 玉米连作 | 大豆连作 | 小麦 - 大豆 - 小麦轮作 | 大豆 - 小麦 - 大豆轮作 | 玉米 - 大豆 - 玉米轮作 | 大豆 - 玉米 - 大豆轮作 |
| 2012 | 玉 | 豆 | 麦 | 豆 | 玉 | 豆 |
| 2013 | 玉 | 豆 | 豆 | 麦 | 豆 | 玉 |
| 2014 | 玉 | 豆 | 麦 | 豆 | 玉 | 豆 |
| 2015 | 玉 | 豆 | 豆 | 麦 | 豆 | 玉 |
| 2016 | 玉 | 豆 | 麦 | 豆 | 玉 | 豆 |
| 2017 | 玉 | 豆 | 豆 | 麦 | 豆 | 玉 |
| 2018 | 玉 | 豆 | 麦 | 豆 | 玉 | 豆 |

注:资料来源于黑龙江省农业科学院黑河分院 2018 年的数据。

③施肥

黑河测土配方施肥玉米(氮肥、磷肥、钾肥:135 千克/公顷、67.5 千克/公顷、45 千克/公顷),拔节期尿素追肥 175 千克/公顷,大豆(氮肥、磷肥、钾肥:50 千克/公顷、60 千克/公顷、45 千克/公顷),小麦(氮肥、磷肥、钾肥:75 千克/公顷、80 千克/公顷、45 千克/公顷)。

④密度

第一片复叶后人工定苗,大豆密度每公顷 33 万株,玉米密度每公顷 8 万株,小麦密度每公顷 600 万株。垄宽 60 厘米。

⑤田间管理

按当地常规管理进行,无灌溉措施。

⑥生产过程

不同粮食作物轮作生产过程存在很大差异性(表 3 - 19)。不同作物轮作处理相同的生产内容,包括播种的同时施用底肥、苗后化学除草、秋收、秸秆还田、耙地。不同生产内容主要有小麦三叶期压青苗,玉米、大豆 3 次中耕及收获期翻地与起垄。从田间作业次数来看,玉米、大豆作业次数分别为 11 次和 10 次,而小麦作业次数为 6 次。

表 3 - 19　不同粮食作物轮作处理下的田间作业

| 田间作业 | 玉米 | 大豆 | 小麦 |
|---|---|---|---|
| 播种 + 施底肥 | * | * | * |
| 压青苗 | — | — | * |
| 苗后化学除草 | * | * | * |
| 第 1 次中耕 | * | * | — |
| 第 2 次中耕 | * | * | — |
| 第 3 次中耕 | * | * | — |

表 3－19（续）

| 田间作业 | 玉米 | 大豆 | 小麦 |
|---|---|---|---|
| 追肥 | ＊ | — | — |
| 秋收 | ＊ | ＊ | ＊ |
| 秸秆还田 | ＊ | ＊ | ＊ |
| 秋翻 | ＊ | ＊ | — |
| 耙地 | ＊ | ＊ | ＊ |
| 起垄 | ＊ | ＊ | — |
| 作业次数 | 11 | 10 | 6 |

注：＊表示作业处理。

（2）试验结果与分析

①分析一：不同轮作模式下的产量比较

从三种轮作模式的大豆产量年度变化来看，其产量变化趋势基本相同，均在波动中提高，大豆的最高产量出现在 2017 年大豆－玉米轮作模式下（2 737.4 千克/公顷），最低产量出现在 2013 年大豆－小麦轮作模式下（1 218 千克/公顷）。从各年度不同轮作模式的大豆产量比较来看，在轮作的前两年，各茬口轮作的大豆产量均低于大豆连作的大豆产量，2013 年大豆－玉米轮作模式和大豆－小麦轮作模式下的大豆产量比大豆连作模式下的大豆产量分别低 16.23% 和 7.94%；但随着年限的增加，大豆－小麦轮作和大豆－玉米轮作大豆产量均比大豆连作产量显著提高，2017 年大豆－玉米轮作的大豆产量比大豆连作高 24.08%，2018 年大豆－小麦轮作大豆产量比大豆连作高 20.33%（表 3－20）。

从两种不同轮作模式的玉米产量年度变化来看，玉米产量波动较大，玉米的最高产量出现在 2014 年玉米－大豆轮作模式下（12 587.9 千克/公顷），最低产量出现在 2013 年玉米连作模式下（7 039.7 千克/公顷）。从各年度不同轮作模式的玉米产量比较来看，玉米－大豆轮作模式下玉米产量均高于连作模式下的玉米单产，2016 年高出 49.47%（表 3－20）。

可见，轮作条件下的玉米和大豆产量均高于连作条件下的产量。不同轮作模式之间大豆产量差异不显著。可以初步判断，在黑河高寒地区合理的粮豆轮作技术具有提高作物产量的效果。

表 3－20　2012—2018 年不同轮作模式下产量对比　　　　　　　　单位：千克/公顷

| 作物 | 轮作模式 | 年份 | | | | | | | 均值 |
|---|---|---|---|---|---|---|---|---|---|
| | | 2012 | 2013 | 2014 | 2015 | 2016 | 2017 | 2018 | |
| 玉米 | 玉米连作 | 9 280.1 | 7 039.7 | 12 079.9 | 10 572.3 | 8 340.2 | 8 276.5 | 10 896.7 | 9 497.9 |
| | 玉豆轮作 | 9 469.1 | 7 738.6 | 12 587.9 | 10 723.4 | 12 466.1 | 9 816.9 | 11 480.0 | 10 611.7 |
| 大豆 | 大豆连作 | 1 411.1 | 1 454.0 | 2 508.3 | 1 854.4 | 1 879.1 | 2 206.2 | 2 253.5 | 1 938.1 |
| | 豆麦轮作 | 1 403.5 | 1 218.0 | 2 603.0 | 1 889.7 | 2 161.0 | 2 480.6 | 2 711.7 | 2 066.8 |
| | 豆玉轮作 | 1 356.4 | 1 338.6 | 2 542.7 | 1 944.6 | 1 908.1 | 2 737.4 | 2 609.9 | 2 062.5 |

表 3 - 20（续）

| 作物 | 轮作模式 | 年份 | | | | | | | 均值 |
| --- | --- | --- | --- | --- | --- | --- | --- | --- | --- |
| | | 2012 | 2013 | 2014 | 2015 | 2016 | 2017 | 2018 | |
| 小麦 | 麦豆轮作 | 2 230.2 | 2 031.5 | 2 342.0 | 1 799.8 | 4 097.2 | 3 884.4 | 3 116.8 | 2 786.0 |
| 玉米 + 大豆 | 连作 | 10 691.2 | 8 493.7 | 14 588.2 | 12 426.7 | 10 219.3 | 10 482.7 | 13 150.2 | 11 436.0 |
| | 轮作 | 10 825.5 | 9 077.2 | 15 130.6 | 12 668.0 | 14 374.2 | 12 554.3 | 14 089.9 | 12 674.0 |

注:1.轮作处理为 3 次重复。

2.数据来源于黑龙江省农业科学院黑河分院 2018 年的数据。

②分析二:不同轮作模式下的生产成本

从三种轮作模式下的大豆生产成本的年度变化来看,大豆生产成本呈先增后降变化趋势,先从 2012 年的 3 400 元/公顷上升到 2017 年的 4 556 元/公顷,年均增长率为 6.03%,2018 年大豆生产成本降至 4 323 元/公顷,较 2017 年下降了 5.11%。从各年度不同轮作模式的大豆成本比较来看,大豆连作、大豆 - 玉米轮作和大豆 - 小麦轮作的大豆生产成本无差异(表 3 - 21)。

从两种轮作模式下的玉米生产成本的年度变化来看,玉米生产成本总体上呈上升趋势,从 2012 年的 5 282 元/公顷上升到 2018 年的 5 930 元/公顷,年均增长率为 1.94%,但年度间小幅波动。从各年度不同轮作模式的玉米成本比较来看,玉米连作和玉米 - 大豆轮作的玉米生产成本无差异(表 3 - 21)。

从小麦 - 大豆轮作模式下的小麦生产成本年度变化来看,小麦生产成本呈上升趋势,从 2012 年的 3 562 元/公顷上升到 2018 年的 3 845 元/公顷,年均增长率为 1.28%(表 3 - 21)。

表 3 - 21　2012—2018 年不同轮作模式下玉米和大豆的生产成本　　　单位:元/公顷

| 作物 | 处理 | 年份 | | | | | | | 均值 |
| --- | --- | --- | --- | --- | --- | --- | --- | --- | --- |
| | | 2012 | 2013 | 2014 | 2015 | 2016 | 2017 | 2018 | |
| 玉米 | 玉米连作 | 5 282 | 5 333 | 5 632 | 5 522 | 5 722 | 5 700 | 5 930 | 5 588.7 |
| | 玉豆轮作 | 5 282 | 5 333 | 5 632 | 5 522 | 5 722 | 5 700 | 5 930 | 5 588.7 |
| 大豆 | 大豆连作 | 3 400 | 3 444 | 3 800 | 4 212 | 4 300 | 4 556 | 4 323 | 4 005.0 |
| | 豆麦轮作 | 3 400 | 3 444 | 3 800 | 4 212 | 4 300 | 4 556 | 4 323 | 4 005.0 |
| | 豆玉轮作 | 3 400 | 3 444 | 3 800 | 4 212 | 4 300 | 4 556 | 4 323 | 4 005.0 |
| 小麦 | 麦豆轮作 | 3 562 | 3 600 | 3 640 | 3 623 | 3 766 | 3 785 | 3 845 | 3 688.7 |

注:1.生产成本调查数据来源于当地农户的均值,包括种粮大户和普通农户,计 6 个乡镇。

2.数据来源于黑龙江省农业科学院黑河分院 2018 年的数据。

2018 年玉米、大豆和小麦的生产成本分别为 5 930 元/公顷、4 323 元/公顷和 3 845 元/公顷,玉米生产成本分别比大豆和小麦高 1 607 元/公顷和 2 085 元/公顷。从三种作物的成本构成来看,机械费用是三种作物的最主要成本,特别是大豆和玉米,机械费用分别占生产总成本的 56.74% 和 50.59%,机械费用占小麦总生产成本的 35.11%;种子费用和化肥费用次之,化肥费用是玉米的第二大支出,占总成本的24.96%,种子费用占15.18%。种子费用是大豆和小麦的第二大支出,分别占其总成本的15.96%和31.21%;化肥费用分别占15.73%和25.88%(表3－22)。

表 3－22　2018 年不同轮作模式下玉米和大豆的生产成本构成　　单位:%

| 作物 | 轮作模式 | 机械 | 种子 | 农药 | 化肥 | 人工 | 其他 | 合计 |
|------|---------|------|------|------|------|------|------|------|
| 玉米 | 玉米连作 | 50.59 | 15.18 | 2.53 | 24.96 | 3.37 | 3.37 | 100 |
|      | 玉豆轮作 | 50.59 | 15.18 | 2.53 | 24.96 | 3.37 | 3.37 | 100 |
| 大豆 | 大豆连作 | 56.74 | 15.96 | 4.63 | 15.73 | 4.63 | 2.31 | 100 |
|      | 豆麦轮作 | 56.74 | 15.96 | 4.63 | 15.73 | 4.63 | 2.31 | 100 |
|      | 豆玉轮作 | 56.74 | 15.96 | 4.63 | 15.73 | 4.63 | 2.31 | 100 |
| 小麦 | 麦豆轮作 | 35.11 | 31.21 | 2.60 | 25.88 | 2.60 | 2.60 | 100 |

注:1. 生产成本调查数据来源当地农户的均值,包括种粮大户和普通农户,计 6 个乡镇。
　　2. 数据来源于黑龙江省农业科学院黑河分院 2018 年的数据。

③分析三:不同轮作模式下的总收益

根据 2012—2018 年玉米和大豆的市场价格(表3－23),计算出大豆、玉米和小麦各种轮作模式下的总收益(表3－24)。

表 3－23　2012—2018 年商品粮市场价格　　单位:元/千克

| 作物 | 年份 | | | | | | |
|------|------|------|------|------|------|------|------|
|      | 2012 | 2013 | 2014 | 2015 | 2016 | 2017 | 2018 |
| 玉米 | 1.5 | 1.4 | 1.4 | 1.2 | 0.9 | 1 | 1.2 |
| 大豆 | 4.0 | 4.3 | 4.1 | 3.4 | 3.4 | 3.2 | 3.4 |
| 小麦 | 1.8 | 1.9 | 1.9 | 1.7 | 1.8 | 1.8 | 1.9 |

注:1. 玉米水分以 20% 为准。
　　2. 数据来源于黑龙江省农业科学院黑河分院 2018 年的数据。

表 3－24　2012—2018 年不同轮作模式下玉米和大豆的生产总收益　　单位:元/公顷

| 作物 | 轮作模式 | 年份 | | | | | | | 均值 |
|------|---------|------|------|------|------|------|------|------|------|
|      |         | 2012 | 2013 | 2014 | 2015 | 2016 | 2017 | 2018 |      |
| 玉米 | 玉米连作 | 13 920.2 | 9 855.6 | 16 911.9 | 12 686.8 | 7 506.2 | 8 276.5 | 13 076.0 | 11 747.6 |
|      | 玉豆轮作 | 14 203.7 | 10 834.0 | 17 623.1 | 12 868.1 | 11 219.5 | 9 816.9 | 13 776.0 | 12 905.9 |
| 大豆 | 大豆连作 | 5 644.4 | 6 252.2 | 10 284.0 | 6 305.0 | 6 388.9 | 7 059.8 | 7 661.9 | 7 085.2 |
|      | 豆麦轮作 | 5 614.0 | 5 237.4 | 10 672.3 | 6 425.0 | 7 347.4 | 7 937.9 | 9 219.8 | 7 493.4 |
|      | 豆玉轮作 | 5 425.6 | 5 756.0 | 10 425.1 | 6 611.6 | 6 487.5 | 8 759.7 | 8 873.7 | 7 477.0 |
| 小麦 | 麦豆轮作 | 4 014.4 | 3 859.9 | 4 449.8 | 3 059.7 | 7 375.0 | 6 991.8 | 5 921.9 | 5 096.1 |

注:数据来源,根据表 3－22 和表 3－25 计算得出;黑龙江省农业科学院黑河分院 2018 年的数据。

④分析四:不同轮作模式下的净收益

玉米连作年际间玉米净效益变化较大,2016 年最低为 1 784.2 元/公顷,而 2014 年最高为 11 279.9 元/公顷;大豆 2013 年最低为 1 793.4 元/公顷,2014 年最高为 6 872.3 元/公顷,均为大豆－小麦轮作模式下的净收益(表 3－25)。年际间的效益变化是产量和生产成本的综合表现,但以产量因素为主。

从玉米连作和大豆连作上看,玉米连作平均效益为 6 158.9 元/公顷,大豆为 3 080.2 元/公顷,平均每公顷玉米较大豆多收入 3 078.7 元/公顷。7 年合计,玉米较大豆多收入近 21 550.8 元/公顷(表 3－25)。

从三个轮作周期上看(2012—2017 年),玉米连作、以玉米种植开始的玉米－大豆轮作看玉米总收益,大豆连作、以大豆种植开始的大豆－玉米轮作看大豆总收益,分别为 35 966.0 元/公顷、43 374.3 元/公顷、18 222.3 元/公顷、19 753.5 元/公顷。可见玉米－大豆轮作下的玉米总收益高于玉米连作,高出 7 408.3 元/公顷;大豆－玉米轮作下的大豆总收益高于大豆连作,高出 1 531.2 元/公顷(表 3－25)。

从大豆和玉米连作及轮作的总收益来看,7 年里大豆连作和玉米连作的总收益平均为 9 239.1 元/公顷,玉米和大豆轮作的总收益平均为 10 789.2 元/公顷,较连作高出 1 550.1 元/公顷(表 3－25)。

表 3－25　2012—2018 年不同轮作模式下玉米和大豆的生产净效益　　　单位:元/公顷

| 作物 | 处理 | 年份 | | | | | | | 均值 |
| --- | --- | --- | --- | --- | --- | --- | --- | --- | --- |
| | | 2012 | 2013 | 2014 | 2015 | 2016 | 2017 | 2018 | |
| 玉米 | 玉米连作 | 8 638.2 | 4 522.6 | 11 279.9 | 7 164.8 | 1 784.2 | 2 576.5 | 7 146.0 | 6 158.9 |
| | 玉豆轮作 | 8 921.7 | 5 501.0 | 11 991.1 | 7 346.1 | 5 497.5 | 4 116.9 | 7 846.0 | 7 317.2 |
| 大豆 | 大豆连作 | 2 244.4 | 2 808.2 | 6 484.0 | 2 093.0 | 2 088.9 | 2 503.8 | 3 338.9 | 3 080.2 |
| | 豆麦轮作 | 2 214.0 | 1 793.4 | 6 872.3 | 2 213.0 | 3 047.4 | 3 381.9 | 4 896.8 | 3 488.4 |
| | 豆玉轮作 | 2 025.6 | 2 312.0 | 6 625.1 | 2 399.6 | 2 187.5 | 4 203.7 | 4 550.7 | 3 472.0 |
| 小麦 | 麦豆轮作 | 452.4 | 259.9 | 809.8 | －563.3 | 3 609.0 | 3 206.6 | 2 076.9 | 1 407.4 |
| 玉米＋大豆 | 连作 | 10 882.6 | 7 330.8 | 17 763.9 | 9 257.8 | 3 873.1 | 5 080.3 | 10 484.9 | 9 239.1 |
| | 轮作 | 10 947.3 | 7 813.0 | 18 616.2 | 9 745.7 | 7 685 | 8 320.6 | 12 396.7 | 10 789.2 |

注:数据来源,根据表 3－21 和表 3－24 计算得出。

(3)结果讨论

①讨论一:不同轮作模式对作物产量的影响

7 年试验期间生长季节气温相似,略高于过去 32 年均值;生长季节降水量 2013 年最高(692.9 毫米),高出 32 年均值的 51.6%,2014 年降水量低于 32 年均值 28.5%。由于 2013 年雨量比往年偏多,对玉米、大豆、小麦生长影响很大,气温略低,后春冷空气活动频繁,播种前期地涝明显,影响正常播种 10～20 天,阶段性降温过程明显;积温时空分布不均,玉米吐丝期、大豆结荚期、小麦灌浆期 6—8 月连续降雨,影响作物籽粒干物质的积累,造成 3 种作物生育期延长,最终导致作物产量明显下降。轮作下玉米产量较连作玉米产量高,这与相关研究结果一致。不同轮作试验研究结果表明,大豆－玉米轮作与玉米连作、大豆连作相比,能够使玉米增产 12.01%,使大豆增产 4.1% ~ 5.1%。7 年试验结果表明,黑龙江省北部高寒区域实施合理的作物轮作可获得与常规连续种植相似的产量,采用大豆－玉米轮作产量明显高于当年同类作物。大豆－小麦轮作模式下小麦产量易受气候条件影响,年际间表现不够稳定。

2012 年和 2013 年大豆产量偏低,其原因可能是 2012 年大豆出苗前期天气多低温寡照,降雨量极少,生长进程缓慢,大豆结荚期 8 月有 16 天无降雨,影响作物籽粒干物质的积累,9 月多雨造成 3 个作物生育期延长。2013 年气温略低,后春冷空气活动频繁,播种前期地涝明显,影响正常播种 10 ~ 20 天,阶段雨水过大,后期倒伏所致。从 7 年田间试验平均产量看,大豆产量为大豆－小麦轮作 > 大豆－玉米轮作 > 大豆连作,这种趋势表现出明显的年际间变化,玉米－大豆轮作模式产量稳定,更适合大豆生产。不同轮作模式对玉米影响较大,但对大豆产量影响为年际间的变化。

②讨论二:不同轮作模式下的经济效益

不同试验年的农业生产成本不尽相同。从 2012 年试验开始以来,种子、化肥、燃油、人工等农业生产费用在逐年提高。但种植玉米的农业生产成本最大,按不同作物农业生产成本排序依次为玉米 > 大豆 > 小麦。

就玉米而言,玉米－大豆轮作可获得比玉米连作高 18.8% 的经济效益,无论从产量和经济效益看,玉米连作都不是一个好的选择。从大豆不同轮作模式下看,大豆－玉米轮作模式整体经济效益要比大豆连作高 12.7%。

**2. 尖山农场大田不同轮作模式效益比较**

尖山农场始建于 1949 年 3 月,位于嫩江县境南部,坐标为东经 125°19′53″ ~ 125°47′15″,北纬 48°46′55″ ~ 49°1′18″。农场下辖 7 个管理区,土地面积 60 万亩,其中耕地 35 万亩,主要种植玉米、大豆、马铃薯和杂粮等。尖山农场农作物种植业结构是典型的以粮为主,近 10 几年来,粮食作物种植面积在农作物总面积中的比例一直在 90% 以上,2014 年高达 97.22%,2016 年为 96.1%。

粮食作物中,主要以大豆和玉米为主,以马铃薯、小麦和大麦为辅。自 2012 年,大豆和玉米种植面积占农作物总面积的比例合计超过 90%,大豆－玉米轮作一直是该农场最主要的种植制度。大豆种植面积在农作物总面积中的比例呈现上升－下降－上升的变化趋势,从 2003 年的 33% 上升到 2009 年的 58.2%,此后受比较效益影响,2013 年下降到 26.4%。自 2014 年启动新一轮农业结构调整,加之大豆目标价格政策、轮作补贴政策的实施,大豆种植面积增加,在农作物面积中的比例回升到 2017 年的 76.8%。玉米种植面积比例呈现上升－下降的变化趋势,从 2003 年的 5.14% 上升到 2013 年的 63.7%,此后下降到 2017 年的 14.8%(图 3 - 4)。

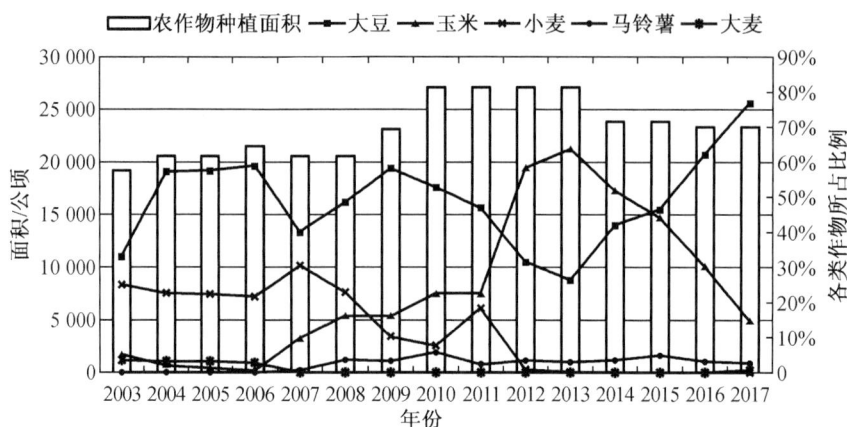

图 3 - 4　2003—2017 年尖山农场农作物种植结构

（数据来源：《黑龙江农垦统计年鉴（2017）》）

（1）不同轮作模式下的产量比较

由于不同年度尖山农场的地号有所调整，因此我们在尖山农场 94 个地号中，选出了可比较的 75 个地号进行分析。2014—2016 年，这些地号种植农作物总面积 41 546.3 亩，种植制度以玉米 - 大豆轮作为主，占 99.13%，只 0.87% 的面积实行玉米 - 马铃薯 - 经济作物轮作（表 3 - 26）。需要说明的是，2016 年因受自然灾害影响，所有作物的产量都大大低于正常水平。由于是大田种植，这里的分析不排除土壤条件和施肥等技术措施不同所带来的差异。

从 2015 年和 2016 年大豆与玉米平均产量来看，2015 年玉米平均产量为 1 530.95 斤/亩，大豆平均产量 1 450.8 斤/亩，玉米和大豆产量之比为 1.06:1；2016 年玉米平均产量为 771.14 斤/亩，大豆平均产量为 129.8 斤/亩，玉米和大豆产量之比为 5.94:1，可见 2016 年的自然灾害对大豆产量的影响更大。

从 2015 年和 2016 年不同轮作模式下玉米的产量来看，不同的前茬作物下玉米的产量存在着明显差异。2015 年前茬是马铃薯的玉米（马铃薯 - 玉米）产量最高，产量为 1 666.6 斤/亩，前茬是玉米（玉米 - 玉米）的产量次之，产量为 1 584.0 斤/亩，前茬是大豆（大豆 - 玉米）的产量最低，产量平均为 1 402.0 斤/亩，分别比马铃薯 - 玉米和玉米 - 玉米模式下低 264.6 斤/亩和 182 斤/亩，分别低 15.88% 和 11.49%（表 3 - 26）。

表 3 - 26　2014—2016 年不同轮作模式下产量

| 轮作模式 | 地块数 | 2014 年 | | 2015 年 | | 2016 年 | |
|---|---|---|---|---|---|---|---|
| | | 面积/亩 | 产量/斤/亩 | 面积/亩 | 产量/斤/亩 | 面积/亩 | 产量/斤/亩 |
| 豆 - 玉 - 豆 | 25 | 15 407.0 | — | 15 407.0 | 1 471.2 | 15 407.0 | 142.60 |
| 玉 - 豆 - 玉 | 22 | 11 991.0 | 1 511.0 | 11 162.5 | 391.7 | 11 991.0 | 771.14 |
| 玉 - 豆 - 豆 | 18 | 9 341.8 | 1 481.2 | 10 170.3 | 397.1 | 9 341.8 | 139.10 |
| 玉 - 玉 - 豆 | 2 | 413.0 | 1 460.1 | 413.0 | 1 584.0 | 413.0 | 133.90 |

表 3 - 26　2014—2016 年不同轮作模式下产量

| 轮作模式 | 地块数 | 2014 年 | | 2015 年 | | 2016 年 | |
|---|---|---|---|---|---|---|---|
| | | 面积/亩 | 产量/斤/亩 | 面积/亩 | 产量/斤/亩 | 面积/亩 | 产量/斤/亩 |
| 豆－玉－薯 | 2 | 1 230.0 | — | 1 230.0 | 1 402.0 | 1 230.0 | — |
| 玉－豆－薯 | 1 | 960.0 | 1 125.0 | 960.0 | 342.0 | 960.0 | — |
| 薯－玉－豆 | 2 | 1 110.0 | — | 1 110.0 | 1 666.6 | 1 110.0 | 119.40 |
| 玉－薯－豆 | 1 | 520.5 | 1 347.8 | 520.5 | — | 520.5 | 114.00 |
| 玉－薯－经 | 1 | 360.0 | 1 466.0 | 360.0 | — | 360.0 | — |
| 玉－豆－经 | 1 | 213.0 | 1 492.0 | 213.0 | 320.0 | 213.0 | — |
| 合计 | 75 | 41 546.3 | — | 41 546.3 | — | 41 546.3 | — |

注:1. 不同轮作模式下的产量是不同地块产量的平均;不同年份的产量按作物顺序来计,如大豆－玉米－大豆模式下 2014 年大豆产量、2015 年玉米产量、2016 年大豆产量。

　　2. 数据来源于尖山农场农业科。

为了考察地块土壤质量等差异对产量的影响,我们选择了 7 个地号 6 个年份进行比较分析(表 3 - 27)。2013—2018 年前 5 个地号轮作模式相同,即大豆－玉米－大豆－大豆－玉米－玉米,大豆和玉米产量合计最高为 3 893.2 斤/亩,最低为 3 762.0 斤/亩,相差 131.2 斤/亩(3.37%);在地号"9 西"不考虑 2018 年玉米产量的情况下,其轮作模式与地号"7 上"的轮作模式相同,即大豆－玉米－大豆－玉米,大豆和玉米产量合计分别为 2 840.4 斤/亩和 2 932 斤/亩,相差 91.6 斤/亩(3.12%)。由此可见地块差异对产量的影响并不大。

表 3 - 27　2013—2018 年不同轮作模式产量

| 地号 | 面积/亩 | 轮作模式 | 产量/斤/亩 | | | | | | |
|---|---|---|---|---|---|---|---|---|---|
| | | | 2013 | 2014 | 2015 | 2016 | 2017 | 2018 | 合计 |
| 9 队 5 南 | 630.0 | 豆－玉－豆－豆－玉－玉 | — | 1 511.0 | 406 | 161.4 | 1 346 | 355.0 | 3 779.4 |
| 9 队 4 北 | 618.0 | 豆－玉－豆－豆－玉－玉 | — | 1 536.2 | 419 | 148.8 | 1 336 | 378.4 | 3 818.4 |
| 14 队 6 | 987.0 | 豆－玉－豆－豆－玉－玉 | — | 1 570.8 | 420 | 158.8 | 1 426 | 317.6 | 3 893.2 |
| 12 西 | 690.0 | 豆－玉－豆－豆－玉－玉 | — | 1 580.2 | 382 | 136.8 | 1 374 | 367.4 | 3 840.4 |
| 5 | 1 710.0 | 豆－玉－豆－豆－玉－玉 | | 1 400.2 | 395 | 148.0 | 1 400 | 418.8 | 3 762.0 |
| 7 上 | 570.0 | 豆－玉－豆－玉 | | — | 1 466.6 | 113.8 | 1 260 | — | 2 840.4 |
| 9 西 | 409.5 | 豆－玉－豆－玉－玉 | | | 1 445.0 | 115 | 1 372 | 542.2 | 3 474.2 |

注:数据来源于尖山农场农业科。

2018 年不同前茬作物下的玉米产量由高到低依次是黑豆、杂粮、大豆、矮高粱、芽豆(表 3 - 28)。

从 2015 年和 2016 年大豆的产量来看,不同前茬作物下大豆的产量差异较大,前茬是玉米的大豆(玉米－大豆)产量最高,为 142.6 斤/亩,前茬是大豆(大豆－大豆)的大豆产量次之,为 139.1 斤/亩,前茬是马铃薯(马铃薯－大豆)的大豆产量最低,为 114.0 斤/亩,分别比玉米－大豆和大豆－大豆模式下低 28.6 斤/亩和 25.1 斤/亩,分别低 20.1% 和 18%(表 3－26)。2018 年不同前茬作物下的大豆产量由高到低依次是小麦、马铃薯、玉米、矮高粱、青贮、大豆、苜蓿草(表 3－29)。

(2)不同轮作模式下产品品质比较

从 2018 年不同前茬作物玉米的含水量来看,玉米水分从低到高排序的前茬作物依次是大豆、黑豆(杂粮)、芽豆、矮高粱。其中最高水分 26.69%,前茬作物矮高粱;最低 25.69%,前茬作物大豆,相差 1%(表 3－28)。可见前茬是大豆的玉米水分最低。从不同前茬作物下大豆的青豆比例来看,青豆比例由低到高排序的前茬作物依次是青贮、马铃薯、玉米、苜蓿草,其中青豆比例最低 8.5%,前茬作物青贮;最高 23%,前茬作物苜蓿草,差距很大(表 3－29)。

表 3－28  2018 年不同茬口下玉米产量和质量比较

| 前茬作物 | 玉米面积/亩 | 地块数 | 产量/斤/亩 | 产量差异(以大豆为基准) | 水分/% | 折标准水分产量/斤/亩 |
|---|---|---|---|---|---|---|
| 大豆 | 82 479.5 | 132 | 1 327.4 | 0 | 25.69 | 1 173.4 |
| 矮高粱 | 5 915.8 | 8 | 1 252.6 | − 74.8 | 26.69 | 1 093.0 |
| 黑豆 | 1 325.0 | 1 | 1 355.6 | 28.2 | 26.00 | 1 194.4 |
| 芽豆 | 459.9 | 1 | 1 201.4 | − 126.0 | 26.20 | 1 055.4 |
| 杂粮 | 176.1 | 1 | 1 333.2 | 5.8 | 26.00 | 1 174.6 |
| 合计 | 90 356.3 | 143 | — | — | — | — |

注:数据来源于尖山农场农业科。

表 3－29  2018 年不同茬口下大豆产量和质量比较

| 前茬作物 | 大豆面积/亩 | 地块数 | 产量/斤/亩 | 产量差异(以大豆为基准) | 青豆比例/% |
|---|---|---|---|---|---|
| 大豆 | 77 219.80 | 109 | 356.80 | 0 | 12.94 |
| 玉米 | 42 225.70 | 55 | 381.82 | 25.02 | 12.30 |
| 小麦 | 1 784.20 | 3 | 397.80 | 41.00 | 15.67 |
| 矮高粱 | 1 741.90 | 2 | 381.14 | 24.34 | 19.50 |
| 马铃薯 | 4 149.41 | 6 | 385.00 | 28.20 | 12.00 |
| 苜蓿草 | 480.00 | 1 | 283.40 | − 73.40 | 23.00 |
| 青贮 | 962.76 | 2 | 361.60 | 4.08 | 8.50 |
| 合计 | 128 563.77 | 178 | — | — | — |

注:数据来源于尖山农场农业科。

(3)不同轮作模式下的成本比较

从 2014 年大豆和玉米生产成本来看,大豆平均生产成本为 232.56 元/亩,玉米平均生产成本为 401.2 元/亩,玉米和大豆平均生产成本之比为 1.73:1。其中人工成本平均差异不大,化肥、农药、种子,全年机械和其他费用差异明显,玉米这 4 项平均成本分别是大豆的

1.46 倍、2.28 倍、1.61 倍和 1.60 倍(表 3 – 30)。

表 3 – 30 2014 年不同轮作模式生产成本 单位:元/亩

| 轮作模式 | 总成本 | 人工 | 化肥、农药 | 种子 | 全年机械 | 其他 |
|---|---|---|---|---|---|---|
| 豆 – 玉 – 豆 | 239.71 | 7.690 | 75.030 | 35.400 | 82.04 | 39.54 |
| 豆 – 玉 – 薯 | 225.41 | 3.780 | 77.900 | 37.070 | 63.90 | 42.76 |
| 大豆成本平均 | 232.56 | 5.735 | 76.465 | 36.235 | 72.97 | 41.15 |
| 玉 – 豆 – 玉 | 407.33 | 5.850 | 116.720 | 78.380 | 126.15 | 54.67 |
| 玉 – 豆 – 豆 | 356.90 | 4.830 | 92.900 | 69.510 | 111.14 | 51.97 |
| 玉 – 玉 – 豆 | 396.28 | 11.600 | 103.250 | 103.420 | 132.08 | 45.95 |
| 玉 – 豆 – 薯 | 369.97 | 2.630 | 152.760 | 97.360 | 59.02 | 58.19 |
| 玉 – 薯 – 豆 | 455.75 | 2.740 | 154.620 | 64.330 | 145.35 | 88.72 |
| 玉 – 薯 – 经 | 455.15 | 0.090 | 76.560 | 79.480 | 121.80 | 94.42 |
| 玉 – 豆 – 经 | 367.01 | 3.970 | 84.890 | 85.740 | 126.03 | 66.38 |
| 玉米成本平均 | 401.20 | 4.530 | 111.670 | 82.600 | 117.37 | 65.76 |
| 薯 – 玉 – 豆 | 252.87 | 4.400 | 176.310 | 0 | 0 | 72.16 |

注:数据来源于尖山农场财务科。

从 2015 年不同轮作模式下的玉米生产成本来看,马铃薯 – 玉米 – 大豆模式下玉米成本最高,为 513.78 元/亩,主要是高在其他费用上;玉米 – 玉米 – 大豆模式下玉米成本次之,为446.72元/亩;玉米 – 大豆 – 马铃薯模式下玉米成本最低,174.94 元/亩(表 3 – 31)。

表 3 – 31 2015 年不同轮作模式生产成本 单位:元/亩

| 轮作模式 | 总成本 | 种子 | 药肥 | 人工 | 机械 | 其他 |
|---|---|---|---|---|---|---|
| 豆 – 玉 – 豆 | 418.61 | 91.10 | 42.04 | 3.57 | 119.29 | 162.60 |
| 豆 – 玉 – 薯 | 404.77 | 90.00 | 38.67 | 1.08 | 131.49 | 143.53 |
| 玉 – 玉 – 豆 | 446.72 | 90.00 | 161.02 | 7.77 | 106.71 | 81.21 |
| 薯 – 玉 – 豆 | 513.78 | 92.74 | 48.84 | 0.43 | 134.63 | 237.15 |
| 玉 – 豆 – 玉 | 223.31 | 36.23 | 70.16 | 3.97 | 87.09 | 25.86 |
| 玉 – 豆 – 豆 | 236.07 | 35.60 | 67.52 | 3.23 | 84.47 | 45.25 |
| 玉 – 豆 – 薯 | 174.94 | 37.62 | 71.59 | 0.79 | 61.52 | 3.42 |
| 玉 – 豆 – 经 | 193.73 | 30.83 | 54.96 | 1.91 | 91.96 | 14.07 |

注:数据来源于尖山农场财务科。

从 2016 年不同轮作模式下的大豆生产成本来看,玉米 – 大豆模式下大豆成本明显低于大豆 – 大豆模式下的生产成本,分别为 244.60 元/亩和 263.26 元/亩,相差 18.66 元/亩。其中在玉米 – 大豆模式下,玉米 – 玉米 – 大豆模式的大豆成本最低,而大豆 – 玉米 – 大豆模式下的大豆成本相对要高一些(表3-32)。

表3-32 2016年不同轮作模式生产成本　　　　　单位:元/亩

| 轮作模式 | 总成本 | 种子 | 药肥 | 人工 | 机械 | 其他 |
|---|---|---|---|---|---|---|
| 豆-玉-豆 | 254.19 | 37.34 | 77.880 | 7.93 | 100.270 | 32.40 |
| 玉-玉-豆 | 244.60 | 33.38 | 77.995 | 17.79 | 111.545 | 3.89 |
| 薯-玉-豆 | 283.93 | 35.62 | 82.450 | 1.76 | 101.500 | 62.60 |
| 玉-豆-豆 | 263.26 | 36.71 | 90.840 | 4.62 | 90.290 | 50.58 |
| 玉-豆-玉 | 398.49 | 78.87 | 132.610 | 2.27 | 137.280 | 47.48 |

注:数据来源于尖山农场财务科。

(4)不同轮作模式下的收益比较

从2015年尖山农场全场大豆和玉米的平均收益来看,大豆每亩净收益197.75元,玉米每亩净收益297.61元,玉米和大豆的净收益比为1.5∶1(表3-33)。

表3-33 2015年尖山农场大豆和玉米平均成本与收益　　　　　单位:元/亩

| 作物 | 平均成本 | | | | | | | | | | 总收益 | 净收益 |
|---|---|---|---|---|---|---|---|---|---|---|---|---|
| | 种子 | 肥料 | 农药 | 机械作业费用 | 人工费用 | 晒场费用 | 航化费用 | 直接成本 | 间接费用 | 总合计 | | |
| 大豆 | 36.03 | 47.09 | 23.65 | 124.48 | 6.15 | 5.85 | — | 243.25 | 248.55 | 491.80 | 689.55 | 197.75 |
| 玉米 | 90.17 | 111.57 | 19.25 | 181.05 | 4.09 | 10.30 | 15.70 | 432.13 | 250.51 | 682.64 | 980.25 | 297.61 |

注:1. 土地承包费用计在间接费用中。2015年尖山农场土地承包费用标准为基本田租金111.7元/亩,规模田租金295元/亩。

2. 数据来源于尖山农场财务科。

在不考虑土地租金的情况下,从不同轮作模式下的玉米收益来看,无论是哪种轮作模式下的玉米收益均高于尖山农场平均的玉米收益。玉米-玉米-大豆模式下的玉米收益高于大豆-玉米-大豆模式,其根本在于两种模式下的产量差异;从大豆收益来看,玉米-大豆-玉米轮作模式下的大豆净收益不仅明显高于农场的大豆平均收益,也高于玉米的净收益,净收益最多高出149.03元/亩(表3-34)。

表3-34 2015年不同轮作模式大豆和玉米收益

| 轮作模式 | 总成本/元/亩 | 产量/斤/亩 | 价格/元/斤 | 总收益/元/亩 | 净收益/元/亩 | 备注 |
|---|---|---|---|---|---|---|
| 豆-玉-豆 | 418.61 | 1 471.2 | 0.54 | 794.45 | 375.84 | 玉米 |
| 豆-玉-薯 | 404.77 | 1 402.0 | 0.54 | 757.08 | 352.31 | 玉米 |

表 3 – 34（续）

| 轮作模式 | 总成本 /元/亩 | 产量 /斤/亩 | 价格 /元/斤 | 总收益 /元/亩 | 净收益 /元/亩 | 备注 |
|---|---|---|---|---|---|---|
| 玉 – 玉 – 豆 | 446.72 | 1 584.0 | 0.54 | 855.36 | 408.64 | 玉米 |
| 薯 – 玉 – 豆 | 513.78 | 1 666.6 | 0.54 | 899.96 | 386.18 | 玉米 |
| 玉 – 豆 – 玉 | 223.31 | 391.7 | 1.85 | 724.65 | 501.34 | 大豆 |
| 玉 – 豆 – 豆 | 236.07 | 397.1 | 1.85 | 734.64 | 498.57 | 大豆 |
| 玉 – 豆 – 薯 | 174.94 | 342.0 | 1.85 | 632.70 | 457.76 | 大豆 |
| 玉 – 豆 – 经 | 193.73 | 320.0 | 1.85 | 592.00 | 398.27 | 大豆 |

注:1. 总成本不包括土地租金;大豆价格和玉米价格均为 2015 年尖山农场平均价格。

2. 数据来源于尖山农场财务科。

（5）不同轮作模式下的土壤养分比较

①比较一:大田测试地块不同轮作模式下土壤养分比较

测试地块的土属为泥沙质黑土,土种为砾黑土,土壤质地为壤土,常年无霜期 115 天,2015 年常年降雨量为 476 毫米,常年有效积温 2 225 ℃,2016 年常年降雨量为 510 毫米,常年有效积温 2 269 ℃。地块基本特征和 2015—2017 年种植作物、品种及目标产量情况见表 3 – 35。

大豆 – 玉米不同轮作模式下,土壤养分含量会发生变化,从表 3 – 36 可以看出,在玉米 – 大豆 – 玉米轮作模式下（10#地块）,土壤容重下降,平均下降 3.22%;土壤 pH 值下降,平均下降 8.65%;土壤有机质含量平均下降 7.19%;土壤碱解氮、有效磷和速效钾含量不同程度地增加,平均分别增加了 31.44%、49.78% 和 40.83%。

玉米 – 大豆 – 大豆轮作模式下（12# – 南地块）,土壤容重略有上升,平均上升了 5.77%;土壤 pH 值平均下降 11.1%;土壤有机质含量平均下降 4.58%;碱解氮、有效磷和速效钾分别平均增加 5.9%、14.58% 和 17.8%。

大豆 – 玉米 – 大豆轮作模式下（11# – 1 地块）,土壤容重平均下降 12.28%;土壤 pH 值平均上升 7.8%;土壤有机质含量平均增加 47.4%;碱解氮、有效磷和速效钾分别平均增加 64%、37.5% 和 75.9%。

大豆 – 大豆 – 大豆轮作模式下（6# – 岗地块）,土壤容重平均下降 24.1%;土壤 pH 值平均上升 1.69%;土壤有机质含量平均增加 1.75 倍;碱解氮、有效磷和速效钾分别平均增加 1.66 倍、89% 和 1.15 倍。

玉米 – 大豆 – 矮高粱轮作模式下（10# – 1 西地块）,土壤容重平均上升 3.6%;土壤 pH 值平均下降 7.58%;土壤有机质含量平均增加 4.68%;碱解氮和有效磷分别平均增加 36.2%、34.1%,速效钾平均减少 46%。

因此,从以上 5 种轮作模式的比较来看,提升土壤养分的优劣排序依次是大豆 – 大豆 – 大豆、玉米 – 大豆 – 玉米、玉米 – 大豆 – 大豆、玉米 – 大豆 – 矮高粱,这也充分说明大豆种植对增加土壤肥力、改善土壤环境的作用。

表3-35 地块基本特征和2015—2017年种植作物、品种及目标产量情况

| 地块名称 | 地貌类型 | 地形部位 | 土壤结构 | 作物名称 | | | 品种名称 | | | 目标产量/斤/亩 | | |
| --- | --- | --- | --- | --- | --- | --- | --- | --- | --- | --- | --- | --- |
| | | | | 2015 | 2016 | 2017 | 2015 | 2016 | 2017 | 2015 | 2016 | 2017 |
| 10# | 中山 | 低岗地 | 团粒状 | 玉米 | 大豆 | 玉米 | 德美亚1号 | 垦鉴豆27 | 德美亚1号 | 650 | 230 | 650 |
| 10#-1西 | 平原 | 丘陵低山中下部及坡麓平坦地 | 微团粒 | 玉米 | 大豆 | 矮高粱 | 德美亚1号 | 垦鉴豆28 | 龙杂17 | 650 | 230 | — |
| 10#-北上 | 中山 | 岗坡地 | 微团粒 | 玉米 | 大豆 | 玉米 | 德美亚1号 | 垦鉴豆27 | 德美亚1号 | 650 | 230 | 650 |
| 11#-1 | 丘陵 | 岗坡地 | 微团粒 | 大豆 | 玉米 | 大豆 | 黑河43 | 德美亚1号 | 北亿5 | 230 | 650 | 230 |
| 12#-东 | 丘陵 | 岗坡地 | 微团粒 | 玉米 | 大豆 | 玉米 | 德美亚1号 | 垦鉴豆27 | 德美亚1号 | 650 | 230 | 650 |
| 12#-南 | 丘陵 | 低岗地 | 团粒状 | 玉米 | 大豆 | 大豆 | 德美亚1号 | 黑河43 | 黑河43 | 650 | 230 | 650 |
| 2#-3门前 | 丘陵 | 岗坡地 | 微团粒 | 玉米 | 大豆 | 玉米 | 德美亚1号 | 黑河43 | 德美亚1号 | 650 | 230 | 650 |
| 6#-岗 | 丘陵 | 岗坡地 | 微团粒 | 大豆 | 大豆 | 大豆 | 垦鉴豆27 | 黑河43 | 黑河43 | 230 | 230 | 230 |
| 7#-5 | 中山 | 低岗地 | 团粒状 | 玉米 | 大豆 | 大豆 | 德美亚1号 | 黑河43 | 黑河43 | 230 | 230 | 650 |

注：数据来源于尖山农场土肥实验室。

表3-36 大田测试地块土壤养分变化情况(玉米-大豆种植制度)

| 地块名称 | 容重 | | | pH值 | | | 有机质/克/千克 | | | 碱解氮/毫克/千克 | | | 有效磷/毫克/千克 | | | 速效钾/毫克/千克 | | |
|---|---|---|---|---|---|---|---|---|---|---|---|---|---|---|---|---|---|---|
| | 2015 | 2016 | 2017 | 2015 | 2016 | 2017 | 2015 | 2016 | 2017 | 2015 | 2016 | 2017 | 2015 | 2016 | 2017 | 2015 | 2016 | 2017 |
| 10# | 1.03 | 1.01 | 0.98 | 6.2 | 6.21 | 5.50 | 41.1 | 36.5 | 35.0 | 191 | 170 | 246 | 22.0 | 25.7 | 35.8 | 155 | 181 | 163 |
| 10#-1西 | 1.11 | 1.08 | 1.15 | 6.2 | 6.24 | 5.73 | 53.4 | 36.2 | 55.9 | 210 | 179 | 286 | 60.4 | 28.0 | 81.0 | 374 | 185 | 202 |
| 10#-北上 | 0.97 | 1.04 | 0.95 | 6.4 | 6.17 | 6.17 | 44.8 | 39.1 | 47.2 | 226 | 186 | 282 | 49.1 | 18.3 | 36.6 | 243 | 147 | 258 |
| 11#-1 | 1.14 | 1.19 | 1.00 | 5.9 | 6.11 | 6.36 | 36.9 | 46.8 | 54.5 | 200 | 210 | 328 | 28.0 | 28.3 | 38.5 | 166 | 210 | 292 |
| 12#-东 | 0.99 | 0.98 | 0.98 | 6.3 | 6.16 | 5.99 | 48.3 | 54.8 | 61.2 | 211 | 267 | 305 | 29.1 | 42.7 | 65.5 | 209 | 262 | 480 |
| 12#-南 | 0.97 | 0.98 | 1.12 | 6.2 | 6.17 | 5.47 | 61.2 | 62.6 | 60.9 | 253 | 280 | 267 | 27.8 | 30.5 | 44.9 | 186 | 195 | 337 |
| 2#-3门前 | 1.05 | 1.01 | 1.00 | 6.2 | 6.24 | 5.27 | 42.5 | 55.6 | 46.0 | 199 | 235 | 254 | 15.5 | 40.2 | 35.4 | 189 | 201 | 220 |
| 6#-岗 | 1.12 | 1.08 | 0.85 | 5.9 | 5.62 | 6.00 | 24.8 | 33.4 | 68.3 | 125 | 174 | 333 | 18.2 | 18.8 | 34.4 | 171 | 172 | 368 |
| 7#-5 | 1.11 | 1.12 | 1.08 | 6.2 | 6.17 | 5.55 | 54.7 | 42.2 | 50.2 | 254 | 219 | 270 | 49.7 | 33.8 | 43.9 | 291 | 374 | 225 |

注:数据来源于尖山农场土肥实验室。

②比较二:试验地不同轮作模式下土壤养分比较

试验地选取的是 2010—2013 年的数据,可以分解为小麦 – 大豆 – 玉米轮作模式、大豆 – 玉米 – 大豆轮作模式和玉米 – 大豆 – 玉米轮作模式。从表 3 – 37 可以看出,小麦 – 大豆 – 玉米轮作模式下土壤 pH 值下降,下降了 7.58%,土壤有机质增加了 11.76%,碱解氮和速效钾分别增加了 38.48% 和 40.12%,有效磷则减少了 14.52%。

大豆 – 玉米 – 大豆轮作模式下,第一组土壤 pH 值下降了 0.98%,土壤有机质减少了 22.39%,碱解氮增加了 6.58%,有效磷和速效钾分别减少了 22.28% 和 7.66%;第二组土壤 pH 值增加了 1.64%,土壤有机质减少了 17.45%,碱解氮和速效钾分别增加了 5.32% 和 16.03%,有效磷则减少了 10.77%。差异可能在于两组的前一茬作物不同,第一组是小麦,第二组是大豆。

玉米 – 大豆 – 玉米轮作模式下,土壤 pH 值增加了 15.79%,土壤有机质增加了 0.39%,碱解氮和速效钾分别减少了 37.53% 和 28.32%,有效磷则增加了 91.36%。

因此,从这 3 种轮作模式的比较来看,小麦 – 大豆 – 玉米模式下土壤有机质增加幅度大于玉米 – 大豆 – 玉米轮作模式,土壤肥力增加方面也优于玉米 – 大豆 – 玉米和大豆 – 玉米 – 大豆模式。

从表 3 – 37 二水平养分用量可以看出,小麦、大豆和玉米的施氮量比为 0.48:0.38:1,磷肥施用量比为 0.72:0.77:1,钾肥施用量比为 0.43:0.33:1。由此也可以看出,大豆对氮肥和钾肥的施用量投入最小,而玉米对氮、磷、钾的施用需求最大。

表 3 – 38 显示了在不同的施肥处理下,小麦、大豆和玉米的相对产量变化情况。在减量施肥处理下,相对于推荐施肥和过量施肥的处理,小麦产量最多提高了 9.51 个百分点,最少提高了 1.32 个百分点;大豆产量除减量施磷处理下相对产量下降外(分别下降 10.41 和 18.73 个百分点),其他处理下相对产量均提高,最多提高 32.39 个百分点(减量施氮处理);玉米在小麦和大豆种植后,其产量在减施氮肥的处理下均低于标准施肥和过量施肥的处理,分别下降了 0.49 和 41.74 个百分点;玉米在大豆种植后的第一年,减量施肥处理下的产量也明显低于标准施肥和过量施肥的处理,平均低约 9.5 个百分点;但在两轮大豆种植后,减量施肥处理下的产量则高于标准施肥和过量施肥的处理,最多高出 14.38 个百分点。就此我们可以初步判断,大豆茬对土壤肥力的影响较大,进而影响后续作物玉米,可实现减量施肥并提高产量,即减肥增效的目的,特别是在长期轮作后,这种作用表现更为明显。

### 3.3.4　大豆 – 玉米轮作的综合效益评价

无论是 20 世纪 60 年代文献研究,还是近年来黑龙江省多地试验结果,都表明大豆 – 玉米轮作既能够调节土壤养分和培肥地力,还能减少杂草危害和防止病虫害的蔓延,提高大豆产量、改善品质、增加效益。

表 3 - 37　试验地不同作物基础肥力和二水平养分用量

| 年份 | 作物 | 品种 | 基础肥力 | | | | | | 二水平养分用量/千克/亩 | | |
|---|---|---|---|---|---|---|---|---|---|---|---|
| | | | pH 值 | 有机质 | 碱解氮 | 有效磷 | 速效钾 | | 氮肥 | 磷肥 | 钾肥 |
| 2010 | 小麦 | 克丰 10 号 | 6.60 | 51.0 | 138.0 | 31.0 | 162 | | 4.34 | 4.34 | 1.3 |
| 2011 | 大豆 | 垦鉴豆 27 号 | 6.12 | 39.3 | 228.0 | 36.8 | 222 | | 3.46 | 4.60 | 1.0 |
| 2012 | 玉米 | 德美亚 1 号 | 6.10 | 57.0 | 191.1 | 26.5 | 227 | | 9.00 | 6.00 | 3.0 |
| 2013 | 大豆 | 垦鉴豆 27 号 | 6.06 | 30.5 | 243.0 | 28.6 | 205 | | 3.46 | 4.60 | 1.0 |
| 2010 | 大豆 | 垦鉴豆 27 号 | 6.08 | 47.0 | 188.0 | 39.0 | 237 | | 3.46 | 4.60 | 1.0 |
| 2011 | 玉米 | 德美亚 1 号 | 5.70 | 50.8 | 220.9 | 16.2 | 226 | | 9.00 | 6.00 | 3.0 |
| 2012 | 大豆 | 垦鉴豆 27 号 | 6.18 | 38.8 | 198.0 | 34.8 | 275 | | 3.46 | 4.60 | 1.0 |
| 2013 | 玉米 | 德美亚 1 号 | 6.60 | 51.0 | 138.0 | 31.0 | 162 | | 9.00 | 6.00 | 3.0 |

注：数据来源于尖山农场土肥实验室。

表 3 - 38　试验地不同作物不同施肥处理下相对产量

| 年份 | 作物 | 一水平相对产量/% | | | 二水平相对产量/% | | | 三水平相对产量/% | | |
|---|---|---|---|---|---|---|---|---|---|---|
| | | 不施氮肥 | 不施磷肥 | 不施钾肥 | 不施氮肥 | 不施磷肥 | 不施钾肥 | 不施氮肥 | 不施磷肥 | 不施钾肥 |
| 2010 | 小麦 | 84.75 | 92.62 | 77.23 | 77.40 | 83.11 | 71.23 | 82.08 | 83.87 | 75.91 |
| 2011 | 大豆 | 77.95 | 89.71 | 94.62 | 66.00 | 81.33 | 82.00 | 72.79 | 82.43 | 83.11 |
| 2012 | 玉米 | 97.16 | 109.54 | 94.38 | 97.65 | 100.17 | 78.86 | 138.90 | 103.29 | 84.99 |
| 2013 | 大豆 | 68.93 | 64.10 | 89.89 | 60.52 | 55.39 | 80.01 | 59.51 | 56.46 | 87.15 |
| 2010 | 大豆 | 96.13 | 80.05 | 83.31 | 62.82 | 63.47 | 93.72 | 63.74 | 80.05 | 102.04 |
| 2011 | 玉米 | 94.18 | 88.60 | 89.66 | 91.52 | 96.39 | 99.37 | 103.19 | 85.40 | 93.92 |
| 2012 | 大豆 | 62.65 | 56.40 | 72.82 | 55.26 | 48.96 | 64.95 | 57.62 | 50.26 | 70.60 |
| 2013 | 玉米 | 91.81 | 113.71 | 101.22 | 88.87 | 99.33 | 98.31 | 99.62 | 107.68 | 98.81 |

注：数据来源于尖山农场土肥实验室。

**1. 大豆－玉米轮作经济效益显著**

从黑龙江省农业科学院黑河分院的试验结果可以看出,玉米－大豆轮作较玉米连作、大豆连作既有产量优势,也有效益优势。在玉米－大豆轮作与大豆－小麦轮作模式下,尽管大豆产量在不同年份没有大豆－小麦轮作产量高,但其产量和经济效益相对较高。从尖山农场的大田数据分析发现,由于大田生产没有试验田各种严格的条件控制,因此与试验田存在一定的差异,但总体上来看,大豆－玉米轮作中玉米和大豆具备产量优势,特别地,扩展的大豆－玉米轮作,如马铃薯－玉米－大豆轮作模式,玉米产量优势更为明显;玉米－大豆－大豆轮作模式下大豆产量优于玉米－大豆－玉米轮作模式。这一结论也在其他区域试验中得到进一步验证。2012—2016 年,国家大豆产业技术体系在嫩江和齐齐哈尔的定位轮作试验结果显示,大豆的最高产量出现在 2014 年的玉米－大豆－大豆轮作模式下,而最低产量出现在 2016 年度的大豆连作模式下;玉米的最高产量出现在 2014 年的大豆－玉米－玉米轮作模式下,最低产量出现在 2016 年的玉米连作模式下。2016 年,国家大豆产业技术体系内蒙古自治区赤峰试验站(试验田纬度与黑龙江省接近)取样测产结果显示,玉米－玉米－大豆、玉米－大豆、玉米－大豆－大豆 3 个模式下玉米平均亩产分别为 942.66 千克/亩、970.07 千克/亩、1000.13 千克/亩,玉米连作产量为 787.25 千克/亩,3 个轮作模式下较玉米连作模式下分别增产 19.74%、23.22% 和 27.04%;大豆平均亩产分别为 264.07 千克/亩、224.84 千克/亩、218.14 千克/亩,玉米－玉米－大豆轮作模式下大豆产量较大豆连作模式下增产 21.06%。因此,大豆－玉米轮作条件下的玉米产量明显高于玉米连作下的产量,特别是玉米－玉米－大豆轮作模式下的玉米和大豆产量显著高于玉米、大豆连作的产量。

**2. 大豆－玉米轮作具有培肥、减肥、减虫害的生态效应**

一般情况下,种植大豆的亩施氮量远低于种植玉米的施氮量,约 7 千克,一般每亩大豆施用氮肥 7 千克左右,不到玉米用肥量的 1/5。推行粮食作物－大豆轮作,调减用肥量大的玉米,改种大豆,可减少氮肥施用,减轻对土壤和水体的污染,能够起到保护生态环境的作用。

(1)减肥增效

尖山农场试验田的分析结果显示,在不同的施肥处理下,小麦、大豆和玉米在减量施肥处理下,相对于推荐施肥和过量施肥的处理,其产量均有不同程度的提高。因为实行轮作倒茬,可充分利用自然资源条件,大大改善了土壤结构,提高了土壤肥力,减少了病虫害,不断改善作物生长发育所需要的生态环境,对促进作物生长发育十分有利。国家大豆产业技术体系在嫩江、齐齐哈尔等地开展的轮作定位试验表明,与非轮作相比,轮作的大豆产量比非轮作高 21.71 千克/亩,玉米产量高 53.59 千克/亩,大豆节省农药费用 2.8 元/亩,玉米节省化肥量 7.8 千克/亩。因此总体而言,大豆－玉米轮作技术具有减肥增效的生态效应。

(2)减少病、虫、杂草危害

大豆连作,孢囊线虫病害较重,若与玉米、高粱和谷子轮作,则可大大减轻这一虫害。研究显示,相较于与玉米、高粱和谷子轮作模式,孢囊线虫密度由连作的 16.2 个/株分别减少到 1.0 个/株、1.4 个/株和 0.63 个/株。此外,轮作的根瘤数大大提高了,与玉米、高粱和谷子轮作较大豆连作分别提高了 84.8 个/株、47.7 个/株、44 个/株,进而也大大提高了单株干重,轮作分别提高了4.28克/株、5.79克/株和2.6克/株。

（3）增加土壤养分,提高土壤肥力

尖山农场的试验地分析结果显示,小麦－大豆－玉米轮作模式下土壤有机质比玉米－大豆－玉米轮作模式下提高11.37%,土壤碱解氮比玉米－大豆－玉米模式下提高0.95%,比大豆－玉米－大豆模式提高31.9%。这一结论也得到其他试验田数据的支持。国家大豆产业技术体系海伦大豆综合试验站2021年的定位试验结果显示,大豆－玉米轮作比玉米连作土壤有机质高15.6%,大豆茬比玉米茬土壤水分含量提高21.5%、速磷含量提高16.3%。如果玉米连作的产量为100%,大豆和玉米两区轮作使玉米增产8.8%;玉米－大豆－小麦三区种植,玉米增产14.1%。黑龙江省农业科学院土壤肥料研究所2018年定位试验结果表明,大豆－玉米轮作时,大豆单产比连作2年的高26.52%,比连作15年的高21.21%。

**3. 大豆－玉米轮作社会效益明显**

（1）有效改善产品品质

未来耕作制度改革和农业发展的重要方向就是提高农产品的品质,使农产品向安全、健康、保健等方向发展。轮作不仅在一定程度上提高了作物产量,更重要的是通过减轻农作物和土壤的病虫、杂草等危害,有效地避免了大量农药的施用,因此对于提高农产品品质发挥了重要作用,特别有利于生产绿色、无公害、有机产品等健康的农产品。

（2）增加生物多样性

连作导致生物种类单一,产品品种单一,破坏了生物多样性,与人们日益增长的对农产品多样化的需求矛盾越来越大。实行轮作,一方面可改善土壤的营养物质,使各类营养物质得到充分协调和利用,为增加生物多样性提供良好的生存环境;另一方面,轮作大大地丰富了农作物种类,增加了农产品的品类,实现了农产品供给的多样化。

# 3.4 基于技术要求和适用条件的轮作体系框架设计

## 3.4.1 大豆和玉米生产的技术要求

### 1. 大豆生产的技术要求

由于大豆和玉米的生产均有不同的技术要求,就大豆而言,根据韩晓增等在巴彦县、绥棱县、海伦市、五大连池市和嫩江县进行的农户调研数据显示,影响大豆生产的最主要因素是干旱,其次是高产稳产品种的选择、不同作物之间的轮换倒茬、整地质量和农药的使用等。影响大豆产量的关键技术依次是新品种、耕作方式、农药的使用方法、栽培技术、施肥方法、生产规模、农业机械、杂草的防除、土壤肥力、技术规范程度、病虫害防治技术。农户的技术需求依次是新品种(83%)、合理施肥(58%)、机械设备(57%)、新技术(44%)、土壤耕作(43%)、病虫害防治(37%)、栽培技术(17%)、田间管理技术(11%)、农药施用(10%)、政府管理(3%)、产后加工处理(1%)。

（1）茬口要求

前茬作物对大豆的影响较大。大豆比较适合在玉米、小麦、谷子、马铃薯、高粱等粮食作物和亚麻等经济作物后种植，如果前茬作物是甜菜、荞麦、向日葵等，则不适合种植大豆，会导致大豆产量低，土传病害较重等问题。但需要注意的是，大豆－小麦轮作中小麦受气候影响比较大，直接影响大豆－小麦轮作模式下的整体效益。

（2）土壤要求

大豆产量与土壤有机质含量呈正相关关系，即土壤有机质含量越高，大豆产量也越高。因此从土壤类型上来看，适合种植大豆的有黏壤土、砂壤土和黏砂壤土等有机质含量高的土壤。从土壤的酸碱度来看，$6.5 < \text{pH} < 7.0$，土壤总盐量应小于 $0.18\%$，氯化钠含量小于 $0.03\%$ 的土壤适宜种植大豆。

（3）整地措施

种植大豆的整地措施主要有平翻、垄作、耙茬、深松等。

①平翻

平翻在北方一年一熟的春大豆种植地区应用较为普遍。通过平翻，能够加速土壤熟化，创造一定深度的疏松耕层，翻埋农肥、残茬、病虫、杂草等，有利于养分的充分利用，为提高播种质量和出苗创造条件。平翻的时间和深度受前茬作物和气候条件的限制，如玉米茬、谷子茬和高粱茬，一般进行秋翻或春翻，最好秋翻。秋翻要在结冰前完成，深度一般要求 20～25 厘米，翻后立即耙榜，并在春播前耙平和镇压，这样能够保墒。若进行春翻，则应在土壤"返浆"前进行，深度以 15 厘米为宜。而麦茬则实行伏翻，一般在 8—9 月上旬完成，深度为 25～35 厘米。

②垄作

垄作是黑龙江省常用的传统耕作方法。耕翻后做垄，能提高地温，加深耕作层，增强排涝抗旱力。前茬若是玉米、高粱或谷子，以原垄越冬，早春解冻后再进行垄翻扣种，垄翻后及时用木滚子镇压垄台，防止跑墒。

③耙茬

耙茬也是黑龙江省春大豆种植常用的方法。耙茬是平播大豆的浅耕方法，适合前茬为小麦的地块。耙茬可防止过多耕翻破坏土壤结构，造成土壤板结，并可节约由于深耕而产生的机械作业费用。

④深松

深松耕法是很有发展前途的一种耕作方法，但该方法对机械化的程度要求较高。利用深松铲，耕松土壤而不翻转土层，实行间隔深松，打破平翻耕法或垄作耕法的犁底层，形成虚实并存的耕层结构。垄底深松深度一般 15～20 厘米，垄沟深松一般可达 30 厘米。在深松的同时，还可完成追肥、除草、培土等作业。

**2. 玉米种植的耕地整地技术**

（1）理想的土壤状态

适于种植玉米的土壤是耕层上虚下实、土质松散适度、肥力高。这样的土壤有利于形成土壤孔隙，对于保水、肥、增温和土壤理化性质改善非常有利。同时也要求土体构造良好，耕层深厚，打破犁底层，这样有利于蓄水保墒，增强抗旱能力。

（2）翻、耙、耢整地

这种作业结合有机肥、底肥、全程一次肥的施入，有利于疏松土壤、掩埋残茬、消灭杂草、土壤内气体交换和土壤微生物生长、改善土壤理化性状。但一般受大型农机具数量，以及财务和土壤水分状况等因素的限制。作业一般深度要求为 18～22 厘米，翻后耙耢 2～3 次，达到平整细碎土块。保墒不好地块不宜每年采用，3～5 年作业一次即可。

（3）悬耕灭茬整地

这种方法优点是对机械要求不同，一般马力较小，灵活机动性强；其缺点是易跑墒，播种时往往结合坐水进行。这种作业一般是春整地，即通过悬耕机灭茬，在原垄沟引沟，施入底肥或有机肥，破原垄重新合成新垄的耕作方式。

（4）原垄卡种

这种耕种方法的优点是在春季干旱较重情况下采用，易于保墒；其缺点是土壤坚实，不利于植株根系下扎和土壤水分、雨水蓄存。

（5）秋整地与春整地

一般来说，秋整地优于春整地。秋整地一方面有利于接纳秋天和冬、初春的雨和雪水，增加抗旱能力；另一方面冬、春的冻融交替有利于形成良好的土体结构。而春整地往往会散墒，增加春天作业压力，也不利于上虚下实土体构造的形成，易引起土壤风蚀。

（6）前茬与整地

不同茬口整地有所不同。如前茬为大豆茬，可灭茬原垄种；前茬为玉米茬，则采用先灭茬后耕翻整地的作业方式；前茬为小麦茬，可进行伏翻或搅麦茬起垄；前茬为蔬菜茬，可扶原垄或垄破压实。

（7）机械收获与秸秆还田

目前，随着人民生活水平的提高，玉米秸秆已不再作为农户生活的能源（烧柴），因此，许多地区实行焚烧，这给环境带来一定的危害，但同时也为玉米秸秆还田提供了前提条件。玉米秸秆还田可以培肥地力、改善土壤环境，但是在秸秆还田时会引起土壤内氮和碳比例失调，要适量补充氮肥。

### 3.4.2 大豆－玉米轮作的适用条件和轮作体系框架

我国于 2013 年开启以"粮经饲协调、生产生态协调、用地养地结合"为重点的新一轮的种植业结构调整。黑龙江省作为大豆和玉米的主产区，大豆和玉米的种植面积占粮食面积的近 70%，在新一轮种植业结构调整中任务艰巨。2014 年，中央"一号文件"高度重视粮食安全问题，明确要求实施"以我为主、立足国内、确保产能、适度进口、科技支撑"的国家粮食安全新战略，提出确保"谷物基本自给、口粮绝对安全"的国家粮食安全新目标。市场经济条件下，经济收益是推动粮食产业发展的动力，而放眼长远，生产生态协调是粮食产业可持续发展的不竭动力，因此建立稳定、合理的轮作体系，对黑龙江省的种植业结构调整和农作物合理布局，以及耕地轮作制度的建立至关重要。

根据目前黑龙江省不同生态区域的现行种植制度和生态环境特点，可将黑龙江省划分为中南部松嫩平原半湿润区、北部高寒丘陵漫岗区、东部三江平原湿润区、东南部山地丘陵温暖湿润区、西部风沙干旱区，并在此基础上构建大豆－玉米轮作体系。

**1. 玉米－大豆(扩展)－玉米轮作模式**

该模式适于中南部松嫩平原半湿润区。该区雨水多、土壤地势高、农作物类型较单一，主要包括哈尔滨市区、呼兰、巴彦、宾县、阿城、木兰、通河、双城、五常、绥棱、庆安、北林区、望奎、明水、兰西、青冈、铁力 17 个市县。目前该地区的旱田作物以玉米为主，其中玉米常年种植面积约占全省农作物种植面积的 8% 左右，种植业结构不合理和种植业效益低是该地区所面临的主要问题。因此可考虑采用玉米－大豆(扩展)－玉米的轮作模式，同时适当考虑这一模式的扩展。与大豆可替换的扩展作物主要有紫花苜蓿和马铃薯。

**2. 小麦－玉米－大豆轮作模式**

该模式适于北部高寒丘陵漫岗区。该区气候特点是积温低，种植作物受限，主要包括黑河市、讷河市、海伦市、克山县、克东县、拜泉县等地区，是黑龙江省主要的大豆和玉米产区，大豆种植面积约占该区农作物种植面积的一半，玉米种植面积约占 1/3。近年来，由于受比较收益影响，该地区最大的问题是连作现象严重。因此该区的轮作应在大豆－玉米轮作的基础上丰富轮作作物，考虑适当增加小麦种植，采取小麦－玉米－大豆轮作模式。此外，在该地区还可以考虑推行玉米与大豆、小麦、马铃薯隔年轮作，即大豆－小麦－马铃薯，以及玉米－大豆－小麦－杂粮等扩展模式。同时，考虑到该地区也是黑龙江省畜牧业较为发达的地区，对饲料作物有一定的需求，可适当增加苜蓿的种植，用紫花苜蓿替代大豆进行轮作。

**3. 小麦－大豆(扩展)－玉米轮作模式**

该模式适于东部三江平原湿润区。该区雨水多、土壤地势低、障碍土壤面积大，主要包括佳木斯、七台河、鹤岗、双鸭山市区、勃利、依兰、罗北、汤源、桦南、集贤、桦川、绥滨、抚远、饶河、虎林、宝清、友谊、富锦、同江 19 个市县及农垦地区。该区旱田作物以玉米为主，玉米常年种植面积约占该区农作物种植面积的 1/3 以上，存在的最大问题也是种植作物单一，种植结构不合理，种植业效益低。可考虑采取小麦－大豆－玉米的基本轮作模式，同时适当扩展轮作作物，可考虑紫花苜蓿替换大豆的轮作。

**4. 杂粮－玉米－经济作物轮作模式**

该模式适于东南部山地丘陵温暖湿润区。该区主要包括牡丹江市区、绥芬河市、东宁、海林、林口、鸡东、鸡西、密山、穆棱、宁安、方正、尚志、延寿 13 个市县。旱田作物以玉米和大豆为主，大豆和玉米合计种植面积约占该区作物种植面积的 75%。存在的主要问题是大豆和玉米连作现象突出，种植收益下降。由于该地区的区域优势，与俄罗斯贸易往来频繁，可考虑发展特色农产品来加强对俄出口，提升种植收益。因此，可采取杂粮－玉米－经济作物的轮作模式，这里的杂粮包括绿豆和谷子，经济作物包括瓜菜。

**5. 玉米－大豆(牧草)轮作模式**

该模式适于西部风沙干旱区。该区干旱和沙化严重，土壤质量差，主要是齐齐哈尔市的中西部地区。种植的主要作物是玉米，玉米种植面积占该区农作物种植面积的 70% 以上。存在的主要问题是种植结构单一。但该区畜牧业较发达，因此可以考虑采取玉米－大豆或玉米－牧草轮作模式。

# 3.5　结论与政策建议

## 3.5.1　结论

本章在梳理黑龙江省种植结构演变、黑龙江省耕作制度演变的基础上,利用早期文献数据、黑龙江省农业科学院黑河分院的粮豆定位轮作数据和尖山农场的大田测试数据及试验田数据,对不同大豆－玉米轮作模式的经济、生态效益进行了对比分析,并结合现有研究对其经济、生态和社会效益进行了综合评价,在分析大豆和玉米生产的技术要求及黑龙江省各县市资源条件的基础上,构建了黑龙江省大豆－玉米轮作现代技术体系,分析了大豆－玉米轮作推广的限制因素,据此提出相关的政策建议。通过研究,本章得出以下结论。

(1)黑龙江省耕作制度经历了以大豆为主的轮作制度、以小麦为主要前作的套复种制度、以玉米为中心的间作制度和以深松为中心的土壤耕作制度的演变,由于自然条件、技术因素、经济因素,尤其是作物比较效益和政策因素的影响,耕作制度的变化使得黑龙江省原有的大豆和玉米轮作、大豆和小麦轮作等的轮作体系被打破,大豆和玉米连作现象突出,种植结构不合理,耕地用养失调,农业生态遭到破坏。

(2)粮豆定位轮作试验分析结果显示,玉米－大豆轮作符合黑龙江省北部及相同生态类型区粮豆轮作种植结构,是目前这一区域最佳的轮作模式。玉米－大豆轮作较玉米连作、大豆连作,既有产量优势,又有效益优势;既能够调节土壤养分和培肥地力,还能减少杂草危害和防止病虫害的蔓延,提高大豆产量,改善品质,增加效益。在类似区域进行玉米、大豆轮作可以有效地解决大豆、玉米连作障碍问题,增加大豆产量,改善大豆品质,维持土壤健康,并为玉米生产提供良好的土壤条件。

(3)大田测试地块数据分析结果显示,由于大田生产没有试验田严格的各种条件控制,因此与试验田存在一定的差异,但总体上来看,大豆－玉米轮作中玉米和大豆具备产量优势,特别地,扩展的大豆－玉米轮作,如马铃薯－玉米－大豆轮作模式,玉米产量优势更为明显;玉米－大豆－大豆轮作模式下大豆产量优于玉米－大豆－玉米模式。另外,在增加土壤养分和土壤肥力方面,对土壤养分优劣排序依次是大豆－大豆－大豆、玉米－大豆－玉米、玉米－大豆－大豆、玉米－大豆－矮高粱,这也充分说明大豆种植对增加土壤肥力,改善土壤环境的作用。

(4)无论是本章的结果,还是现在相关研究的数据,均支持大豆－玉米轮作模式具有明显的经济效益、生态效应,并由于这两方面效应的互动,农产品品质得到提高、种植结构进一步优化,土地利用结构趋向合理,生物呈多样性,农业整体生态环境得到改善,技术、经济、生态和社会效益呈良性互动发展。

(5)根据气候条件将黑龙江省划分为五个区域,结合不同区域的土壤条件、区域优势,以及大豆和玉米生产的技术要求等,构建了适于中南部松嫩平原半湿润区的玉米－大豆(扩展)－玉米轮作模式、北部高寒丘陵漫岗区的小麦－玉米－大豆轮作模式、东部三江平原湿润区的小麦－大豆(扩展)－玉米轮作模式、东南部山地丘陵温暖湿润区的杂粮－玉米－经济作物轮作模式和西部风沙干旱区的玉米－大豆(牧草)轮作模式等5种模式在内的轮作体系,并结合当地的自然条件进行拓展。在追求经济收益的同时,促进农业生态发展,满足市场需求,提高社会效益。

### 3.5.2　政策建议

在大豆－玉米轮作体系中,与其密切相关的利益主体有微观经济主体农户(新型农业经营主体)、消费者、政府和一般公众。因此要推广大豆－玉米轮作模式,不仅要考虑农户的收入(收益最大化),也要考虑因种植制度的调整所带来的市场供给(包括农产品的供给数量、品类、品质等)和市场价格给消费者带来的影响(效用最大化),同时还要兼顾政府的粮食安全和农业生态的政策目标,如果这三个主体的利益兼顾到了,那么一般公众也将从中受益(如良好的生态环境)。因此,推广大豆－玉米轮作,在政策层面实现大豆－玉米轮作的经济、生态和社会效益的有机结合与统一,不仅涉及农户的经济利益、市场需求,也涉及作物新品种和农业机械化等技术方面,因此,黑龙江省的大豆－玉米轮作不能局限于农业本身,也要从提高品质、产业发展、开拓市场和服务等方面来考虑。据此,提出的政策建议是把握农业结构,调整政策,构建合理的轮作制度;培育和支持新型农业经营主体发展;加大大豆－玉米轮作政策性补贴力度;继续推进农业保险和涉农金融;推进一、二、三次产业融合发展。

### 3.5.3　研究不足与展望

(1)在大豆－玉米轮作经济效益分析方面,尚没有将生产者、消费者、政府和一般公众纳入一个完整的概念框架下来考虑。因此,未来将考虑从福利经济学的角度来分析生产者剩余、消费者剩余、社会总剩余,通过衡量轮作前后,轮作模式变化后社会总福利的变化情况来最终衡量综合效益。

(2)在大豆－玉米轮作的生态效益分析中,由于数据的局限,没有衡量二氧化碳排放这一环境指标和社会效益指标,以及秸秆还田等。生态效益与经济效益不是孤立的,也不是矛盾的,农业生态环境的改善有助于提高经济效益,因此未来考虑采用农业生态经济模型来进行综合分析。

(3)在大豆－玉米轮作的技术分析方面,不同轮作模式达到最佳产量的肥料用量和施用方法也不相同,不同耕作方式(如传统耕作、深松、免耕等)对产量的影响等,由于数据的缺乏,这方面也没有考量。目前国外在这方面研究较多,但国内研究还显不足,在今后的研究中将做进一步的跟踪。

# 第4章　黑龙江省对俄罗斯大豆
# 投资问题分析

## 4.1　引　　言

大豆海外投资是大豆产业对外合作(直接投资、大豆贸易、科技交流)的主要内容之一, 也是当前大豆产业对外合作的重点。利用境外资源, 培育跨国粮商, 可降低进口来源地集中度、进口商集中度及港口集中度, 分散大豆供给渠道过度集中的风险。增加进口国家来源, 降低进口来源地的集中度。在"一带一路"沿线国家、南美洲非传统大豆生产国、非洲等国家投资大豆生产, 提高非传统国家大豆产量, 拓展更多的大豆进口来源地, 优化大豆进口国结构, 降低进口国过度集中的风险。培育国内大粮商, 降低进口商集中度。加大我国跨国粮商培育支持力度, 降低从国外大粮商进口的比例, 多方位寻找大豆贸易伙伴, 尤其提高我国国内大粮商在国际粮源的掌控力。打通多种运输渠道, 降低进口港口集中度。从俄罗斯、哈萨克斯坦等"一带一路"沿线国家进口大豆, 提高陆路交通运输的便利化程度, 降低成本, 降低目前过度依赖海上运输、进口港口过度集中的现象。

## 4.2　大豆海外投资现状

### 4.2.1　全国大豆海外投资概况

#### 1. 投资主体与投资规模

投资主体在数量上以民营企业为主, 在投资规模上以国有企业为主。根据农业农村部对外经济合作中心农业"走出去"信息采集系统统计, 目前中国在境外从事大豆相关产业的企业共30家, 除中粮集团有限公司、中国农业发展集团有限公司和安徽省农垦集团有限公司3个国有企业之外, 其余27家均为民营企业, 其中以黑龙江省企业为主, 有14家。虽然民营企业数量较多, 但投资规模较小, 平均投资约为5 400万元, 不足国有企业的10%(表4 – 1)。因此, 从投资规模来看, 大豆投资主体仍以国有企业为主。

表 4 - 1　大豆海外投资主体与投资规模

| 企业类型 | 境外数量/家 | 投资规模/万元 | 备注 |
|---|---|---|---|
| 国有企业 | 3 | >54 000 | 中粮集团有限公司、中国农业发展集团有限公司、安徽省农垦集团有限公司 |
| 民营企业 | 27 | 5 400 | 黑龙江省有 14 家 |
| 合计 | 30 | — | — |

注:数据来源于农业农村部对外经济合作中心农业"走出去"信息采集系统。

### 2. 投资区域、投资领域和投资模式

投资区域主要集中在南美洲及俄罗斯等地区和国家。我国大豆"走出去"企业共分布在 9 个国家。从投资规模看,南美洲是最重要的投资区域,主要分布在巴西(3 家)、阿根廷(1 家)和玻利维亚(1 家),共 5 家企业,主要投资港口、物流环节。从投资企业数量来看,在俄罗斯投资的大豆企业数量最多,有 20 家。在其他区域投资的企业比较分散,如乌克兰、安哥拉、津巴布韦、印度尼西亚和蒙古国均仅有 1 家企业。投资产业链集中在种植和流通环节(表 4 - 2)。中小民营企业境外投资主要集中在种植、简易仓储加工和养殖环节,以在俄罗斯大豆投资企业为主。国有企业及大型民营企业境外投资主要集中在贸易、仓储和物流环节,以南美洲为主,近年也逐步在俄罗斯、黑海港口开始投资码头和仓储。我国的国际粮源掌控能力逐步提升。国内三大主粮由于受配额及"谷物基本自给"政策限制,利用国内市场推动企业"走出去"空间较小,大豆成为培育跨国大粮商的优选产业。中粮集团有限公司等企业以大豆为突破口,在国外开展生产基地、仓储、物流环节投资。近几年,中粮集团有限公司先后收购新加坡来宝集团、荷兰谷物贸易商尼德拉农业,在罗马尼亚、乌克兰投资建设码头,在俄罗斯远东地区推进仓储物流项目,整体竞争能力及粮源的掌控能力显著提升。总体上,大豆产量和回运量不大,对国内大豆的支撑作用还需提高。

表 4 - 2　大豆海外投资区域和投资领域

| 国家 | 企业数量/家 | 投资领域 | 企业类型 |
|---|---|---|---|
| 巴西 | 3 | 产业链:贸易、仓储和物流环节 | 国有企业和大型民营企业(近年来也在俄罗斯、黑海港口开始投资码头和仓储) |
| 阿根廷 | 1 | | |
| 玻利维亚 | 1 | | |
| 俄罗斯 | 20 | 产业链:种植、简易仓储加工和养殖环节 | 中小民营企业 |
| 乌克兰 | 1 | — | — |
| 安哥拉 | 1 | — | — |
| 津巴布韦 | 1 | — | — |
| 印度尼西亚 | 1 | — | — |
| 蒙古国 | 1 | — | — |

注:数据来源于农业农村部对外经济合作中心农业"走出去"信息采集系统。

我国在俄罗斯、东南亚、中亚和拉美等地区先后建设了大豆生产基地。

### 4.2.2 黑龙江省在俄罗斯大豆投资现状

黑龙江省对俄罗斯境外农业开发合作始于20世纪90年代初期。黑龙江省是我国对俄罗斯农业合作规模最大的省份,其对俄罗斯土地开发面积占我国对俄罗斯土地开发总面积的80%(约72万公顷),几乎全部种植大豆。据不完全统计,2015年黑龙江省在俄罗斯生产大豆总量为49.8万吨。目前黑龙江省在俄罗斯规模化农业开发企业达到70多家,境外农业型园区8家,合作开发种植面积900多万亩。

**1. 不同投资主体的大豆生产经营情况**

调查发现,黑龙江省在俄罗斯的大豆投资主体主要有企业、垦区[①]和个人,以企业为主。

(1)企业在俄罗斯大豆投资经营情况

2012年末的数据显示,黑龙江省农业对俄罗斯投资境外企业的设立方式有3种,分别为设立子公司、联营公司、分支机构等。其中,子公司设立比例为58.14%,联营公司比例为27.91%,分支机构比例为13.95%。对俄罗斯农业投资企业分布于黑龙江省的12个市(区),其中黑河市与牡丹江市对外农业投资合作开发企业最多,同为10个,各占比17.24%。佳木斯市对外农业投资合作企业数量8个,位列第三,占开发企业总数的13.79%。黑龙江省对俄罗斯农业投资的企业有独资、合资、合作及控股4种企业类别形式,占比分别为67.92%、16.98%、11.33%及3.77%。

2018年,黑河市共有黑河北丰远东农业开发有限公司、黑河金禾农业科技股份有限公司、黑河龙洋经贸有限责任公司等11家对俄罗斯合作企业,各企业在俄罗斯种植大豆面积123.6万亩,总产达到15.65万吨。2019年,种植大豆126.9万亩,总投资达到2.8亿元,包括土地租赁、农机具和畜牧养殖,投资开发区域由俄罗斯的阿穆尔州首府布拉戈维申斯克市、康斯坦丁区、米哈伊洛夫区、罗姆内区、十月镇区,发展到滨海边疆区及犹太自治州的部分地区。2019年黑河市部分企业在俄罗斯大豆投资情况见表4-3。

表4-3 2019年黑河市部分企业在俄罗斯大豆投资情况

| 企业名称 | 投资规模/万元 | 投资区域 | 投资领域 |
| --- | --- | --- | --- |
| 黑河北丰远东农业开发有限公司 | 8 500 | 阿穆尔州罗姆内 | 大豆生产基地、加工、养殖 |
| 黑河顺兴经贸有限公司 | 5 300 | 阿穆尔州伊万诺夫卡 | 大豆生产基地 |
| 黑河龙洋经贸有限责任公司 | 3 000 | 乌苏里斯克市滨海边疆区 | 大豆生产基地 |
| 黑河长源经济贸易有限责任公司 | 2 500 | 阿穆尔州尼古拉 | 大豆生产基地 |
| 黑河金禾农业科技股份有限公司 | 1 300 | 犹太自治州 | 大豆生产基地 |
| 黑河恒业经济贸易有限责任公司 | 1 000 | 阿穆尔州罗姆内 | 大豆生产基地 |
| 合计 | 21 600 | — | — |

注:数据来源于实地调查。

---

① 垦区在俄罗斯大豆投资经营方式不同于企业。

2016—2018 年,同江市先后有 18 家企业、13 个自然人赴俄罗斯从事农业种植合作开发,年实际大豆种植总面积在 6.5 万 ~7.5 万公顷,年签约合同总人数在 600 ~800 人,年签约合同总金额在 2 700 万 ~4 800 万美元。种植区域分布在俄罗斯的下列区、比罗比詹区、鄂木斯克州等地。

企业对俄罗斯农业开发模式共有大企业开发合作模式、中外政府间合作开发模式、农户联合经营开发模式及种养业大户开发模式 4 种,其中大企业开发合作模式占 50% 左右,中外政府间合作开发模式占 30% 左右,农户联合经营开发模式占 10% 左右,种养业大户开发模式占 10% 左右。大豆投资开发模式主要有以下 3 种:一是企业采取与拥有大面积俄罗斯政府土地承包权的俄方企业合作的方式,分散租种土地,服从企业主统一经营管理;二是企业投资为俄方企业采购设备、农用物资,由俄方企业承包土地耕种,并将产出的大豆抵作投资还款;三是企业为俄方企业提供生产流动资金,俄方企业分期将产出的大豆抵作资金还款。

黑河北丰远东农业开发有限公司在俄罗斯投资最具有代表性。该公司于 2001 年在俄罗斯租赁土地种植大豆,并在俄罗斯注册了中俄合资公司(红星农业发展有限公司),且俄方人员占 50% 干股,即公司在形式上是俄罗斯的企业。俄方提供土地,由中方提供机械和技术。2009 年其在种植大豆的基础上,2012 年开始投资养殖业,起初养鸡,养殖规模 15 万只,2014 年开始养牛,规模 2 000 多头,2018 年开始投资大豆加工,大豆加工量为 200 吨/天,年产大豆油 6 万 ~8 万吨。在黑河北丰远东农业开发有限公司中俄阿穆尔农业(畜牧)产业园区中,金色丰收有限公司在黑河北丰远东农业开发有限公司建成日处理烘干 500 吨粮食的烘干加工中心,每年可加工粮、豆 7 万吨;中外合资阿穆尔州十月公司在园区内建设年加工 5 万吨饲料企业,累计生产饲料 3 万吨,创产值 500 万美元。

东金集团于 2015 年 10 月组织了 11 人的农业专家组,用一年时间考察了俄罗斯上千个种植区和农场,形成上千份融合了当地种植环境与政策分析的考察报告,最终将辟建境外大豆种植基地的目光,投向了哈巴罗夫斯克市谢尔盖耶夫农场及周边区域,在俄罗斯注册了名为“欧亚农业开发集团”的中资企业,种植大豆 20 万亩。东金集团的回流大豆产品以线上精选高品质大豆小包装销售和线下批量供给下游深加工企业为主。2017 年东金集团以 100 万亩的承租量(期限 49 年),成为俄罗斯最大境外“农场主”。东金集团在农场投资世界水准的农用机械 270 台套,其中 4 台 385 马力收割机,1 小时可收割 90 亩,10 台 570 马力拖拉机(全球马力最大)。这些庞大的农机配备卫星定位、自动驾驶仪等,节约了农场人力。2018 年,东金集团在俄罗斯种植了 45 万亩大豆,仅需 45 人,人均负责 1 万亩,生产效率是国内农业合作社的 300 倍(国内农业合作社每万亩需要 300 人)。2018 年,由于哈巴罗夫斯克市遭遇十几年不遇的异常天气,春旱夏涝,9 月即现霜降,大豆产量受影响,但亩均产量依旧超过 200 千克(国内亩产为 150 千克左右)。2017 年产量更高,亩均产量 225 千克多,产量最高地块达每亩 300 千克。目前东金集团在哈巴罗夫斯克市承租的 180 万亩土地分布于谢尔盖耶夫卡农场、霍尔农场和明星农场,3 个农场共有员工 180 人,其中 2/3 为俄方员工。未来东金集团构筑的是中俄跨境农业产业链,在俄罗斯远东地区形成现代化大型跨境农业产业示范区。

东宁华信工贸(集团)有限公司是具有 20 年对俄罗斯经贸历史的外经贸企业。2004年,东宁华信工贸(集团)有限公司投资 1 500 万美元开始在俄罗斯滨海边疆区投资建设中俄现代农业经济合作区,经过 9 年的开发与建设,现已发展成为以现代农业种植为特点,配套建设有养殖、加工等项目为一体的大型现代农业经济合作区。合作区种植的大豆单产连续 6 年排俄罗斯滨海边疆区第一名。合作区种植设有 6 个农场 11 个作业区,现拥有耕地面积 75 万亩,拥有各种先进的农业机械、运输车辆等 500 多台套,全程作业机械化率达 98%。2012 年大豆产量 27 500 吨。2011 年,某开展组织自产粮食回运,当年回运粮食 2 475 吨,其中大豆 2 400 吨;2012 年回运粮食 12 821 吨,其中大豆 8 636 吨。合作区养殖主要以养殖肉牛、商品猪为主。生产的生猪与肉牛分别在当地乌苏里斯克市与符拉迪沃斯托克市销售,销售状况良好,产品供不应求,约占乌苏里斯克市场的 80% 份额。各种粮食加工车间面积共 1 600 平方米,年加工大豆 100 吨。形成"对俄罗斯农业开发龙头企业(东宁华信工贸(集团)有限公司)+中国大型农业集团(北大荒农垦集团有限公司)"的对俄罗斯农业开发新模式。2013 年,已有黑龙江省农垦 855 农场、8510 农场等 9 个国有农场落户合作区进行种植承包作业。同时,联合中俄农业战略投资者,配套发展养殖业和加工业,建设大豆等绿色食品加工项目,延伸产业链条,科学规划国外国内大豆种植、养殖、加工、物流等产业布局。2015 年,合作区拥有耕地面积 6.8 万公顷,建有 7 个粮食处理、仓储、加工园区,入驻 10 余家种植、养殖、加工企业。按照产业化发展思路,合作区在已建设油脂厂、饲料厂和现代化养猪场的基础上,计划继续投资 5.5 亿美元,建设玉米深加工厂、复合肥厂、大豆蛋白加工、肉制品加工、农业机械制造等项目。

黑龙江华宇工贸(集团)有限责任公司 2006 年在俄罗斯滨海边疆区十月区开始筹划建设伊娃农场,总投资 4.9 亿元人民币,建设大型标准化农场,专门从事境外农业种植养殖业务。截至 2013 年,已投入 2.37 亿元人民币。开发土地面积达到 9 万亩,种植玉米、大豆、小麦、蔬菜、水稻等品种。养猪场存栏生猪达到 2 万头,蛋鸡存栏 6 万只,肉鸡存栏 4 万只。公司现已成为俄罗斯远东地区规模最大、标准最高的标准化示范养殖场;吸纳国内务工人员 320 人,装备拖拉机、播种机、联合收割机等大中型农机具 60 余台套,仓储能力达 2 万吨;安装配置了大豆榨油、饲料加工等配套设备和设施;目前已经成为管理规范,经济效益、生态效益和社会效益显著的境外农业开发项目。

(2)黑龙江省垦区在俄罗斯大豆投资经营情况

黑龙江省垦区对俄罗斯的大豆投资始于 1996 年二九零农场职工辛喜平在犹太自治州下列区巴布斯托娃镇开荒种植大豆 30 多公顷,2014 年,耕地面积达 500 余公顷。

2003 年春,建三江管理局的洪河农场也来到俄罗斯犹太自治州进行农业开发,其在俄罗斯注册了东方龙健有限公司,当年开荒 580 公顷,并种植了大豆,获效益近 130 万元,到 2005 年,东方龙健有限公司在俄罗斯已有 4 个作业区,种植面积达 1 万多公顷。

宝泉岭农垦远东农业开发有限公司是 2004 年 6 月由国家发展和改革委员会批准立项成立的外向型企业,当年在犹太自治州注册 3 个子公司,并与当地政府签订了为期 49 年、面积 1 万公顷的土地租赁合同。但由于当年租赁的土地多为荒原,机械力量不足,开发难度较大,且没有明确地块,该合同并没有完全执行。

2004 年 9 月,绥化管理局在俄罗斯注册成立乌尔米有限公司,租赁耕地 2 600 多公顷。

2005 年,红兴隆管理局的曙光农场成立了远东曙光公司,与犹太自治州列宁区签订了 5 000 公顷的土地租赁合同。据统计,2005 年仅犹太自治州列宁区种植的 25 505 公顷大豆中,有 61.5% 的面积是中国人种植的。

截至 2008 年,黑龙江省垦区已有由宝泉岭分局等 8 个分局引领 22 个农场纷纷赴俄罗斯搞农业开发,设立境外中资企业。

2009 年底,黑龙江省农垦总局党委(扩大)会议报告中正式提出实施“走出去”战略、建设“域外垦区”的号召。2011 年 1 月,牡丹江管理局召开党委会专题研究“走出去”战略。牡丹江管理局地处东北亚核心区,与俄罗斯接壤的边境线长达 402 千米,辖区内 15 个农场大多分布在边境口岸周边,具有快速发展外向型农业、集团化开发利用俄罗斯农业资源的战略区位优势,并且内外气候相似、种植作物相同。其发挥好这一得天独厚的优势,加快“走出去”步伐,依靠后发优势,在对俄罗斯农业开发方面后来居上。当年 3 月,经过考察,牡丹江管理局决定在俄罗斯滨海边疆区实施农业合作开发,组建对俄罗斯合作农业企业。2011 年 4 月 29 日,由管理局 4 个农场 18 名队员组成的先遣队,带着 7 台大马力机车及配套设施从东宁口岸出境,开启了牡丹江管理局农业“走出去”的大幕。2011 年首战告捷,合作农场获得丰收,实现代耕收入 209 万元。

2012 年 3 月 13 日,新友谊农场正式成立,在俄罗斯注册新友谊有限责任公司。2012 年 4 月 28 日,李克强在访问俄罗斯期间,亲自参加了牡丹江管理局与东宁华信工贸(集团)有限公司、俄罗斯阿尔玛达公司“现代农业综合开发项目协议书”的签字仪式,见证了新友谊农场的成长。2013 年,新友谊农场已组建了 13 个分场,合作经营和自主经营农作物面积达 51 万亩,拥有各类大中型现代农业机械 600 余台套,对外劳务输出 800 多人次,累计投资 2 亿元,输出生产机械 1 000 余台套,3 年生产粮食 30 万吨。2013 年 9 月,我国批复了《黑龙江和内蒙古东北部地区沿边开发开放规划》,将新友谊农场列入重要对外投资合作项目,上升为国家战略。按照规划,2014 年,新友谊农场完成开发种植面积 100 万亩;2016 年,完成开发种植面积 220 万亩;2020 年,将完成开发种植面积 600 万亩,组建 36 个分场,生产粮食 280 万吨;2025 年,规划开发土地 1 200 万亩,组建 60 个分场,同时加快俄罗斯远东地区农业综合开发合作,发挥北大荒现代化农机装备和管理的优势,形成环兴凯湖经济发展圈,覆盖辐射东北亚经济区。

截至 2012 年,黑龙江省垦区在境外租种土地 200 万亩;对外劳务输出累计达到 1.4 万人次,输出生产机械 0.37 万台套;累计境外投资超过 7 亿元人民币,累计生产粮豆 250 万吨。

2014年,牡丹江管理局所辖农场大多分布在边境口岸周边或兴凯湖北岸,而新友谊农场已在俄罗斯滨海边疆区兴凯湖东侧和南岸一线的列索、基洛夫、斯巴斯克、契尔尼、兴凯湖、哈罗里、米哈、葛城、哈桑9个区内组建了18个分场。

2015—2016年,哈尔滨管理局松花江农场在俄罗斯卡缅区美丽谷诺夫卡村,与中俄种稻者有限责任公司合作,租种土地2年。在俄罗斯发生的所有费用均由农场承担(包括签证、环保、交通、肥料、油料、农药等费用),2015年租种耕地2 550公顷,当年种植1 500公顷(其中大豆1 300公顷,糜子200公顷),大豆产量929吨。当年大豆价格2 650元/吨,共销售大豆246.2万元。2016年租种耕地1 300公顷,播种大豆1 100公顷,大豆产量1 663吨,收入426.2万元。2017年农场与该公司终止租种合同,并且把所有农机具搬迁到域外沙河子管理区存放,等待办理机车转户事宜。

黑龙江省垦区在俄罗斯的大豆投资,在经营管理上与国内垦区管理一致。以宝泉岭农垦远东农业开发有限公司的大豆投资为例,2007年在俄罗斯种植大豆183公顷,年纯盈利达42万元人民币,到2019年,该公司种植面积达4 500公顷,其中包括租赁政府耕地3 500公顷,租金约300元/公顷,从俄罗斯农户租地1 000公顷,租金约500元/公顷,租金也因地域不同而有所差别,如下列区2 800卢布/公顷(合300元/公顷),阿尔比勒区大概1 500卢布(合160元/公顷),由宝泉岭垦区下辖的4个农场(绥滨、共青、军川、普阳)的农户进行大豆种植。

黑龙江省垦区在俄罗斯的大豆投资情况见表4-4。

表4-4 黑龙江省垦区在俄罗斯的大豆投资情况

| 垦区 | 投资区域 | 在俄罗斯的公司 | 投资领域 | 投资时间 |
|---|---|---|---|---|
| 二九零农场 | 犹太自治州下列区巴布斯托娃 | 个人 | 大豆种植 | 1996年 |
| 建三江管理局洪河农场 | 犹太自治州 | 东方龙健商贸有限公司 | 大豆种植 | 2003—2005年 |
| 绥化管理局 | 哈巴罗夫斯克市 | 乌尔米贸易有限公司 | 大豆种植 | 2004年 |
| 宝泉岭农垦远东农业开发有限公司 | 犹太自治州 | 3个子公司 | 大豆种植 | 2004年至今 |
| 红兴隆管理局 | 犹太自治州列宁区 | 远东曙光公司 | 大豆种植 | 2005年 |
| 牡丹江管理局新友谊农场 | 滨海边疆区 | 东宁华信工贸(集团)有限公司、俄罗斯阿尔玛达公司(合作) | 代耕代收 | 2011年 |
| | | | 大豆种植 | 2011年以后 |
| 哈尔滨管理局松花江农场 | 卡缅区美丽谷诺夫卡村 | 中俄种稻者有限责任公司 | 大豆种植 | 2015—2016年 |

注:资料来源于胡中禄.论新友谊农场对俄农业开发的模式创新[J].中国农垦,2014(11):27-30。

（3）个人在俄罗斯大豆投资经营情况

按照俄罗斯的法律规定，只有本国自然人和法人可租赁土地，因此个人在俄罗斯的投资也必须挂靠到企业。除了依托公司租种耕地外，个人也会从俄罗斯农户手中租种部分耕地，如在十月区就有约 6 000 公顷的私人经营耕地。

（4）不同投资主体大豆生产成本收益比较

俄罗斯远东地区大规模承租土地每亩 10 元左右，少量承租每亩约 40 ~ 50 元。2018 年，俄罗斯下列区每公顷土地的租金约 700 元，柴油等农资价格也比我国国内低 20% ~ 40%。在俄罗斯，种植大豆的人工成本每公顷约 2 600 元，大豆产量一般每公顷 1.5 吨左右，我国国内大豆产量每公顷可达 2 吨，赴俄罗斯种植大豆的生产经营收入每公顷在 1 500 元左右。2018 年不同经营主体由于经营规模不同，投资区域自然条件差异导致的地租和大豆单产水平不同，收益差距较大，见表 4 - 5。

表 4 - 5　不同投资主体大豆生产成本收益

| 投资主体 | 企业<br>（黑河市企业平均） | 垦区农户<br>（规模 500 公顷） | 个人<br>（规模 1 000 公顷） |
|---|---|---|---|
| 净收益/元/公顷 | 1 395.0 ~ 1 590.0 | 440.0 | 350.0 |
| 总收益/元/顷 | 3 780.0 ~ 4 200.0 | 3 750.0 | 约 3 000.0 |
| 单产/吨/公顷 | 1.8 ~ 2.0 | 1.5 | 1.2 ~ 1.3 |
| 价格[①]/元/吨 | 2 100.0 | 2 250.0 | 2 250.0 |
| 总成本[②]/元/公顷 | 2 190.0 ~ 2 805.0 | 3 310.0 | 3 150.0 |
| 　种子/元/公顷 | — | 250.0 | 220.0 |
| 　农药/元/公顷 | — | 320.0 | 420.0[③] |
| 　化肥/元/公顷 | — | 440.0 | 500.0 |
| 　人工/元/公顷 | — | 600.0 | 650.0 ~ 700.0 |
| 　地租/元/公顷 | 195.0 ~ 300.0 | 800.0 ~ 1 000.0 | 260.0 |
| 　燃油/元/公顷 | — | 300.0 | 350.0 |
| 　维修 + 辅油/元/公顷 | — | 200.0 | 200.0 |
| 　资金占用/元/公顷 | — | 200.0 | — |

注：①大豆价格是俄罗斯境内价格。

　　②总成本中不包含机械折旧。

　　③个人投资的农药费用中还包括虫药和叶面肥。

　　④数据来源于实地调查。

**2. 在俄罗斯投资种植的大豆销售情况**

黑龙江省在俄罗斯生产的大豆主要通过贸易形式销售到我国国内，不在俄罗斯当地销售，主要原因：一是俄罗斯人习惯食用葵花籽油，极少食用大豆油；二是俄罗斯远东地区大豆油加工规模企业少,而向俄罗斯其他地区运输的成本偏高;三是赴俄罗斯豆农少有包装、结算等设备,不甚了解俄方市场,在俄罗斯销售渠道窄。根据原省级进出口检验检疫部门的要求,从俄罗斯边境回运[①]的大豆必须销售给国内定点加工企业,如建三江前进农场的荣氏粮油工贸有限公司、同江市工业园区的凯滋食品有限公司等。尽管俄罗斯大豆的出油率为17%左右,较美国、巴西的转基因大豆产油率约低3%,但俄罗斯对农业生产的监管实施欧盟标准,严格限定农药、肥料的使用量和类别,违者重罚并实施行业禁入,因而俄罗斯大豆拥有生态种植、非转基因、高蛋白的特质,受到国内消费者青睐,价格比美国和巴西大豆高300~500元/吨,一般高品质的大豆蛋白质含量35.5%~39.2%,含油量10.1%~17.4%。销售价格与国内大豆基本同质同价。2019年以来,黑龙江省佳木斯地区的大豆售价约为3 400元/吨,比上年同期下降5%,国内大豆均价约为3 800元/吨,比上年同期下降1%。

据黑河市商务部门统计,2018年粮食进口48.98万吨,价格94 474万元,同比分别增长74%和51%,分别占黑龙江省的29%和23%。其中,大豆进口42.6万吨(民间称回运),价格89 336.8万元,同比分别增长52%和44%,分别占黑龙江省的27%和23%。从黑河口岸(含逊克口岸)回运大豆在国内全部进行深加工,其中90%为油脂加工。黑河北丰远东农业开发有限公司在黑河市建有俄罗斯进口有机大豆深加工基地,占地面积2.5万平方米,已投资0.6亿元建成仓储设施、豆制品加工厂,设计加工能力达到5万吨,仓储能力达到5万吨。注册的"亚欧双子城"牌有机俄罗斯农产品,已在全国多个省份建立了稳定的市场。黑河金禾农业科技股份有限公司在境内的中俄黄金子粮食仓储物流中心项目已建成800吨烘干塔、2万平方米晾晒场、15万吨粮食仓储库。

在俄罗斯投资种植大豆运回我国国内的成本大约在800元/吨。其中,俄方报关费20元/次,检验检疫费15元/吨,口岸费70元/吨,地上装卸费60元/千米,海关码头装卸费30元/吨;我国海关税3%,每吨70元左右,增值税10%,每吨230元左右,运费80~300元/吨(因季节和运输方式不同而不同),路桥费50元/吨,装卸仓储费50元/吨,销售环节增值税10%,每吨40元左右。我国取消大豆检疫费,俄罗斯取消了出口海关税。

投资种植大豆回运与进口俄罗斯大豆在海关费用区别:投资种植的大豆运回是劳务合同,进口俄罗斯大豆是一般贸易,劳务的关税完税价格较一般贸易低。海关关税3%,增值税10%,劳务合同的限价为310美元,即劳务合同价格如低于310美元,按310美元征收关税和增值税,如高于310美元,则按合同金额征收;一般贸易限价为325美元。若汇率按6.85算,劳务合同的关税增值税约283元/吨,一般贸易为296元/吨(表4-6)。

---

① 回运,特指我国在俄罗斯投资生产、运回国内的大豆。

**表4-6 黑河海关进口大豆费用标准**

| 夏季吨袋散装船 | | 夏季集装箱船运 | | 夏季轮渡 | | 冬季浮桥 | |
| --- | --- | --- | --- | --- | --- | --- | --- |
| 收费项目 | 金额 | 收费项目 | 金额 | 收费项目 | 金额 | 收费项目 | 金额 |
| 装卸费及运费 | 55元/吨 | 集装箱运费及装卸费 | 1200元/箱 | 船运费 | 1800元/车（中方船双程）单程900元 | — | — |
| 过磅费 | 毛重×0.3元/吨 | 过磅费 | 毛重×0.3元/吨 | 车运费 | 70~80元/吨（随行就市） | 车运费 | 70~80元/吨（随行就市） |
| 海关关税及增值税 | 283元/吨（劳务）296元/吨（一般贸易） | 海关关税及增值税 | 283元/吨（劳务）296元/吨（一般贸易） | 海关关税及增值税 | 283元/吨（劳务）296元/吨（一般贸易） | 海关关税及增值税 | 283元/吨（劳务）296元/吨（一般贸易） |
| — | — | — | — | 港务费 | 7元/吨 | 港务费 | 3.5元/吨 |
| 单证费 | 200元/票 | 单证费 | 200元/票 | 单证费 | 200元/票 | 单证费 | 130元/票 |
| 港建费 | 1.4元/吨 | — | — | 港建费 | 1.4元/吨 | — | — |
| 仓库储存费 | 0.5元/吨/天 | 仓库储存费 | 0.5元/吨/天 | 仓库储存费 | 0.5元/吨/天 | 仓库储存费 | 0.5元/吨/天 |
| 短途倒运 | 10元/吨 | 短途倒运 | 150元/吨 | 仓库装卸费 | 25元/吨 | 仓库装卸费 | 25元/吨 |
| 代理费 | 5元/吨 | 代理费 | 5元/吨 | 代理费 | 100元/车 | 代理费 | 100元/车 |
| — | — | — | — | 司机食宿费 | 300元/天 | 司机食宿费 | 300元/天 |

注：数据来源于实地调查。

### 3.国内政府的相关政策支持

早在 2004 年,国家发展和改革委员会就下发了《关于黑龙江省农垦总局在俄罗斯投资建设农业种植开发项目建议书的批复》专门文件,支持农垦总局在俄罗斯投资建设农业种植开发项目,并做出了明确批示。2007 年 9 月 22 日,财政部和商务部印发《进口贴息资金管理暂行办法》(财企〔2007〕205 号),明确进口贴息是国家财政对企业以一般贸易方式进口列入《鼓励进口技术和产品目录》的产品(不含旧品)、技术,以贴息的方式给予支持。2012 年 6 月 11 日,商务部和财政部对该办法进行了修改完善,发布关于印发《进口贴息资金管理办法》的通知(财企〔2012〕142 号),将进口贴息改为中央财政对企业以一般贸易方式进口列入《鼓励进口技术和产品目录》中的产品(不含旧品)、技术,以贴息的方式给予支持的专项资金。截至 2013 年,牡丹江管理局新友谊农场在俄罗斯投资得到国家部委、黑龙江省政府和农垦总局的高度重视,获得 1.8 亿元购置大型机械设备补助的国家农业综合开发项目。2014 年 10 月 23 日,国务院办公厅发布《国务院办公厅关于加强进口的若干意见》(国办发〔2014〕49 号),鼓励企业加快海外投资。继续利用外经贸发展专项资金等现有政策,支持境外能源资源开发,鼓励战略性资源回运。2015 年,商务部给宝泉岭管理局在俄罗斯的大豆投资机械补贴 3 900 万元,机械全部配套,补贴标准为个人承担农机费用的 23%,国家补贴农机费用的 77%。2016 年,我国取消了俄罗斯大豆进口(回运)配额限制。2018 年,国家给予牡丹江管理局在俄罗斯的大豆投资补贴 1.2 亿元。2019 年 7 月 25 日,海关总署发布 2019 年第 124 号公告,允许俄罗斯全境大豆进口,进口俄罗斯大豆可采用水路、铁路、公路、航空等方式运输。原《俄罗斯玉米、水稻、大豆和油菜籽输华植物检疫要求议定书》中规定大豆产地仅限俄罗斯哈巴罗夫斯克边疆区、滨海边疆区、后贝加尔边疆区、阿穆尔州、犹太自治州,输华大豆应采取袋装方式或专用运粮车运输,避免在运输途中撒漏。这一公告进一步促进中俄大豆种植、贸易、产业的发展,给双方的生产贸易企业提供了有力的政策保障,对全面深化中俄大豆全产业链合作提供了机遇。

2016 年 12 月,黑龙江省人民政府下发《黑龙江省人民政府关于印发黑龙江省促进外贸回稳向好若干措施的通知》(黑政发〔2016〕34 号),提出扩大重要物资进口,支持境外农业合作园区生产的粮食等农产品回运,简化大豆等回运审批流程。2016 年 12 月,黑龙江省出台《中共黑龙江省委、黑龙江省人民政府关于支持民营经济发展的若干意见》,鼓励民营企业"走出去"开拓市场,鼓励在境外设立生产基地、研发机构和合作园区……对企业发生的前期费用、贷款利息、资源回运等方面给予支持。2018 年 7 月,为继续贯彻落实《黑龙江省人民政府关于印发黑龙江省促进外贸回稳向好若干措施的通知》精神,黑龙江省政府制定并印发了《黑龙江省支持对外贸易发展十条措施》,鼓励对周边国家开展资源开发合作,扩大资源类产品进口,根据在黑龙江省落地加工量给予补贴。促进企业扩大进口,延伸产业链,提高进口加工利用率。推进通关便利化,成立由省分管领导为召集人,海关、边检、商务、财政、物价监管等部门联合组成的黑龙江省对外贸易企业协调议事机构,办公室设在省商务厅,重点协调解决外贸企业遇到的贸易环节制度性障碍及有关困难,联手打造优良的外贸营商环境。推进符合国际贸易标准版"单一窗口"建设,到 2018 年末实现 70% 覆盖,2019 年争取实现 100% 覆盖;加强对外贸企业乱收费行为的监督检查,降低制度性交易成本。

根据《国务院关于边境贸易有关问题的通知》(国发〔1996〕第 2 号),规定边境口岸进口原产于毗邻国家的商品,进口关税和进口环节税按法定税率减半征收。2008 年以前,黑河市企业进口大豆关税减半,税率为 8.5%,增值税税率 11%,2008 年以后执行 17% 关税,2009 年以转移支付政策的形式补回来。2015 年后开始把国家转移支付到由地方政府统一支配,以奖励方式补给企业。为进一步加大对边贸企业的扶持力度,推动边贸稳步健康发展,黑河市根据国家和省市有关法律、法规、政策,制定了《黑河市扶持连贸企业发展优惠政策》。黑河市从 2008 年 11 月起,在国家边贸专项转移支付资金拨付额度框架内,按照企业边贸项下进口缴纳海关关税 50%、增值税 12.5% 比例给予支持。由于该政策违反了财政部《关于印发连境地区专项转移支付资金管理办法的通知》(财预〔2009〕31 号)文件的规定,按照黑龙江省财政厅下发的《黑龙江省边境地区转移支付资金管理办法》(黑财预〔2013〕48号)的规定,边境地区转移支付资金管理和使用不再按边贸企业税收拨付资金。因此,黑河市原使用边境地区转移支付资金给予边贸企业补助调整为使用地方财政资金奖励边贸企业,重点奖励经营额度大的边贸进口企业,进口贸易额年度 300 万美元以下(仅限资源回运类边贸企业),按每美元给予 0.2 元人民币奖励;进口贸易额年度达到 300 万美元,按每美元给予 0.22 元人民币奖励;进口贸易额达到 500 万美元,按每美元给予 0.26 元人民币奖励;进口贸易额年度达到 1 000 万美元,按每美元 0.3 元人民币奖励。每半年兑付一次,按全年竞争标执行,年终达到兑付条件,一次性补齐所差奖励金额。此外,对资源回运类,从境外起运地至国内口岸间的运保费,按不超过企业实际支付费用的 20% 给予补助。计算运保费的资源产品进口数量以海关统计数据为准。2018 年黑龙江省取消该项补贴。2019 年 5 月,黑河市财政局和商务局根据《黑龙江省人民政府关于印发黑龙江省促进外贸回稳向好若干措施的通知》,制定了《黑河市促进外贸增长若干政策措施》,利用财政资金支持企业融资,鼓励金融机构提升外贸企业贷款额度和信用度,对有订单、效益明显的外贸企业贷款给予一定贴息补助,具体规定如下:年进出口贸易额达到 2 000 万元及以上,按 10% 补助;年进出口贸易额达到 4 000 万元及以上,贷款贴息按 20% 补助;年进出口贸易额达到 8 000 万元及以上,贷款贴息按 30% 补助(国家和省里已经支持的部分不重复支持)。鼓励企业扩大进口,鼓励对周边国家开展资源开发合作,扩大资源类产品进口和落地加工,重点支持包括粮食等在内的产品进口,年进口贸易额达到 2 000 万元以及以上,按照年度实际缴纳税收总额的30% 给予支持,最高补贴额度不超过 500 万元。

# 4.3　对俄罗斯大豆投资风险

近十几年来,从黑龙江省在俄罗斯大豆投资的情况来看,确实取得了一定成效:投资规模不断扩大、投资领域不断深化、投资主体日益多元化、龙头企业效应显著等。但受自然、市场、政治、经济、文化等环境因素影响,投资主体陆续退出大豆投资等现象也日益凸显,在俄罗斯的大豆投资面临的风险也日益加大。

### 4.3.1 自然风险和市场风险

尽管一些企业目前在俄罗斯从种植业拓展到养殖和加工等领域,但单一的大豆种植产业仍是目前黑龙江省在俄罗斯投资的主要领域。种植业很难抵御较大自然风险和市场风险。如哈尔滨管理局松花江农场在卡缅区美丽谷诺夫卡村的投资。该地区耕地地势平坦,十年九涝,遇到雨水季节长的时候,地里的水无法排出,春季种不上,秋季受水灾。2015 年由于春季雨水过大,租种的 2 550 公顷耕地,只播种了 1 500 公顷,剩余 1 050 公顷土地内涝严重,机车无法作业,待机车可作业时,播种期已过,无法种植。同年 8 月连续下雨 20 天左右,种植的大豆遭遇严重的水灾,地里的水无法排出,导致 800 公顷大豆绝产,另 500 公顷大豆不同程度受灾,秋季共产大豆 929 吨,大豆价格 2 650 元/吨,共销售大豆 246.2 万元,当年亏损 707 万元。2016 年,同样由于春季雨水较大,播期较晚,当年播种了 1 100 公顷,其余 200 公顷土地内涝严重,机车无法作业,也无法种植。同年 9 月 7 日发生水灾,外来的水直接淹到地里,域外积极组织抗洪,用两台抽水泵 24 小时从地里强排一周,水灾导致 200 公顷绝产,另 900 公顷不同程度受灾。秋季大豆产量 1 663.12 吨(其中 1 380.24 吨,2 650 元/吨;61 吨,2 800 元/吨;221.88 吨水泡豆 17 000 卢布/吨,按当时汇率折合人民币是 43.331 3 万元),收入 426.2 万元,当年盈利 25.2 万元。

另外,大豆种植投资是长线投资,短期内经济效益、社会效益不会明显。由于黑龙江省农民赴俄罗斯进行大豆种植的大都是企业行为和民间自发行为,缺乏强有力的组织和政策引导,处于粗放型基础开发阶段,自身实力不强。开发主体多为家庭经营的小农型经济,规模小,资本少,投入严重不足,特别是个别人抱着"境外种植成本低,能快速发洋财"不切实际的想法走出国门。而且赴俄罗斯种植的土地大都是荒地或撂荒地,前期开垦投入大,土壤杂草基数大,不投入充足的生产要素资本根本不可能种植好开垦的土地。此外,俄罗斯当地农业生产服务体系没有建立起来,市场渠道不通畅。

### 4.3.2 政策风险和法律风险

**1. 政策不稳定**

俄罗斯经济转轨以来,法律法规频繁变化,使远东地区中俄农业合作受到很大影响。

(1)俄罗斯远东地区是通往亚太地区的门户,地缘政治较为敏感。俄罗斯联邦政府一方面迫切想引进外资发展远东地区,另一方面由于远东地区远离俄罗斯主体地区,担心外资过多进入会影响其国家安全。因此,政府在制定远东地区的发展政策时摇摆不定,对外国投资的审批程序烦琐,审批部门多达十几个。

(2)随着俄罗斯加入世贸组织,其有关经济、贸易及外资方面的法律法规不断修改完善,但仍不健全,法律法规变动频繁。特别是制度、规则的制定与修改,缺少连续性,境外农业企业在俄罗斯缺乏必要的法律、法规保障。

(3)俄罗斯远东地区由于政府部门的原因让我国企业在当地经营困难。西方国家对俄罗斯进行经济制裁,俄罗斯经济不稳定因素增加,物价、汇率大幅度波动等导致俄罗斯投资环境恶化,亦成为我国对俄罗斯远东地区农业投资的障碍。

（4）中俄两国农业资源开发合作主要是民间合作或地方政府间的行为，尚未形成中俄两国中央政府间的保护性协议，境外农业发展缺少有力的政策支持，存在较大的风险。此外，自乌克兰危机以来，卢布大幅贬值，严重影响了境外农业合作企业生产运营，特别是实力差的小型企业运营举步维艰。

### 2. 中国投资者对俄罗斯法律遵守性差

（1）在种植环节，俄罗斯对农业种植有着严格的标准规定，但多年来黑龙江省在俄罗斯的大豆投资主体以小投资和散户为主，基本还停留于初级状态，生产装备陈旧，技术与管理水平很低，为降低成本及增产，对俄方农业安全性要求遵守较差。如俄罗斯《土地法》相关规定要求，本国和外国从事土地种植者，应隔年对其所种植的土地进行倒茬，不得重茬。这使得境内擅长以种植某作物为主的企业面临隔年更换作物的困境和销售风险，不利于企业连续性扩大生产经营和拓宽销售渠道。此外，由于缺少境外对俄罗斯农业合作服务机构，中方企业及人员由于语言、文化等差异，发生经济纠纷等问题时，企业境外农业企业和劳务输出人员维权较难。

（2）在销售环节，多数豆农将大豆卖给具有大豆出口经营权的中资企业，然后由其出口到国内。俄方每年会核定一批具有大豆进出口经营权的企业，并公布清单。俄方外汇管制较严，企业代理进出口必须平汇，否则会被注销资质，甚至采取抓捕法人等措施。但仍有企业通过频繁注销登记、变更企业名称、注册虚假法人的形式来逃避监管，这类企业不要求平汇，但运营风险较大。

### 3. 俄罗斯对外来劳务限制日益严格

由于俄罗斯农业劳动力资源短缺，我国对俄罗斯农业合作企业需从国内输出劳务。从总体上看，俄罗斯不排斥我国的劳务人员，但主要需要有技能的农业人才，而不是农民工和城市待业者。俄方对引进外籍劳务采取较严格的配额管理制度。近年来，由于俄方大幅度缩减劳务指标和对工种实行限制，2012 年开始阿穆尔州已取消配额，不批准外籍劳务，企业被迫为农民办理旅游照和商务照，但俄方不允许，发现就要罚款和遣送回国，不仅给境外企业和农民带来了很大的经济损失，影响到土地耕种，而且将面临被迫撤回的危险。犹太自治州、滨海边疆区等其他州区仍实行劳务配额管理制度，劳务大卡期限为 1 年（从当年 4 月 1 日至次年 3 月 31 日），赴俄罗斯劳务工作时间约 6 个月（4—7 月、9—10 月），只有年收入 200 万卢布以上的外来劳务人员被认为符合高技能专家条件，颁发 3 年期的"专家许可证"。劳务大卡的申请手续很复杂，要经过俄方有关部门层层审批，最后要报送莫斯科审批，办理周期较长（一般为 4—6 个月），同时要求有劳务资质（语言证书和体检合格证）。我国赴俄罗斯的劳务多在 50 周岁以上，文化程度低，很难达到资质条件。劳务大卡费用较高，15 000 ~ 18 000 元/人，包括劳务大卡申请费、语言培训费、劳务签证费、公证费、体检费、工本费等。劳务问题一直是限制中俄农业合作大规模发展的重要因素。

### 4. 农用机械出口报关费用过高

据调查，根据现行政策，俄罗斯农业设备进口税率为 5% ~ 15%。其中，小型农场用拖拉机（HS 编码 87019）俄方关税税率 5%；农业拖拉机（HS 编 8701）俄方关税税率 15%；普通农业设备（HS 编码 8432 - 8438）俄方关税税率 5%。增值税率为 18%。总的缴费标准为

23%~33%。每台小型拖拉机(含配套机械)过俄方海关收费达2.5万元,大型联合收割机甚至高达20余万元。俄罗斯远东地区不生产大中型农用机械,黑龙江省境外开发企业必须将省内农用机械和配套农机具运输过境。由于中方大型农机具过境,俄方要收取15%关税和18%增值税,2011年以来俄方又改为按机械功率收费,每千瓦时收取120欧元,相应增加了农机具过境成本。同时,俄罗斯海关还收取机械保证金,要求大型机械在俄罗斯工作不能超过2年,2年内不返回,将没收保证金,机械在俄罗斯作业也不合法。由于大中型农机具过境难,而且缺少农机配件,大型农机具维修、养护成为企业和种植户的一大难题。2019年农业机械过关费用折合为9 000~10 000元/吨。

**5.大豆运输成本高,通关速度慢**

由于俄罗斯国内粮食等农产品市场狭小,我国企业在俄罗斯远东地区所生产大豆大部分选择销售到国内市场。以同江县在俄罗斯下列区的大豆为例,从俄罗斯田间地头到俄罗斯海关货场,因火车车皮紧张,大豆汽运更为普遍。运输距离长,短则100千米,长则超过200千米;运输成本高,1吨大豆的平均运输成本超过100元;检查项目多,检查标准严,也增加企业成本。俄方通关设施旧,开设窗口少,办事效率低,查验速度慢。通常每天俄方通关车辆约30台次,每台通关查验耗时近20分钟,有时会更长。同江口岸因中俄跨江铁路大桥正在建设,冬季主要通过浮箱固冰通道过货,运力有限,且受季节性影响较大。目前从事过境运输的中方车辆有300台左右,浮桥通关每车次收费800元,一辆车需要一周方能完成出入境往返。每年的11月末至次年4月初为口岸大豆运输高峰期,下列港和同江港经常会出现豆车压港、排队通关情况。当地口岸积极协调俄方延长通关时间和提高验放速度,并同步高效联检,努力提升通关效率。但仍会有一部分未能在冬季回运的大豆,选择在明水期摆渡入境。运力不足,运输成本高,通关速度慢,跨境物流瓶颈亟待破题。

### 4.3.3 社会舆论风险

首先,在社会心理因素方面,俄罗斯远东地区持"中国威胁论"的人还不少。虽然现在已经不是主流意识,但对中俄农业合作产生了不利影响。由于俄联邦地域管理制度的限制和民族排外心理等影响,给赴俄罗斯农业种植人员带来了许多想象不到的困难。种植人员过高的期望值与当地现实环境形成了巨大的反差,使许多刚刚走出国门的生产经营者们产生了畏难情绪。许多赴俄罗斯农民经营亏损,严重挫伤了赴俄罗斯农业开发经营者的积极性,一时出现消极观望、进退两难的不稳定的状态。

其次,引进外籍劳务给失业人数与日俱增的俄罗斯远东地区劳动力市场增加了一定的压力,在俄罗斯大豆投资的企业或个人,90%以上不用当地人,除了租用当地土地资源,与俄方再无半点关系,这种随意的生产与投资方式,也造成了俄罗斯对中方农业团体的反感。

最后,由于农业开发在短期内难以给俄罗斯当地带来大量的税费收入和相应的失业人员就业,当地政府和公民没有在开放开发中得到具体实惠,加之我国赴俄罗斯的劳务大都以分散自发式的农业开发为主,劳务人员无序流动,种植面积不稳定,经营能力有限,部分种植人员劳务手续不健全,缺少有力的组织纪律约束,个别出国劳务人员境外法律意识淡薄,农业开发投资长、见效慢,一时起不到繁荣当地经济的根本性作用等,这些问题导致农业开发工作受不到当地各界应有的重视和关注。没有相应的社会经济地位，必然影响当地政府对我国赴俄罗斯农业开发的态度及相关政策的稳定，包括当地政府官员在内的俄罗斯人有限的积极热情也逐渐淡化，出现了很多不和谐现象。

### 4.3.4 融资渠道窄,经营融资难

俄罗斯远东地区是俄罗斯大豆的主产区，少数企业和自然人从俄罗斯政府手中承包土地，直接雇工耕种；多数企业通过出资金、设备、物资、人力等形式，与掌握大量土地资源的俄方实力企业或中方境外投资企业相互合作，共同开发。农业生产资金因种植面积而异，从几十万、几百万到上千万不等，多数为自筹。由于多人、多企分租，共同投资、合作种植，加上一些农业机械设备从境内输出，俄罗斯一些农用物资和用工成本比国内价格低，一些耕作成本秋后结算，资金压力得到一定程度分散。但由于资金回笼周期长，时常面临周转不足问题。如从境内贷款只能以其他用途申贷，不易通过审核。符合条件的中方企业也可以向中方银行的境外分支机构申请贷款。企业需以俄罗斯境内的固定资产作为抵押物，按评估价值 50%～60% 的比例获得贷款，期限一般为 3 年，贷款利率较高，通常是国内银行同期贷款利率的 1 倍以上，年利率可达 17% 左右，但可在俄罗斯境内提供固定资产抵押物的企业稀少。即便如此，境内多数商业银行也不愿给境外开发企业提供商业贷款，个别境外开发企业由于缺少资金支持，已签订的土地种植合作协议无法完全履行，使企业陷入进退两难的困境。

## 4.4 对俄罗斯大豆投资趋势

尽管两国国情和政策之间存在巨大差异，加之开发初期总体规模小、起点低、经验少，开发过程中会遇到一些困难和风险。但从发展趋势看，对俄罗斯远东地区大豆投资前景广阔。

### 4.4.1 投资领域趋向农工综合体

早在 1994 年 5 月 27 日，我国和俄罗斯就签订了《中华人民共和国政府和俄罗斯联邦政府关于农工综合体经济与科技合作协定》。近年来，俄罗斯联邦政府大力支持农业综合体发展。2017 年俄罗斯联邦政府第 1528 号命令，批准向农工综合体提供贷款优惠利率不超 5%，自 2017 年 1 月 1 日开始实施，并于当年列出 2017—2020 年农工综合体国家发展规划的拨款。2017 年拨款 2 158 亿卢布，2018 年为 1 979 亿卢布，2019 年为 1 940 亿卢布，2020 年为 940.6 亿卢布，但实际上，2019 年拨款较 2018 年增加 636 亿卢布。2018 年俄罗斯农工综合体产品出口额达 258 亿美元，远东地区农工综合体产品出口额达 33 亿美元。未来对俄罗斯大豆投资从发展方向上，要种植业和畜牧业并重，逐步强化加工能力和市场拓展能力，形成种养、加工、销售一条龙的内连生产、外接市场的产业链。根据俄方的一份研究报告，远东地区猪肉市场主要依赖于从国外进口和从俄罗斯中部地区输入，当地生产远不能满足市场需求。2016 年的远东地区猪肉市场缺口为 12 万吨，预计到 2020 年缺口仍有 10 万吨。

自 2013 年卢布大幅波动及俄罗斯实行国外进口农产品禁运以来,俄罗斯从国外猪肉进口下降了 55%。俄罗斯远东地区猪肉价格较俄罗斯中部地区高 34%,而冰鲜猪肉较冻猪肉更有 23% 的溢价,因此在当地组织生产更为有利可图。东宁华信工贸(集团)有限公司、华宇工贸(集团)有限责任公司、牡丹江盛弘源经贸有限公司、绥芬河良运农产品开发有限公司、绥芬河宝国经贸有限责任公司、中鼎联合牧业股份有限公司、吉林金达海外农业开发投资有限公司等企业已经依托在俄罗斯种植基地开展生猪和肉牛养殖,具有较好的基础。

### 4.4.2　投资经营趋向规范化、法制化

在全球经济一体化大背景下,随着俄罗斯政策和法律的日趋完善,以及监管执行的日趋严格,加之俄罗斯远东地区吸引了大量日本、韩国和新西兰等国家的投资者,可以预见,未来在俄罗斯的农业投资所面临的国际竞争将更加激烈。因此,我国未来在俄罗斯的大豆投资主体应依据《俄罗斯联邦外商投资法》的相关规定,以及俄罗斯相关法律规定经营和管理企业,才能规避各种风险,并在俄罗斯获得长远发展。如严格遵守俄罗斯对外籍劳务人员的规定,使用俄罗斯允许从中国进口的种子、农药、化肥等农资,适时进行作物轮作或品种轮作,按要求处理农药和化肥包装,严格执行俄罗斯用工方面的规定(如最基本的用工生活保障),按照俄罗斯大豆出口要求通过正常贸易方式进行大豆销售,坚持市场公平竞争原则,优胜劣汰。

### 4.4.3　投资主体趋于企业化、集团化

实施企业化、集团化投资的优势如下。

(1)生产能力和生产规模的优势。企业化、集团化发展使得资金实力和机械化程度大幅度提高,种植面积大都在 1 万亩以上,形成规模化和集约化产业链。

(2)在种植品种上由单一种植业向农业综合开发发展。由种植业向畜牧养殖、农产品加工、农产品批发市场建设等诸多领域延伸。

(3)经营向科技、规范型发展。企业化、集团化发展具有管理、科技、人才储备的优势形成强强联合,利用国有大型农业企业的机械、技术、人才、管理等优势,实现优势结合。

## 4.5　对俄罗斯远东地区大豆投资潜力

俄罗斯大豆主要集中在两大产区,即西部欧洲地区和东部地区,两个产区分别形成两个不同市场。欧洲地区大豆生产主要集中在中央区、南方区和伏尔加区,2018—2019 年,欧洲地区大豆面积 129.1 万公顷,产量 220.9 万吨(图 4 - 1、图 4 - 2),单产 1.71 吨/公顷,其中中央区、南方区和伏尔加区大豆种植面积分别为 91 万公顷、27.8 万公顷和 10.3 万公顷,产量分别为 170.2 万吨、37.6 万吨和 13.1 万吨。东部地区大豆生产主要集中在远东地区,2018—2019 年,大豆种植面积 164 万公顷,产量 181.4 万吨(图 4 - 1、图 4 - 2),单产 1.11 吨/公顷,其中远东地区大豆面积 148.3 万公顷,产量 164.9 万吨。

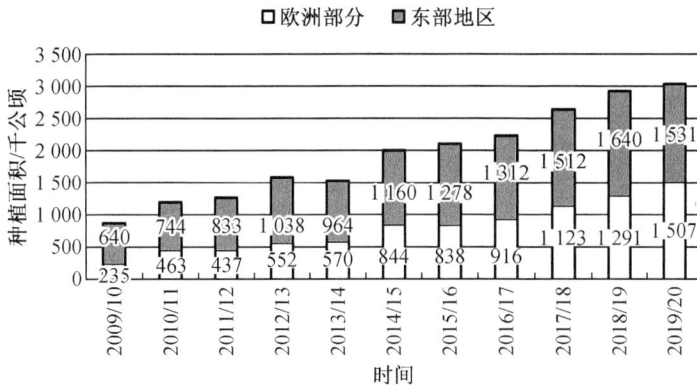

图 4 - 1　俄罗斯(欧洲部分和东部地区)大豆种植面积

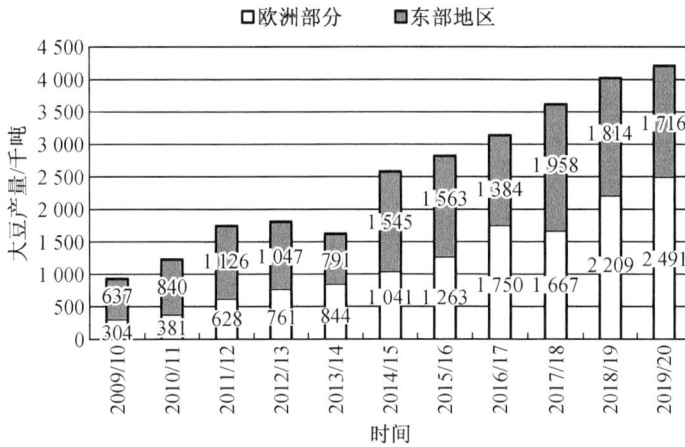

图 4 - 2　俄罗斯(欧洲部分和东部地区)大豆产量

## 4.5.1　俄罗斯远东地区大豆投资环境

### 1. 自然资源丰富

俄罗斯远东地区是俄罗斯最大的联邦区,包括滨海边疆区、哈巴罗夫斯克边疆区、堪察加边疆区、阿穆尔州、萨哈林州、犹太自治州、马加丹州、萨哈共和国、楚科奇民族自治区9个联邦主体。远东地区土地面积为 616 932.9 千公顷,占全俄罗斯土地总面积的 36.08%,其中农业土地面积 8 013.3 千公顷,耕地面积 2 757.2 千公顷,人均耕地 0.94 公顷,是黑龙江省人均耕地的 2.18 倍(黑龙江省人均耕地 0.41 公顷)。这一广袤地区的农业资源仅仅被利用了一小部分,大量资源处于待开发的状态,弃耕地达 50 万公顷,荒地 54.9 万公顷。此外,与农业生产密切相关的淡水资源极为丰富,江河、湖泊纵横,完全能够满足农业的需求。但由于远东地区资金和劳动力严重不足,经济发展落后,农业技术创新水平滞后,大型农机具配备不足,大豆单产水平较低,俄罗斯想要发展远东地区经济必须借助于外国的资金、技术和人力资源。对远东地区来说,我国具有得天独厚的地理优势。

### 2. 大豆增产空间大

近 10 年来,俄罗斯大豆面积和产量不断增加,东部地区大豆面积和产量分别从 2009—2010 年的 64 万公顷和 63.7 万吨增加到 2018—2019 年的 164 万公顷和 181.4 万吨,其中远东地区大豆种植面积和产量分别从 62.7 万公顷和 62.7 万吨增加到 148.3 万公顷和 164.9 万吨,增长率分别为 10% 和 11.3%。在不考虑单产提升的情况下,预计 2019—2020 年东部地区大豆种植面积和产量将分别下降到 153.1 万公顷和 171.6 万吨,其中远东地区大豆面积和产量预计分别下降到 132.7 万公顷和 150.8 万吨。目前俄罗斯东部地区大豆单产明显低于欧洲地区和其他国家,2018—2019 年远东地区大豆平均单产仅为 1.11 吨/公顷,远低于俄罗斯欧洲地区(1.71 吨/公顷)、乌克兰(2.58 吨/公顷)、巴西(3.26 吨/公顷)和美国(3.47 吨/公顷),其主要影响因素是水、积温和技术。而我国在俄罗斯远东地区种植的大豆单产在 1.9 ～ 2.2 吨/公顷(阿穆尔州),与俄方种植对比地块单产平均高出 0.8 ～ 1.0 吨/公顷。因此,未来随着我国对俄罗斯远东地区耕地资源的进一步开发,把黑龙江省先进的大豆种植技术带到俄罗斯远东地区并落地,大豆单产的提升必然带来大豆产量的增加。

### 3. 大豆蛋白质含量和质量稳定

从表 4 - 7 可以看出,俄罗斯远东地区较其他地区大豆蛋白质含量高且相对稳定。

表 4 - 7　俄罗斯各地区与其他主产国大豆质量参数平均值对比　　　　单位:%

| | 远东地区 | 中央区 | 南方区 | 乌克兰 | 巴西 | 美国 | 巴拉圭 |
|---|---|---|---|---|---|---|---|
| 湿度 | 10.4 | 11.0 | 10.6 | 11.3 | 11.9 | 10.5 | 11.4 |
| 蛋白质 | 34.5 | 30.0 ~ 34.0 | 34.0 ~ 35.0 | 31.0 ~ 32.0 | 36.0 ~ 37.0 | 34.3 | 35.8 |
| 含油量 | 18.1 | 19.1 | 19.8 | 19.4 | 20.1 | 19.2 | 20.3 |

### 4. 中国是俄罗斯远东地区大豆出口的最好市场

虽然俄罗斯远东地区大豆、豆油和豆粕产量不断增加,但当地需求停滞不增,大豆及其主要产品产量过剩,加上东部地区动物饲料需求减少,扩大了东部地区大豆出口潜力。俄罗斯欧洲地区大豆产量不断增加,大豆需求增长更迅速,大豆供不应求(图 4 - 3),据估计 2024 年前仍处于短缺状态。但从远东地区大豆运往俄罗斯西部地区和运往中国的运费比较来看,到俄罗斯西部地区大豆运输费用为 75 ～ 80 美元/千吨,到乌拉尔和西伯利亚运费为 55 ～ 60 美元/千吨,到我国运费为 10 ～ 15 美元/千吨。可见,我国是俄罗斯远东地区大豆的最好市场。预计未来几年,俄罗斯远东地区对我国大豆出口将达到 70 万 ～ 90 万吨,俄罗斯非转基因大豆出口将达到 150 万 ～ 200 万吨。

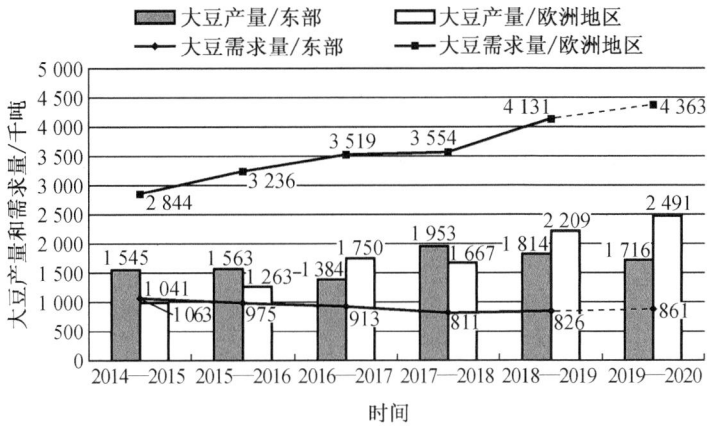

图 4 - 3 俄罗斯东部地区和欧洲地区大豆产量和需求量

## 4.5.2 黑龙江省具备对俄罗斯大豆投资的基础与条件

### 1. 地缘优势

黑龙江省与俄罗斯边境线接壤长达 2 981 千米,与俄罗斯的阿穆尔州、滨海边疆区、犹太自治州、哈巴罗夫斯克边疆区等隔黑龙江相望或土地相连,有 15 个为中俄两国政府确认的边境口岸和 10 个边民互市贸易区,公路口岸、铁路口岸、水运口岸等相互开放,交通运输十分便捷。地缘优势可以保证农产品进出口运输的便利性。黑河是俄罗斯大豆出口到我国的最主要口岸,从 2017—2018 年俄罗斯大豆出口渠道来看,布拉戈维申斯克 - 黑河口岸的大豆进口量最高(29.4 万吨),预计 2024—2025 年将达到 51 万吨(图 4 - 4)。黑河跨江大桥开通,对大豆出口有帮助。此外,黑龙江省的气候条件、农作物品种、种植方式等与俄罗斯远东地区比较相近,具备了走向俄罗斯远东地区进行大豆综合开发投资的先决条件。

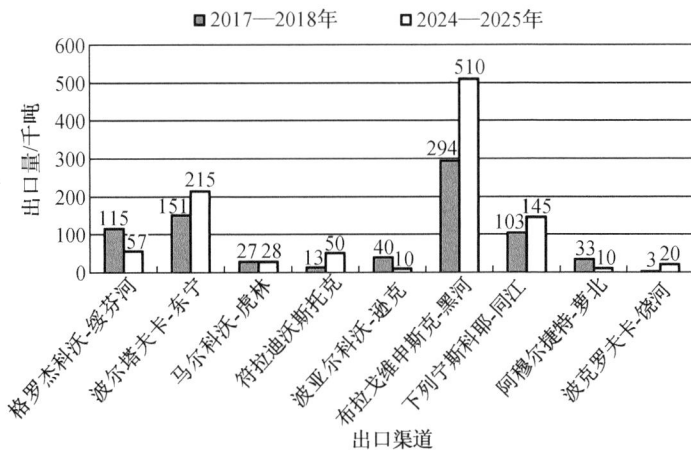

图 4 - 4 俄罗斯大豆向我国出口渠道

### 2. 具有对俄罗斯大豆投资的经验

自 20 世纪 90 年代对俄罗斯开展农业合作以来,尽管赴俄罗斯从事大豆种植的投资者成功的并不多,但总体来看,投资区域不断扩展,投资规模也不断扩大,合作领域延长,贯穿农业产业链。由过去种植发展到生猪、肉牛等养殖业,以及粮食、饲料、食品加工业及仓储、物流运输、农产品批发等诸多领域,在多年的对俄罗斯农业合作实践中,逐步形成了政府主导、企业开发合作、农户联合开发等多种合作模式。

### 3. 生产技术条件能够满足需要

黑龙江省的粮食总产量、年均增长量、商品量、人均产量等四项指标均居全国第一位。同时,黑龙江省主要农作物综合机械化程度达到 96.8%(2017 年),机耕、机播和综合机械化程度始终在全国名列前茅,已形成了具有很高水平和地域特色的农业技术,特别是垦区粮食生产的机械化、规模化、标准化水平已接近或超过发达国家水平,具备了向国外输出农机设备和技术的实力。

### 4. 农业劳动力资源丰富

海外农业开发基本属于土地密集型与劳动密集型相结合的产业。黑龙江省懂技术(会种地)的人多,剩余农民多。据统计,2017 年底黑龙江省农业人口有 1 538.2 万人,占全省总人口数量的 40.6%,农业从业人员 619.9 万人。随着农业机械化及新型农业经营主体的普及,剩余劳动力会逐年增加,他们在大豆种植、田间管理、农机操作等农业生产中积累了丰富的经验,为对俄罗斯大豆投资提供了有力的劳动力资源保障。

# 4.6　对俄罗斯远东地区大豆投资的对策

为使对俄罗斯大豆投资能健康持续发展起来,走长期发展道路,就要吸取对俄罗斯边境贸易初期的教训,加强省一级宏观调控和规范,以市场容量和效益为引导,逐步扩大,走规模适度、经营规范、标准高的路子,防止"一哄而上,一哄而散"。认真分析俄罗斯远东地区社会环境和市场环境,结合赴俄罗斯大豆投资过程中遇到的问题及未来投资发展趋势,开展深入细致的调查研究,寻求更好的经营模式和经营结构,是目前赴俄罗斯大豆投资的重要工作。

## 4.6.1　加强政府层面的沟通,建立良好的境外投资环境

对俄罗斯大豆投资,涉及中俄双方的长期利益,会不断遇到各种问题,要有长远规划和相应的政府支持。政府在对俄罗斯农业开发工作中既是规划者、引导者也是服务者。政府可做的工作如下。

(1)要加强对俄罗斯社会经济制度及与农业开发相关的法律法规的研究,做好调研,为对俄罗斯大豆投资者提供政策咨询和法律服务,指导企业对俄罗斯大豆投资工作。

(2)国家和省政府同俄罗斯联邦或地方政府积极协商,中俄地方政府之间或大型农业企业之间可根据需要签订相关的框架协议,把现在企业和家庭农场自发的大豆种植提升为

两政府间经济合作的大框架之中,签订一系列投资保护协定和避免重复纳税协定,保障赴俄罗斯劳务人员正当权益和人身财产安全。中国与俄罗斯已签订了《中俄投资合作规划纲要(2009年)》及《中国东北地区同俄罗斯远东及东西伯利亚地区合作规划纲要(2009—2018年)》,从宏观上规范和调控投资规模和行为,减少中间环节,帮助投资主体解决涉外问题,减少盲目性和风险。但国家和区域层面的合作规划要进一步落实到黑龙江省的操作层面。

(3)借鉴日本、韩国在俄罗斯远东地区农业投资的经验,设立"农业走出去"基金。韩国在2009年成立了海外发展基金,并把对俄罗斯远东地区的农业开发作为重点投资项目。日本早已在俄罗斯远东地区设立了农工经济特区,并和俄罗斯政府达成对日本企业、个人在俄罗斯远东地区进行农业开发给予土地与税收优惠的协议。现代农业开发,一次性投入大、周期长,企业单凭自身逐一沟通与解决各类问题困难巨大,应建立中俄政府间农业沟通协调机制,凡是企业遇到的问题均可通过这个机构统一处理。

### 4.6.2　壮大投资主体,产业化经营,融入当地的社会经济

未来随着市场竞争的加剧,必然要淘汰一批竞争力差的投资者,因此,一方面加快扶持和打造一批中国农业大型企业集团和跨国公司,发挥大型企业在开发境外农业资源示范和带动作用,争取在获取境外重大农业资源开发项目、农业技术合作项目上有更大的突破;另一方面整合现有分散的对俄罗斯农业开发企业,根据市场需求、科学安排、统筹兼顾、规范田间管理,实行产品收购、加工和销售一条龙,加快境外农业合作企业产业化发展进程。实现农业种植的提档升级,加大大型农机具的引进,实行统一的跨区域耕作和收购,减少低水平、小规模个体企业投资,减少外派劳务用工,缓解外派劳务的压力。

在俄罗斯远东地区种植大豆,不是一种简单的谋生和挣钱手段,而是需要用一种双赢的态度去经营。一方面,要有利于提升当地的农业生产标准与水平、保护当地的土壤与环境;另一方面,要适当推动当地人就业,而不是单方劳务输出。要真正融入当地社会,严格遵守当地的法律法规。此外,在俄罗斯从事农业开发企业与人员应努力学习和熟悉所在国家的法律、语言知识,尊重当地的民族习惯,提高自身素质,消除当地人的戒备心理,实现互补共赢的目的。

### 4.6.3　加强对出境劳务人员的法律和生产生活习俗等培训

对俄罗斯农业开发需要多种专业人才,要注重对生产组织、农业技术、市场营销和翻译人才的培养,加强对出境劳务人员的培训,重点是法律培训。尽管黑龙江省国家税务局编著了《中国居民赴俄罗斯投资税收指南》一书,并在书中详细介绍了俄罗斯的税收制度,指出中国企业赴俄罗斯投资,既有中俄两国国内税法规定的税收优惠,又有中俄税收协定优于两国国内税法的税收协定待遇,同时也有需要企业遵从的中俄两国税收管理规定。中文版《俄罗斯法概要——外国投资者法律指南》(第二版)一书,综合介绍了俄罗斯法律制度、司法制度及外国投资企业的法律规则,详细说明了俄罗斯投资和贸易法律的主要内容及其司法实践,重点阐释了俄罗斯实行市场经济体制以来商事法律的主要修改与发展。外商投资企业在俄罗斯的活动肯定会涉及税收、海关、外汇等问题,该书设专章就此做了说明,其

中重点介绍了外商投资企业在俄罗斯所应缴纳的各种联邦税、地区税和地方税,在通关时的各种海关程序及关税规则,外汇流通与支付等的法律问题。但由于赴俄罗斯大豆投资者和劳务人员等多为文化程度并不高的农民,因此需要相关部门对其进行俄罗斯相关法律、法规的培训,如移民法、交通法、税法、环保法等,协调海关、出入境检验检疫、信贷、保险等部门,联合开展俄罗斯法律法规、境外农业贷款、境外农业保险、先进农业技术和市场信息为内容的系统培训,并且结合实际生产生活的情况制作发放有关法律知识的小册子(中俄双语),做到人手一册;增强境外企业和人员遵章守法意识,使劳务人员能按照俄罗斯法律、法规规范自己的言行,不违反俄罗斯的法律规定;同时设立法律援助中心,配备专业的律师和翻译,为大豆投资企业和个人提供法律咨询和法律援助。此外,适当地对投资者和劳务人员开展俄罗斯生产生活习俗的培训,做到人人了解、尊重俄罗斯人的各种民风民俗,增进友谊,融洽相处,营造一个稳定、安全的生产生活环境。

### 4.6.4 扩展境外企业和个人的融资渠道

(1)国内的银行、担保公司等企业要协调拓展国外业务,把国内的一些成熟产品推广到国外去。建立信用评级制度,扩展境外企业和个人的融资渠道。积极利用农业担保公司为农业贷款的担保作用,为对俄罗斯大豆投资的农业企业融资贷款担保。在银行层面,创新金融融资产品,为对俄罗斯大豆投资企业量身定做融资产品,解决企业资金难题。进一步发挥境外企业的带头、纽带和窗口作用,采取以点带面、分批推进、重点扶持的做法,推动对俄罗斯大豆投资全面发展,实现双方互惠互利、共同发展的局面。

(2)深化中俄金融合作,破解资金供给瓶颈。通过加强中俄金融合作,提升两国金融对中俄农业合作项目的支持力度和水平。一是全力推进中俄本币结算进程,降低因汇率变动等负面影响产生的成本;二是通过互设金融分支机构或加快金融创新,实现金融产品跨境无缝链接,为中俄大豆投资项目提供广阔的融资平台;三是为从事境外大豆投资项目经营的资金开辟绿色通道,提高资金汇划效率。通过加大资金支持力度,拓宽对俄罗斯大豆投资领域范围。

### 4.6.5 中俄双方协商解决基础设施建设问题

对取得长期经营权的农田要加强基础设施建设,投入问题建议由中俄双方协商解决。新友谊农场所经营的土地基本都是苏联解体后国有农场弃耕20年左右的撂荒地,基本没有农田路,水利设施湮没,进出道路亟须疏通维护。为此,农田基础设施建设所需投资巨大,且受益方主要为俄罗斯。因此,农田基础设施建设投入问题应由中俄双方协商解决。此外,俄罗斯口岸基础设施还有提升空间,需要加强建设。

### 4.6.6 开展对外农业投资保险

纵观国际上对外农业投资发展良好的国家,对外农业投资开办之初,都是保险先行,为对外农业投资的发展提供良好保障。日本、韩国、美国及欧盟等的对外农业投资能够日益壮大,保险的保障作用功不可没。黑龙江省乃至全国也应该以此为借鉴,建立强有力的保险要素体系,为境外农业投资提供技术支持。对外农业投资保险是一个系统工程,涉及保险、环保、海关、财政等多个部门和行业,需要各部门形成合力来共同解决。通过开展对外农业投资保险,逐步实现减轻对俄罗斯农业投资者的后顾之忧、涉外农业生产及经营者及时得到赔付资金开展生产自救、保险公司保本微利经营的目标。一是把国内保险公司的成熟产品,如阳光农业种植保险、农机安全保险、人身财产安全保险等推广到在国际社会发展的企业和个人中去;二是制定专门的对外农业投资保险条例,增强对外农业投资保险实施过程中的规范化和制度化,明确对外农业投资保险的政策性,指定对外农业投资保险范围的标准,规定对外农业投资保险的经营目标是对外农业投资者得到最大效益的保护。

# 第5章 乡村振兴背景下黑龙江省大豆产业发展战略

## 5.1 引 言

### 5.1.1 背景与意义

2017年党的十九大报告中提出乡村振兴战略,按照产业兴旺、生态宜居、乡风文明、治理有效、生活富裕的总要求,建立健全城乡融合发展体制机制和政策体系,加快推进农业农村现代化。乡村振兴战略20字总要求中,首先提出的就是"产业兴旺",一、二、三产业融合发展是乡村振兴的基础路径。大豆产业的发展关乎种植业、养殖业、饲料工业和食品工业等多个行业的发展,在乡村振兴中发挥着重要作用。

黑龙江省是我国最重要的大豆主产省,也是我国重要的非转基因大豆生产基地。自国家提出乡村振兴战略以来,黑龙江省大豆种植面积和产量均占全国的40%以上,且逐年提高,2019年黑龙江省大豆产量781万吨,占全国大豆总产量的43%,2020年黑龙江省大豆种植面积460万公顷,占全国大豆种植面积的46.6%。由于大豆的产业链长,黑龙江省大豆产业的发展不仅在保障我国大豆及相关产品供给方面发挥着重要作用,也是黑龙江省豆农收入和黑龙江省大豆加工企业利润的重要来源,更关系到消费者豆制品方面的营养与健康。尽管黑龙江省大豆品质优良,但却不能实现优质优价,农民种豆积极性不高,2010年以来,黑龙江省大豆生产不断萎缩,尽管2016年开始回升,但2017年大豆种植面积仍较2009年减少22.4%。与此同时,黑龙江省大豆加工企业也面临着严峻挑战,2018年调查显示,约9成中小大豆加工企业停产。此外,大豆及大豆产品的贸易也受到影响,黑龙江省大豆产业发展面临严峻挑战,一定程度上影响到黑龙江省农业经济发展。因此,如何利用乡村振兴的契机,发展黑龙江省大豆产业,具有重要战略意义。

本章将从全产业链的视角(种植、流通、加工、市场、消费和贸易等),在系统梳理黑龙江省大豆产业发展演变及揭示演变动因的基础上,通过大规模调查把握当前黑龙江省大豆产业发展现状与问题,在全面分析黑龙江大豆产业发展的优势、劣势、机会和威胁的基础上,制定振兴黑龙江省大豆产业的战略规划。

实践价值如下。

(1)通过大规模的调查,摸清黑龙江省大豆产业发展现状与问题,并提出切实可行的政策建议,为后续开展深入研究提供基础资料的支撑。

(2)制定黑龙江省大豆产业发展战略规划,为政府制定大豆产业振兴政策提供借鉴和参考。

应用前景如下。

非转基因大豆产业的发展关系到大豆种植户、加工企业、流通主体、贸易企业等的发展,以及消费者的消费决策与选择,也是政府所关注的问题。本章将应用于大豆产业链中的各个主体,可望为大豆生产者生产决策提供选择参考,为流通企业、加工企业和贸易企业发挥整个产业带动作用提供经济参考,为消费者提供大豆及相关产品消费选择参考,为省、市、县、级等各级政府制定大豆产业政策提供决策参考。

### 5.1.2　国内外研究现状

近 20 多年来,中国大豆产业发展问题已备受关注。学者们的关注重点也从大豆生产、贸易和加工等一般环节逐步转向转基因、产业安全及产业发展等重大问题,并进行了大量研究。中国的大豆产区大体上可划分为北方春作大豆区、黄淮海流域夏作大豆区和南方多作大豆区三大区域,且这三个区域在大豆生产、流通、加工、消费和贸易等方面存在较大差异,大豆产业发展定位也明显不同。即便是在东北地区(东北三省和内蒙古自治区),不同省区的大豆产业发展定位也不尽相同,而且大豆产业发展在不同时期面临的发展环境和发展战略也不尽相同。就现有研究来看,国外研究的借鉴意义不大,因此仅梳理近年来国内大豆产业发展中涵盖黑龙江省的宏观研究和与黑龙江省大豆产业发展紧密相关的文献。

#### 1. 全国及东北地区大豆产业发展研究

茹蕾等提出建立稳定、多元的大豆供给渠道,加快调整国内饲料和食用油消费结构,抑制国内大豆消费需求的快速增长。翟涛等提出多措并举稳定和增加国内大豆产量,实施差异化发展战略,培育和壮大大豆跨国粮食企业,进一步完善国内大豆全产业链支持保护政策。侯荣娜从多角度提出了振兴东北地区大豆产业发展的政策体系。杨树果从全产业链的视角,分析了大豆产业各环节发展的影响因素,揭示了我国大豆产业发展演变规律和经济特征,并形成未来我国大豆产业发展变化的趋势判断,提出我国大豆产业发展的战略措施。

#### 2. 黑龙江省大豆产业发展研究

吴桐等认为黑龙江省大豆产业发展的重点在于加大政策扶持、技术研发和延长产业链条等方面的支持力度。孙瀚钊对大豆生产基地的战略分析(SWOT 分析),并据此提出了对策建议。程遥结合黑龙江省大豆产业发展现状,对黑龙江省大豆产业发展面临的困境进行成因分析,并提出了黑龙江省大豆产业安全发展的优化路径。曾学明从产业发展角度出发,提出将大豆产业定位为战略性资源类产业,分别从大豆产业发展方向和产业发展模式两个方面进行了分析。刘光武运用 SWOT 分析法分析了黑龙江省大豆产业发展的优劣势、面临的机遇和挑战,但研究过于泛泛,没有涉及黑龙江省大豆产业发展的关键性问题。邹淑娟等认为黑龙江省大豆产业面临着加工企业经营困难,需求降低,国家政策调整、信息不对称、温度回升等因素可能导致农户集中售豆,进口大豆价格优势明显等冲击。齐帮明通过实地调研,分析了生产要素、政府政策、市场环境、本土加工企业竞争性及国际贸易情况等因素对黑龙江省大豆产业发展的影响。国家大豆工程技术研究中心针对黑龙江省豆农卖豆难、企业陷入亏损困境的主要原因,提出改善黑龙江省大豆产业现状的具体措施。杨辉等运用 SWOT 分析法,明确了黑龙江省大豆生产的比较优势,对黑龙江省大豆出口竞争力进行了分析,以此为基础对大豆产业发展及推进的潜力因素做了阐述。徐雪高等通过调研,分析了黑龙江省大豆产业发展现状、面临的问题,并提出政策建议。孟函等分析了世界上主要国家大豆产业发展的成功经验与启示,提出适合黑龙江省大豆产业发展的相应对策。

### 3. 黑龙江省主要县市大豆产业发展研究

尤薇薇运用 SWOT 分析法对五大连池大豆产业发展的优劣势、机会和威胁进行了分析,并提出相关的政策建议。孙建森通过实地调研,分析了牡丹江市大豆产业发展的优势和劣势,但由于牡丹江不是黑龙江省的主要大豆产区,因此对整个黑龙江省大豆产业发展的借鉴意义较弱。罗永生提出建立非转基因大豆资源保护区,加强科技在大豆产业中的作用,建立大豆生产基地和产业化示范基地,以及运输户与农户"1 + 1"运输模式,集成生产基地与经纪人,加工企业"1 + 2"服务链条,农户与生产基地、协会会员、外地客商"1 + 3"服务链条等对策。

从现有研究来看,尽管学者们对黑龙江省大豆产业进行了不同程度的研究,但仍存在以下几个问题:一是研究过于泛泛,对黑龙江省大豆产业发展的本质和关键问题研究缺乏系统性;二是多基于统计数据,缺乏通过实地调研对黑龙江省大豆产业发展的研究;三是即使对个别产区进行了调查研究,但调查的范围和研究的问题均不够深入,对黑龙江省非转基因大豆产业发展的借鉴意义较弱;四是研究多基于大豆产业的某个环节或某几个环节,缺乏全产业链的考量。目前杨树果对全产业链进行了研究,但对象是全国的大豆产业,还需聚焦黑龙江省开展针对性研究。

# 5.2 黑龙江省大豆产业发展演变及动因分析

## 5.2.1 大豆生产发展演变

### 1. 近代大豆生产状况

1914—1929 年,黑龙江省大豆种植面积基本稳定在 40 万公顷以上,平均占东北四省[①]大豆种植面积的 25% 以上,产量在 20 万吨以上,平均占东北四省大豆产量的 21%,单产在 420 ~ 600 千克/公顷(表 5 - 1)。

---

① 东北四省指黑龙江省、吉林省、辽宁省和热河省。1955 年热河省撤销,其区域归入河北省、辽宁省和内蒙古自治区。

表 5 - 1　黑龙江省 1914—1929 年大豆生产情况

| 年份 | 面积/万公顷 | 占东北四省的百分比/% | 产量/万吨 | 占东北四省的百分比/% | 产额/千克/公顷 |
|---|---|---|---|---|---|
| 1914 | 47.57 | 26.56 | 22.19 | 19.74 | 427.5 |
| 1915 | 44.35 | 29.68 | 21.16 | 22.58 | 442.5 |
| 1916 | 43.98 | 12.61 | 27.51 | 7.310 | 577.5 |
| 1918 | 44.85 | 29.15 | 29.67 | 32.58 | 607.5 |
| 1924—1929 | 95.90 | 28.51 | 141.49 | 27.73 | 1 477.5 |

注:数据来源,根据许道夫《中国近代农业生产及贸易统计资料》换算整理,上海人民出版社,1983 年。

### 2.1949 年后大豆生产变化

（1）大豆生产在粮食生产中的地位变化

中华人民共和国成立以来,黑龙江省大豆种植面积占全省粮食作物种植面积的比例总体呈上升态势,从 1949 年的 19.10% 上升到 2020 年的 33.47%。其中 1949—1981 年,比例基本在 19% ~ 25%;1982—2002 年呈波动上升态势,比例基本在 25% ~ 30%;2003—2006年,大豆种植面积比例达最高值,40% 以上;随后迅速下降,从 2007 年的 35.59% 下降到2015 年的 18.63%,2016 年开始逐渐回升,2020 年大豆种植面积占全省粮食作物种植面积的 33.47%（图 5 - 1）。

图 5 - 1　1949—2020 年大豆种植面积占全省粮食作物种植面积的比例变化

（数据来源:《黑龙江统计年鉴 2020》《2020 年黑龙江省国民经济和社会发展统计公报》）

大豆产业占全省粮食产量的比例变化总体呈下降趋势,从 1949 年的 14.43% 下降到2020 年的 12.20%。其中 1949—1976 年下降较为明显,最高 24.4%,最低 11.09%;1977—1983 年呈上升趋势,从最低 12.68% 上升至 22.07%;1984—2005 年波动变化,最低13.57%,最高 22.32%;2006—2013 年呈下降趋势,从 17.26% 下降到 6.44%;随后逐渐回升,2020 年比例达 12.20%（图 5 - 2）。

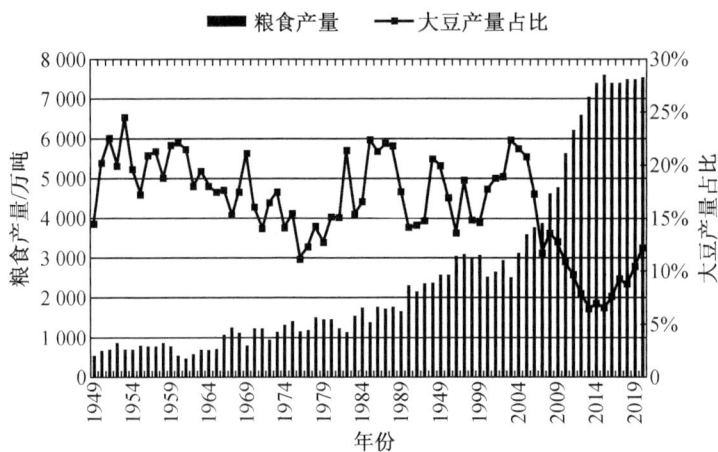

**图 5 – 2　1949—2020 年大豆产量占黑龙江省粮食作物产量的比例变化**

（数据来源：《黑龙江统计年鉴 2020》《2020 年黑龙江省国民经济和社会发展统计公报》）

（2）大豆种植面积、产量和单产变化

①大豆种植面积

1949—2020 年,黑龙江省大豆种植面积总体呈增加趋势,从 103.3 万公顷增加到 483.2 万公顷,年均增长率为 2.20%。其间波动较大,其中 1949—1984 年大豆种植面积在 100 万 ~ 200 万公顷波动,1985—2002 年大豆种植面积在 200 万 ~ 300 万公顷波动,2003—2011 年大豆种植面积在 300 万 ~ 400 万公顷波动,2006 年达到峰值 424.6 万公顷;2012—2015 年减少至 300 万公顷以内,2016—2020 年逐渐增加,2020 年增至 483.2 万公顷,年均增长 9.04%（图 5 – 3）。农调数据显示,2021 年黑龙江省大豆种植面积 397.2 万公顷,较上年度同期减少 69.65 万公顷。

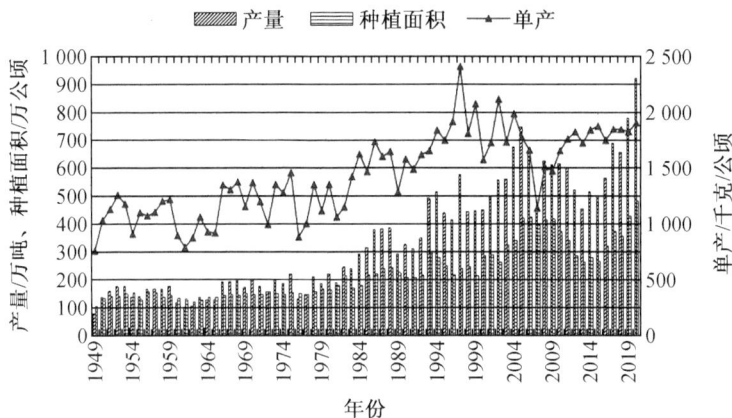

**图 5 – 3　1949—2020 年大豆种植面积、产量及单产变化**

（数据来源：《黑龙江统计年鉴 2020》《2020 年黑龙江省国民经济和社会发展统计公报》）

②大豆产量

1949—2020 年,黑龙江省大豆产量呈波动增加趋势,从 78.2 万吨增加至 920.3 万吨,年均增长率为 4%。其间也发生了较大波动,从 1949 年的 78.2 万吨增加到 2005 年的 748 万吨,随后减少至 2007 年的 452.7 万吨,2008 年增加后又迅速减少,减至 2013 年的 454.2 万吨,2014—2020 年持续快速增加,增至 920.3 万吨,年均增长 10.61%(图 5-3)。

③大豆单产

1949—2020 年,黑龙江省大豆单产呈波动提高态势,从 757 千克/公顷提高至 1 905 千克/公顷,其中 1997 年高达 2 408 千克/公顷,2007 年低至 1 138 千克/公顷,近 10 年稳定在 1 800 千克/公顷左右(图 5-3)。

(3)大豆生产区域分布

黑龙江省大豆的生产区域布局也发生了一定的变化。20 世纪 90 年代,农垦总局、齐齐哈尔、绥化等大豆主产区,分别占全省大豆种植面积的 20% 以上、20% 左右和 10% 左右,农垦总局大豆种植面积比例最高达 31.24%,2019 年农垦总局大豆统计到地方市县中。20 世纪以来,黑河、齐齐哈尔、绥化、佳木斯等是大豆主产区。黑河大豆种植面积占全省大豆种植面积的比例从 1988 年的 6.99% 上升到 2019 年的 31.47%;齐齐哈尔大豆种植面积比例相对平稳,基本维持在 15% ~ 20%,2019 年占 16.16%;绥化市在 2006 年以前基本稳定在 10% 左右,此后比例逐渐下降,降至 2013 年的 4.13%,随后开始上升,升到 2019 年的 11.58%;佳木斯市大豆种植面积比例波动较大,2019 年达 8.67%(图 5-4)。

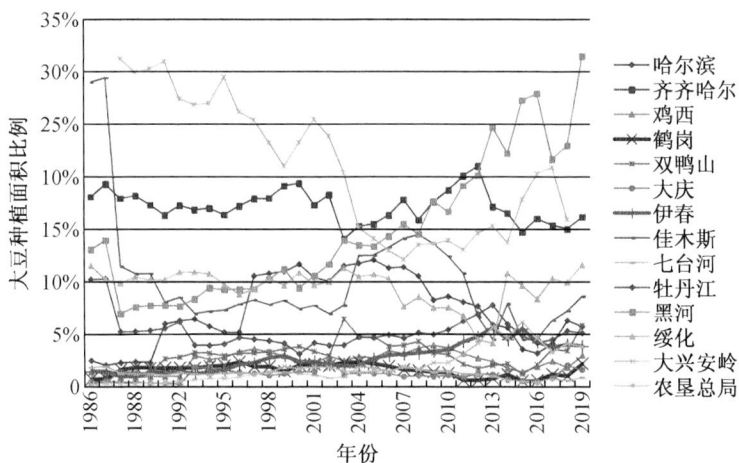

**图 5-4　1949—2019 年大豆种植面积区域结构变化**

(数据来源:《黑龙江统计年鉴 2019》)

农调数据显示,2021 年黑河大豆种植面积 93.07 万公顷,占全省大豆种植面积的 23.43%,北大荒农垦集团有限公司大豆种植面积 65.06 万公顷,占比 16.38%,齐齐哈尔大豆种植面积 64.72 万公顷,占比 16.29%(图 5-5)。

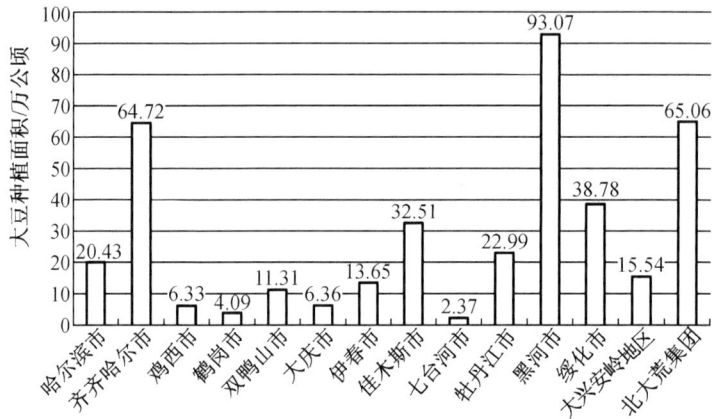

图 5 - 5　2021 年大豆种植面积区域比较

（数据来源：黑龙江省农业农村厅）

从区域大豆产量变化来看，农垦总局大豆产量最高占全省大豆产量的 32.83%，齐齐哈尔最高占到 23.69%，绥化最高占 13.34%，黑河最高占 33.45%。2019 年，黑河、齐齐哈尔、绥化大豆产量分别占全省大豆产量的 33.45%、13.94% 和 12.66%（图 5 - 6）。

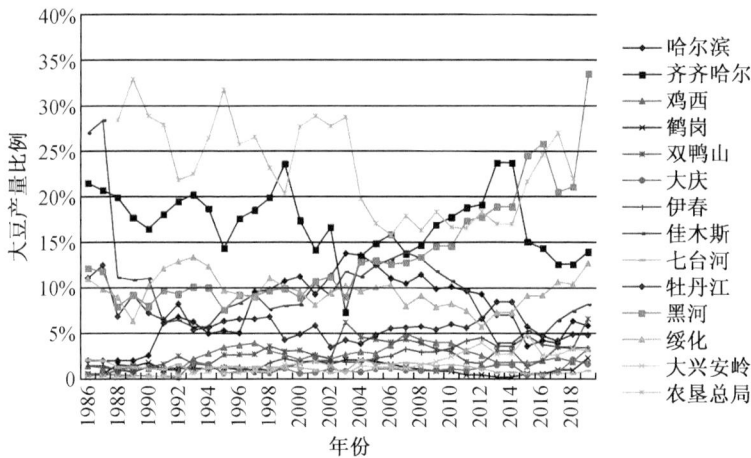

图 5 - 6　1949—2019 年大豆产量区域结构变化

（数据来源：《黑龙江统计年鉴 2019》）

从区域大豆单产水平来看，各地区大豆单产均呈较大波动，近 5 年相对稳定。20 世纪 80 年代以来，最高单产出现在 1997 年佳木斯，大豆单产达 3 410 千克/公顷，农垦总局大豆单产水平较高，2012 年达 2 754 千克/公顷，2016—2019 年，大豆单产基本在 1 500 ~ 2 000 千克/公顷（图 5 -7）。

**3. 大豆生产成本收益变化**

（1）大豆生产成本变化

从黑龙江省大豆生产成本变化来看，总体上可分为两个阶段：一是 1980—2003 年，农业

税改革前,大豆生产成本呈明显上升趋势,从 19.10 元/亩上涨到 2003 年的 130.44 元/亩,
年均增长 8.71%。其中物资与服务费用占 60% 以上,最高达 87.26%;人工成本占 40% 左
右,最低 12.74%。二是 2004—2019 年,大豆成本增长也很迅速,从 247.99 元/亩增加到
677.15 元/亩,年均增长 7.44%。其中物资与服务费用比例下降,人工成本和土地成本比例
上升。物资与服务费用比例从 50.01% 下降至 31.52%,人工成本和土地成本比例分别从
18.36% 和 31.63% 提高至 24.16% 和 48.47%(图 5-8)。

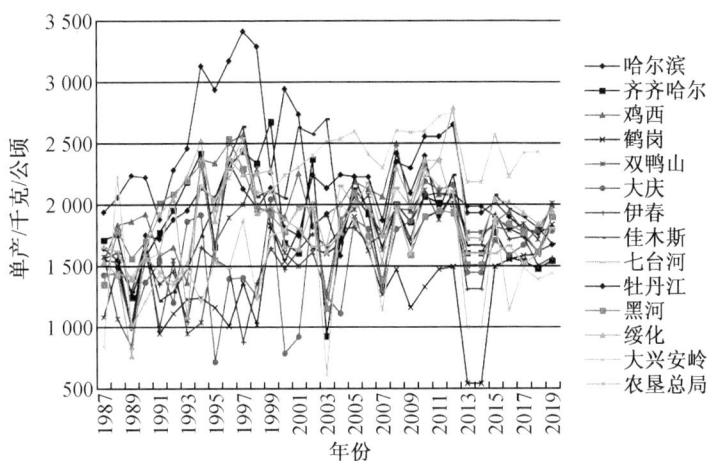

**图 5-7　1949—2019 年大豆单产区域变化**

(数据来源:《黑龙江统计年鉴 2019》)

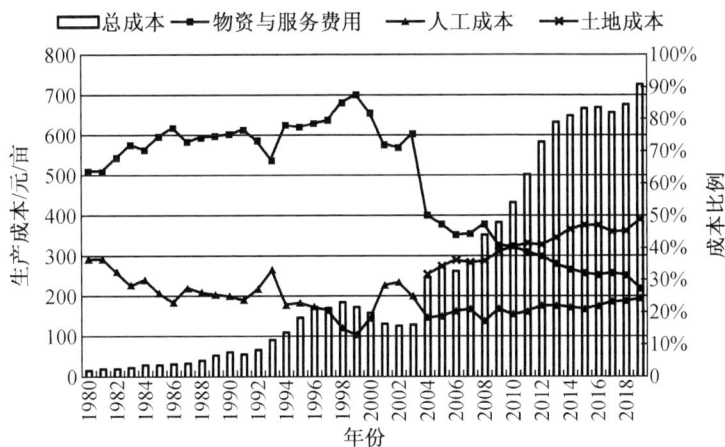

**图 5-8　1980—2018 年大豆生产成本变化**

(数据来源:《全国农产品成本收益资料汇编 2018》)

从 2019 年和 2020 年黑龙江省大豆成本调查来看,不同经营主体大豆生产成本增减及
成本结构均有较大区别。从成本增减变动来看,2020 年,新型农业经营主体大豆生产总成
本 633.09 元/亩,较 2019 年增加 67.98 元/亩;小农户大豆生产成本 242.50 元/亩,较 2019
年减少 7.09 元/亩;龙头企业北大荒农垦集团有限公司大豆生产成本 648.60 元/亩,较

2019 年增加 67.84 元/亩。从成本结构来看,2020 年新型经营主体和龙头企业大豆生产成本中,流转土地费用占比最高,分别为 62.85% 和 50.83%;小农户大豆生产成本中,物资费用与机械作业费用占比较高,分别占 49.60% 和 42.40%(表 5 - 2)。

表 5 - 2  2019—2020 年黑龙江省大豆生产成本调查  单位:元/亩

| 项目 | 2020 年 | | | 2019 年 | | | 增减 | | |
|---|---|---|---|---|---|---|---|---|---|
| | 新型农业经营主体 | 小农户 | 北大荒农垦集团有限公司 | 新型农业经营主体 | 小农户 | 北大荒农垦集团有限公司 | 新型农业经营主体 | 小农户 | 北大荒农垦集团有限公司 |
| 总成本 | 633.09 | 242.50 | 648.60 | 565.11 | 249.59 | 580.76 | 67.98 | - 7.09 | 67.84 |
| 物资投入费 | 203.61 | 223.09 | 289.8 | 197.61 | 211.18 | 261.11 | 6.00 | 11.91 | 28.69 |
| 人工成本费 | 31.56 | 19.41 | 29.10 | 36.97 | 38.41 | 14.75 | - 5.41 | - 19.00 | 14.35 |
| 流转土地费用 | 397.92 | 0 | 329.70 | 330.52 | 0 | 304.90 | 67.40 | 0 | 24.80 |

注:数据来源于黑龙江省农业农村厅。

从北大荒农垦集团有限公司尖山农场的大豆生产成本调查来看,2020 年尖山农场大豆生产成本 548.6 元/亩,较 2019 年增加 21.2 元/亩,其中机械作业费占比最高,占 20.42%(表 5 - 3)。

表 5 - 3  2019—2020 年尖山农场大豆生产成本  单位:元/亩

| 年份 | 种子 | 化肥 | 叶面肥 | 农药 | 机械作业费 | 在产品 | 航化 | 晒场占用费及人工 | 亩成本 |
|---|---|---|---|---|---|---|---|---|---|
| 2019 | 29.90 | 46.90 | 10.90 | 27.60 | 105.90 | 62.30 | 14.00 | 6.00 | 527.40 |
| 2020 | 31.30 | 43.00 | 11.10 | 28.50 | 112.00 | 59.70 | 9.00 | 8.40 | 548.60 |
| 占比 | 5.71% | 7.84% | 2.02% | 5.20% | 20.42% | 10.88% | 1.64% | 1.53% | 100% |
| 增减 | 1.40 | - 3.90 | 0.20 | 0.90 | 6.10 | - 2.60 | - 5.00 | 2.40 | 21.20 |

注:数据来源于实地调查。

(2)大豆收益变化

1980—2018 年,大豆亩利润总体呈下降趋势,从 25.78 元/亩下降到 - 198.3 元/亩。其中 1980—1997 年呈上升趋势,1997 年利润达 151.09 元/亩,随后波动较大,直至 2013 年,大豆利润为负值,2019 年最低达 - 263.5 元/亩。成本利润率也呈下降趋势,从 1980 年的 135% 下降到 2019 年的 - 36.31%(图 5 - 9)。

从 2019—2020 年大豆收益的调查来看,黑龙江省大豆亩纯收入为正,不同经营主体间存在一定差异。2020 年小农户大豆纯收入 755.47 元/亩,其中惠农补贴合计 294.72 元/亩;新型农业经营主体大豆纯收入 353.64 元/亩,其中惠农补贴合计 238 元/亩;北大荒农垦集团有限公司大豆纯收入为 492.94 元/亩,其中惠农补贴合计 309.7 元/亩。大豆收入分别较 2019 年增加 229.71 元/亩、179.44 元/亩和 252.4 元/亩(表 5 - 4)。

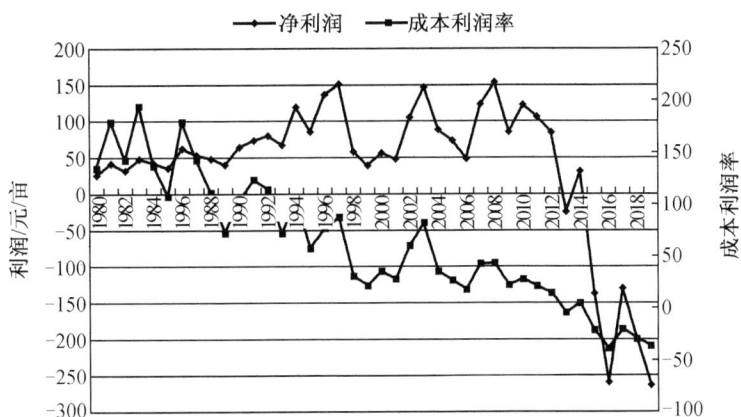

**图 5 - 9　1980—2018 年大豆收益变化**

(数据来源:《全国农产品成本收益资料汇编 2018》)

**表 5 - 4　2019—2020 年黑龙江省大豆收益调查**　　　　　　　　单位:元/亩

| 项目 | 2020 年 | | | 2019 年 | | | 增减 | | |
|---|---|---|---|---|---|---|---|---|---|
| | 新型农业经营主体 | 小农户 | 北大荒农垦集团有限公司 | 新型农业经营主体 | 小农户 | 北大荒农垦集团有限公司 | 新型农业经营主体 | 小农户 | 北大荒农垦集团有限公司 |
| 平均亩纯收入 | 353.64 | 755.47 | 492.94 | 174.20 | 525.77 | 240.54 | 179.44 | 229.71 | 252.40 |
| 惠农补贴合计 | 238.00 | 294.72 | 309.70 | 255.00 | 327.41 | 326.70 | - 17.00 | - 32.69 | - 17.00 |
| 耕地地力保护补贴 | 0 | 56.72 | 71.70 | 0 | 72.41 | 71.70 | 0 | - 15.69 | 0 |
| 生产者补贴 | 238.00 | 238.00 | 238.00 | 255.00 | 255.00 | 255.00 | - 17.00 | - 17.00 | - 17.00 |

注:数据来源于黑龙江省农业农村厅。

从北大荒农垦集团有限公司红五月农场的大豆收益调查来看,2018—2020 年,大豆亩收益逐年增加,从 300 元/亩增加至 458 元/亩(表 5 -5)。

**表 5 - 5　2018—2020 年红五月农场大豆生产及收益情况**

| 年份 | 种植面积/亩 | 亩产/千克 | 总产/吨 | 亩收益/元/亩 |
|---|---|---|---|---|
| 2018 | 115 335 | 192.0 | 22 147 | 300 |
| 2019 | 165 270 | 168.0 | 27 750 | 315 |
| 2020 | 156 715 | 180.2 | 28 240 | 458 |

### 5.2.2 大豆流通发展演变

大豆从供给端到需求端(含消费),涉及种子、生产(种植业)、大豆加工、饲料加工(饲料业)、市场(收储、流通、价格等)、进出口贸易、畜牧养殖(养殖业)、消费等主要产业和主要环节,参与主体为追求自身利益最大化进行合作而形成的动态网络组织,包含供需链、价值链、产品链、技术链和空间链五个维度(图5-10)。

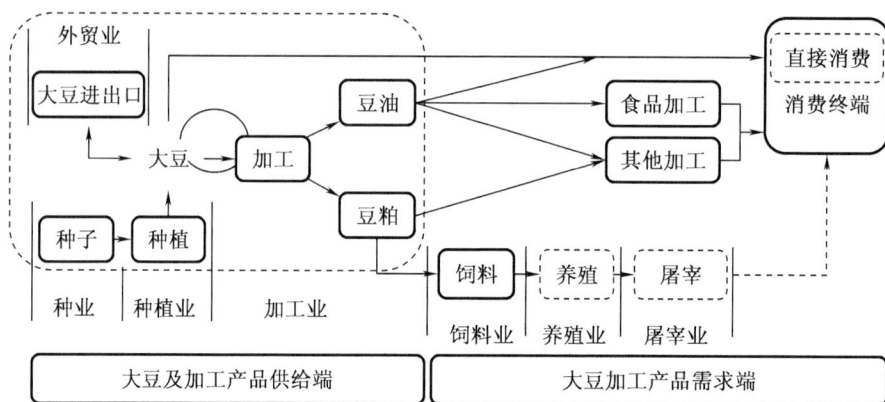

图 5-10 大豆流通图

#### 1.大豆流通价格

如图5-11所示,从大豆价格指数的变化来看,2003—2018年,除个别年份大豆价格较上一年度有所下降外,其他年度均不同程度地上涨。涨幅最高为33.7%(2003年),降幅最大为14.09%(2009年),总体来说价格波动较大。

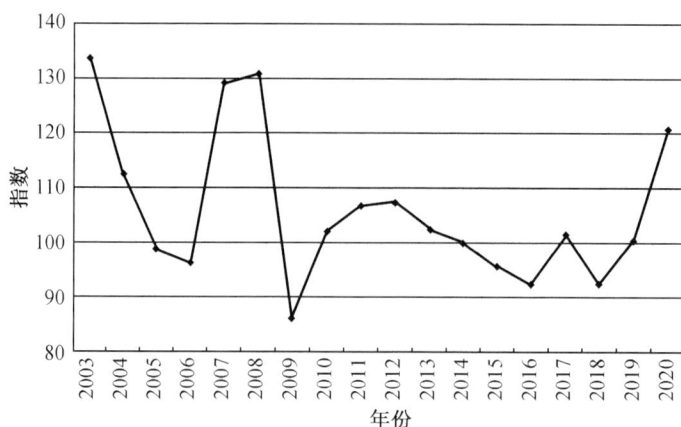

图 5-11 2003—2020 年大豆价格指数变化(上年为 100)

(数据来源:《中国农村统计年鉴 2020》)

1953—1993 年,国家对大豆实行统购统销,1953 年大豆平均统购价格为 0.16 元/千克,平均统销价格为 0.185 元/千克,1971 年提高了 10%,1978 年提高了 23%。1980 年 8 月将收购价格由 0.46 元/千克提到 0.6 元/千克,并继续实行超购加价 50%。实行超购加价后,大豆收购价格由 0.46 元/千克提升到 0.69 元/千克。1993 年国家对大豆实行保护价收购,0.9 元/千克,从 10 月 1 日起,大豆购销价格由 0.9 元/千克提高到 1.1 元/千克。

1991—2018 年,黑龙江省大豆主产品销售价格总体呈上涨趋势,从 1.01 元/千克上涨到 2012 年的 4.65 元/千克,随后下降到 2018 年的 3.48 元/千克(图 5 - 12)。

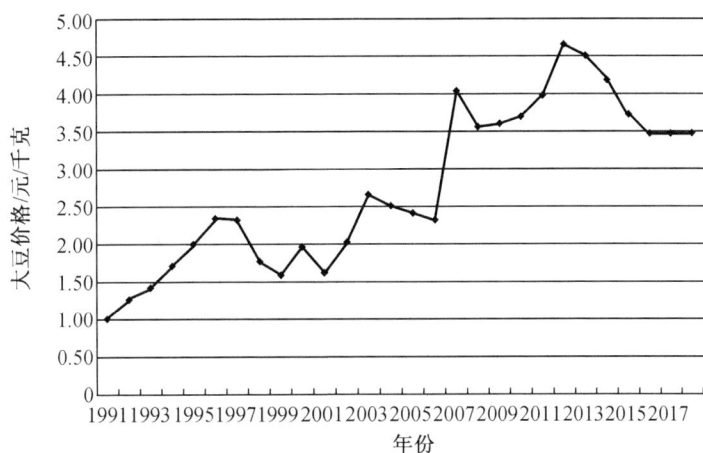

**图 5 - 12　1991—2018 年大豆主产品销售价格变化**

(数据来源:《全国农产品成本收益资料汇编 2018》)

从 2019—2020 年黑龙江省大豆销售价格调查来看,大豆平均销售价格 4.50 元/千克,较 2019 年提高 1.5 元/千克,不同经营主体大豆价格有一定差异(表 5 - 6)。

**表 5 - 6　2019—2020 年黑龙江省大豆价格调查**

| 项目 | 2020 年 | | | 2019 年 | | | 增减 | | |
|---|---|---|---|---|---|---|---|---|---|
| | 新型农业经营主体 | 小农户 | 北大荒农垦集团有限公司 | 新型农业经营主体 | 小农户 | 北大荒农垦集团有限公司 | 新型农业经营主体 | 小农户 | 北大荒农垦集团有限公司 |
| 平均亩产/斤 | 298.30 | 281.30 | 346.60 | 283.73 | 265.50 | 294.76 | 14.57 | 15.80 | 51.84 |
| 平均出售价格/元/斤 | 2.51 | 2.50 | 2.40 | 1.71 | 1.69 | 1.68 | 0.80 | 0.81 | 0.72 |
| 平均产值/元/亩 | 748.73 | 703.25 | 831.84 | 484.31 | 447.95 | 494.61 | 264.43 | 255.30 | 337.23 |

注:数据来源于黑龙江省农业农村厅。

从主产区大豆收购价格年度变化来看,2014 年 1 月—2021 年 12 月,产区磅秤国标三等大豆收购价格先跌后涨,从 2014 年平均 4 500 元/吨下跌到 2019 年的平均 3 500 元/吨,自 2019 年底开始一路上涨,上涨至 2021 年 11 月的 6 100 元/吨,2021 年 12 月略有下降,降至

5 950 元/吨,产区之间差异不大(图 5 – 13)。

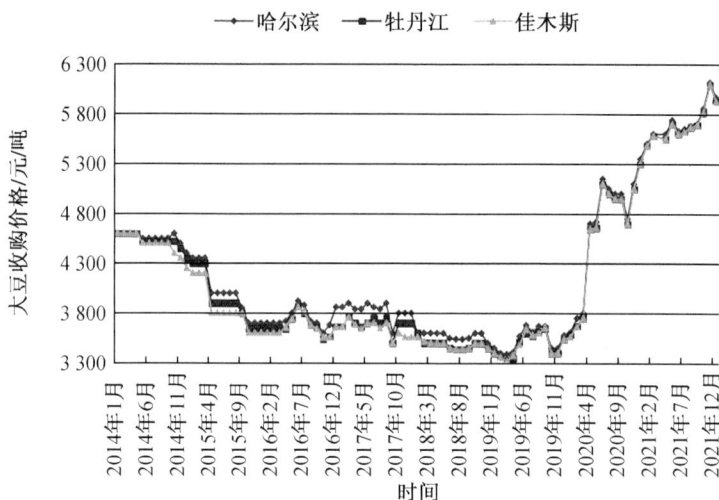

**图 5 – 13 2014 年 1 月—2021 年 12 月国产三等大豆磅秤收购价月度变化**

(数据来源:中华粮网)

(注:2014 年 1—10 月,哈尔滨和牡丹江为油厂收购价,佳木斯为粮点收购价。)

#### 2. 大豆营销状况调查

从北大荒农垦集团有限公司九三分公司的调查来看,各农场的大豆多是食用豆,销售多以订单销售为主,少部分通过黑龙江的粮贸公司在各农场的分公司统一销售。

(1)尖山农场大豆营销

①开拓大豆订单市场

2020 年尖山农场有限公司签订订单总面积 33.3 万亩,占总种植面积的 95%,其中大豆订单面积 24 万亩。按照企业需要什么样的大豆就种植什么样的大豆的原则,主要与大连兴龙垦有机产品有限公司、贵州老干妈集团食品有限公司等多家知名企业围绕高油、高蛋白等大豆产品理化特点开展订单销售。全场大豆基本实现 100% 订单种植。通过订单销售有效增加了抵御自然风险等能力,提升种植效益,增加了种植户的收入。以第一管理区为例,大豆销售价格 4.99 元/千克。

②大豆品牌推广

目前九三农垦管理局拥有绿色大豆之都、全国农产品地理标志产品、全国非转基因大豆加工产业知名品牌创建示范区等多项荣誉,借助九三大豆这些荣誉,尖山农场有限公司以产业营销部和粮贸公司牵头,积极参加全国绿色食品博览会和农产品交易会等大型会议,主推"土莫噶珊""尖山古堡""尖儿香"三大特色品牌,并与国内知名企业开展合作,加快融入国内大循环体系中。以尖山农场有限公司营销中心、北大荒绿色智慧厨房尖山专营店为主体,做大做强营销队伍、做实做优大豆品牌,把好产品卖上好价格,让好产品走向全国各地绿色餐桌。

③大豆精深加工

尖山农场有限公司以"十四五"规划为契机,立足当前定好位,着力发展大项目。在大豆产量增加、市场看涨的情况下,企业和职工都获得了双重效益。现在国内市场上,越来越多的企业和个人专门选购九三大豆和大豆产品,这是一个很好的开端。按照集团和分公司战略部署,在"十四五"规划定位的基础上,尖山农场有限公司将重点抓好有机大豆生物技术产业园项目,抓好尖山农场国家良种繁育基地项目建设,与荣军腐竹一起,形成引领九三大豆产业快速发展的"三驾马车",进一步提升为职工增收、企业增效的能力。

(2)红五月农场大豆营销

2018 年,红五月农场加入广东省大豆产业技术创新联盟;2019 年,根据广东省大豆产业技术创新联盟加工企业的需求,建立食品专用大豆种植基地 12 万亩,其中,广州市客家婆山水食品有限公司专用大豆种植基地 2 万亩,广东阳帆豆豉有限公司专用大豆种植基地 3 万亩,梅州市水泉腐竹食品厂专用大豆基地 5 万亩、广东碧泉食品科技有限公司专用大豆基地 2 万亩。2020 年,根据食品加工企业需求,为客家婆山水食品有限公司、广东阳帆豆豉有限公司、佛山市豆本营食品有限公司、梅州市客家磨坊食品有限公司、广东百家鲜食品科技有限公司等企业种植专供大豆 14 万亩,在大豆营销上已经形成较为成熟的营销模式,即"企业专供"。

## 5.2.3　大豆加工状况

从 2019 年全国大豆加工情况来看,压榨是主要的加工形式。2019 年黑龙江省大豆压榨产能 182.5 万吨,占全国大豆压榨产能的 1.1%,在全国压榨产能中排名第 14 位(表 5 - 7)。2020 年,黑龙江省大豆压榨龙头企业九三粮油工业集团有限公司压榨产能位居全国第 3 位(表 5 - 8)。该公司主要生产豆粕、大豆油、浓缩磷脂、豆油脂肪酸等初级加工产品,以及天然维生素 E 原液、大豆异黄酮粉、粉末磷脂、植物甾醇、脂肪酸甲脂及保健食品等深加工产品。

表 5 - 7　我国企业压榨产能前 14 省市情况

| 省份 | 2019 年压榨产能/万吨 | 产能占比/% | 较 2018 年占比变化/% |
|---|---|---|---|
| 山东 | 2 952.9 | 18.6 | - 0.57 |
| 江苏 | 2 536.8 | 15.9 | - 0.49 |
| 广东 | 1 759.3 | 11.1 | - 0.34 |
| 广西壮族自治区 | 1 533.0 | 9.6 | - 0.30 |
| 辽宁 | 1 496.5 | 9.4 | + 1.37 |
| 福建 | 897.9 | 5.6 | - 0.17 |
| 河北 | 854.1 | 5.4 | - 0.16 |
| 天津 | 803.0 | 5.0 | - 0.16 |
| 浙江 | 551.2 | 3.5 | - 0.11 |

表 5 – 7（续）

| 省份 | 2019 年压榨产能/万吨 | 产能占比/% | 较 2018 年占比变化/% |
|---|---|---|---|
| 河南 | 500.1 | 3.1 | – 0.10 |
| 四川 | 458.1 | 2.9 | + 1.33 |
| 湖北 | 449.0 | 2.8 | – 0.09 |
| 吉林 | 292.0 | 1.8 | – 0.06 |
| 黑龙江 | 182.5 | 1.1 | – 0.04 |

注：数据来源于卓创资讯。

表 5 – 8　中国大豆压榨产能集团排名

| 集团名称 | 2020 年排名 | 较 2019 年位次变化 | 产能变化/吨/天 |
|---|---|---|---|
| 中粮 | 1 | 无变化 | + 3 000 |
| 益海嘉里 | 2 | 无变化 | + 4 000 |
| 九三 | 3 | 无变化 | 0 |
| 中储粮 | 4 | 无变化 | 0 |
| 渤海 | 5 | 无变化 | 0 |
| 汇福 | 6 | + 1 | 0 |
| 邦吉 | 7 | – 1 | – 4 000 |
| 嘉吉 | 8 | 无变化 | 3 000 |
| 和润 | 9 | 无变化 | 4 000 |
| 路易达孚 | 10 | 无变化 | 3 000 |
| 北部湾 | 11 | + 1 | 0 |
| 东陵粮油 | 12 | – 1 | 0 |
| 午驰 | 13 | 无变化 | 0 |
| 三维 | 14 | 无变化 | 0 |
| 阳光 | 15 | 无变化 | 0 |

注：数据来源于卓创资讯。

## 5.2.4　大豆贸易状况

黑龙江省大豆贸易主要是进口贸易。1999—2019 年，大豆进口量总体呈增加趋势，从 6.3 万吨增加到 2014 年的 345.88 万吨，随后减少至 2018 年的 160.23 万吨，2019 年增至 229.78 万吨。同期大豆进口额从 1 293.9 万美元增加至 2014 年的 19.23 亿美元，后减少至 2017 年的 7.51 亿美元，随后增加至 2019 年的 57.37 亿美元（图 5 – 14）。

**图 5 - 14　1999—2019 年黑龙江省大豆进口量和进口额**

（数据来源：《黑龙江统计年鉴 2019》）

从黑龙江省进口大豆价格来看，1999—2019 年大豆进口价格先升后降，首先从 205.29 美元/吨上升至 2008 年的 634.01 美元/吨，后下降至 2010 年的 439.54 美元/吨，上升至 2012 年的 604.34 美元/吨，下降至 2019 年的 361.91 美元/吨（图 5 - 15）。在黑龙江省进口的大豆中，2017—2018 年从俄罗斯进口的大豆量为 77.9 万吨，约占全省大豆进口量的 44%。其中主要从黑河港口进口，约占从俄罗斯进口大豆的 37.74%。

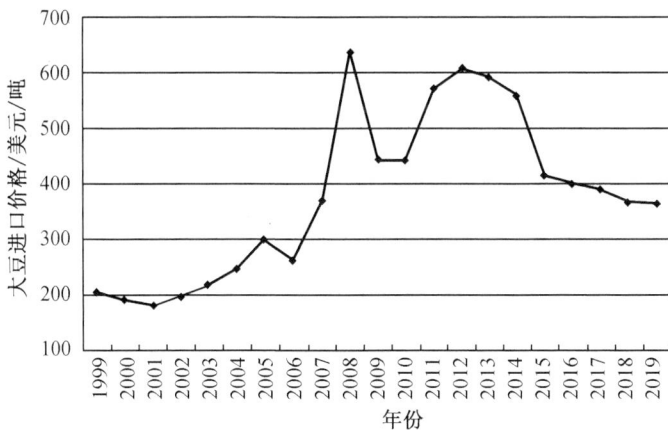

**图 5 - 15　1999—2019 年黑龙江省大豆进口价格变化**

（数据来源：根据《黑龙江统计年鉴 2019》数据计算）

## 5.2.5　大豆产业政策

### 1.良种补贴政策（2002—2015 年）

大豆良种补贴政策源于 2002 年农业部制定并启动实施的"大豆振兴计划（2002—2007）"。该计划给予大豆主产区（东北三省和内蒙古自治区）的高油大豆种子补贴（高油大豆是指含油率21%以上、蛋白质含量不低于38%,主要用于榨油),补贴标准为每亩10元。2002年,中央财政安排补贴资金1亿元,补贴面积1 000万亩,其中,黑龙江省占了600万亩。2003年,黑龙江省大豆总种植面积达到4 599万亩,比2002年增加653万亩,增长了17%。

2016年,国家全面推行农业"三项补贴"政策改革,将粮食直补、农资综合补贴、农作物良种补贴合并为"农业支持保护补贴"。2016年,黑龙江省统一补贴标准为71.45元/亩,2017年补贴标准为71.546 9元/亩;2018年农垦补贴标准为71.7元/亩,其中中央财政补贴为14.12元/亩,省级财政补贴标准为57.58元/亩;2019年补贴标准为72.408 1元/亩;2020年和2021年补贴标准为56.724 5元/亩,农垦补贴标准为71.7元/亩。

**2. 大豆临时存储收购政策(2008—2013年)**

2008年到2009年6月底,国家对黑龙江省大豆分四次进行临时收储,价格为1.85元/斤。根据2009年11月27日国家发展和改革委员会发布的《关于做好2009年东北地区秋粮收购工作的通知》要求,继续在东北地区实行玉米、大豆临时收储政策。大豆(国标三等质量标准)临时收储价格为1.87元/斤。国家粮食和物资储备局会同国家发展和改革委员会、财政部、中国农业发展银行于2010年10月28日发布了《关于2010年国家临时存储大豆收购等有关问题的通知》,从2010年11月1日—2011年4月30日,国家临时存储大豆(国标三等质量标准)挂牌收购价格为1.90元/斤,每等级之间以40元/吨的标准提高。2011年11月,国家发展和改革委员会、国家粮食和物资储备局、财政部、中国农业发展银行联合下发了《关于2011年国家临时存储大豆收购等有关问题的通知》,规定了从2011年11月23日—2012年4月30日,国家临时存储大豆挂牌收购价格(国标三等质量标准)为2.00元/斤,每等级之间差价0.02元/斤。国家发展和改革委员会于2012年11月发布了《关于做好2012年秋粮收购工作的通知》,大豆(国标三等质量标准)收购价格为2.3元/斤,临时收购起始时间由国家有关部门根据市场情况研究决定,截止时间为2013年4月30日。2013年11月15日,国家发展和改革委员会发布《关于做好2013年秋粮收购工作的通知》,规定大豆(国标三等质量标准)临时收储价格为2.3元/斤(表5-9),截止时间为2014年4月30日。

表5-9　大豆临时收储价格

| 年份 | 2008 | 2009 | 2010 | 2011 | 2012 | 2013 |
|---|---|---|---|---|---|---|
| 价格/元/斤 | 1.85 | 1.87 | 1.90 | 2.00 | 2.30 | 2.30 |

**3. 大豆目标价格政策(2014—2016年)**

前文已介绍,在此不再赘述。

**4. 大豆轮作补贴政策(2016—2018年)**

前文已介绍,在此不再赘述。

**5. 大豆生产者补贴政策(2017年至今)**

2017年3月,国家宣布取消大豆目标价格政策,实行市场化收购+生产者补贴的模式,与 2016 年的玉米生产者补贴政策相统一。2017 年黑龙江省玉米生产者补贴标准为 133.46 元/亩,大豆生产者补贴标准为 173.46 元/亩。2018 年 10 月,黑龙江省正式启动玉米和大豆生产者补贴资金发放工作,大豆生产者补贴标准 320 元/亩,2019 年为 255 元/亩、2020 年为 238 元/亩、2021 年为 248 元/亩。

### 6. 关于扩大大豆种植面积的紧急政策

吉林省于 2018 年 4 月 28 日印发《关于下达 2018 年全省大豆种植面积任务的通知》,通知将全省种植大豆 464 万亩的任务分配给 11 个市区及市区所辖县市。同年 4 月 29 日,黑龙江省农业委员会印发了《关于扩大全省大豆种植面积的紧急通知》。2018 年,国家下达黑龙江省大豆种植面积增加 500 万亩。黑龙江省在 1 150 万亩轮作试点任务基础上,新增 200 万亩耕地轮作面积扩种大豆,分配给 15 个市、地区,农垦和森工部门,补贴标准为 150 元/亩(表 5 - 10)。

表 5 - 10　黑龙江省和吉林省大豆种植任务分解　　　　　　　单位:万亩

| 黑龙江省 | | | 吉林省 | |
| --- | --- | --- | --- | --- |
| 区域 | 扩大大豆种植面积 | 新增轮作试点面积 | 县(市、区) | 任务面积 |
| 全省合计 | 500 | 200 | 全省合计 | 464.0 |
| 哈尔滨市 | 22 | 40 | 长春市 | 37.0 |
| 齐齐哈尔市 | 74 | 10 | 吉林市 | 55.0 |
| 鸡西市 | 13 | 5 | 四平市 | 22.0 |
| 鹤岗市 | 6 | 0 | 辽源市 | 17.0 |
| 双鸭山市 | 19 | 0 | 通化市 | 13.0 |
| 大庆市 | 4 | 0 | 白山市 | 37.0 |
| 伊春市 | 20 | 0 | 松原市 | 22.0 |
| 佳木斯市 | 39 | 0 | 白城市 | 10.5 |
| 七台河市 | 4 | 0 | 延边州 | 240.5 |
| 牡丹江市 | 20 | 0 | 公主岭市 | 8.0 |
| 黑河市 | 114 | 40 | 梅河口市 | 2.0 |
| 绥化市 | 50 | 10 | — | — |
| 大兴安岭地区 | 17 | 0 | — | — |
| 省农垦总局 | 98 | 85 | — | — |
| 森工总局 | 0 | 10 | — | — |

### 7. 大豆"保险 + 期货"试点

2016 年中央"一号文件"提出稳步扩大"保险 + 期货"试点。2017 年,在加快农村金融创新中提出深入推进农产品期货、期权市场建设,积极引导涉农企业利用期货、期权管理市场风险,稳步扩大"保险 + 期货"试点。2018 年,在提高金融服务水平中提出深入推进农产品期货、期权市场建设,稳步扩大"保险 + 期货"试点,探索"订单农业 + 保险 + 期货(权)"试点。根据黑龙江省大豆协会的调查,在 2016 年南华期货股份有限公司联合阳光农险在赵光农场"价格险"试点成功运行的基础上,2017 年研究种植保险和价格保险相结合的"收入保险"产品。总计保障了赵光农场和襄河农场 6 000 吨大豆,承保面积约 3.75 万亩,投保户201 户,保险责任水平为 85%,亩产保额 544 元。保险到期后经过测算,除赵光农场第四管理区外,其余投保地区均因受到灾害或价格不同程度的影响触发理赔,理赔金额总计247.06 万元,试点项目赔付率达 96.9%。此项目中,南华期货股份有限公司与九三粮油工业集团有限公司联合,在保险产品到期后,采用"基差采购"模式探索新的收粮方式,解决种植户的卖粮难题,也是"订单 + 保险 + 期货(权)"的大胆尝试。从实际效果看,"收入保险"产品降低了自然灾害和市场波动带来的风险,不仅能够保障农户因自然灾害等造成的损失,而且也能保障农户农产品价格波动损失,更符合农户需求。农产品收入保险作为保障农民收益的重要手段之一,已成为世界各国农业保险的发展趋势,也是我国"保险 + 期货"模式重点发展方向。

### 8.大豆加工企业补贴政策

为深入大豆收储制度改革,引导多元主体积极入市,促进大豆加工产业健康发展,黑龙江省粮食局于 2018 年 2 月发布了《关于做好黑龙江省玉米深加工饲料加工及大豆加工企业收购加工 2017 年省内新产玉米及大豆补贴工作的通知》(黑粮规〔2018〕1 号),补贴对象为具备年处理大豆能力 5 000 吨以上的食品及副食酿造大豆加工企业,具体包括以大豆为主要原料的食品加工企业,以大豆为原料制取的大豆蛋白、毛豆制品加工企业及其他大豆食品,如黄豆芽、豆沙等加工企业。2018 年 3 月末和 4 月末,黑龙江省对纳入补贴的大豆加工企业名单进行公示,黑龙江省 25 家大豆食品企业获得了该项补贴。

# 5.3 黑龙江省大豆产业发展的 SWOT 分析

## 5.3.1 黑龙江省大豆产业发展的优势(S)

### 1.资源禀赋优势

黑龙江省耕地 1 594.09 万公顷,占全国耕地面积的 12.46%;人均耕地面积 0.416 公顷(合 6.24 亩/人),高于全国人均耕地水平(0.09 公顷),且耕地平坦。气候属寒温带与温带大陆性季风气候,春季低温干旱,夏季温热多雨,秋季易涝早霜,冬季寒冷漫长,无霜期短,夏季受东南季风的影响,降水充沛。土壤类型丰富,有机质含量高,适宜大豆生长,是我国最主要的大豆优势产区,且在全国大豆生产中的地位日益提高。黑龙江省大豆面积和产量在全国的占比分别从 1949 年的 12.42% 和 15.36% 提高至 2020 年的 48.90% 和 46.95%(图 5 - 16)。

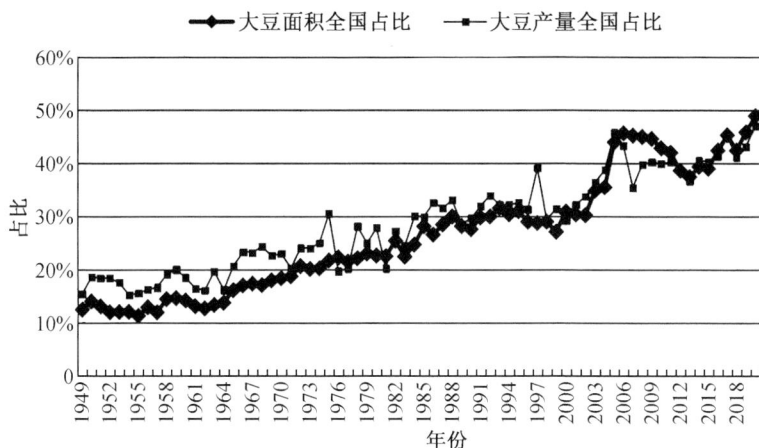

图 5 - 16　1949—2020 年黑龙江省大豆面积和产量全国占比变化

（数据来源：根据《黑龙江统计年鉴》和《中国农村统计年鉴》数据计算）

### 2. 产品质量优势

黑龙江省的大豆在豆制品加工方面具有明显的优势。根据黑龙江省大豆品质监测数据显示，2019 年黑龙江省大豆粗蛋白质含量平均值 40.2%，变幅 36.7% ~ 44.0%，符合高蛋白大豆标准的比例为 59.5%。粗脂肪含量平均值 20.0%，变幅 17.9% ~ 22.1%，符合高油大豆标准的比例为 47.5%。孙向东等的研究表明，与进口大豆相比，黑龙江省主栽大豆蛋白质含量（平均值 37.90%）与进口大豆蛋白质平均含量（37.91%）无显著性差异；黑龙江省特用大豆蛋白质和氨基酸含量均明显高于进口大豆。随着人们对豆制品需求的日益多样化，企业对豆制品专用原料（大豆）的品质和产率均提出了更高要求。以高蛋白、高油为主的黑龙江大豆，适合生产高品质大豆油、各类传统豆腐、优质豆浆和豆奶。

### 3. 科研技术优势

黑龙江省拥有高校和科研院所，众多科研工作者长期致力于大豆相关技术研究。如东北农业大学的国家大豆工程技术中心、黑龙江省农业科学院及黑龙江八一农垦大学等。

此外，随着大豆加工业的快速发展，大豆加工技术也随之进步，生产装备也逐渐完善。目前，黑龙江省的规模化油脂加工企业大豆初榨技术基本达到国际先进水平。九三粮油工业集团有限公司拥有国际先进水平的食品安全检测中心。

## 5.3.2　黑龙江省大豆产业发展的劣势（W）

### 1. 大豆单产水平相对较低

无论是与全国大豆平均单产水平相比，还是与国内大豆其他主产区大豆单产水平相比，黑龙江省大豆的单产水平相对较低。2006 年以来，除极个别年度（2012、2014 和 2015年），黑龙江省大豆单产虽不断提高，但仍明显低于全国大豆平均单产，如 2020 年较全国大豆单产水平低近 80 千克/公顷（图 5 - 17）。2019—2020 年，在全国前 10 位的大豆主产区中，黑龙江省大豆单产水平仅高于安徽和湖北，明显低于其他主产区，较山东低 1 000 千克/

公顷以上(图5－18)。

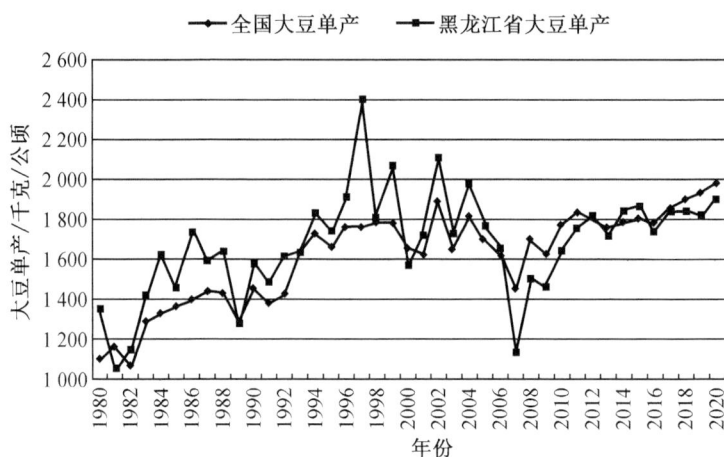

图 5－17　黑龙江省大豆单产与全国大豆平均单产水平比较

(数据来源:《中国农村统计年鉴 2020》《黑龙江统计年鉴 2020》)

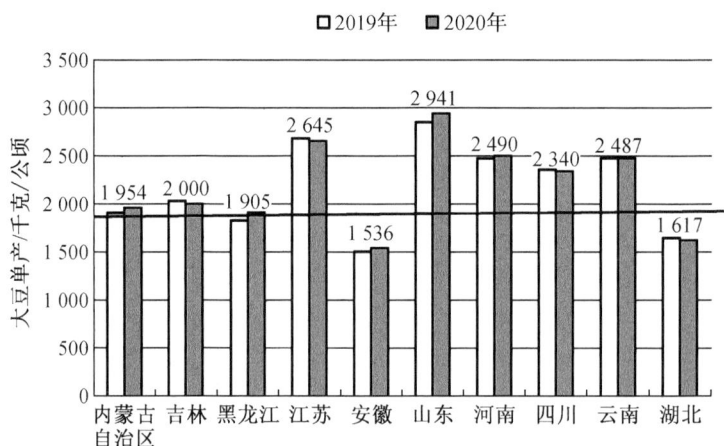

图 5－18　主产区大豆单产水平比较

(数据来源:《中国农村统计年鉴 2020》)

### 2. 大豆比较效益低

大豆比较效益可从以下两个方面来理解。

(1)从政策宏观层面,大豆产出效益(单产水平)较其他粮食作物低。如图5－19所示,与水稻、玉米和小麦相比,大豆单产水平持续处于较低水平,2020年黑龙江省大豆单产分别较玉米和水稻低 4 748 千克/公顷和 5 575 千克/公顷,2019 年大豆单产较小麦低 1 819 千克/公顷。换句话说,大豆单产仅相当于水稻单产的1/4、玉米单产的1/3 不到、小麦单产的1/2。

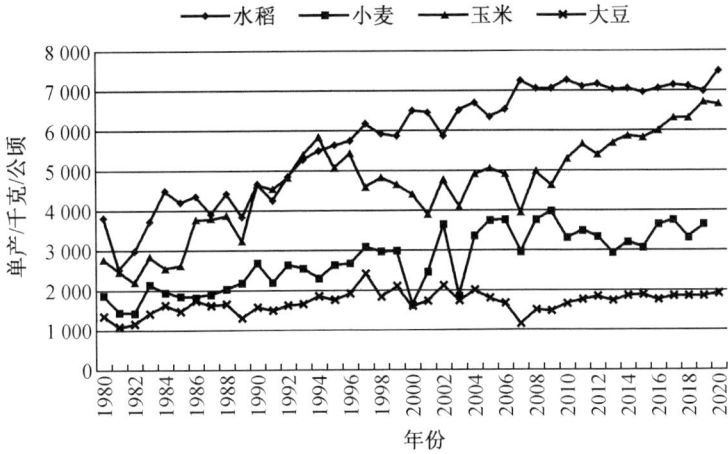

**图 5 - 19　黑龙江省主要粮食作物单产水平比较**

（数据来源:《黑龙江统计年鉴 2020》）

（2）从农户微观层面,大豆的净利润远低于其他 3 种粮食作物,无论是从统计数据,还是实地调研数据,都支持这一结论。从统计数据来看,自 2013 年以来,黑龙江省大豆生产净利润为负,2019 年,大豆净利润较玉米、小麦和粳稻分别低 120.32 元/亩、228.01 元/亩和154.34 元/亩(图 5 - 20)。从 2020 年实地调研数据来看,尖山农场无论是小户统营还是规模统营,大豆收益均低于高粱,但高于玉米(表 5 - 11、表 5 - 12);黑河无论是小农户还是新型农业经营主体,大豆收益均低于水稻和玉米,但高于小麦(表 5 - 13、表 5 - 14)。因此,无论是从宏观层面还是微观层面,大豆比较效益低都在某种程度上限制了大豆生产的发展。

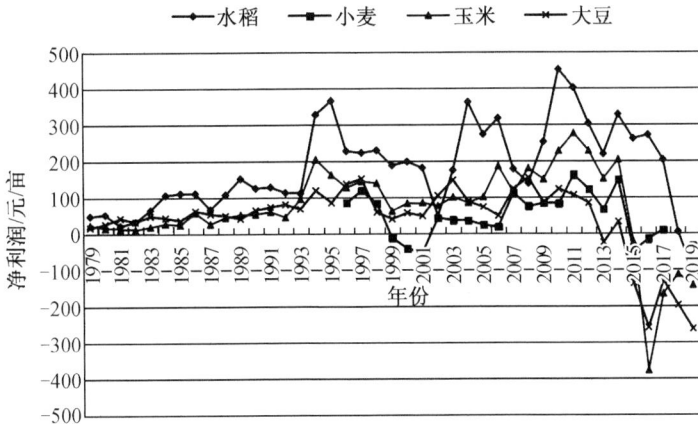

**图 5 - 20　黑龙江省主要粮食作物净利润比较**

（数据来源:《黑龙江统计年鉴 2019》）

**表 5 - 11　2020 年尖山农场大豆和其他粮食作物成本收益比较(小户统营)**

| 作物 | 面积/亩 | 产量/吨 | 单产/千克 | 收入/元 | | | | 直接成本/元 | | 收入/元(统营承包费111.7元) | | 收入/元(统营承包费295元) | |
| --- | --- | --- | --- | --- | --- | --- | --- | --- | --- | --- | --- | --- | --- |
| | | | | 补贴 | 粮食收入 | 总收入 | 亩收入 | 总成本 | 亩成本 | 亩成本 | 亩效益 | 亩成本 | 亩效益 |
| 大豆 | 24 264.00 | 3 902.01 | 160.81 | 751.46 | 1 948.00 | 2 699.46 | 1 112.54 | 718.60 | 296.16 | 407.86 | 704.68 | 591.16 | 521.38 |
| 玉米 | 7 719.00 | 4 721.70 | 611.70 | 84.68 | 774.80 | 859.48 | 1 113.46 | 337.00 | 436.59 | 548.29 | 565.17 | 731.59 | 381.87 |
| 高粱 | 1 037.00 | 369.74 | 356.55 | 7.44 | 122.01 | 129.45 | 1 248.30 | 41.85 | 403.57 | 515.27 | 733.03 | 698.57 | 549.73 |

注:数据来源于尖山农场农业发展部。

**表 5 - 12　2020 年尖山农场大豆和其他粮食作物成本收益比较(规模统营)**

| 作物 | 面积/亩 | 产量/吨 | 单产/千克 | 收入/元 | | | | 直接成本/元 | | 收入/元(统营承包费295元) | | 收入/元(统营承包费455元) | | 收入/元(统营承包费495元) | |
| --- | --- | --- | --- | --- | --- | --- | --- | --- | --- | --- | --- | --- | --- | --- | --- |
| | | | | 补贴 | 粮食收入 | 总收入 | 亩收入 | 总成本 | 亩成本 | 亩成本 | 亩效益 | 亩成本 | 亩效益 | 亩成本 | 亩效益 |
| 大豆 | 10 736.00 | 1 572.58 | 146.48 | 332.49 | 784.00 | 1 116.49 | 1 039.95 | 312.80 | 291.36 | 586.36 | 453.60 | 746.36 | 293.60 | 786.36 | 253.60 |
| 玉米 | 3 900.00 | 2 432.80 | 623.79 | 42.78 | 381.00 | 423.78 | 1 086.62 | 173.60 | 445.13 | 740.13 | 346.49 | 900.13 | 186.49 | 940.13 | 146.49 |
| 高粱 | 499.00 | 189.90 | 380.56 | 3.58 | 62.70 | 66.28 | 1 328.21 | 21.10 | 422.85 | 717.85 | 610.37 | 877.85 | 450.37 | 917.85 | 410.37 |

注:数据来源于尖山农场农业发展部。

**表 5 - 13　2020 年黑龙江省黑河市大豆和其他粮食作物收益比较**

| 作物 | 亩产/斤 | 平均售价/元/斤 | 亩产值/元 | 亩成本/元/亩① | 斤粮成本/元/斤 | 生产者补贴/元/亩 | 亩纯收入/元/亩 | 总收入/元/亩② |
| --- | --- | --- | --- | --- | --- | --- | --- | --- |
| | | | | 自有耕地 | | | | |
| 玉米(潮粮,14%) | 1 100 | 1.08 | 1 188 | 390 | 0.35 | 68 | 798 | 866 |
| 水稻 | 1 000 | 1.30 | 1 300 | 580 | 0.58 | 133 | 720 | 858 |
| 大豆 | 300 | 2.80 | 840 | 260 | 0.86 | 248 | 580 | 828 |

表 5-13（续）

| 作物 | 亩产/斤 | 平均售价/元/斤 | 亩产值/元 | 亩成本/元/亩（流转耕地） | 斤粮成本/元/斤 | 亩纯收入/元/亩 | 生产者补贴/元/亩 | 总收入/元/亩 |
|---|---|---|---|---|---|---|---|---|
| 玉米（潮粮,14%） | 1 100 | 1.08 | 1 188 | 940* | 0.85 | 248 | 68 | 316 |
| 水稻 | 1 000 | 1.30 | 1 300 | 1 130 | 1.13 | 170 | 133 | 303 |
| 大豆 | 300 | 2.80 | 840 | 760* | 2.53 | 80 | 248 | 328 |

注：①玉米亩成本中含550元土地流转成本；大豆亩成本中含500元土地流转成本。
②如为轮耕试点区域，补贴150元，自有耕地的总收入玉米为1 016元，大豆为978元；流转耕地的总收入玉米为466元，大豆为478元。
③数据来源于黑河市农业农村局。

表 5-14　2020 年黑龙江省黑河市不同经营主体作物成本收益比较

| 经营主体（作物） | 平均亩产/斤 | 平均售价/元/斤（标准水平） | 平均产值/元/亩 | 平均收入/元/亩 | 惠农补贴合计/元/亩 | 总成本/元/亩 | 物质投入费用（包括种子费用,化肥费用,农药费用） | 种子费用 | 化肥费用 | 农药费用 | 机械作业费用 | 人工成本费用 | 流转土地费用 |
|---|---|---|---|---|---|---|---|---|---|---|---|---|---|
| 新型农业经营主体 | | | | | | | | | | | | | |
| 大豆 | 310.00 | 2.50 | 775.00 | 436.92 | 294.72 | 632.80 | 114.80 | 30.00 | 54.60 | 30.20 | 88.00 | 10.00 | 420.00 |
| 玉米 | 1 190.00 | 1.05 | 1 249.50 | 563.32 | 94.72 | 780.90 | 217.90 | 82.00 | 118.90 | 17.00 | 114.00 | 9.00 | 440.00 |
| 水稻 | 1 050.00 | 1.32 | 1 386.00 | 470.62 | 192.72 | 1 108.10 | 288.10 | 23.50 | 61.60 | 81.00 | 165.00 | 65.00 | 570.00 |
| 小麦 | 525 | 1.10 | 577.50 | 87.22 | 56.72 | 547.00 | 147.00 | 70.00 | 65.20 | 11.80 | 62.00 | 8.00 | 330.00 |
| 小农户 | | | | | | | | | | | | | |
| 大豆 | 304.00 | 2.47 | 750.88 | 815.00 | 294.72 | 230.60 | 119.40 | 30.80 | 57.00 | 31.60 | 98.20 | 13.00 | 0 |
| 玉米 | 1 160.00 | 1.02 | 1 183.20 | 911.12 | 94.72 | 366.80 | 224.20 | 83.50 | 123.00 | 17.70 | 127.60 | 15.00 | 0 |
| 水稻 | 1 003.00 | 1.30 | 1 303.00 | 923.12 | 192.72 | 573.50 | 300.50 | 24.00 | 63.20 | 87.70 | 182.00 | 70.00 | 0 |
| 小麦 | 513.00 | 1.10 | 564.30 | 383.22 | 56.72 | 237.80 | 162.50 | 75.00 | 75.50 | 12.00 | 67.30 | 8.00 | 0 |

注：1. 大豆惠农补贴合计包括耕地地力补贴56.72元/亩和生产者补贴238元；玉米惠农补贴合计包括耕地地力补贴56.72元/亩和生产者补贴38元；总成本包括物质投入费用，机械作业费用，人工成本费用和流转土地费用；物质投入费用包括种子费用，化肥费用和农药费用；水稻成本中分别包括20元和21元灌溉费用。
2. 数据来源于黑河市农业农村局。

### 3. 加工业产能过剩,产销区分离

从九三粮油工业集团有限公司的调查来看,其加工能力1 200万吨/年,而实际加工800万吨,产能利用率也仅66.7%。行业协会的调查数据显示,2017—2018年,黑龙江省大豆加工企业370余家,约9成停产。一些大豆加工企业为了降低加工成本,仍在扩充产能,面临兼并、收购和退出的洗牌局面。

目前,虽然大豆主产区在黑龙江省,但一些大豆加工企业,尤其是前50强等规模豆制品加工企业主要集中在东部、中部和南部人口相对密集、经济相对发达地区。大豆油脂加工企业多以进口转基因大豆为原料,工厂主要分布在辽宁、山东、江苏、广东、福建、广西壮族自治区等沿海地区。从对尖山农场和红五月农场的大豆销售调查来看,大豆主要销往大连、贵州、广东等豆制品加工企业,这在一定程度上增加了大豆流通成本。

## 5.3.3 黑龙江大豆产业发展的机会(O)

### 1. 大豆及豆制品消费不断升级

中国大豆产业协会豆制品专业委员会的数据显示,2019年我国食品工业的大豆用量约为1 360万吨,其中60%左右用于豆制品加工,25%左右用于其他食品加工,15%左右直接食用(包括家庭自制豆浆等)。预计每年食品用大豆使用量将增加100万吨以上,到2025年末,食品工业大豆量将达到1 730万吨,其中餐饮业作为佐餐或烹饪原料的用量将达到600万吨,休闲消费的大豆食品的大豆用量将达350万吨;用于豆浆(奶/乳)类大豆食品的大豆用量将达到180万吨;直接消费的大豆略有减少,约为200万吨;用于大豆蛋白及食品工业配料的大豆用量将达到400吨左右。随着消费者消费习惯的改变,便捷、新鲜、味美是未来消费者在食品选择时考虑的关键因素,生鲜豆制品的持续增长及液态豆浆品质提升是未来市场消费的重点,将带来黑龙江省大豆产品附加值提升。此外,新冠肺炎疫情等带来的环境变化将产生对消费健康食品、提高免疫力食品的需求,对于黑龙江省非转基因大豆也是一个好的发展机遇。

### 2. 国产大豆价格呈现明显上涨趋势

2021年受多方因素影响,国产大豆走势强劲,东北地区涨幅明显。2021年9月,黑龙江省食用大豆价格为5 700～5 740元/吨,油用大豆价格4 780～4 800元/吨,农户陈豆售罄,贸易商库存持续减少,近期进口非转基因大豆到港量下降,刺激国产大豆价格小幅走高。2021年10月,厦门象屿集团有限公司旗下黑龙江省多地粮库全面涨价,厂家收购价3.08元左右。中国储备粮管理集团有限公司拍卖量价上升带动豆价上扬,10月21日以来的三次大豆拍卖均100%成交,11月2日拍卖的52 395吨大豆全部成交,销售均价6 111元/吨,东北产区最高溢价400元/吨。

国家储备收购为豆价提供支撑。中国储备粮管理集团有限公司哈尔滨直属库10月26日起开库收购,国标三等质量标准及以上大豆收购价2.99元/斤;中国储备粮管理集团有限公司绥棱直属库三等质量标准大豆收购价2.99元/斤;中国储备粮管理集团有限公司敦化

直属库三等质量标准大豆收购价 2.975 元/斤；黑龙江省讷河市粮食集团 39.5% 以上蛋白大豆收购价 2.98 元/斤等。多家粮库及企业高价开收新季大豆，大大提升了贸易商和基层农户看涨信心，刺激国产大豆行情再度上涨。

### 3. 国家政策支持力度加大

2016 年以来，国家实行的大豆生产者补贴、玉米－大豆轮用补贴等政策大大刺激了黑龙江省大豆产业的发展。2021 年中央农村工作会议提出，大力扩大大豆和油料生产。黑龙江省是全国优质大豆的主产区，也是重要的大豆生产和供给基地，种植面积和产量均居全国首位，预计 2022 年大豆面积将增加 1 000 万亩。

## 5.3.4　黑龙江省大豆产业发展的威胁（T）

### 1. 国家粮食安全战略

2013 年，中央经济会议提出"谷物基本自给、口粮绝对安全"的国家粮食安全战略。黑龙江省是我国粮食主产区，也是最大的商品粮基地，首要任务是确保国家粮食安全。一方面，在我国统计中，尽管大豆作为粮食作物统计，但大豆的主要功能是获得油脂和蛋白需求，不在粮食安全战略范围，而且国际上也将大豆统计为油料作物；另一方面，在耕地资源既定的条件下，大豆的单产水平明显低于水稻、玉米和小麦，黑龙江省不可能拿出更多的耕地来种植大豆。因此，从这一角度来说，黑龙江省大豆产业的发展是受到制约的。

### 2. 进口大豆持续增加

尽管黑龙江省大豆与进口大豆形成了"两种体系"，即进口大豆主要用于榨油，黑龙江省大豆主要用于食品工业，但进口大豆还是在一定程度上挤占了黑龙江省大豆的空间。一方面，进口大豆出油率高，成本低，深受油脂加工企业欢迎；另一方面，近年来增加了从俄罗斯、乌克兰等国进口的非转基因大豆，其低成本也深受豆制品加工企业欢迎。2021 年 1—11 月，我国进口大豆 8 765 万吨，估计 2021 年大豆进口总量依然会突破 1 亿吨，多少会对黑龙江省大豆生产带来一定的冲击。

### 3. 国家推进转基因大豆产业化试点

2021 年，在中央提出"要尊重科学、严格监管，有序推进生物育种产业化应用"的背景下，农业农村部开展对转基因大豆产业化试点。试点结果表明，转基因大豆抗病虫害、耐除草剂优势明显，增产增效和生态效果显著，配套的高产高效、绿色轻简化生产模式也逐步形成。转基因大豆除草效果在 95% 以上，可降低除草成本 50%，增产 12%，试点跟踪监测发现种植转基因大豆和玉米对昆虫及土壤动物群落均无不良影响。从全国来看，这一试点是落实中央"深入实施种业振兴行动"，解决大豆产业"卡脖子"问题。但限于目前公众的认知及黑龙江省大豆的专用特性，这对黑龙江省大豆来说可能是一种威胁，但是可转换的，需要改变思路、采取措施，将其转变为发展机会。

# 5.4　黑龙江省大豆产业发展的目标思路

鉴于黑龙江省大豆在我国大豆供给中的地位,在当今世界正经历百年未有之大变局,不可控因素增多变强的形势下,如何确保我国食用豆的有效供给,并通过大豆产业发展助力龙江乡村振兴,是黑龙江省大豆产业发展亟须加强的重要内容。

## 5.4.1　黑龙江省大豆产业发展的战略目标

中美经贸摩擦、新冠肺炎疫情等事件都对全球供应链产生了巨大影响。鉴于我国大豆供需状况,相当一段时期内主要依靠海外供给来满足国内榨油和饲料蛋白需求的基本格局不会改变,除依靠国际市场资源外,适度提高储备水平来应对变局是我国大豆产业发展的战略选择。黑龙江省作为我国大豆主产区,其大豆产业发展具有战略意义。提高储备水平来抵御短期性供应风险是常规的提高经济韧性的手段。我国大豆市场价格波动较大,而且波动频繁,但储备量很低,不能很好地发挥保供稳市的作用。在此背景下,黑龙江省大豆产业发展的战略目标是打造"中国大豆之乡"、优质大豆生产基地、大豆储备基地,构建大豆发展全产业链模式,助力龙江乡村振兴。

## 5.4.2　加快黑龙江省大豆产业发展的政策建议

充足的大豆供给关系到大豆产业链中加工业的发展及居民的终端消费,对于以豆制品为主的食用大豆需求日益增长,需要国产大豆作为供给来源,因此依靠科技提高黑龙江省大豆生产,实行特性保护突出优势,发展大豆精深加工延长产业链,加大政策支持势必在未来一段时期内成为黑龙江省大豆产业发展的着力点。

**1. 依靠综合科技提高大豆生产,提升大豆产业竞争力**

(1)依靠科技进步提高大豆单产

新时期我国大豆产业需要创新升级,在整个科学技术的发展中,作物的轮种复种布局、品种突破与栽培技术三者互为前提。

①最首要的是品种突破,既包括培育品种的技术问题,也包括现有品种生产潜力发挥的技术问题。通过改进大豆种植技术或创新栽培技术,以适应现有品种的需求和潜力。特别是在东北主产区,要充分发挥现有品种的潜力,现在已经创造了一些栽培的模式,下一步还需要进一步推动。此外,加快品种改良的速度,如适应实现"双减"(减肥、减农药)的品种改良,要求品种能够很好地与根瘤菌合作来提供肥料,来减施肥料,能够抵抗病虫的危害,从而减少农药。

②一个重要的就是相关的配套技术。首先是栽培技术,采用该技术进行合理的轮作复种具有一定的必要性,适合的复种制度要不断摸索,不同地区具有一定的差异性。其次是施肥技术。考虑大豆的特点是有根瘤菌,它可以节省很多的氮肥,因此与根瘤菌协调的施肥技术现在需要考虑。如在黑龙江省的黑河地区实践炭基肥缓释施肥技术,既节省肥料,

又提高生产。最后是病虫草的控制技术,特别是草的控制技术,未来化学除草是一个必经的步骤,因此除草的技术需要进一步研究。

（2）通过建立和推广现代大豆轮作技术体系适度扩大大豆面积

目前,经过多年的实践与探索,在黑龙江省已基本形成相对稳定的大豆－玉米轮作体系,特别是在黑龙江垦区,如尖山农场的大豆－玉米－大豆、玉米－大豆－大豆、大豆－玉米－马铃薯、玉米－大豆－马铃薯等轮作模式。下一步通过技术示范,推动和引导农民因地制宜地采用轮作模式。依靠国家大豆产业技术体系分布在各地区的试验站,带动各地的农业技术推广部门,先在新型农业经营主体中进行示范,再普及推广到普通小农户。

**2. 实行特性保护,突出黑龙江大豆专用优势**

非转基因改良食品大豆严格按照"特性保护"标准进行生产和储运,以保证品质和非转基因改良的纯度。特性保护用以保证从农场到餐桌的特征和所需品质完全相同,在产品品种方面,粒径、碳水化合物、豆脐颜色、豆子色泽、蛋白、味道、含油、豆粒形状等方面需要考虑。具体来说,与农户直接签约生产,在特定种子品种上合作。严格的生产程序,即仔细、彻底地清洗播种机、收获机、粮仓、运往储运加工站的运输工具;完全分离作物处理体系,对种子品种进行检测,保证播种前其非转基因改良的纯度。彻底检测所有交付给储运加工站的作物,确保其非转基因改良的特性。一旦有混杂,所交付的作物将退回。同时在加工处理过程中和加工处理之后,都要进行额外检测,包括清洁、分类、灌包、装车出运等环节。采用集装箱运输方式从供货商一直到客户手中,全程封闭的货柜可以保护货物不受任何污染。另外,在专门特性上,如豆粒形状,均匀的圆豆粒适于食品加工,可充分发挥行业产业联盟和协会的作用,根据市场需求制定价格核算公式,确保特性大豆的收益。

**3. 发展大豆精深加工,构建"产购储加销"全产业链模式**

（1）发展精深加工,延长产业链,提高附加值,让产业增值惠及大豆种植户,从而带动整个产业发展。随着人们生活水平的提高,对食品品质和营养要求也会越来越高。日常膳食结构也发生了变化,对高蛋白、低脂肪、低热量、精深加工的大豆蛋白食品的需求十分旺盛。因此,一方面加强现代大豆深加工技术和产品研发。通过国家科技计划和专项计划等支持加工企业建立研发机构,鼓励加工企业与高校、科研院所进行合作,攻关大豆加工关键技术,支持加工企业引进国外先进技术和设备,开展集成创新。另一方面做大做强大豆精深加工企业。重点培育一批起点高、规模大、竞争力强的企业,推进企业集聚,打造加工企业航母,成为大豆产业发展的新引擎。

（2）将黑龙江省打造成大豆压榨重点区域,构建大豆"产购储加销"全产业链经营模式,探索开展分品种收购、分品种储存试点示范,促进优质优价,实现全链条增值,让农民分享增值收益。未来大豆压榨的驱动因素将从豆油转为豆粕,豆油将成为压榨的副产品。国内对动物蛋白消费的旺盛需求驱动养殖行业的扩张,也驱动着压榨企业的扩张。随着我国大豆压榨产能的扩张,大豆压榨产业从原来的以食用油为主,逐渐转向以饲料蛋白产品为主,豆粕需求成为近年来我国大豆压榨产能扩张的最主要因素。随着华南、东南、华东地区畜禽养殖限养政策的实施,包括黑龙江省在内的东北地区将成为国内大豆压榨企业集中布局的重要区域。黑龙江省作为大豆主产区,大豆压榨企业的发展将带动产区大豆种植业的发展,实现大豆加工布局与大豆生产布局相匹配。构建全产业链经营模式,充分发挥大豆加工转化引擎作用,培育"产购储加销"一体化的全产业链模式,实现生产与需求的有效对接。

**4. 加大政策支持,推动大豆产业健康发展**

(1)加强进口转基因大豆的用途监管。建立对进口大豆转作食品用途的监管机制,具体讲就是要更新农业转基因生物目录,将食用产品纳入其中,并实行产品标识制度,给消费者选择权,为黑龙江省大豆产业发展赢得市场空间。

(2)进一步推进大豆"保险+期货",给予农户风险保障。一是应进一步扩大"保险+期货"的覆盖面;二是采用"订单+保险+期货+银行"的合作模式,银行可根据保单及粮食购销合同为投保农户提供融资服务,解决农户现金流不足的问题。

(3)通过扩大经营规模来降低大豆生产成本,提升竞争力。通过支持政策鼓励农户入社,鼓励龙头企业参与到种植领域等来实现规模经营,提高农民组织化程度,提高机械化耕作水平,降低生产成本,提升大豆国际竞争力。

(4)发挥黑龙江省大豆协会在行业发展中的作用。目前不同的大豆协会在各自的领域发挥着各自的作用,因此未来可考虑利用协会平台在种植、生产、加工、贸易流通和信息发布等方面为会员提供多元化服务,推动产业发展;借助协会的产业供销大平台,拓宽非转基因大豆的供销渠道;利用协会开展的大豆相关领域的研讨交流,共谋黑龙江省大豆产业发展。

# 5.5　结论与展望

## 5.5.1　结论

乡村振兴战略提出以来,黑龙江省大豆生产获得了快速发展,在全国食用豆供给方面发挥着重要作用。基于黑龙江省大豆产业发展的 SWOT 分析,未来,黑龙江省大豆产业发展的战略目标是打造"中国大豆之乡"、优质大豆生产基地、大豆储备基地,构建大豆发展全产业链模式,助力龙江乡村振兴。为实现这一目标,依靠综合科技提高大豆生产,提升大豆产业竞争力;实行非转基因大豆特性保护,突出黑龙江省大豆专用优势;发展大豆精深加工,构建"产购储加销"全产业链模式;加大政策支持,推动大豆产业健康发展。

## 5.5.2　展望

2021 年中央经济工作会议提出"产业链韧性"这一概念。大豆的产业链长,面对当前纷繁复杂的国际形势,如何提高大豆产业链韧性,提高黑龙江省大豆储备能力,是需要进一步研究和探讨的问题之一。

另外,从数据分析来看,黑龙江省大豆单产水平较低,但多年来,也有不少高产创建的品种和区域。为什么单产水平依然偏低? 是品种的原因还是其他原因? 是值得进一步验证和研究的问题。

# 第6章　大庆市农业结构调整
对农民收入的影响

## 6.1　引　　言

### 6.1.1　背景与意义

《全国农业现代化规划(2016—2020年)》中提出,通过调整优化种植结构、提高畜牧业发展质量、推进渔业转型升级和壮大特色农林产品生产来推进农业结构调整。2016—2018年中央"一号文件"中均将农业供给侧结构性改革作为总体思路,以增加农民收入为目标,同时提出优化农业生产结构和区域布局、优化产品产业结构、调整优化农业生产力布局的发展方向。农业结构调整作为增加农民收入的一项措施,也是推动乡村振兴战略向农业强、农村美、农民富发展的重要举措。

大庆市农业虽然在经济总量中占比比较小,但关系着大庆市半数人口,特别是在大庆市转型发展过程中,农业产值不断增加,农业在国民经济发展中的地位和作用日益增强。2016年2月,大庆市委农村工作暨扶贫开发工作会议上,时任市委书记的赵铭强调,大庆市作为国家级现代农业示范区,将促进农民增收作为根本任务,加快转方式调结构,其中最紧要的是调整种植结构,重点把玉米减下来,并强调种植结构向优质水稻、绿色果蔬、特色作物上调的调整方向。大庆市农业产业体系呈现多元化,增加优质高效产品和绿色食品,实施规模化、标准化的养殖方式,扩大水产规模,提升品质,推进林业生态建设和林业产业的相互发展,种植业、畜牧业、水产业和林业的调整优化。2017年2月,大庆市委农村工作暨脱贫攻坚工作会议上,时任市长的韩立华指出,把农业结构调整和农民增收作为推进农业供给侧结构性改革的重点,通过提高土地产出效益、资源转化效益和要素配置效益把农业结构调好、调顺、调优,从而确保农民种养收入、创业规模、财产性收益稳定增加。近年来,大庆市加大了农业结构调整力度。那么,农业结构调整效果如何、是否达到预期的目标,调整过程中存在哪些问题以及未来应向什么方向调整等问题都需要深入的研究。因此,本章在系统梳理大庆市农业结构和农民收入的演变过程的基础上,分析了农业生产结构调整对农民收入的影响,并据此提出进一步优化大庆市农业结构,从而促进农民增收的政策建议,为政府农业结构调整相关政策的制定提供依据。

### 6.1.2　国内外研究现状

**1. 国外研究现状**

国外关于农业结构调整的相关研究及经验概括分为两个方面,一方面是基于表层的调整,包括农业内部结构和区域性农业布局;另一个方面是基于深层的调整,包括产业结构调整和国家战略性调整。Sabbath M. 指出影响农业结构变动的因素包括宏观经济、部门和农场,瑞士农民的非农收入比农业收入对农业结构的影响更显著。Richard Grabowski 认为农业结构与国家政策、技术创新有关。Knutson 指出农业结构调整与农场的数量、规模及生产要素有关,同时与农业管理、技术和资本具有相关性。John Davisa 建立动态最优化模型,研究表明,农业结构调整对农民年龄、决策、投资及农业贷款和补贴产生影响。美国依靠农业生产效率高、农业机械化水平先进等优势,调整农业结构,加大农产品出口,很好地解决了农产品市场饱和和产品过剩问题,增加了农场主们的收入。Zeeshan Ahmad 等运用数据包络分析(DEA)方法对比较效率进行了评价,并在此基础上对巴基斯坦的农业生产结构调整选择最优方案,剖析方案和计划的规模优势,阐明加强自由裁量计划的系统和方法。Bert Meertens 从粮食作物和经济作物的投入和产出角度分析,研究表明,坦桑尼亚 1986—1996 年农业结构调整政府干预是必要的,农业投入增加,生产力水平提高,而且保证了粮食安全。Geoff Edwards 和 Winton Bates 认为,农业结构调整与经济增长、政府政策有关。从农业产业结构调整角度来看,Happe K 指出农业技术水平和发展程度影响农业生产,体现在开发利用资源和生产部门之间的关系。Martin 认为资本主义国家农业产业结构调整能够提高农村城镇化建设水平、建立健全农村专业合作协会和农业技术推广体系。Hatton 提出劳动力压力的释放会迫使农村产业结构进行调整和升级。

从农民收入角度来看,英国和法国逐渐由农业社会转向工业社会,农业人口流动与农民收入具有相关性,农业人口逐渐向城市化发展,有利于促进农民增收。Kajisa K 与 Palaniellamy N V 研究发现,在 1971—1990 年,印度农业技术的应用及普遍情况与农民收入呈正相关关系;1990—2003 年非农业收入与农民收入具有正相关关系。Muha mmad Abid 等采用访谈法和 Logistic 回归分析法进行分析,研究表明,巴基斯坦气候变化对粮食生产力和作物收入产生积极的影响,此外,接受教育程度、农业经验、农业推广、天气变化和市场信息是农民生产决策的重要因素,从而对农民收入产生影响。

**2. 国内研究现状**

农业结构调整和农民收入问题是众多学者研究的重点,由于各地区结构调整政策不同,农民收入的增长率也存在差距,因此探究农业结构调整与农民收入之间的联系至关重要。农民作为农业结构调整的主体,有依据地优化农业结构将直接影响农民收入的多少。

(1)农业结构调整的研究

随着农业和农村的经济发展,任何一个地域在各个时期所经历农业结构调整的内容及重点也各不相同。高俊峰提出通过提高种植业经济、走特色之路、大力发展优势产业、树立面向现代化及可持续发展的观念,实现黑龙江垦区农业效益最大化的战略调整。李登新指出西北高寒地区粮食结构向优质、特色的方向调整。高强、孔祥智通过中国的农业结构调整政策的演变,基于新优势制定新的发展战略,表明适应新形势重新审视政府与市场的边界。周群发现海城市坝外农业结构调整的重点体现在避洪的空间整理、品种布局和茬口安排。魏育靖等表明农业结构调整有利于缓解用水压力,实现农业可持续发展,维护绿洲生态稳定性。金涛等分析粮食生产对农业结构调整的影响效应,从而探究影响因素的空间差异,导致粮食产量的连续下降,直到恢复增长。提升农业的质量、增加农业的效益、实现农业的可持续发展、保持农业强力的发展势头是加快农业转型和结构调整的目标。

(2)农业结构调整与农民收入的关系研究

在探究农业结构与农民收入的文献中,重点表现在农民收入的主要来源。蒋智华比较东西部地区农业产业结构与农民收入差距的关系,分析表明东西部地区农民收入分别来源于第一产业和第二产业,且农民收入都主要来源于种植业和畜牧业收入。田聪华等建立线性规划模型,分析新疆种植业、林果业、畜牧业对农业内部增收的潜力,结果表明畜牧业促进农业增收潜力最大。李国祥从宏观层面上农产品交易规模和微观层面上农民家庭经营出售农产品数量及收入资料进行效应分析,结果表明 1998—2003 年农业结构调整推进我国的市场交易量,增加了农户家庭经营第一产业的现金收入。崔军利认为处理好农业结构调整与粮食生产能力、农业信息体系建设及农业产业化经营的关系,才能发挥最大的作用促进农民增收。苗杰建立最优线性回归方程,结果表明,烟台地区农民年人均收入与水果、肉类产量呈正向显著关系,与花生产量呈负向显著关系。

(3)农业结构调整对农民收入的影响研究

农民收入是衡量农业结构调整成效的关键。随着农业农村的不断发展,农民收入也不断变化,致使农民收入变化的因素也随之增多。通过梳理文献发现,学者们主要从农、林、牧、渔产值,农业产业化,主体农户行为等不同视角来分析农业结构调整对农民收入的影响。

从农、林、牧、渔产值与农民收入的变化角度分析,陈锴以农业多功能性为背景,建立了农、林、牧、渔业产值家庭经营性收入年增长率预期模型,结果发现农村非农产业促进农民收入。林仁强发现安徽省农业内部结构调整中,牧、渔和服务业是农民收入增长的重要原因。也有许多学者依据各区域农、林、牧、渔业产值与农民人均纯收入的数据,运用平稳性检验、协整检验、格兰杰因果检验、回归模型等方法,分析了农、林、牧、渔业发展对农民收入的影响程度(表 6 - 1),因地制宜地提出提升农业经济、社会和生态效益方面的建议。

表 6 - 1　文献梳理

| 作者 | 研究区域 | 研究方法 | 研究结果 |
|---|---|---|---|
| 贾宪威 | 四川省 | 对数需求模型、多元线性回归 | 畜牧业、种植业影响较大 |
| 王小平 | 江西省 | 灰色关联度、回归分析 | 渔业影响最大,林业影响最小 |
| 聂雷 | 安徽省 | VAR 模型、单位根检验、协整检验、格兰杰因果检验、脉冲响应、方差分解 | 种植业、牧业正向影响;渔业、林业抑制作用 |
| 余家凤 | 湖北省 | 平稳性检验、协整检验、脉冲响应、方差分解 | 林业显著影响 |

表 6 - 1(续)

| 作者 | 研究区域 | 研究方法 | 研究结果 |
|---|---|---|---|
| 刘成 | 湖北省 | 灰色关联度、单位根检验、协整检验、格兰杰因果检验 | 牧业影响小 |
| 石日盛 | 湖北省 | 多元线性回归 | 农、林、渔业显著正向影响,牧业正向影响不显著 |
| 覃玥 | 贵州省 | 单位根检验,多元线性回归 | 种植业影响最大,渔业最小,林业没有影响 |
| 张旭起 | 陕西省 | 平稳性检验、协整检验、格兰杰因果检验 | 林业影响最显著 |
| 漆雁斌 | 全国 | 结构向量自回归(SVAR)模型、VAR模型、协整检验、格兰杰因果检验、脉冲响应、方差分解 | 种植业、林业正向效应,牧业、渔业负向效应 |
| 黎明 | 广西壮族自治区 | 平稳性检验、协整检验、格兰杰因果检验、脉冲响应函数、方差分解 | 林业影响最大 |

注:选取农、林、牧、渔业产值对农民收入影响的实证分析较多,因此梳理部分文献,对比看出各地区农业结构调整的差异。

注重推进产业化进程、产业布局、产业体系多层次结构是优化农业结构调整的重点,对提高区域农业优势具有重要作用,是实现区域农业走可持续发展道路及提高农民收入的关键。

从农业产业化和农民收入的变化角度分析,田艳和谭静采用总生产函数分析表明,增加农、林、牧、渔业产值及农产品出口促进农民增收,人均农业机械总动力对农民收入具有正向效应。吴妍菲建立 VAR 模型,结果表明福建省产业结构调整对农民收入影响较小,但从长期来看有促进作用。席嫱探究农业结构调整对农民收入的影响机制,具体表现:一是资源配置和产业结构升级优化,二是农村生产经营方式改变、剩余劳动力转移及生产率提高,促进产业发展和农民增收。

以农户为主体分析结构调整影响效果,董晓霞以种植果蔬和非果蔬农户为主体,分别对其家庭总收入和种植业收入设定 Probit 模型和 Tobit 模型,结果表明种植结构调整显著提高农户家庭的种植业收入。赵晓峰等构建面板数据模型,结果表明,生产结构调整对农民收入有显著影响。薛庆根等建立短面板数据模型,研究表明,江苏省农户家庭总收入、生产者年龄、受教育程度对种植业内部结构调整产生负向影响且显著,对种植业经济收益、村庄种植业调整的外部性产生显著性正向影响,并提出加强国家宏观调控,尊重农户自主权利,培养现代职业农民,促进种养结构优化。

除此之外,也有学者从贡献率、效应作用等视角对此问题进行研究,李文着重从农产品商品率和现金收入的变化视角指出,农业结构调整对农户收入影响有限,工资性收入贡献率最大,农业纯收入贡献率较低。孙琛认为我国渔业对农业结构调整、农民增收的贡献程度不可忽视。张瑞黎等建立线性函数模型,分析新疆维吾尔自治区农业内部结构综合变动,结果表明,该地区牧业和林业对农业人均收入贡献率较大。汤丹从农民家庭人均纯收入水平和农村居民收入差距两个视角入手,考察我国及各区域农业产业结构调整对农民收入的影响,表明两者之间存在一定程度的影响,各区域存在显著的差异,因此,为有效提高农民收入和缩小农民收入差距,因地制宜进行农业结构调整。王海鹏通过灰色微分预测的视角,表明调整畜牧业规模和养殖场硬件设施能够对农民收入增长实现最大化的效果。

### 3. 国内外研究评述

通过文献梳理发现,国外研究农业结构调整对农民收入影响的文献较少,而国内该问题已广受关注,众多学者从不同角度、对不同区域农业结构调整与农民收入的关系及影响进行实证分析,研究思路和大量的数据分析方法为本章的研究奠定了基础。现有研究主要是从产业结构、农产品品种、农产品品质、市场结构的调整来探究农业结构调整对农民收入的影响。本章将以大庆市为研究对象,结合当地农业发展特点,从农业生产结构和农业区域结构两个方面来分析大庆市农业结构的演变过程,并重点从农业生产结构来分析农业结构调整对农民收入的影响。

## 6.2　相关概念和基础理论

### 6.2.1　相关概念

#### 1. 农业结构

农业结构指在进行农业生产所产生的不同类型产业、产品等组成和每一部分所占比例。农业结构即农业生产结构,既包含农、林、牧、渔各产值组成和所占的比例,又包含种养业中各种类产品构成和比例、每个种类中不同品质构成及比例。

#### 2. 农业结构调整

农业结构调整指农业生产为适应不同时期所对应不同的市场需求,进行改变生产结构的一种过程,包括农、林、牧、渔之间结构及其自身内在特别是种植业内部调整。宏观层面上,涉及农业产业的优化和升级,将不同产业的构成比例进行优化和调整,使其随之改变并完善生产方式,进而提高效率和竞争力,是一种比例关系演变的过程。在农业产业构成比例的变化上,农户是农业结构调整的主体,而农业结构调整的成效最直接的表现就是农户家庭收入及内部收入分配的变动,推动农户家庭的经济活动进展。微观层面上,改变农产品生产结构、品种结构和质量结构来优化农业内部结构,实际上改善生产技术,提升农户家庭收入,促进经济效益。由于不同的农产品获得收益各异,且农民倾向于经济效益较好的农产品,因此缓解农产品生产和销售的矛盾,促进产销平衡,同时对提高农民收益能起到一定积极作用。

### 3. 农民收入

按照国家统计局指标说明,农民收入可分为总收入和纯收入。总收入是农民从各渠道得到的收入,而纯收入是总收入基础上减去农村家庭消费支出部分的收入。本书农民收入将以农民人均纯收入和农村居民可支配收入为代表。自国家实施城乡一体化,以往的农民人均纯收入统一换为农村居民人均可支配收入,前者是通过所有方式获得总收入减掉因取得收入而产生费用后的最终收入,既包括家庭农产品的销售收入,也包括以市场价格计算的自用和待售农产品的收入,还包括非农业及其他渠道得到的收入,后者是由生产活动净收益与再分配净收益组成,最终用于农村居民家庭可以自由支配的收入。

## 6.2.2 基础理论

### 1. 可持续发展理论

可持续发展这一概念最初是德国在18、19世纪由于森林的过度伐木提出,随着经济理论不断发展,可持续发展理论应用到资源环境领域,也适用于经济学和社会学领域。可持续发展理论遵循着公平性、持续性和共同性原则,是指在满足人们需求又不损害子孙的幸福生存条件下,保持人口、生态、资源和环境与社会经济协调发展,不为追求经济快速增长导致资源浪费、环境破坏、能源匮乏。

### 2. 比较优势理论

比较优势理论是大卫·李嘉图在绝对优势理论的基础上提出,是指导对外贸易政策的最基本原则,是不同区域按照各自的比较优势参与国际贸易,提升福利水平。在面对新的经济环境下,国际贸易的不断发展,带动这一理论的决定因素也发生变化,继续深化和完善比较优势理论是重要举措。因此,在农业结构调整进程中,通过对不同区域产业结构和农产品结构的比较分析具有一定参考价值。

## 6.2.3 农业结构调整对农民收入的影响机理

农业结构调整不仅是面积或产量上比例的增减,而且还包括质量、市场、资金、劳动力等方面的优化。农业结构调整对农民收入的影响机理主要体现在以下几点。

(1)种植业、林业、畜牧业和渔业在农业中的结构组成对农民收入的影响。

(2)农业结构的优化和调整对农民收入产生影响,主要通过优化农产品品种结构、种类结构、市场结构和生态环境等,提高农产品产量,改善农产品的品质,提升农产品的竞争力,增加农产品的销售收入,确保农产品市场交易,改善生态环境,为农民增收提供很好的环境。

(3)农户家庭依据农业政策和自然条件变化,通过对生产结构、资源配置和经营结构来调整农户家庭的农业生产行为,实现收入的增加。

# 6.3　大庆市农业结构与农民收入的演变状况

作为典型的资源型城市,近年来大庆市随着经济的转型发展及农业生产力水平的提高,农业经济得到了迅速发展,在国民经济中地位也不断提升。2000—2017 年,第一产业增加值从 18.4 亿元增加到 196.8 亿元,占地区生产总值比例从 1.8% 提升到 7.3%。2017 年农、林、牧、渔业产值达到 418.3 亿元[①],较上一年增长 3.63%,农业的生产结构中畜牧业与种植业占主导。大庆市耕地面积 78 万公顷,2017 年农作物播种面积 75.6 万公顷,种植作物主要有玉米、水稻和大豆等粮食作物,甜菜、油料等经济作物,蔬菜、瓜果及饲料作物,其中粮食作物种植面积 68.93 万公顷,占农作物种植总面积的 91.18%,粮食产量达 454.2 万吨,较上一年增长 2.1%。2017 年畜禽存栏总量 1 802 万头(只),畜产品产量(肉、蛋、奶)153.3 万吨;水产品产量 11.2 万吨,较上一年增长 13.1%;人工林面积达到 408.9 万亩,森林覆盖率 12.85%。大庆市下辖五区四县,其中肇州县、肇源县、林甸县、杜尔伯特蒙古族自治县、大同区是主要农业生产区域,2016 年这五个区域的第一产业增加值达 173.05 亿元,占全市比例的 92.49%;农作物种植面积占全市种植面积比例的 94.79%,粮食作物种植面积占全市粮食种植总面积的 87.53%,粮食产量占全市粮食产量的 97.15%;肉类产量占全市肉类产量的 70.82%,水产品产量占全市水产品产量的 90.9%。2017 年肇源县、肇州县、杜尔伯特蒙古族自治县、林甸县粮食总产量分别达到 26.4 亿斤、22 亿斤、22.3 亿斤、18.57 亿斤,肇源县粮食产量最多。

2017 年末,大庆市总人口 273.1 万人,其中农村人口 128.8 万人,占全市人口数比例的 47.16%。2017 年,大庆市农村居民人均可支配收入高于黑龙江省农村居民人均可支配收入 2 092 元[②],在大庆市实施农业结构调整的前提下,农业产值的提升,农产品和畜产品产量的增加,都为加快农民收入的增长提供有力的支撑。

## 6.3.1　大庆市农业结构的演变

### 1.农业产值结构发展演变

作为典型的资源型城市,近年来,大庆市大力推进城市转型发展,不断调整优化三次产业比例结构,从 2010 年的 3.3∶82.2∶14.5 调整为 2017 年的 7.3∶54.6∶38.1,在这一调整过程中,农业在大庆市经济发展中的地位不断提升。同时,在农业发展过程中,不断调整农业内部产业结构,形成了不同时期从以种植业为主导到以种植业和畜牧业并重,再到以畜牧业为主导的产业发展格局。

(1)农业在大庆市经济发展中的地位变化

大庆市第一产业增加值从 1987 年的 1.74 亿元增加到 2016 年的 196.8 亿元,年均增长

---

① 参见大庆市统计局发布的《2017 年大庆市国民经济和社会发展统计公报》。

② 参见《2017 年黑龙江省国民经济和社会发展统计公报》。

率为17.07%。农业在大庆市经济发展中的地位变化大体可划分为四个阶段:一是1987—1992年农业在大庆市经济发展中的地位微不足道,第一产业增加值占GDP的比例平均在2%左右;二是1992—1994年,第一产业增加值占GDP的比例迅速提高到6.20%;三是1995—2000年,第一产业增加值占GDP的比例快速下降到1.79%;四是2001—2017年,第一产业增加值占GDP的比例逐步提高到7.34%,特别是近三年增速较快,第一产业在大庆市经济发展中的地位不断提高(图6-1)。

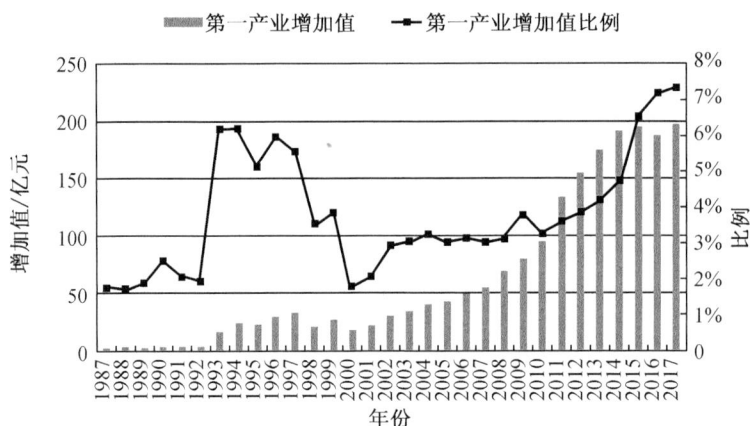

**图6-1 1987—2017年大庆市第一产业增加值及其占GDP的比例变化**

(数据来源:《黑龙江统计年鉴2017》《2017年国民经济和社会发展统计公报》)

(2)农业产值及其结构发展演变

1980—2017年,大庆市农、林、牧、渔业产值从4.32亿元增加到418.3亿元,年均增长率为13.15%。其发展变化大体可划分为两个阶段:一是1980—2001年,农业产值从4.32亿元增加到45.22亿元,年均增长率为11.83%;二是2001—2017年,农业产值从45.22亿元增加到418.30亿元,年均增长率为14.92%(图6-2)。

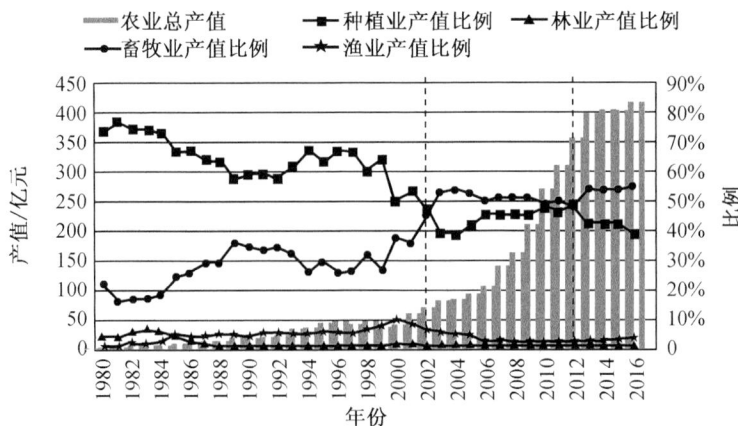

**图6-2 1980—2017年大庆市农、林、牧、渔产值及其结构变化**

(数据来源:《黑龙江统计年鉴2017》《2017年国民经济和社会发展统计公报》)

1980—2016 年,大庆市种植业产值从 3.16 亿元增加到 2015 年的 170.4 亿元,2016 年下降到 158.38 亿元,年均增长率为 11.48%;林业产值从 0.19 亿元增加到 2016 年的 5 亿元,年均增长率为 9.53%;畜牧业产值从 0.93 亿元增加到 2016 年的 222.88 亿元,年均增长率为 16.41%;渔业产值从 0.04 亿元增加到 2016 年的 16.88 亿元,年均增长率为 18.72%(图 6 - 3)。

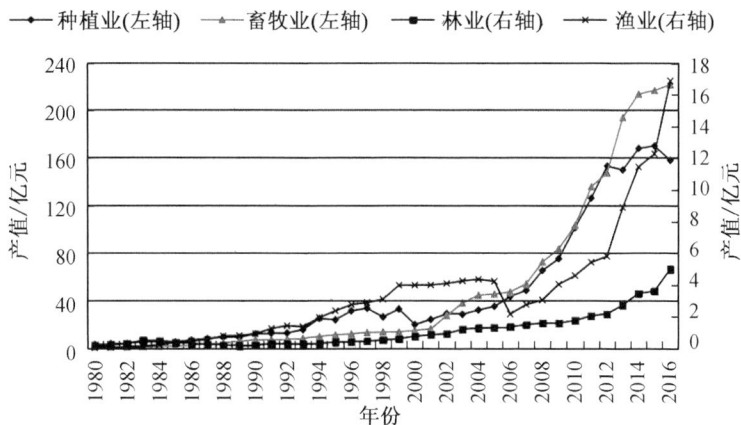

**图 6 - 3　1980—2017 年大庆市农业内部各产业产值变化**

(数据来源:《黑龙江统计年鉴 2017》)

1980—2016 年,大庆市种植业产值比例呈下降趋势,从 73.2% 下降到 39.24%,同期畜牧业产值比例呈上升趋势,21.62% 上升到 54.97%。二者的增减变动可划分为三个阶段:一是 1980—2001 年的种植业为主导阶段,种植业产值比例达 50% 以上;二是 2002—2012 年,种植业和畜牧业并重阶段,畜牧业产值比例在 50% 左右,种植业比例在 40% 以上;三是 2013—2016 年,畜牧业居明显主导地位,畜牧业产值比例提高到近 55%,而种植业产值比例下降到 40% 以下;渔业产值比例呈升 - 降 - 升的变动趋势,先从 1980 年的 0.04% 上升到 2000 年的 10.06%,后下降到 2012 年的 1.87%,随后上升到 2016 年的 4.18%;林业产值比例呈下降趋势,从 1983 年的 6.71% 下降到 2016 年的 1.24%(图 6 - 2)。

**2. 农产品品种结构发展演变**

长期以来,大庆市形成了种植业以粮食作物为主,粮食作物以玉米为主的种植格局;畜牧业基本形成了"两牛一猪一羊"的养殖格局,两牛即奶牛和肉牛,一猪即生猪,一羊即绵羊。

(1)农作物种植面积结构

1980—2017 年,大庆市农作物种植面积呈不断增加趋势,从 45.03 万公顷增加到 75.6 万公顷。其变化可划分为三个阶段:一是 1980—2003 年,作物种植面积稳定并小幅增加,从 45.03 万公顷增加到 48.53 万公顷,年均增长率仅为 0.33%;二是 2003—2012 年,作物种植面积从 48.53 万公顷增加到 75.14 万公顷,年均增长率达 4.97%;三是 2012—2016 年,作物种植面积略有波动,但均保持在 75 万公顷以上(图 6 - 4)。

粮食作物在农作物生产中一直处于主导地位,粮食作物种植面积比例均在 70% 以上,且呈不断上升趋势,其变动大体可划分为两个阶段:一是 1980—2008 年,粮食种植面积比例小幅上升,从 73.51% 提高到 75.38%;二是 2008—2017 年,粮食种植面积比例大幅上升,先从 75.38% 上升到 2015 年的 93.76% ,近两年略有下降,但仍在 90% 以上;经济作物种植面积比例呈下降趋势,从 1980 年的 14.99% 下降到 2014 年的 2.26% ,近两年略有回升,2016 年达 3.98% ;饲料作物种植面积比例呈降 - 升 - 降变化,先从 1980 年的 6.04% 下降到 1996 年的 1.35% ,后上升到 2005 年的 9.90% ,随后下降到 2016 年的 0.69% ;蔬菜、瓜果种植面积比例先升后降,先从 1980 年的 5.46% 上升到 2000 年的 12.51% ,然后下降到 2015 年的 2.48% ,2016 年回升到 3.08%(图 6 - 4)。

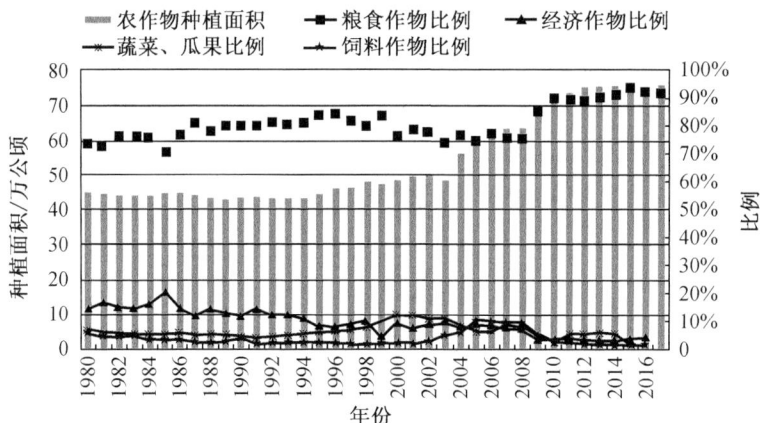

**图 6 - 4  1980—2017 年大庆市农作物种植面积及其结构变化**

(数据来源:《大庆统计年鉴 2017》《2017 年国民经济和社会发展统计公报》)

①粮食作物种植面积结构

1980—2017 年,大庆市粮食作物种植面积呈增加趋势,从 33.1 万公顷增加到 68.93 万公顷,其变化大体可划分为两个阶段:一是 1980—2008 年的小幅增加阶段,粮食种植面积增加到 47.8 万公顷,年均增长率为 1.32% ;二是 2008—2017 年,粮食面积增加到 2015 年的 70.53 万公顷,年均增长率达 5.72% ,近两年略有下降,2017 年粮食种植面积为 68.93 万公顷(图 6 -5)。

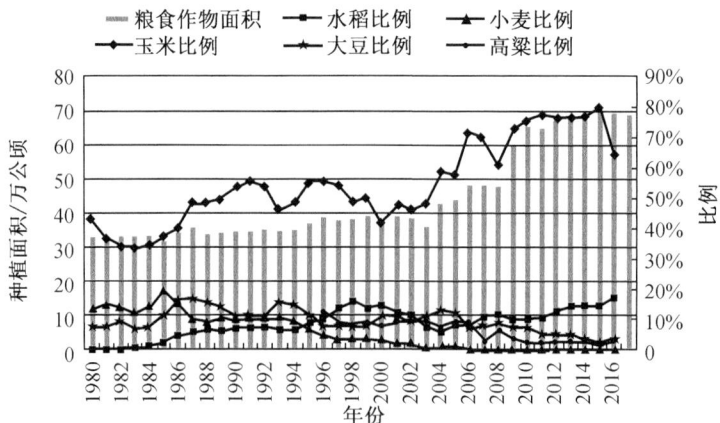

**图 6 - 5  1980—2017 年大庆市粮食作物种植面积及其结构变化**

(数据来源:《大庆统计年鉴 2017》《2017 年国民经济和社会发展统计公报》)

粮食作物中,玉米一直处于明显的主导地位,且其种植面积比例不断提高,从 1980 年的 43.31% 提高到 2015 年的 79.18%,2016 年下降到 64.33%;水稻种植面积比例呈上升趋势, 从 1980 年的 0.06% 上升到 2016 年的 17.15%;大豆和小麦种植面积比例均先升后降,大豆 种植面积比例从 1980 年的 7.49% 上升到 1987 年的 16.74%,后下降到 2016 年的 2.09%, 小麦种植面积比例先从 1980 年的 13.39% 上升到 1985 年的 19.4%,而后下降到 2016 年的 0.35%;高粱种植面积比例不断下降,从 1994 年的 9.46% 下降到 2015 年的 1.16%,2016 年 略回升至 3.03%(图 6-5)。

②经济作物种植面积结构

1980—2016 年,大庆市经济作物种植面积总体呈下降趋势,从 6.75 万公顷减少到 1999 年的 2.25 万公顷,随后增加到 2005 年的 5.27 万公顷,下降到 2014 年的 1.79 万公顷,2016 年恢复到 3 万公顷(图 6-6)。

经济作物以油料和甜菜为主,1998 年以前,甜菜是最主要的经济作物,其种植面积比例 达 50% 以上。1998 年以后,油料成为最主要的经济作物,但其种植面积比例呈下降趋势,从 1999 年的 73.97% 下降到 2016 年的 52.06%(图 6-6)。

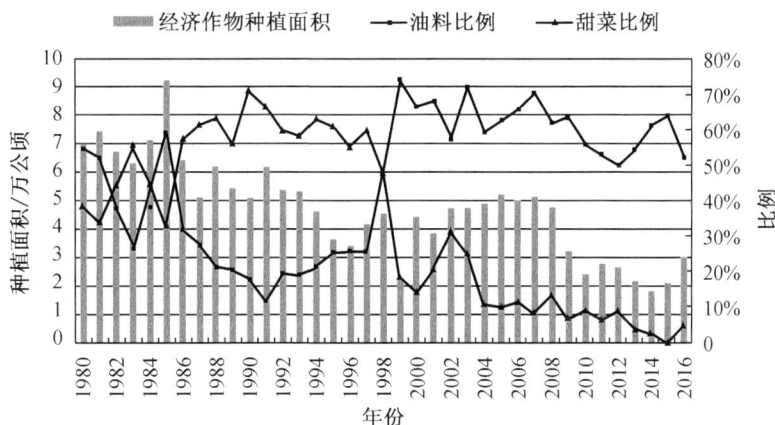

图 6-6　1980—2017 年大庆市经济作物种植面积及其结构变化

(数据来源:《大庆统计年鉴 2017》)

③蔬菜、瓜果种植面积结构

1980—2016 年,大庆市蔬菜、瓜果种植面积呈先增后减变化,先从 1980 年的 2.46 万公 顷下降到 1991 年的 1.51 万公顷,后增加到 2000 年的 6.03 万公顷,下降到 2015 年的 1.86 万公顷,2016 年略有增加,增加到 2.32 万公顷(图 6-7)。

蔬菜、瓜果中以蔬菜为主,1980—2016 年,其种植面积比例达 60% 以上,但呈下降趋势, 从 84.93% 下降到 68.64%(图 6-7)。

④饲料作物种植面积变化

1980—2016 年,大庆市饲料作物种植面积呈减—增—减—增的变化趋势,先从 1980 年 的 2.09 万公顷减少到 1991 年的 1.31 万公顷,然后增加到 2000 年的 4.76 万公顷,减少到 2015 年的 1.36 万公顷,2016 年略有增加,增加至 1.59 万公顷(图 6-8)。

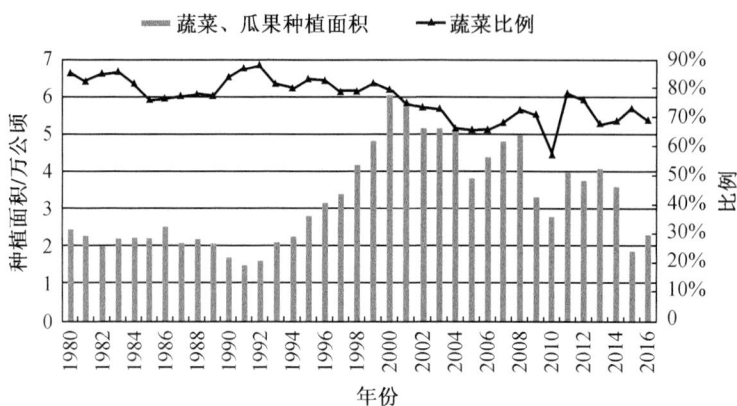

**图 6 - 7　1980—2017 年大庆市蔬菜、瓜果种植面积及其结构变化**

（数据来源：《大庆统计年鉴 2017》）

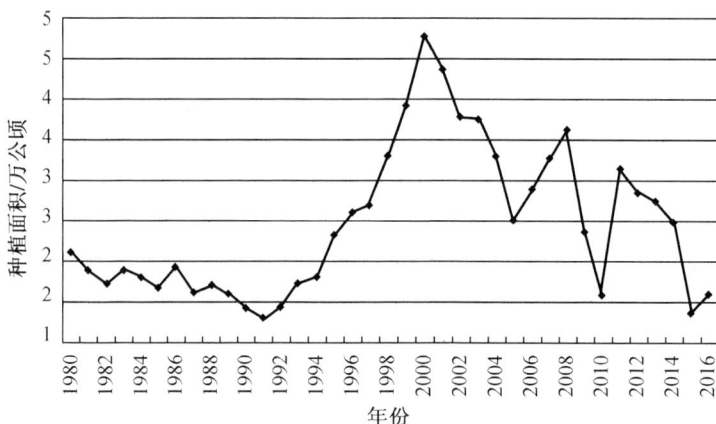

**图 6 - 8　1980—2017 年大庆市饲料作物种植面积变化**

（数据来源：《大庆统计年鉴 2017》）

（2）农产品产量结构

①粮食产量结构

1980—2016 年，大庆市粮食产量呈增—减—增—减的变化。先从 52.06 万吨增加到 1999 年的 223.69 万吨，随后下降到 2000 年的 86.65 万吨，然后增加到 2012 年的 650 万吨，减少到 2017 年的 454.2 万吨（图 6 - 9）。

粮食产品中，玉米仍是最主要的粮食产品，其产量比例总体呈上升趋势，但波动较大。先从 1980 年的 52.08% 下降到 1984 年的 38.43%，然后上升到 1991 年的 75.09%，接着下降到 2000 年的 48.9%，然后上升到 2015 年的 84.52%，2016 年下降至 71.91%；水稻产量比例呈先升后降，先从 1980 年的 0.13% 上升到 2000 年的 23.03%，然后下降到 2015 年的 12%，2016 年上升至 18.16%（图 6 - 9）。

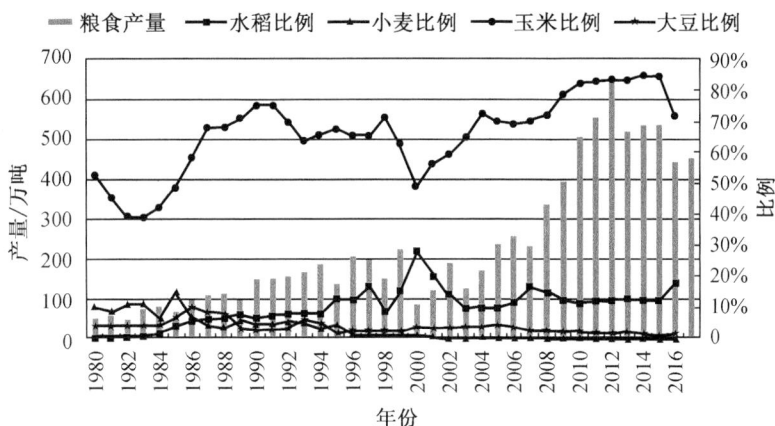

**图 6 - 9　1980—2017 年大庆市粮食产量及其结构变化**

（数据来源:《大庆统计年鉴 2017》《2017 年国民经济和社会发展统计公报》）

②非粮食产品产量变化

1980—2017 年,蔬菜产量从 29.8 万吨增加到 2008 年的 154.9 万吨,然后减少到 2015 年的 58.2 万吨,近两年开始回升,2017 年蔬菜产量达 72.3 万吨;油料产量从 1980 年的 3.5 万吨减少到 0.72 万吨,然后增加到 2008 年的 6.31 万吨,后减少到 2017 年的 3.9 万吨;甜菜产量从 1980 年的 73.6 万吨增加到 1983 年的 269.5 万吨,后减少到 2016 年的 5.1 万吨(图 6 - 10)。

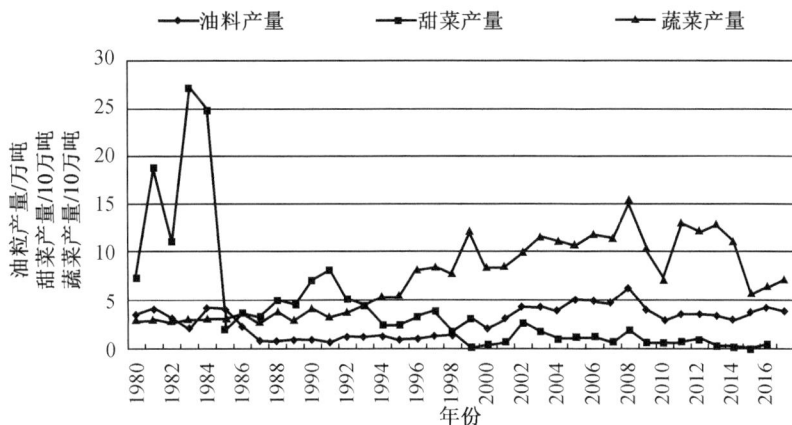

**图 6 - 10　1980—2017 年大庆市非粮食产品产量变化**

（数据来源:《大庆统计年鉴 2017》《2017 年国民经济和社会发展统计公报》）

（3）畜牧养殖数量及结构变化

①大牲畜数量及结构

1980—2016 年,大庆市大牲畜数量先增后减,从 1980 年的 24.1 万头增加到 2014 年的 94.56 万头,2015 年开始迅速下降,2016 年降至 39.9 万头(图 6 - 11)。

大牲畜中,牛的数量比例最高且呈不断上升趋势,从 1980 年的 47.63% 提高到 2014 年的 96.61%,2016 年略有下降,降至 92.75%;马的数量比例呈大幅下降趋势,从 49.91% 下降到 1.56%（图 6 – 11）。

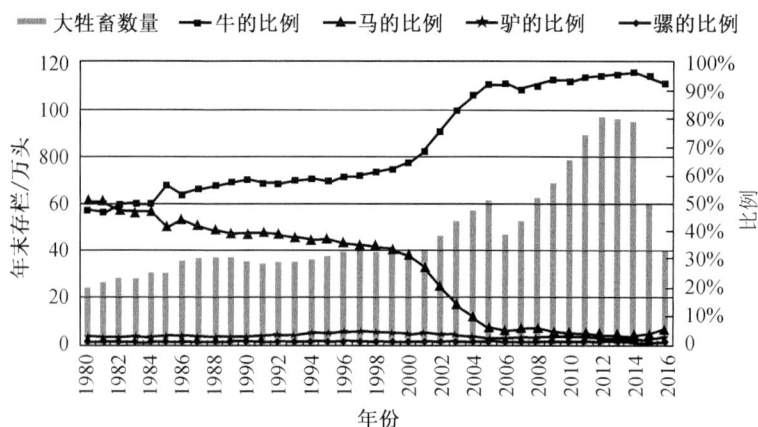

**图 6 – 11  1980—2016 年大庆市大牲畜养殖数量及结构变化**

（数据来源:《大庆统计年鉴 2016》）

②牛存栏和出栏数量及结构变化

1980—2016 年,牛的存栏和出栏数量分别从 11.48 万头和 1.12 万头增加到 2014 年的 91.36 万头和 2015 年的 50.6 万头,2016 年分别降至 37.01 万头和 42.32 万头。其中黄牛和肉牛在 2004 年以前是牛的主要品种,但存栏量比例呈下降趋势,从 1980 年的 92.64% 下降到 2009 年的 32.93%,后回复到 2016 年的 48.68%;奶牛存栏量比例则不断提高,同期从 7.36% 提高到 67.07%,后下降到 2016 年 51.32% 年的(2004—2014 年其比例超过黄牛及肉牛);肉牛出栏量比例总体呈下降趋势且波动较大,先从 89.22% 下降到 2005 年的 42.61%,然后提高到 2010 年的 87.99%,随后下降到 2015 年的 62.22%,2016 年回升至 70.02%(图 6 – 12）。

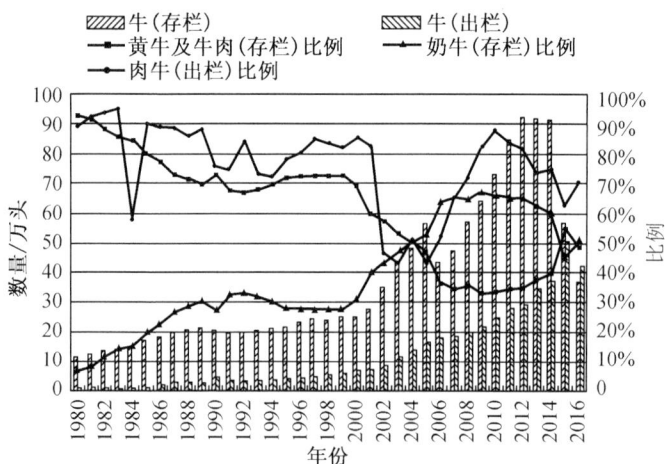

**图 6 – 12  1980—2016 年大庆市牛的数量及结构变化**

（数据来源:《大庆统计年鉴 2016》）

③羊存栏和出栏数量及结构变化

1980—2016 年,羊年末存栏量和出栏量分别从 41.51 万只和 9.72 万只增加到 149.55 万只和 104.88 万只。其中绵羊的存栏量和出栏量比例均在 85% 以上(图 6 - 13)。

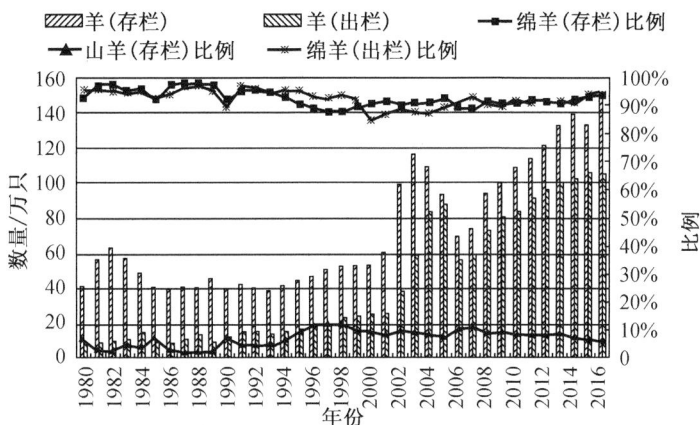

**图 6 - 13　1980—2016 年大庆市羊的数量及结构变化**

(数据来源:《大庆统计年鉴 2016》)

④猪和家禽的数量变化

1980—2016 年,生猪存栏量从 45.42 万头增加至 2014 年的 169.82 万头,2016 年降至 114.72 万头;肥猪出栏量从 1980 年的 21.31 万头增加到 2016 年的 246.02 万头;家禽存栏量从 155.23 万只增加到 2013 年的 1 918.65 万只,2016 年降至 1 390.36 万只;家禽出栏量从 1980 年的 44.84 万只增加到 2013 年的 5 285.35 万只,2016 年降至 3 610.5 万只(图6 - 14)。

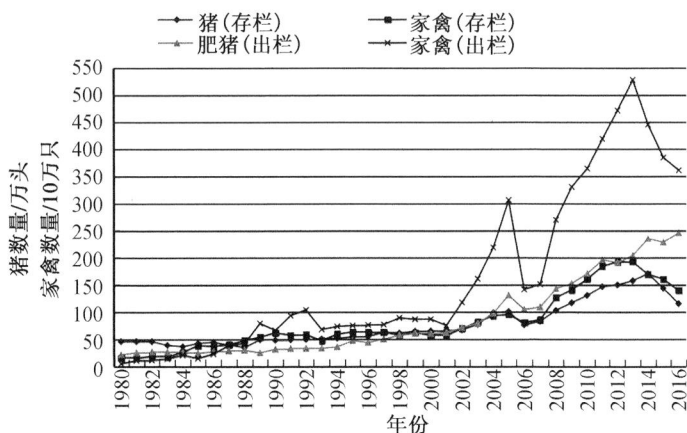

**图 6 - 14　1980—2016 年大庆市猪和家禽的数量变化**

(数据来源:《大庆统计年鉴 2016》)

（4）畜产品产量结构

①肉类产量及结构

1980—2016 年,大庆市的肉类产量不断增加,从 2.8 万吨增加到 2015 年的 35.61 万吨,2016 年略有下降,减至 35.18 万吨。其中以猪肉为主,禽肉次之,牛肉排在第三位,最后是羊肉。猪肉产量比例呈下降趋势,从 74.02% 降至 50.62%;牛肉、禽肉和羊肉产量比例均呈不同程度上升趋势,分别从 5.5%、4.27% 和 4.71% 上升到 24.07%、19.76% 和 5.03%（图6－15）。

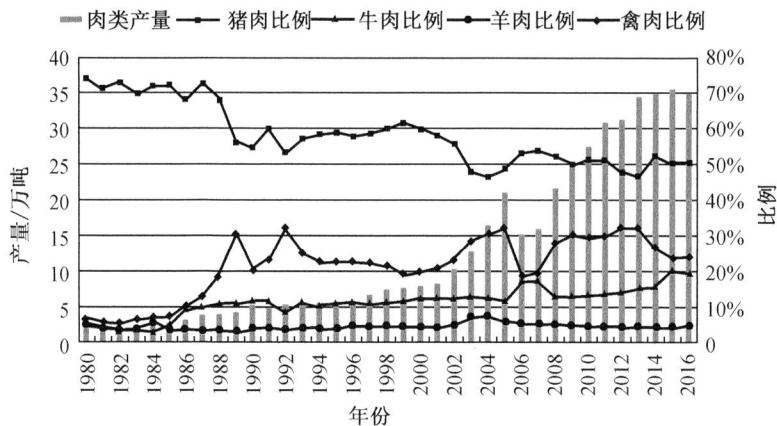

图 6－15　1980—2016 年大庆市肉类产量及结构变化

（数据来源:《大庆统计年鉴 2016》）

②蛋、奶产量变化

1980—2016 年,大庆市牛奶产量从 1.52 万吨增加到 2013 年的 173.72 万吨,后降至 2016 年的 74.49 万吨;禽蛋产量从 0.56 万吨增加到 2015 年的 124.07 万吨,2016 年略有下降,降至 114.88 万吨（图 6－16）。

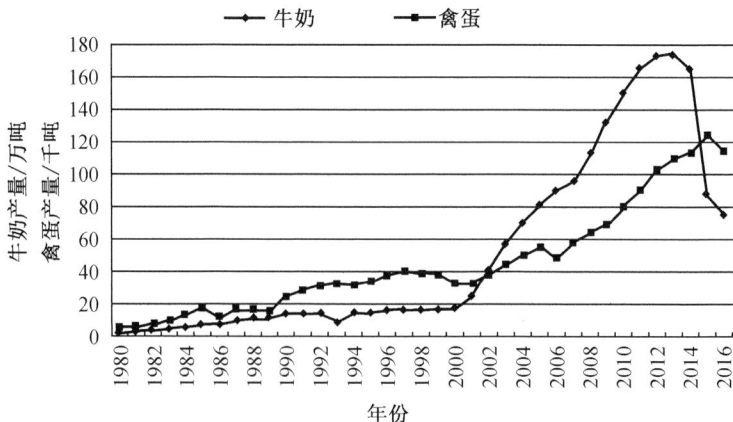

图 6－16　1980—2016 年大庆市蛋、奶产量变化

（数据来源:《大庆统计年鉴 2016》）

（5）造林面积及结构变化

1980—2016 年,当年造林面积波动较大,其中 1984 年造林面积最大,为 30 514 公顷,2016 年造林面积最小,仅 2 794 公顷。造林以防护林为主,防护林面积比例不断提高,从 1980 年的 23.86% 提高到 2003 年的 99.17%,2003 年之后一直维持在 99% 以上（图6-17）。

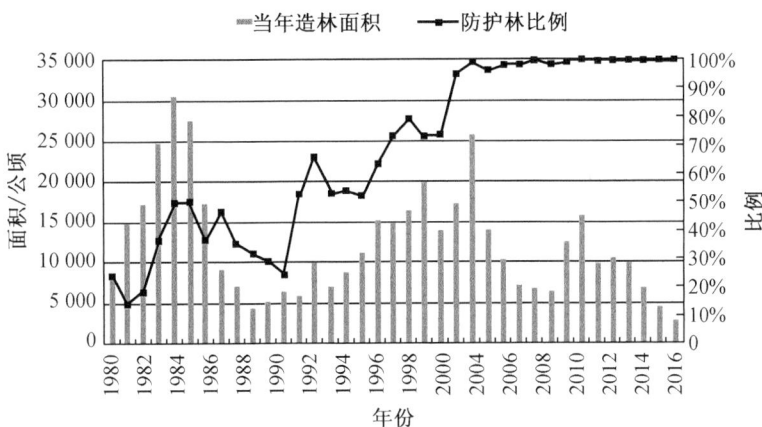

图 6-17　1980—2016 年大庆市造林面积及其结构变化

（数据来源:《大庆统计年鉴 2016》）

（6）水产品产量及结构变化

1986—2016 年,大庆市水产品产量年度间变化较大,2016 年水产品产量为 8.92 万吨,其中人工养殖水产占 80% 左右。水产品中,以鱼类居多,鱼类产量占比均在 96% 以上（图6-18）。

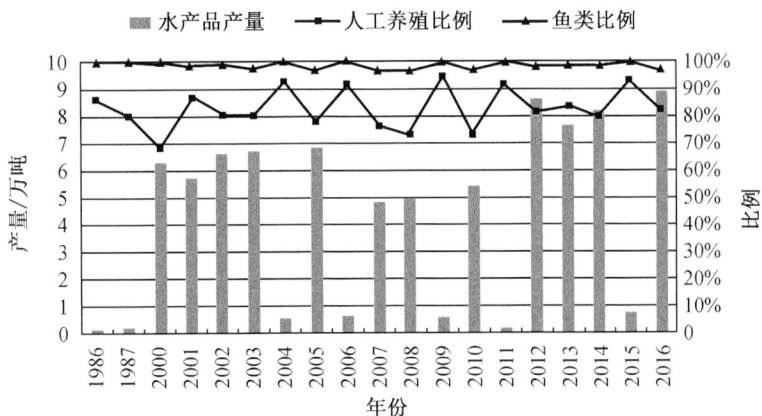

图 6-18　1986—2016 年大庆市水产品产量及其结构变化

（数据来源:《黑龙江统计年鉴 2016》）

### 3.农业区域结构发展演变

总体来看,大庆市的主要农业区是四县和大同区,1980—2016 年,四县的农业产值占全市农业产值的比例基本都在 70% 以上(除个别年度外)。其中肇州的农业产值比例呈先降后升趋势,先从 1980 年的 23.87% 下降到 2002 年的 17.5%,然后上升到 2016 年的 24.43%;肇源县的农业产值比例呈先升后降趋势,先从 1980 年的 20.99% 上升到 2010 年的 27.77%,后下降到 2016 年的 22.74%;杜尔伯特蒙古族自治县的农业产值比例总体略呈上升趋势,从 1980 年的 14.61% 上升到 2016 年的 20.33%;林甸县的农业产值比例则呈下降趋势,从 1980 年的 15.15% 下降到 2016 年的 10.29%。此外,大同区的农业产值比例近年来呈上升趋势,从 2010 年的 10.66% 上升到 2016 年的 16.44%(图 6 - 19)。

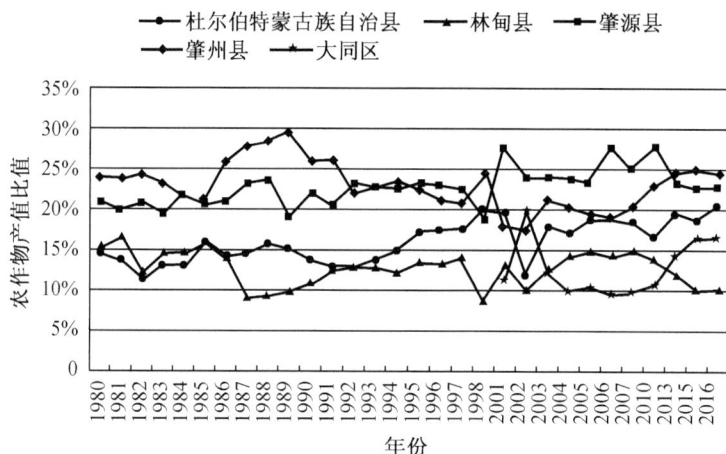

**图 6 - 19　1980—2016 年大庆市农、林、牧、渔业产值区域结构变化**

(数据来源:《大庆统计年鉴 2016》)

(1)种植业区域结构

2000—2016 年,全市种植业以四县为主,以大同区为辅。四县的农作物种植面积占全市农作物种植总面积的 80% 以上。其中 2007 年以前,基本排序是肇州县 > 肇源县 > 林甸县 > 杜尔伯特蒙古族自治县;2007 年之后排序发生了变化,肇源的农作物种植面积比例 23% 以上,稳居第一位,其他三县农作物种植面积比例大体相当,在 20% 左右。此外,大同区的农作物种植面积比例基本稳定在 10% 左右(图 6 - 20)。

①粮食主产区变化

2000 年以来,四县的粮食产量占全市粮食总产量的 80% 以上。除 2002—2005 年外,肇源县是大庆市产粮第一大县,但其粮食产量占全市粮食总产量的比例略呈下降趋势,从 2000 年的 31.91% 下降到 2016 年的 26.07%;肇州县的粮食产量比例呈先升后降趋势,先从 2000 年的 24.02% 上升到 2003 年的 39.21%,然后一路降至 2016 年的 20.79%;林甸县的粮食产量比例呈先降后升再降的变动,从 2000 年的 20.19% 下降至 2003 年的 6.37%,然后上升到 2010 年的 26.7%,又下降到 2016 年的 21.11%;杜尔伯特蒙古族自治县的粮食产量比例呈波动上升趋势,从 2000 年的 11.98% 上升到 2016 年的 18.65%;大同区的粮食产量比例在 10% 左右(图 6-21)。

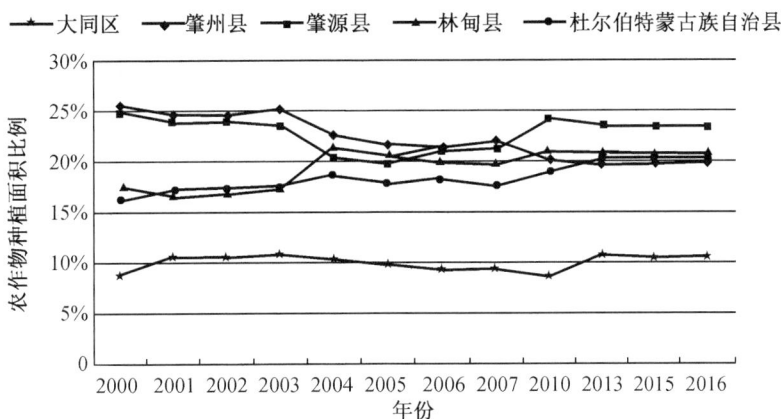

图 6-20　2000—2016 年大庆市农作物生产区域变化
(数据来源:《大庆统计年鉴 2016》)

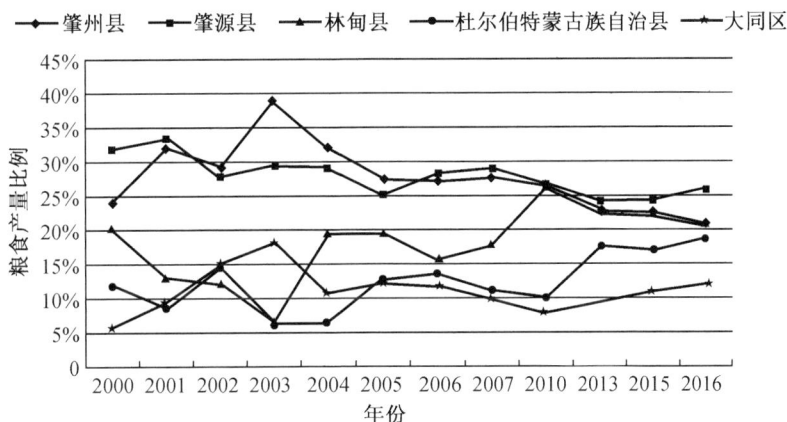

图 6-21　2000—2016 年大庆市粮食生产区域变化
(数据来源:《大庆统计年鉴 2016》)

②玉米产区变化

2000—2016 年,大庆市玉米产量从 42.37 万吨增加到 454.6 万吨,2016 年减少至 319.75 万吨。玉米广泛种植于大庆各县区,其中肇州县是最主要的玉米产区,其玉米产量占全市玉米产量 30% 以上,但总体呈下降趋势,从 2003 年的 50.41% 下降到 2016 年的 28.18%;林甸县自 2005 年以来跃居为第二大玉米产区,其玉米产量比例从 20.11% 上升到 2010 年的 29.87%,后降至 2016 年的 22.70%;肇源县的玉米产量占比相对稳定,基本保持在 18% 左右(图 6-22)。

③水稻产区变化

2000—2016 年,全市水稻产量从 24.29 万吨增加到 80.77 万吨。水稻产区相对集中,主要是肇源县、杜尔伯特蒙古族自治县和林甸县,这三个县的水稻产量占比达 99% 以上。其中肇源县是全市最大的水稻产区,其水稻产量占全市水稻总产量的 55% 以上,但占比呈下降趋势,从 2003 年的 78.45% 下降到 2016 年的 56.93%;杜尔伯特蒙古族自治县水稻产量占比呈上升趋势,从 2000 年的 8.92% 上升到 2016 年的 27.97%;林甸县的水稻产量占比呈下降趋势,从 2000 年的 27.89% 下降至 2016 年的 14.17%(图 6-23)。

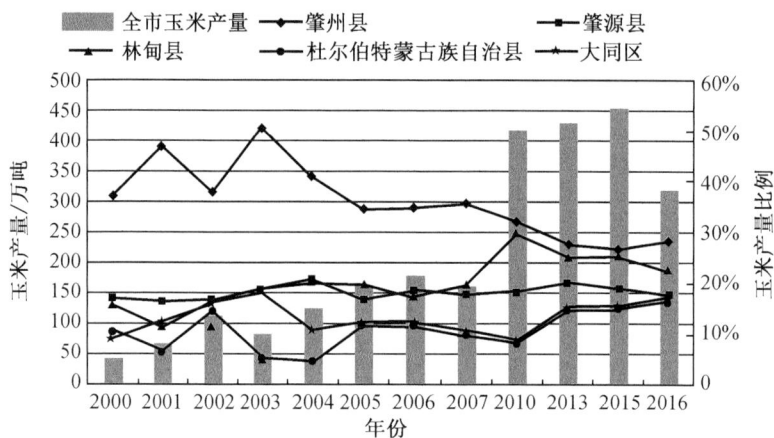

图 6-22　2000—2016 年大庆市玉米生产区域变化

(数据来源:《大庆统计年鉴 2016》)

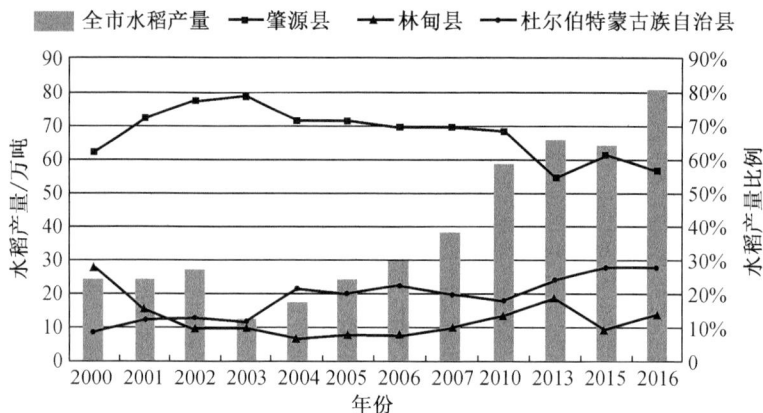

图 6-23　2000—2016 年大庆市水稻生产区域变化

(数据来源:《大庆统计年鉴 2016》)

④大豆产区变化

2000—2016 年,全市大豆产量从 3.21 万吨增加到 2010 年的 10.76 万吨,而后下降至 2016 年的 2.31 万吨。大豆生产区域不太稳定,2000—2001 年,以肇州县为主要产区,2002—2003 年和 2007—2010 年以肇源县为主,2004—2007 年和 2015 年以后以林甸县为主,特别地,2013 年四县的大豆产量比例仅为 32.43%(图 6-24)。

⑤杂豆产区变化

2000—2016 年,全市杂豆产量从 2.56 万吨增加到 8.6 万吨,其间波动较大。杜尔伯特蒙古族自治县是最主要的杂豆产区,但其杂豆产量占比呈先降后升再降的趋势,先从57.39%下降到 2004 年的 20.89%,然后上升到 2015 年的 67.07%,2016 年下降至32.90%;林甸县的杂豆产量占比则迅速上升至 2016 年的 51.2%,成为目前最大的杂豆生产区(图6-25)。

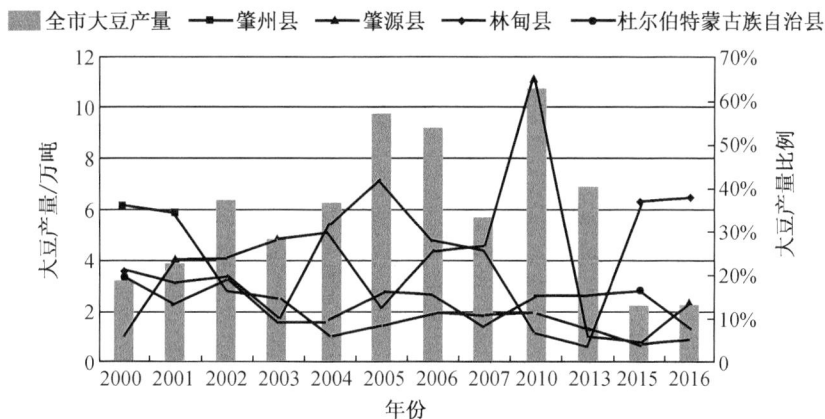

**图 6-24　2000—2016 年大庆市大豆生产区域变化**

(数据来源:《大庆统计年鉴 2016》)

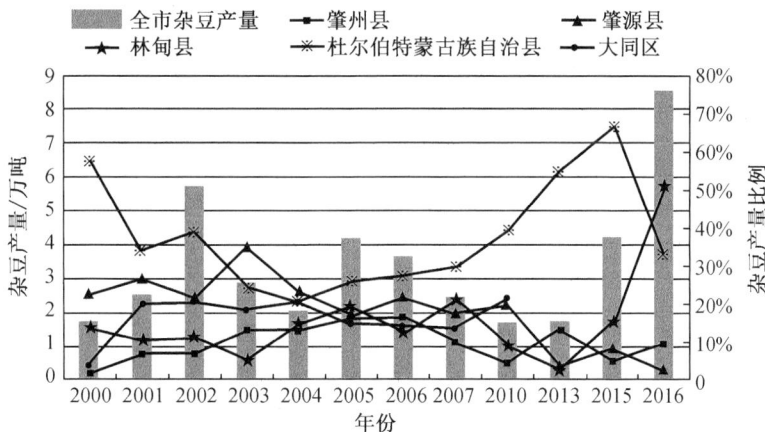

**图 6-25　2000—2016 年大庆市杂豆生产区域变化**

(数据来源:《大庆统计年鉴 2016》)

⑥油料产区变化

2000—2016 年,全市油料产量从2.12 万吨增加至 2016 年的 4.26 万吨。肇源县是最主要的油料产区,其油料产量比例从 2000 年的 61.08%下降至 2005 年的 30.53%,而后上升到 2010 年的 65.23%,然后下降至 2015 年的 44.85%,2016 年回复至 59.78%(图 6-26)。

⑦蔬菜产区变化

2000—2016 年,全市蔬菜产量从 85.36 万吨增加到 2013 年的 129.47 万吨,然后下降到

2016 年的 64.96 万吨。肇州县和大同区是主要的蔬菜产区,2016 年肇州的蔬菜产量占比达 36.23%(图 6 – 27)。

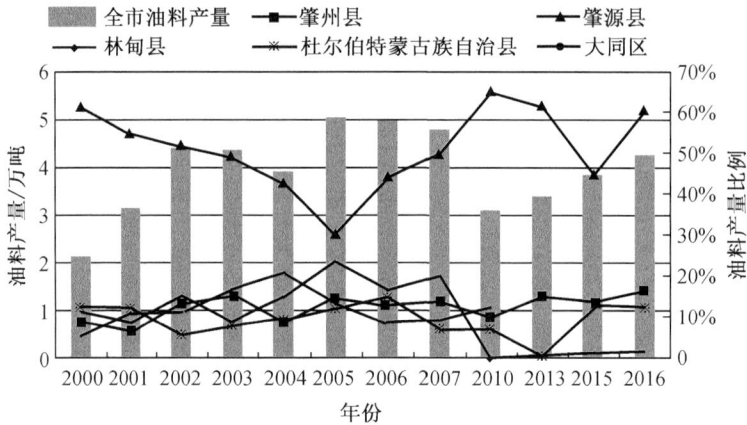

**图 6 – 26  2000—2016 年大庆市油料生产区域变化**

(数据来源:《大庆统计年鉴 2016》)

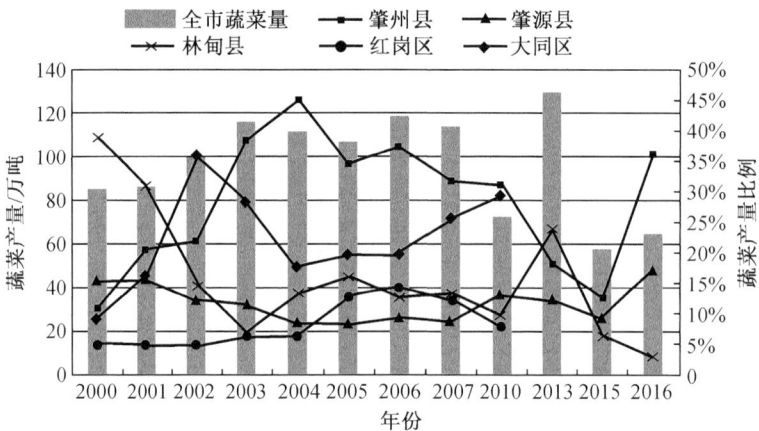

**图 6 – 27  2000—2016 年大庆市蔬菜生产区域变化**

(数据来源:《大庆统计年鉴 2016》)

(2)畜牧业区域结构变化

①牛养殖区域结构

从牛年末存栏区域结构变化来看,1998—2014 年,杜尔伯特蒙古族自治县一直是最大的大牲畜养殖区,2015—2016 年位居第二,其牛存栏量比例在 25% ~ 40%,但略呈下降趋势,从 1998 年的 34.51% 下降到 2016 年的 28.11%,其中 1999 年最高达 38.21%,2013 年最低达 25.92%;肇州县的牛存栏量比例总体呈上升趋势,从 18.79% 上升到 2015 年的 37.38%,成为大牲畜养殖第一大县,2016 年下降到 28.52%;林甸县大牲畜存栏量比例呈先升后降趋势,从 1998 年的 14.79% 上升到 2014 年的 23.94%,后下降到 2016 年的 12.27%;

肇源县的大牲畜存栏量比例总体呈下降趋势,从 1998 年的 18.79% 下降到 2014 年的 10.14%,2015 年开始略有回升,回升至 2016 年的 15.18%;大同区的大牲畜存栏量比例先降后升,从 2000 年的 5.91% 下降到 2007 年的 4.32%,上升到 2016 年的 7.6%(图 6 - 28)。

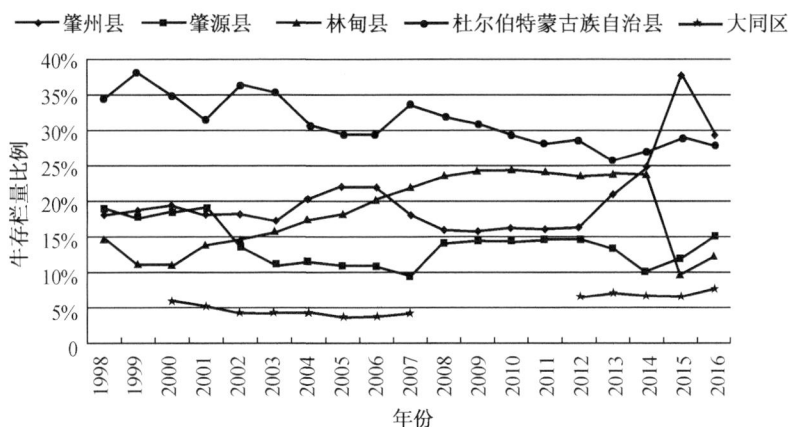

图 6 - 28　1998—2016 年大庆市牛存栏量区域结构变化

(数据来源:《大庆统计年鉴 2016》《黑龙江省统计年鉴 2016》)

②奶牛养殖及牛奶产量区域变化

1998—2016 年,全市奶牛存栏量从 6.59 万头增加到 2012 年的 60.18 万头,后下降到 2016 年的 18.99 万头。从奶牛的存栏区域变化来看,1998—2014 年,杜尔伯特蒙古族自治县和林甸县是最主要的奶牛养殖区,两县奶牛存栏量比例合计达 60% 以上。杜尔伯特蒙古族自治县一直是最大的奶牛养殖区,但其奶牛存栏量比例呈下降趋势,从 1998 年的 46.96% 下降到 2016 年的 34.6%;林甸县的奶牛存栏量比例呈先升后降趋势,从 1998 年的 22.31% 上升到 2014 年的 28.89%,2015 年开始下降,下降到 2016 年的 19.1%;肇州县的奶牛存栏量比例自 2013 年略有上升,从 1998 年的 10.05% 上升到 2016 年的 19.22%,目前位居第二(图 6 - 29)。

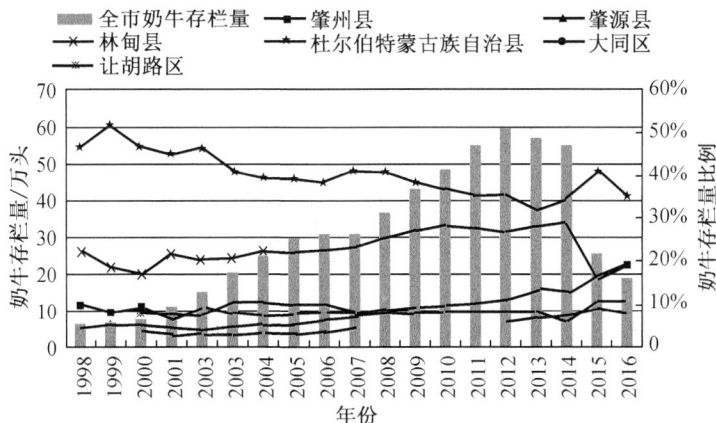

图 6 - 29　1998—2016 年大庆市奶牛存栏量区域结构变化

(数据来源:《大庆统计年鉴 2016》《黑龙江省统计年鉴 2016》)

相应地,杜尔伯特蒙古族自治县的牛奶产量比例从 2000 年的 37.21% 下降到 2013 年的 29.11%,后回升至 2015 年的 47.35%,2016 年略有下降,降至 44.48%;林甸县的牛奶产量比例则从 2000 年的 18.43% 上升到 2014 年的 30.22%,后下降到 2015 年的 8.31%,2016 年略有回升,升至 14.78%;肇州县的牛奶产量比例从 2000 年的 9.18% 上升至 2015 年的 18.88%,2016 年略有下降,降至 17.15%(图 6 – 30)。

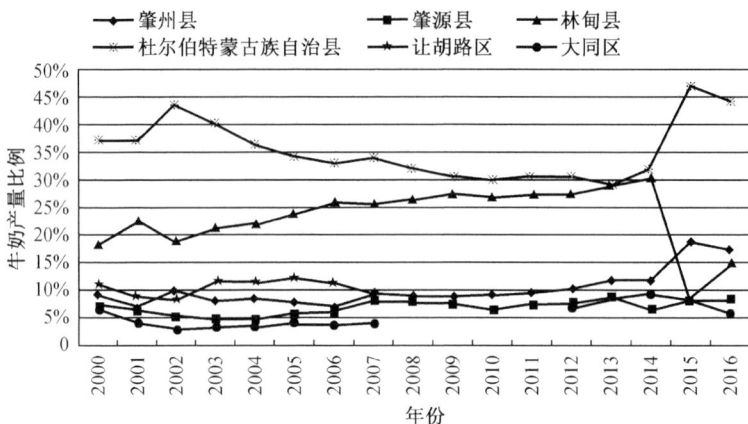

**图 6 – 30　2000—2016 年大庆市牛奶产量区域结构变化**

(数据来源:《大庆统计年鉴 2016》《黑龙江省统计年鉴 2016》)

③肉牛养殖及牛肉产量区域结构变化

1998—2016 年,全市肉牛存栏量从 17.43 万头增加到 2005 年的 26.76 万头,后下降到 2007 年的 16.38 万头,然后增加到 2014 年的 36.32 万头,下降到 2016 年的 18.02 万头。相比奶牛的存栏量,肉牛存栏量比例区域变化较大,杜尔伯特蒙古族自治县自 2003 年开始逐渐退出肉牛主要养殖区,其肉牛存栏量比例从 1998 年的 29.8% 下降到 2014 年的 15.75%,2016 年回复至 21.28%;肇州县自 2004 年开始成为第一大肉牛养殖区,其肉牛存栏量比例从 33.36% 提高到 2015 年的 55.19%,2016 年下降,降至 39.56%;林甸县在 1998—2002 年及 2008—2013 年肉牛存栏量比例相对稳定,基本在 20% 左右,是第二大养殖区(图 6 – 31)。

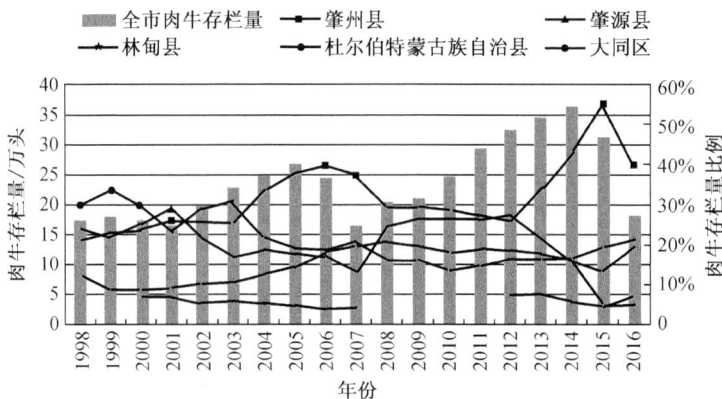

**图 6 – 31　1998—2016 年大庆市肉牛存栏量区域结构变化**

(数据来源:《大庆统计年鉴 2016》《黑龙江省统计年鉴 2016》)

2000—2016 年,全市牛肉产量从 1.01 万吨增加到 2015 年的 7.33 万吨,2016 年略有下降,降至 6.95 万吨。牛肉产区的变化以 2006 年为分界点,2006 年以前,杜尔伯特蒙古族自治县是最大的牛肉产区,其牛肉产量占比 28% 以上,2007 年开始下降,降至 2010 年的 19.6%,后有所回升,2016 年达 27.76%;2007 年开始,肇州县成为第一大牛肉产区,其牛肉产量占比 29% 以上,2016 年达 33.58%(图 6 - 32)。

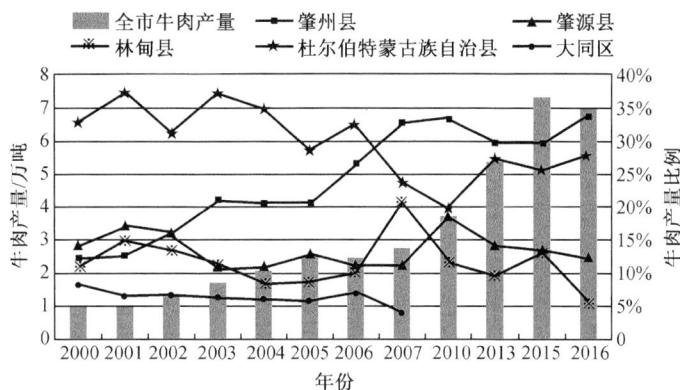

**图 6 - 32　2000—2016 年大庆市牛肉产量区域结构变化**

(数据来源:《大庆统计年鉴 2016》)

④生猪养殖及猪肉产量区域结构变化

从生猪存栏量的区域变化来看,2012 年以前,肇州县是最大的生猪养殖区,生猪存栏量占比从 1998 年的 26.31% 上升到 2004 年的 39.78%,后略有下降,降至 2011 年的 34.17%,2012 年以后,一度下降至 2014 年的 18.7%,2016 年回升至 25.76%;而自 2012 年,肇源县成为最大的生猪养殖区,生猪存栏量占比不断上升,从 2011 年的 21.42% 上升到 2015 年的 33.93%,2016 年略有下降,降至 32.04%;林甸县也曾是主要的生猪养殖区,其生猪存栏量比例呈先升后降趋势,先从 1988 年的 13.02% 上升到 2014 年的 23.33%,后下降到 2016 年的 11.8%(图 6 - 33)。

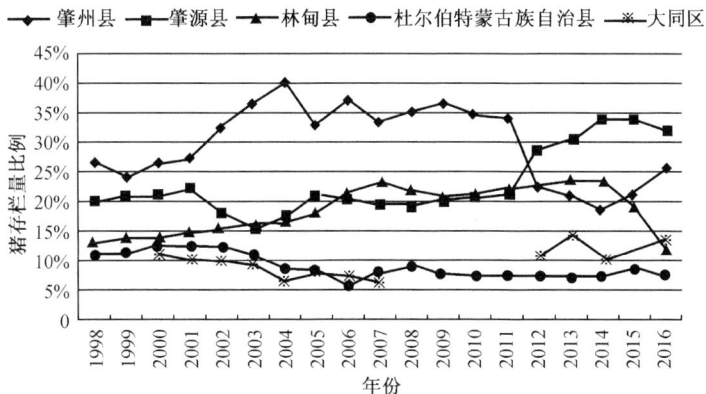

**图 6 - 33　1998—2016 年大庆市生猪存栏量区域结构变化**

(数据来源:《大庆统计年鉴 2016》)

2000—2016 年,全市猪肉产量从 4.79 万吨增加到 17.81 万吨。肇州县、肇源县和林甸县是主要的猪肉产区,肇州县的猪肉产量比例从 23.43% 提高到 2010 年的 36.61%,后下降到 2016 年的 20.45%;肇源县的猪肉产量比例从 22.91% 下降到 2003 年的 15.34%,后上升到 2015 年的 36.13%,2016 年下降至 27.27%;林甸县的猪肉产量从 10.29% 上升到 2013 年的 24.49%,后下降到 2016 年的 18.78%(图 6 - 34)。

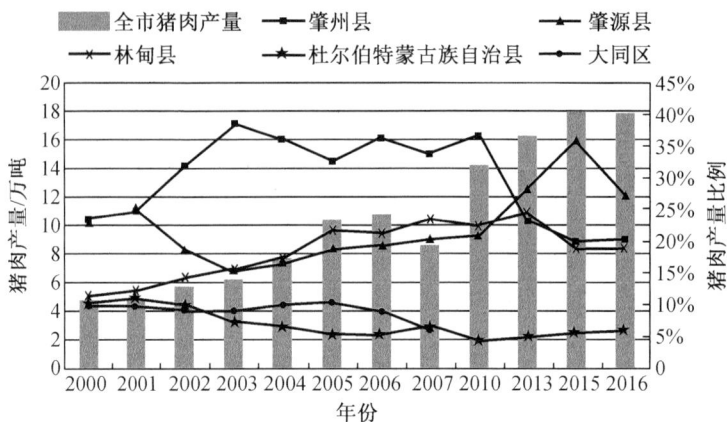

**图 6 - 34   2000—2016 年大庆市猪肉产量区域结构变化**

(数据来源:《大庆统计年鉴 2016》)

⑤羊养殖及羊肉产量区域结构变化

从羊存栏量的区域变化来看,肇源县和肇州县是主要的羊养殖区,肇源县的羊存栏量比例呈先升后降趋势,先从 1998 年的 17.33% 上升到 2008 年的 34.61%,后下降到 2016 年的 22.36%;肇州县的羊存栏量比例呈上升趋势,从 1998 年的 18.43% 上升到 2016 年的 35.14%(图 6 - 35)。

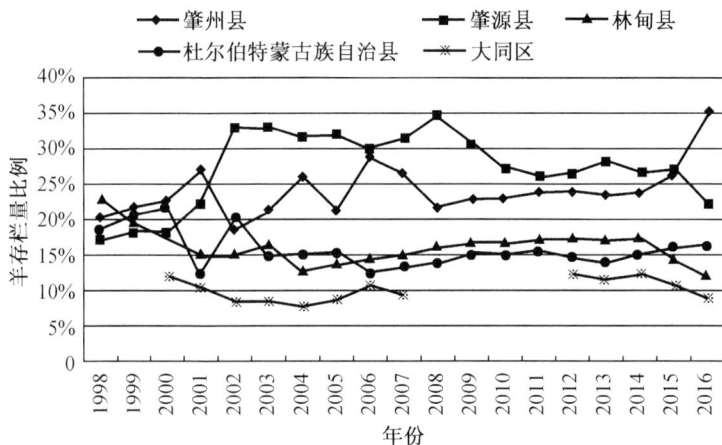

**图 6 - 35   1998—2016 年大庆市羊养殖区域结构变化**

(数据来源:《大庆统计年鉴 2016》《黑龙江统计年鉴 2016》)

2000—2016 年,全市羊肉产量从 0.34 万吨增加到 1.77 万吨。除个别年度外,肇源县是最大的羊肉产区,其羊肉产量比例总体呈上升趋势,从 1988 年的 14.57% 上升到 2010 年的 31.36% ,后下降至 2016 年的 24.21% ;肇州县和林甸县的羊肉产量比例均呈波动上升趋势,分别从 1998 年的 19.29% 和 17.92% 波动上升至 2016 年的 23.23% 和 26.05% ,其中林甸县在 2001—2002 年、2006 年和 2016 年是最大的羊肉产区(图 6 - 36)。

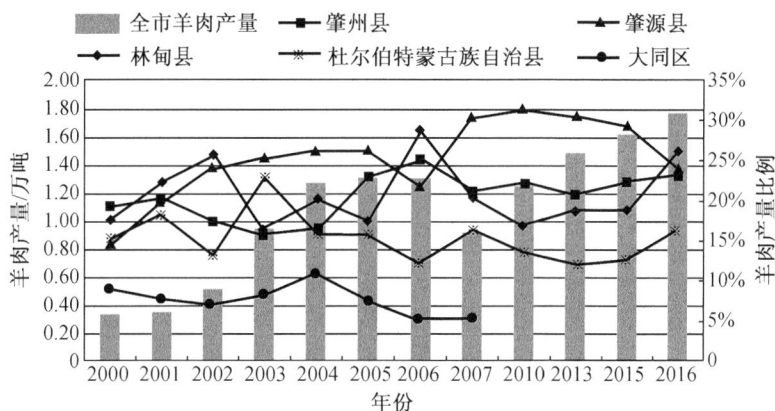

**图 6 - 36　2000—2016 年大庆羊肉产量区域结构变化**

(数据来源:《大庆统计年鉴 2016》)

⑥家禽养殖区域结构变化

从家禽出栏量的区域变化来看,肇源县和肇州县是主要的家禽饲养区,但家禽出栏量占比波动较大。肇源县在 2015 年以前一直是家禽饲养第一大县,家禽出栏量比例从 2000 年的 24.56% 上升到 2003 年的 43.46% ,后下降到 2007 年的 26.87% ,又上升到 2013 年的 45.29% ,下降到 2016 年的 16.14% ;肇州县的家禽出栏量比例从 2000 年的 15.54% 上升到 2007 年的 29.43% ,后下降到 2013 年的 19.04% ,上升至 2016 年的 44.62% ,排在第一位(图 6 - 37)。

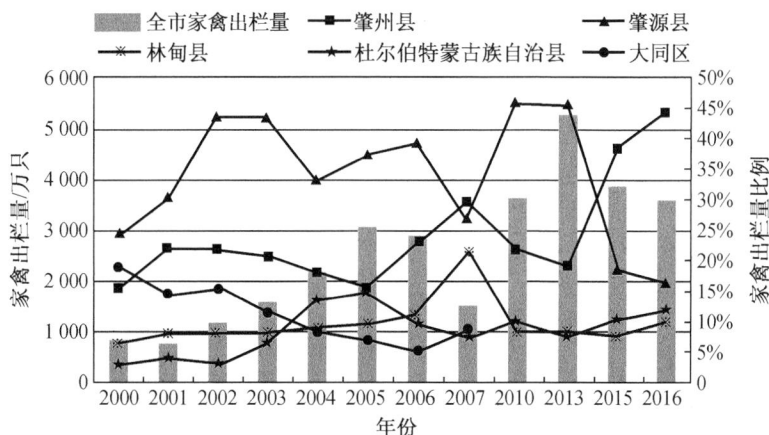

**图 6 - 37　2000—2016 年大庆市家禽出栏量区域结构变化**

(数据来源:《大庆统计年鉴 2016》)

2000—2016 年,全市禽肉产量从 1.59 万吨增加到 2013 年的 11.2 万吨,后下降到 2016 年的 8.47 万吨。禽肉产量的区域结构变化与家禽出栏量的区域结构变化趋于一致,肇源县的禽肉产量比例从 20.15% 上升到 2003 年的 37.96%,然后下降到 2007 年的 25.99%,上升至 2013 年的 44.57%,下降至 2016 年的 19.45%;肇州县的禽肉产量比例从 16.67% 上升到 2007 年的 29.7%,后下降到 2013 年的 17.97%,上升至 2016 年的 41.26%,排在第一位(图 6 - 38)。

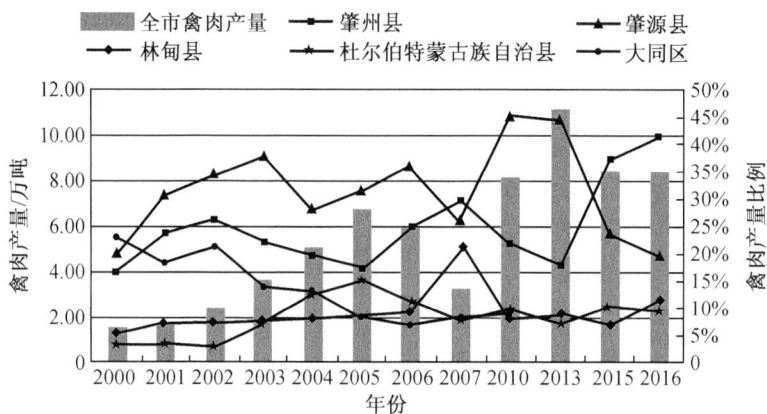

**图 6 - 38　2000—2016 年大庆市禽肉产量区域结构变化**

(数据来源:《大庆统计年鉴 2016》)

2000—2016 年,全市禽蛋产量从 3.26 万吨增加到 2015 年的 12.4 万吨,2016 年略有下降,下降至 11.49 万吨。肇州县、林甸县和肇源县是禽蛋的主要产区,肇州县的禽蛋产量占比呈上升趋势,从 2000 年的 19.55% 上升到 2016 年的 49.43%;林甸县的禽蛋产量比例先升后降,先从 2000 年的 9.28% 上升到 2013 年的 29.53%,然后下降到 2016 年的 17.70%;肇源县的禽蛋产量比例呈下降趋势,从 2001 年的 31.48% 下降到 2016 年的 14.31%(图 6 - 39)。

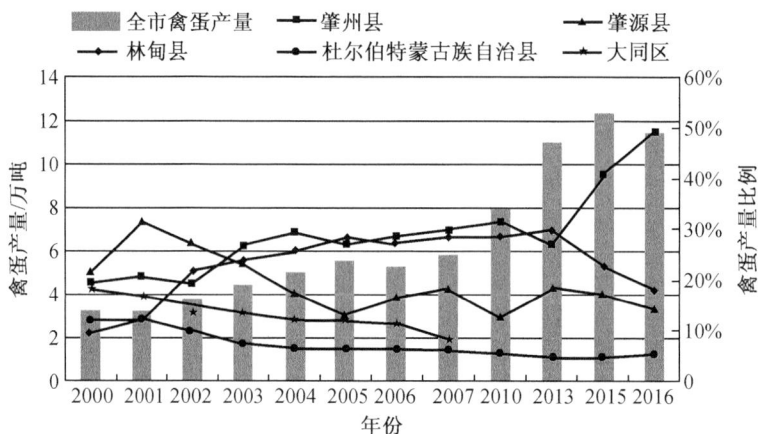

**图 6 - 39　2000—2016 年大庆市禽蛋产量区域结构变化**

(数据来源:《大庆统计年鉴 2016》)

（3）林业区域结构变化

从当年造林面积的区域结构变化来看,杜尔伯特蒙古族自治县一直是造林面积最大的区域,其造林面积比例呈先升后降趋势,先从 2001 年的 41.57% 上升到 2007 年的 66.02%,后下降到 2016 年的 43.2%(图 6-40)。

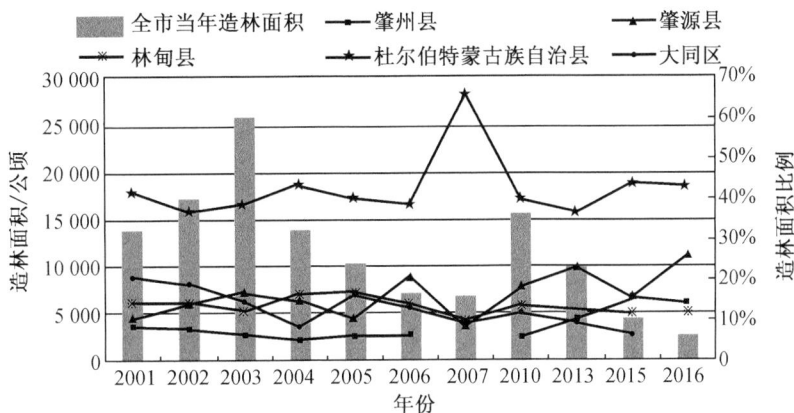

图 6-40　2001—2016 年大庆市造林面积区域结构变化

（数据来源:《大庆统计年鉴 2016》）

（4）渔业区域结构变化

从水产品产量的区域变化来看,肇源县和杜尔伯特蒙古族自治县是主要的渔业养殖区。肇源县的水产品产量比例呈下降趋势,从 2000 年的 38.25% 下降到 2016 年的 25.07%;杜尔伯特蒙古族自治县的水产品产量比例呈先降后升变化,先从 2000 年的 33% 下降到 2002 年的 23.17%,上升到 2008 年的 35.38%,下降到 2013 年的 29.66%,回升至 2016 年的 35.05%(图 6-41)。

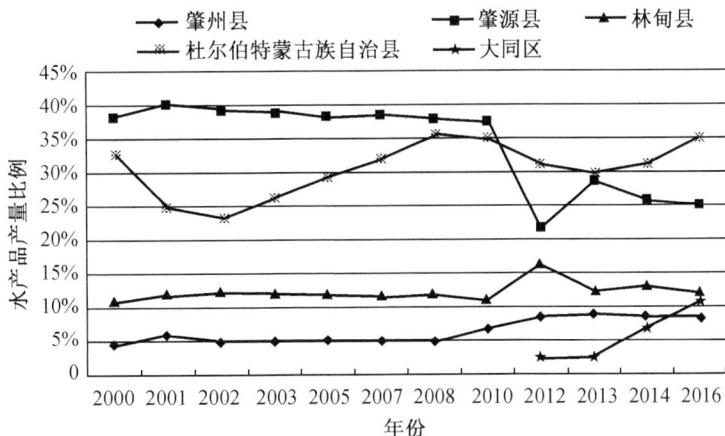

图 6-41　2000—2016 年大庆市水产品产量区域结构变化

（数据来源:《大庆统计年鉴 2016》）

**4.农产品品质结构**

**(1)绿色食品作物种植**

大庆市的绿色食品作物主要有水稻、玉米、谷子、大豆、绿豆和蔬菜等。2001—2017年，大庆市绿色食品作物种植面积逐年增加，从12.39万公顷增加到2005年的23.8万公顷，随后下降到2006年的15.1万公顷，然后逐年增加，增加到2014年的45万公顷，又下降到2017年的41.7万公顷。同期绿色食品作物种植面积占农作物种植总面积的比例从25%上升至2005年的40.5%，下降到2006年的24.3%，然后上升到2014年的59.2%，下降到2017年的55.1%（图6-42）。

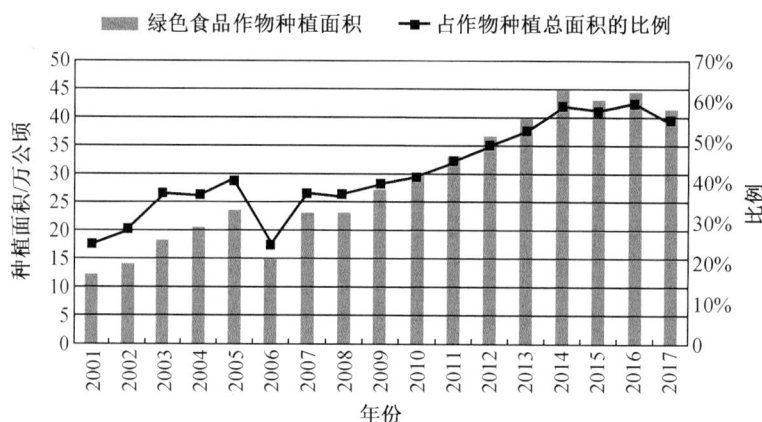

**图6-42 2001—2017年大庆市绿色有机无公害食品种植面积变化**

（数据来源:2001—2017年《大庆国民经济和社会发展统计公报》）

（注:绿色食品作物包括绿色、有机和无公害食品作物）

2004—2008年，大庆市优质粮食种植面积不断增加，从18.3万公顷增加到2007年的43.2万公顷，随后减少到2008年的26.7万公顷。占粮食作物种植面积的比例从42%上升到2007年的89.75%，随后下降到2008年的55.86%（表6-2）。

**表6-2 2004—2008年优质粮食种植面积**

| 年份 | 2004 | 2005 | 2006 | 2007 | 2008 |
|------|------|------|------|------|------|
| 优质粮食面积/万公顷 | 18.00 | 23.30 | 26.70 | 43.20 | 26.70 |
| 占粮食面积的比例 | 42.00% | 53.17% | 55.37% | 89.75% | 55.86% |

注:数据来源于《大庆统计年鉴2008》。

**(2)绿色畜牧养殖**

2001—2006年，大庆市绿色畜牧养殖迅速发展，主要有猪、牛、羊和鹅。其中奶牛存栏量从5.99万头增加到19.60万头，牛奶产量从15.39万吨增加到53.12万吨;大鹅存栏量和出栏量分别从7.5万只和77.5万只增加到24.2万只和222.62万只,鹅蛋产量从6吨增加到5 545吨(表6-3)。

表 6 – 3　2001—2006 年绿色畜牧养殖情况

| 年份 | 2001 | 2002 | 2003 | 2004 | 2005 | 2006 |
|---|---|---|---|---|---|---|
| 奶牛存栏/头 | 59 890 | 105 310 | 143 004 | 162 216 | 180 747 | 195 996 |
| 牛奶产量/吨 | 153 920 | 266 204 | 302 851 | 423 071 | 491 421 | 531 177 |
| 大鹅存栏/只 | 75 000 | 275 640 | 549 170 | 50 000 | 100 000 | 241 952 |
| 大鹅出栏/只 | 775 000 | 225 554 | 333 700 | 350 000 | 400 000 | 2 226 160 |
| 鹅蛋产量/吨 | 6 | 671 | 691 | 780 | 1 300 | 5 545 |
| 生猪存栏/头 | — | — | — | | | |
| 生猪出栏/头 | — | 62 010 | | | | |
| 猪肉产量/吨 | — | 4 162 | | | | |
| 肉牛存栏/头 | 5 570 | 56 246 | 63 510 | | | |
| 肉牛出栏/头 | 3 400 | 24 630 | 44 610 | | | |
| 牛肉产量/吨 | 500 | 3 670 | 6 690 | | | |
| 肉羊存栏/只 | 14 000 | 179 510 | 160 470 | | | |
| 肉羊出栏/只 | 4 200 | 46 820 | 100 960 | | | |
| 羊肉产量/吨 | 63 | 674 | 2 004 | | | |

注:数据来源于《大庆统计年鉴2006》。

## 6.3.2　大庆市农业结构调整的效果

通过以上对大庆市农业结构演变的分析,结合实地调研,发现近年来大庆市推进农业结构调整取得了一定的效果,但大庆市农业生产结构和农业区域结构特点及农户生产方式均有差异。2016 年,大庆市将转方式、调结构作为供给侧结构性改革的重中之重,指出了农、林、牧、渔业的改革方向,结构调整实现了优质水稻、畜牧养殖、绿色果蔬、特色作物的上调,户均年增收 1.3 万元左右。2017 年,大庆市农业继续加快推进供给侧结构性改革,不仅是简单的面积增减,而且结合市场需求和区域优势合理调整。此次调整初步优化了大庆市农业结构,促进了当地农民增收,提升了农业经济、社会和生态效益,推动了现代农业发展。

### 1.农业结构得到了初步优化

近两年,大庆市种植业结构展现新风貌,并呈现出"一减五增"的趋势,减少了玉米播种面积,增加了水稻、大豆、蔬菜、经济作物、特色作物的种植面积。调整后,粮食作物种植面积有所下降,但优质、特色作物提升。2016 年粮食生产总产量减少,较上一年下降17.32%,但通过米改稻、米改豆、米改杂、米改经等的调整,水稻、大豆、油料、蔬菜产量同比上年分别增加了25%、3.5%、11%、12%;2017 年粮食总产量增加97.8 万吨,较上一年提升21.99%。

大庆市农业结构调整立足于各区域的实际情况,按照大庆市种植业调整布局规划,形成区域特色种植格局。肇源县水稻种植区、大同区蔬菜瓜果种植区、林甸县油料和甜菜种植区、杜尔伯特蒙古族自治县豆类种植区、肇州县玉米种植区,各县区明确了各自的优势及条件进行产业化、规模化的种植,种植业生产结构、品种布局和产品质量得到进一步优化。

从乡镇实际情况来看,2017年,大同镇为加快推进农业结构调整,针对农户调错、转不好等问题,邀请有经验的人与农户交流,减少了玉米调增番茄、中草材、杂豆;太阳升镇主要种植水稻、谷子、葡萄和香瓜,养殖以肉牛和鹅为主,其中棚室种植葡萄农户以独立采摘自选的方式吸引购买者,即时包装集成,批量售卖,扩大销售量;义顺乡革志村养殖狐狸、貉子,统一将皮毛卖给收购方,不断扩大养殖规模,为皮革产业提供原材料,提高产品园区的竞争力。整体来看,大庆市农业结构得到了初步优化,为推进构建现代农业产业体系提供了前提。

### 2. 促进当地农民增收

经济增长是农业、农村和农民发展的前进动力,农民种地重视经济效益的增长,而经济增长不只是产值的增加,还有农业经济活力的提升。结构调整在农民那里最能体现成效的就是亩产量提高、收入增加,也正因如此,近两年大庆市依据国家政策紧紧围绕增加农民收入的主要目标,加快农业结构调整,在玉米供给过剩、收入减少的情况下,其他特色粮食作物和经济作物的收入增加,农民收入也得到恢复性增长。近两年共调减玉米将近14万公顷,水稻和大豆分别调增1.64万公顷和2.06万公顷(表6-4),粮食种植结构偏向水稻、大豆发展。其中,水稻的经济效益比玉米更具有明显的优势,虽然每亩水稻的投入成本比玉米多100元左右,但是售卖价格高出玉米的3倍,使得农民收入每亩收益可近千元。农户是农业结构调整的主体,大庆市农村常住居民经营净收入增速,说明农业结构优化对农民收入有积极的影响。

表6-4  2015—2017年大庆市主要农作物种植结构调整变动  单位:万公顷

| 年份 | 2015 | 2016 | 2017 |
| --- | --- | --- | --- |
| 玉米 | +2.43 | -11.200 | -2.79 |
| 水稻 | -0.03 | +1.570 | +0.07 |
| 大豆 | -0.76 | +0.160 | +1.90 |
| 小麦 | +0.02 | +0.005 | — |
| 油料 | +0.25 | +0.220 | — |
| 蔬菜 | -1.10 | +0.260 | +0.21 |

注:数据来源,依据原始数据计算得出。

大庆市各区县因地制宜调整农业结构,发挥各自优势,为农民增收提供有力支撑。林甸县向高效作物上调,自2015年开始修建水渠,实施旱改水工程,玉米改种水稻,每亩收入增加400元;杜尔伯特蒙古族自治县农民收入60%都来自畜牧业,引导和扶持贫困户向现代牧业上调,通过奶牛托养脱贫致富,一头牛收入3 000~4 000元;大同区发展棚室绿色果蔬经济,农民收益4 100元左右;老山头乡将传统作物调整为月见草,每亩收入比玉米高出2倍多;八井子乡主要种植果蔬产品,如香瓜、提子、桃、仙人掌和中草药,养殖猪和鸡,个别家庭农户将养殖发展成第三产业,以笨鸡、杀猪菜为主题的饭店随处可见,家庭经营收入增加上万元;义顺乡各村增加水稻、小米、花生及特色作物的种植面积,收入比玉米多二三倍;大同区的红旗苗圃、林甸县苗圃规模化育苗生产,带动林业产值的增加,为周边百名农户提供就业机会,提高其非农收入。农民收入的增长既得益于结构调整优化,又得益于特色个体和私营乡村旅游的发展,同时采摘、旅游、配送等多样化的新型生产方式,棚室效益也进一步提高,带动了农户不断增收。

### 3. 社会和生态效益得到了提高

农作物的数量、质量、价格三者稳定是保证社会效益的关键。大庆市发挥自然资源区域优势,突出品种特色,扩大了绿色、优质作物面积,促进了特色高效农业发展,丰富了农产品供应,满足市场的需求,提高了大庆市整体的农业经营效益。生态效益关乎农业的可持续发展,2016 年大庆市农业生产氮肥施用折纯量为 5.17 吨,同比上一年减少了 403 吨;2017 年减少杀虫、杀菌、除草剂,旱田减少除草剂用量 12%,水田减少除草剂用量 14%;肇源县推行药瓶回收补贴政策,绿化田间的环境,得到良好的效果,化肥和农药的用量减少,不仅降低了农民的成本,而且整治了水环境,使农产品安全更具有保障性;2017 年畜禽免疫率 100%,从粗放转变精细的畜牧养殖方式,草原生态休养生息,均衡草原和畜牧的发展,促进了大庆市农业可持续发展。

### 4. 农业结构调整存在的问题

通过分析大庆农业结构的演变状况和访谈结果来看,大庆市农户平均年龄较大,教育水平在小学、初中较多,为了规避风险坚持陈旧、保守的思想,在新品种和新方式实施前期接受能力较弱,难以从培训中透彻了解生产及过程中的各方面技术,所以导致实施的难度加大;农民更倾向于种植收成多、收益高的农作物,对于种植作物调整的态度从众心理较强,依据实际情况种植新品种的意愿较弱;小型家庭种植户较多,且人均生产能力较弱,农民人均收入较低,但种植大户有能力运用机械播种收割,生产能力较强,收入较高;农户依赖国家的补贴政策,地区出台政策有利,便出现一边倒的情况,相关政策取消,便放弃种植,欠缺根据市场需求去判断的能力;多数农户采用以房屋抵押的方式进行财产保险,向农村信用社贷款,购买种子、肥料、农药和机械租用等,生产组织化水平不高;由于区域资源条件的闲置,农业经营发展的局限性,冬季农村中有较多的剩余劳动力,仅从事农业生产的家庭并不多,家庭成员更愿意通过非农生产方式来增加收入。从目前大庆市现实情况来看,农民的综合能力有待提升,农业生产结构调整不仅数量有待优化,而且质量有待提高,农业结构需向多元化、品质化、科技化、专业化、市场化、产业化方向进一步优化。

## 6.3.3　大庆市农民收入的演变

通过以上对大庆市农业结构调整效果的剖析,发现农业结构调整促进了农民增收,因此,依据大庆市区县政府部门的相关数据,对大庆市农民收入的演变情况进行分析。

### 1. 大庆市农民收入演变状况

2012 年之前,大庆市统计局抽样调查农村住户收入情况,将农民收入按收入来源分为三大类:基本收入(包括劳动力报酬收入和家庭经营收入)、转移性收入和财产性收入;按收入性质分为两类:生产性收入(第一产业收入、第二产业收入、第三产业收入、劳动力报酬收入)和非生产性收入。2012—2017 年《大庆统计年鉴》未出现农村住户抽样调查资料,也没有按收入来源分类的农民收入数据统计。2013 年以前,大庆市农民收入统计指标为农村居民人均纯收入,2014 年之后为农村居民人均可支配收入。

由于统计口径和指标的变化,本节将大庆市农民收入的变动情况分为 2000—2013 年、2014—2017 年两个时期。2000—2013 年,随着大庆市农业总产值的快速增长,大庆市农民人均纯收入也随之稳步快速增长,从 1 094.1 元增长到 11 211.3 元,年均增长 19.6%。从农民收入的变化可看出,2002 年和 2008 年农民人均纯收入增长率较高,其中 2008 年增长率最高,达到 41.6%(图 6 - 43)。这段时期,一方面由于大庆市农业生产结构的优化,农产品品种的增多,农业现代化的提高推动了农业快速发展,从而带来了全市农民收入的增长;另一方面,各区县政府对区域发展大力扶持,推动农业企业的进步,吸纳农村剩余劳动力,从而促进农民增收。

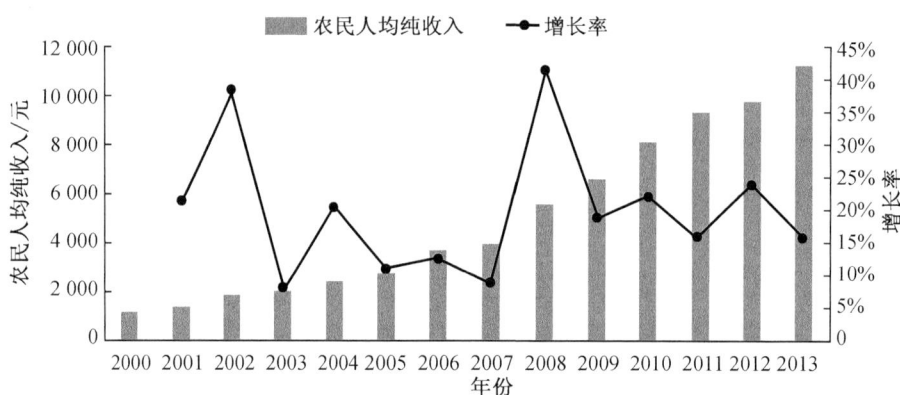

图 6 - 43　2003—2013 年大庆市农民人均纯收入及增速变化

(数据来源:《大庆统计年鉴 2013》)

2014—2017 年,大庆市农村居民人均可支配收入增长速度放缓,年均增长率仅为 5.98%,2017 年大庆市农村居民人均可支配收入达到 14 757 元,相比 2014 年的 12 443 元增长 19%。大庆市农村居民人均可支配收入增长率呈下降趋势,2016 年增长率最低,2017 年增长率提升到 6.1%,但较 2014 年的 13.1% 下降了 7%(图 6 - 44)。

**2. 各区域农民收入演变状况**

肇州县、肇源县、林甸县、杜尔伯特蒙古族自治县和大同区作为大庆市农业主产区,2017 年农业增加值总计 174.6 亿元,占全市比例的 90% 以上。从农民收入的变动来看,2014—2017 年,不同区域农民收入的排名:大同区 > 杜尔伯特蒙古族自治县 > 肇源县 > 肇州县 > 林甸县,农村居民人均可支配收入在各区域的分布较不平衡。其中,肇州县、肇源县和杜尔伯特蒙古族自治县收入差距较小,2014—2017 年三县的农村居民人均可支配收入超过万元,2017 年三县的农村居民人均可支配收入分别为 13 300 元、12 700 元、13 890 元,分别较 2014 年增长 23.09%、17.76%、27.47%;大同区的农民收入最多,2014 年和 2015 年大同区农民收入高于大庆市农民平均收入水平,2016 年和 2017 年大同区农民收入与大庆市农民收入基本持平;林甸县农民收入最低,近 4 年均在 8 000 元以下(图 6 - 45)。

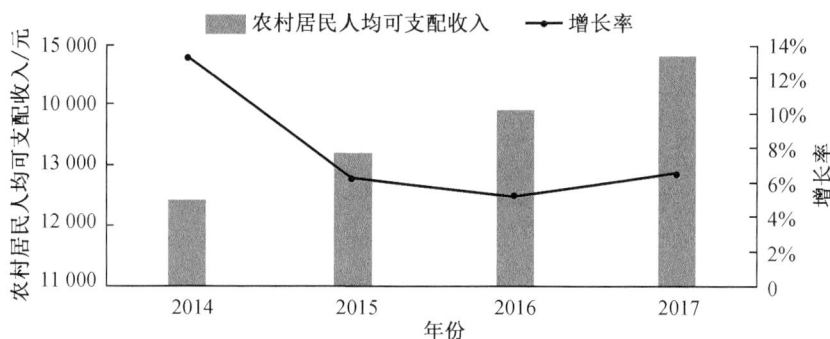

图 6 – 44　2014—2017 年大庆市农村居民人均可支配收入及增速变化

（数据来源：《大庆统计年鉴 2017》《2017 年大庆市国民经济和社会发展统计公报》）

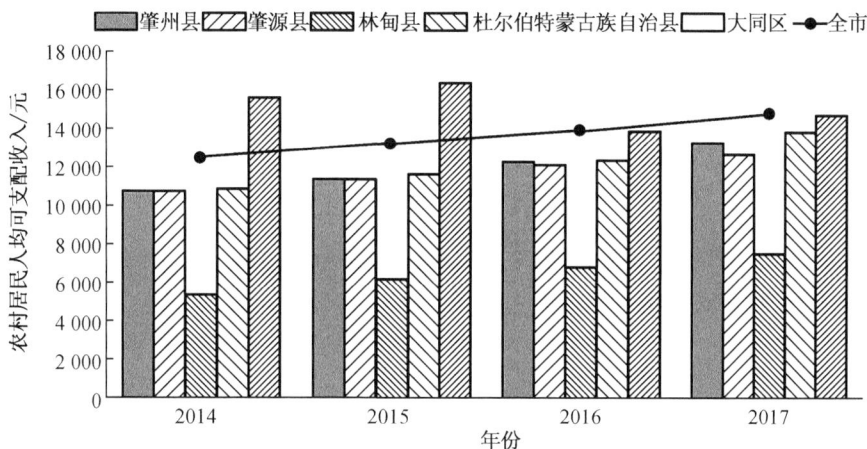

图 6 – 45　2014—2017 年大庆市农业生产区域农村居民人均可支配收入变化

（数据来源：《大庆统计年鉴 2017》《2017 年大庆市国民经济和社会发展统计公报》、肇州县人民政府、肇源县人民政府、林甸县人民政府、杜尔伯特蒙古族自治县人民政府、大同区人民政府）

### 6.3.4　小结

（1）依据《大庆市统计年鉴》《黑龙江统计年鉴》的相关数据，从农业生产结构和农业区域结构两个方面，分析了大庆市农业结构的演变情况，发现大庆市以畜牧业和种植业为主导，以粮食作物为主，粮食作物以玉米为主，畜产品中牛奶产量最多，肉类次之，肉类产量以猪肉为主；各区域农产品产量变化均有差异，区域特征明显，发现粮食产量最多的是肇源县，水产品和牛奶产量杜尔伯特蒙古族自治县最多，肉类产量肇源县、肇州县较多。

（2）依据大庆市农业结构的演变状况，结合实地访谈，探究出农业结构调整的效果，一方面取得成效，体现在农业结构得到了初步优化，促进了当地农民增收，社会和生态效益得到了提高；另一方面，在进行农业结构调整中，发现农民从众心理较强，生产能力较弱；农业生产组织化水平较低；市场和技术水平程度不高等问题。

（3）针对大庆市农业结构调整促进了农民增收的效果，依据大庆市区县政府部门的相关数据，对大庆市农民收入的演变情况进行了剖析，研究表明，大庆市农民收入水平不断提高,但地区差距较大。

# 6.4 大庆市农业结构调整对农民收入
# 影响的实证分析

## 6.4.1 指标选取与数据来源

在现有农业结构调整与农民收入影响的宏观层面研究中,大多数学者选用的因变量主要有农民人均纯收入、农村居民可支配收入、农民家庭人均收入、农业人均纯收入;选用的自变量有农、林、牧、渔业产值,农产品产量。

由于《大庆市统计年鉴》中,代表农民收入的指标发生了变化,2000—2013年为农民人均纯收入,2014—2016年则为农村居民人均可支配收入。自国家统计局实施了城乡一体化住户调查改革后,统一城乡可比的新口径是全国居民人均可支配收入,为保持年度可比,农村居民人均可支配收入继续按老口径调查方式进行计算。通过查找对居民收入指标统计变化的解析发现,全国各地大多数在2014年之后,城乡居民收入统一为人均可支配收入,其中农村居民人均可支配收入=现金收入+实物收入-经营费用支出-财产性支出-转移性支出,而以往农民人均纯收入=(农村住户总收入-家庭经营费用支出-税费支出-生产性固定资产折旧-财产性支出-转移性支出-调查补贴)/农村居民家庭常住人口,由此看来人均纯收入和人均可支配收入数据相比差距不大,特别是对于农村居民而言,两者的界定范围趋于一致。

因此,本节以学者们的现有研究为基础,结合大庆市实际情况,选取大庆市2000—2013年的农民人均纯收入和2014—2016年的农村居民人均可支配收入代表农民收入作为自变量;选取2000—2016年的农林牧渔各业产值作为因变量。各指标原始数据来源于《大庆统计年鉴》(2001—2017年)。

## 6.4.2 相关性分析

为探究农业结构调整对农民收入的影响,首先对变量进行相关性分析。运用灰色关联度分析农、林、牧、渔业产值与农民收入相关性,验证农、林、牧、渔产值是否与农民收入存在关联,通过关联程度大小来判断其变量的重要性。

### 1. 指标设定

设定因变量大庆市农民收入为参考数列 $Y(W)$,自变量农、林、牧、渔业产值为 $X_i(W)$; $i$ 代表农、林、牧、渔 ($i=1,2,3,4$),种植业、林业、畜牧业和渔业分别用 $X_1(W)$、$X_2(W)$、$X_3(W)$、$X_4(W)$ 表示;$w$ 代表各指标的年份,$w=1,2,3\cdots17$。

### 2. 灰色关联度分析

由于变量的单位不同,采用初值化法对各数列的原始数据进行无量纲化处理,对应序列 $Y(W)$ 和 $X_i(W)$:

$$X_i(w) = X_i(W)/X_i(1) \tag{6.1}$$

$$\Delta i(w) = |y(w) - x_i(w)| \tag{6.2}$$

计算最大值记为 $M$、最小值记为 $N$：

$$M = \max_i \max_i \Delta i(w)$$

$$N = \min_i \min_i \Delta i(w) \tag{6.3}$$

依据最大值、最小值和 $\Delta i(w)$ 计算出关联系数 $\varepsilon_i(w)$：

$$\varepsilon_i(w) = \frac{\min\min|x_0(w) - x_i(w)| + \rho\max\max|x_0(w) - x_i(w)|}{|x_0(w) - x_i(w)| + \rho\max\max|x_0(w) - x_i(w)|} \tag{6.4}$$

（分辨系数 $\rho = 0.5$，用于突出关联系数之间的差异显著性）

计算关联度 $R$：

$$R_i = \frac{1}{n}\sum_{i=1}^{n}\varepsilon_i(w) \tag{6.5}$$

### 3. 结果分析

对因变量与自变量的相关性测算结果表明，大庆市农民收入与农、林、牧、渔各业产值关联度均超过 0.5，说明农、林、牧、渔业与农民收入有相关性。其关联度大小排序为：畜牧业 > 种植业 > 渔业 > 林业，其关联度分别为 0.672 9,0.672 5,0.669 5 和 0.669 3（表 6 - 6），说明畜牧业和种植业产值与农民收入的相关性较大，渔业和林业的相关性较小。

表 6 - 5　关联度测算

| 年份 | $x0 \sim x1$ | $x0 \sim x2$ | $x0 \sim x3$ | $x0 \sim x4$ |
|------|------|------|------|------|
| 2000 | 1 074.224 5 | 1 093.353 3 | 1 079.223 3 | 1 090.127 2 |
| 2001 | 1 304.918 7 | 1 328.263 2 | 1 312.878 6 | 1 325.124 5 |
| 2002 | 1 809.807 7 | 1 837.877 9 | 1 811.458 5 | 1 834.722 2 |
| 2003 | 1 951.614 3 | 1 978.804 5 | 1 941.940 5 | 1 975.759 8 |
| 2004 | 2 352.422 9 | 2 383.222 0 | 2 339.998 0 | 2 380.160 0 |
| 2005 | 2 687.822 5 | 2 721.700 0 | 2 677.622 5 | 2 718.784 0 |
| 2006 | 3 566.454 8 | 3 608.656 2 | 3 562.686 6 | 3 607.844 4 |
| 2007 | 3 869.162 1 | 3 916.210 7 | 3 863.670 3 | 3 914.949 4 |
| 2008 | 5 483.552 2 | 5 547.318 6 | 5 476.298 5 | 5 545.858 3 |
| 2009 | 6 517.451 4 | 6 591.219 1 | 6 509.379 0 | 6 588.768 3 |
| 2010 | 7 943.626 0 | 8 043.245 9 | 7 941.494 9 | 8 040.418 3 |
| 2011 | 9 173.590 7 | 9 297.958 3 | 9 163.981 9 | 9 294.582 6 |
| 2012 | 9 578.443 0 | 9 729.831 0 | 9 584.272 7 | 9 726.204 0 |

表 6 − 5（续）

| 年份 | x0 ~ x1 | x0 ~ x2 | x0 ~ x3 | x0 ~ x4 |
|---|---|---|---|---|
| 2013 | 11 060.923 2 | 11 208.564 3 | 11 017.015 0 | 11 202.396 1 |
| 2014 | 1 227.808 4 | 12 439.542 6 | 12 229.305 0 | 12 431.544 4 |
| 2015 | 1 303.603 9 | 13 200.393 5 | 12 986.998 0 | 13 191.720 0 |
| 2016 | 13 750.617 7 | 13 904.002 0 | 13 687.118 2 | 13 892.120 0 |

注:依据原始数据计算得出。

表 6 − 6　关联度结果

| 年份 | $\varepsilon1$ | $\varepsilon2$ | $\varepsilon3$ | $\varepsilon4$ |
|---|---|---|---|---|
| 2000 | 1.002 4 | 1.000 0 | 1.001 8 | 1.000 4 |
| 2001 | 0.974 4 | 0.971 6 | 0.973 4 | 0.972 0 |
| 2002 | 0.918 2 | 0.915 3 | 0.918 1 | 0.915 6 |
| 2003 | 0.903 6 | 0.900 9 | 0.904 6 | 0.901 2 |
| 2004 | 0.864 7 | 0.861 8 | 0.865 8 | 0.862 1 |
| 2005 | 0.834 6 | 0.831 7 | 0.835 5 | 0.831 9 |
| 2006 | 0.764 9 | 0.761 8 | 0.765 2 | 0.761 9 |
| 2007 | 0.743 5 | 0.740 3 | 0.743 9 | 0.740 4 |
| 2008 | 0.647 0 | 0.643 7 | 0.647 3 | 0.643 7 |
| 2009 | 0.597 3 | 0.594 1 | 0.597 7 | 0.594 2 |
| 2010 | 0.540 1 | 0.536 5 | 0.540 2 | 0.536 6 |
| 2011 | 0.498 9 | 0.495 1 | 0.499 2 | 0.495 2 |
| 2012 | 0.486 7 | 0.482 3 | 0.486 5 | 0.482 4 |
| 2013 | 0.446 6 | 0.443 0 | 0.447 7 | 0.443 2 |
| 2014 | 0.418 4 | 0.414 9 | 0.419 4 | 0.415 1 |
| 2015 | 0.402 6 | 0.399 2 | 0.403 5 | 0.399 4 |
| 2016 | 0.388 6 | 0.385 8 | 0.389 8 | 0.386 0 |
| $R$ | 0.672 5 | 0.669 3 | 0.672 9 | 0.669 5 |
| 排序 | 2 | 4 | 1 | 3 |

注:依据原始数据计算得出。

## 6.4.3　时间序列分析

### 1.指标设定

影响大庆市农民收入的因素有很多,农业结构调整只是其中一项,而且农业结构调整的目的是促进农业增效和农民增收。由于变量数据的单位不同,保证回归结果的有效性,因此,分别对农、林、牧、渔产值和农民收入进行自然对数处理,并设定因变量为 $\ln INC$,自变量为 $\ln AGR$、$\ln FOR$、$\ln ANI$、$\ln FIS$,其中 $\beta_0$ 为常数项,$\beta_1 \sim \beta_4$ 为待估计系数,$\varepsilon$ 为随机误差,$i = 2000,2001,\cdots,2016$。

### 2. 回归模型分析

假设大庆市农、林、牧、渔业对农民收入存在正向显著性影响,构建线性回归模型为

$$\ln INC = \beta_0 + \beta_1 \ln AGR + \beta_2 \ln FOR + \beta_3 \ln ANI + \beta_4 \ln FIS + \varepsilon$$

从多元线性回归散点图看出,$\ln INC$ 与 $\ln AGR$、$\ln FOR$、$\ln ANI$ 呈正向影响,与 $\ln FIS$ 呈负向影响,$\ln INC$ 随着 $\ln AGR$、$\ln FOR$、$\ln ANI$ 的增加而增加,$\ln FIS$ 的增加而减少。

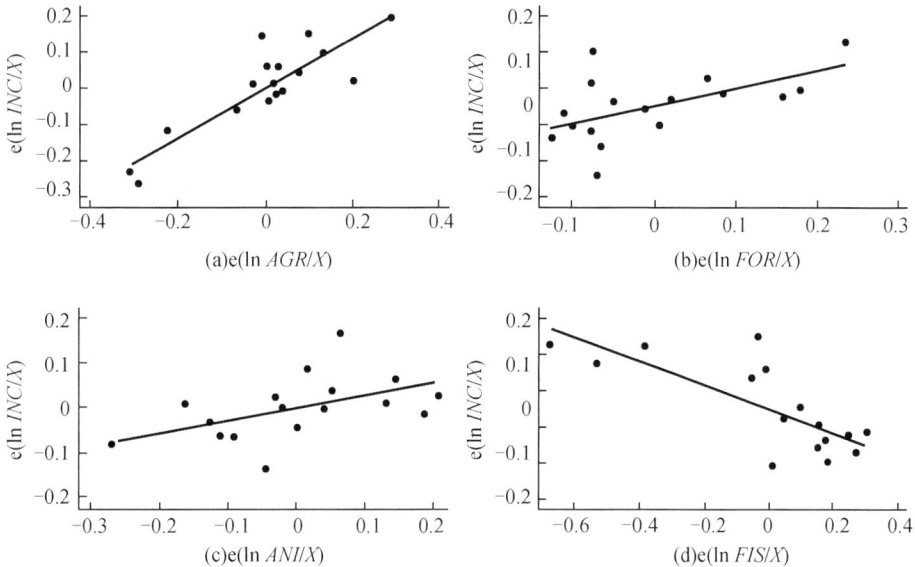

图 6 - 46　散点图

从多元线性回归方程结果看出,$\ln AGR$、$\ln FIS$ 在 1% 显著水平下平稳,$\ln FOR$ 在 5% 显著水平下平稳,$\ln ANI$ 在 10% 显著水平下平稳(表 6 - 7),拟回归的方程如下:

$$\ln INC = -5.136\,623 + 0.672\,269\,5\ln AGR + 0.392\,582\,5\ln FOR + 0.267\,745\,8\ln ANI -$$
$$0.260\,302\,6\ln FIS + \varepsilon t$$
$$= (-11.96)(6.02)(2.43)(1.95)(-4.13)$$
$$R^2 = 0.994\,9 \ \text{修正的} \ R^2 = 0.993\,2$$
$$F(4,12) = 581.50$$

表 6 - 7　回归模型结果

| $\ln INC$ | 系数 | $t$ | $p > |t|$ |
|---|---|---|---|
| $\ln AGR$ | 0.672 269 5 | 6.02 | 0.000 * * * |
| $\ln FOR$ | 0.392 582 5 | 2.43 | 0.032 * * |

表 6 - 7（续）

| ln $INC$ | 系数 | $t$ | $p > |t|$ |
|---|---|---|---|
| ln $ANI$ | 0.267 745 8 | 1.95 | 0.074 * |
| ln $FIS$ | - 0.260 302 6 | - 4.13 | 0.001 * * * |
| _cons | - 5.136 623 0 | - 11.96 | 0 |

注:由 Stata 软件计算得出("* * *""* *""*"分别表示在 1%、5%、10% 显著水平下平稳)。

回归模型结果表明,模型的可决系数 $R^2 = 0.994\ 9$,修正后的 $R^2 = 0.993\ 2$,说明模型的拟合程度非常好;通过查看 F(4,12) 分布表,F = 581.5 > 3.48,所以回归方程在整体上显著;当 $p \leqslant 0.05$ 时,ln $AGR$、ln $FIS$、ln $FOR$ 的 $t$ 值通过检验,说明 ln $AGR$、ln $FIS$、ln $FOR$ 对农民收入的影响显著,但 ln $ANI$ 未通过检验,而且 ln $FIS$ 的回归系数出现了负值,在一定程度上说明该模型可能存在自相关、异方差、多重共线性现象,所以对时间序列依次进行检验。

运用 StataSE14 对回归方程进行自相关 LM 检验(BG 检验),结果表明原假设数据没有自相关,$p = 0.131\ 7 > 0.05$(表 6 - 8),接受原假设,即模型中变量不存在自相关。

表 6 - 8　自相关结果

| 滞后阶数($p$) | chi2 | df | $p$ |
|---|---|---|---|
| 1 | 2.273 | 1 | 0.131 7 |

注:由 Stata 软件计算得出。

运用 StataSE14 对回归方程进行异方差怀特(White)检验,结果表明统计量中 $p = 0.394\ 9 > 0.05$(表 6 - 9),接受原假设,说明回归方程不存在异方差。

表 6 - 9　异方差结果

| 来源 | chi2 | df | $p$ |
|---|---|---|---|
| 异方差性 | 14.76 | 14 | 0.394 9 |
| 偏度系数 | 2.09 | 4 | 0.719 7 |
| 峰度系数 | 1.61 | 1 | 0.205 2 |
| 总计 | 18.46 | 19 | 0.492 6 |

注:由 Stata 软件计算得出。

通过对回归方程进行多重共线性检验,运用 StataSE14 检验模型中解释变量相关系数之间的矩阵看出,ln $AGR$、ln $FOR$、ln $FOR$、ln $FIS$ 之间的相关系数都小于修正后的 $R^2$(表 6 - 10),说明自变量之间不存在多重共线性问题。

表 6 - 10　相关系数矩阵

| 相关性 | ln $AGR$ | ln $FOR$ | ln $ANI$ | ln $FIS$ |
|---|---|---|---|---|
| ln $AGR$ | 1.000 0 | 0.948 4 | 0.966 4 | 0.515 9 |
| ln $FOR$ | 0.948 4 | 1.000 0 | 0.989 3 | 0.491 6 |
| ln $ANI$ | 0.966 4 | 0.989 3 | 1.000 0 | 0.497 3 |
| ln $FIS$ | 0.515 9 | 0.491 6 | 0.497 3 | 1.000 0 |

注:由 Stata 软件计算得出。

回归方程通过 $F$ 检验,并检验不存在自相关、异方差和多重共线性现象,修正后的可决系数($R^2 = 0.993\ 2$)显示方程拟合度非常好,解释程度达 99.32%,且该回归方程整体显著。根据回归结果可看出,大庆市种植业、林业、渔业对农民收入影响显著,而畜牧业对农民收入影响不显著。由于畜牧业产值在大庆市农业总产值中比例最大,而且实际情况是畜牧业发展有利于农民增收,所以此回归结果与实际稍有偏差。考虑到时间序列数据的时变性,导致序列不平稳,因此,需要对 ln $INC$、ln $AGR$、ln $FIS$、ln $FOR$、ln $ANI$ 进行平稳性检验。

**3. 单位根检验**

由于时间序列的数据存在波动,使得以上回归方程模型可能存在伪回归,所以为保证其时间序列的平稳,提高回归分析的准确性,对时间序列进行平稳性检验即单位根检验(ADF),运用 StataSE14 确定其变量之间的数量依存关系,并对其可信程度进行统计检验。根据建立模拟的多元回归模型,运用变量的取值来预测特定变量取值,利用 ADF 方法进行检验。ln $INC$、ln $AGR$、ln $FOR$、ln $ANI$ 这 4 个变量呈现缓慢上升的趋势,只有 ln $FIS$ 在 2006—2008 年有所下降,而后又恢复逐渐增长(图 6 - 47),由于变量的增长率不同,证明序列是不平稳的,因此对序列进行平稳性检验。

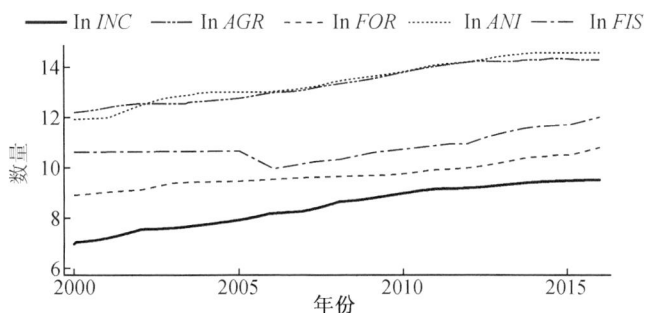

图 6 - 47　趋势图

单位根检验结果表明,时间序列 ln $INC$、ln $AGR$、ln $FOR$、ln $ANI$、ln $FIS$ 有趋势项,ln $INC$、ln $AGR$、ln $FOR$、ln $ANI$、ln $FIS$ 的 ADF 检验统计量分别为 $-0.529$,$-0.441$,$-0.435$,$-1.696$,$-0.841$,均大于在 5% 显著性水平条件下的临界值 $-3.600$,都存在单位根,序列均不平稳。对所有序列进行一阶差分处理,序列 $d.$ ln $INC$、$d.$ ln $FOR$、$d.$ ln $ANI$、$d.$ ln $FIS$ 没有趋势项,此时 $d.$ ln $INC$、$d.$ ln $FOR$、$d.$ ln $ANI$、$d.$ ln $FIS$ 序列平稳,$d.$ ln $FOR$、

$d. \ln ANI$、$d. \ln FIS$ 在 5% 的显著性水平下为平稳序列,$d. \ln INC$ 在 1% 的显著性水平下为平稳序列,$d. \ln AGR$ 序列不平稳。对所有序列进行二阶差分处理,$d2. \ln INC$、$d2. \ln AGR$、$d2. \ln FOR$、$d2. \ln ANI$、$d2. \ln FIS$ 在 1% 的显著水平下为平稳序列,表明可以在 99% 的置信水平下拒绝原假设(表 6 - 10),此时所有序列都不存在单位根,且在不同显著性水平下平稳。因而,$\ln INC$、$\ln AGR$、$\ln FOR$、$\ln ANI$、$\ln FIS$ 都是二阶单整序列,满足下一步进行协整检验的条件,确定变量之间长期稳定的均衡关系。

表 6 - 11　单位根检验结果

| 系数 | ADF | 1% | 5% | 10% | 结论 |
|---|---|---|---|---|---|
| $\ln INC$ | -0.529 | -4.380 | -3.600 | -3.240 | 不平稳 |
| $d. \ln INC$ | -3.911 | -3.750 | -3.000 | -2.630 | 平稳 * * * |
| $d2. \ln INC$ | -10.644 | -3.750 | -3.000 | -2.630 | 平稳 * * * |
| $\ln AGR$ | -0.441 | -4.380 | -3.600 | -3.240 | 不平稳 |
| $d. \ln AGR$ | -2.490 | -3.750 | -3.000 | -2.630 | 不平稳 |
| $d2. \ln AGR$ | -7.297 | -3.750 | -3.000 | -2.630 | 平稳 * * * |
| $\ln FOR$ | -0.435 | -4.380 | -3.600 | -3.240 | 不平稳 |
| $d. \ln FOR$ | -3.137 | -3.750 | -3.000 | -2.630 | 平稳 * * |
| $d2. \ln FOR$ | -5.290 | -3.750 | -3.000 | -2.630 | 平稳 * * * |
| $\ln ANI$ | -1.696 | -4.380 | -3.600 | -3.240 | 不平稳 |
| $d. \ln ANI$ | -2.870 | -3.750 | -3.000 | -2.630 | 平稳 * * |
| $d2. \ln ANI$ | -6.270 | -3.750 | -3.000 | -2.630 | 平稳 * * * |
| $\ln FIS$ | -0.841 | -4.380 | -3.600 | -3.240 | 不平稳 |
| $d. \ln FIS$ | -3.312 | -3.750 | -3.000 | -2.630 | 平稳 * * |
| $d2. \ln FIS$ | -6.369 | -3.750 | -3.000 | -2.630 | 平稳 * * * |

注:由 Stata 软件计算得出(" * * * "" * * "分别表示在 1%、5% 显著水平下平稳)。

### 4. 协整检验

从单位根检验结果来看,$\ln INC$、$\ln AGR$、$\ln FOR$、$\ln ANI$、$\ln FIS$ 是非平稳的,在二阶差分之后所有序列才具有平稳性,为保证变量数据之间的长期稳定趋势,因此对序列通过 Johansen 法进行协整关系检验。

表 6 - 12　协整检验

| 滞后阶数 | 迹统计量 | 5% | $p$ |
|---|---|---|---|
| 没有 | 83.291 7 | 68.52 | 0.000 |
| 至多有 1 个 | 42.391 2 * | 47.21 | 0.000 |
| 至多有 2 个 | 14.327 6 | 29.68 | 0.000 |

表 6 - 12（续）

| 滞后阶数 | 迹统计量 | 5% | $p$ |
|---|---|---|---|
| 至多有 3 个 | 6.602 3 | 15.41 | 0.000 |
| 至多有 4 个 | 1.605 5 | 3.76 | 0.133 |

注:由 Stata 软件计算得出;* 表示在 10% 显著水平下平稳。

从 Johansen 检验分析看出,ln $INC$ 和 ln $AGR$、ln $FOR$、ln $ANI$、ln $FIS$ 之间存在协整关系,协整方程模型总体上是非常显著的,卡方值为 1 883.279,$p$ 为 0.000,模型的解释能力很强。若把 ln $INC$ 作为因变量,对协整方程等式变形为

$$\ln INC = 3.250\ 497d.\ \ln AGR + 0.672\ 906\ 2\ln FOR + 0.512\ 342\ 3\ln ANI + 0.093\ 533\ln FIS - 6.431\ 243$$

表 6 - 13　协整检验结果

| ln $INC$ | 系数 | $z$ | $p$ |
|---|---|---|---|
| ln $AGR$ | — | | |
| D1 | -3.250 497 0 | -15.82 | 0.000 |
| ln $FOR$ | -0.672 906 2 | -3.34 | 0.001 |
| ln $ANI$ | -0.512 342 3 | -5.10 | 0.000 |
| ln $FIS$ | -0.093 533 0 | -1.52 | 0.128 |
| _cons | 6.431 243 0 | — | — |

注:由 Stata 软件计算得出。

从协整方程中看出,种植业、林业、畜牧业、渔业产值对农民收入呈正向影响,但 ln $FIS$ 的 $p$ 值大于 0.05,故对农民收入的影响不显著,而种植业产值的对数增加 1%,将使农民收入大约增加 3.25%;林业产值的对数增加 1%,则农民收入增加 0.67%;畜牧业产值的对数增加 1%,农民收入增加 0.51%;渔业产值的对数增加 1%,农民收入增加 0.09%。从协整关系可知,大庆市种植业对农民收入的影响最大,其次是林业,最后是畜牧业,而渔业对农民收入的影响不显著。

### 5. 格兰杰因果关系检验

从以上协整分析结果可以看出,变量之间存在长期稳定的关系,再通过格兰杰因果关系检验考察变量之间的因果关系。检验结果显示,ln $AGR$、ln $FOR$、ln $ANI$、ln $FIS$ 是 ln $INC$ 的格兰杰原因,而 ln $ANI$、ln $FIS$ 不是 ln $INC$ 的格兰杰原因,可以看出,种植业、林业、畜牧业、林业对农民收入产生影响,而且农、林、牧、渔各业产值越增加,越能够促进农民增收。

表 6 – 14　格兰杰因果关系结果

| 原假设 | $F$ | $p$ |
| --- | --- | --- |
| $\ln INC$ 不是 $\ln AGR$ 的格兰杰因果 | 0.01 | 0.928 0 |
| $\ln AGR$ 不是 $\ln INC$ 的格兰杰因果 | 0.54 | 0.477 9 |
| $\ln INC$ 不是 $\ln FOR$ 的格兰杰因果 | 0.22 | 0.649 2 |
| $\ln FOR$ 不是 $\ln INC$ 的格兰杰因果 | 0.02 | 0.893 9 |
| $\ln INC$ 不是 $\ln ANI$ 的格兰杰因果 | 1.18 | 0.296 1 |
| $\ln ANI$ 不是 $\ln INC$ 的格兰杰因果 | 5.50 | 0.035 6 |
| $\ln INC$ 不是 $\ln FIS$ 的格兰杰因果 | 1.01 | 0.334 0 |
| $\ln FIS$ 不是 $\ln INC$ 的格兰杰因果 | 4.00 | 0.066 9 |

注:由 Stata 软件计算得出。

#### 6. 结果分析

时间序列数据分析的结果表明,大庆市的种植业、林业、畜牧业、渔业产值与农民收入之间存在稳定的均衡协整关系,其中种植业拉动农民收入增加效果最显著,其次是林业、畜牧业对农民收入增加影响较显著。由此可看出,实证分析结果与实际情况相符,种植业结构的优化,畜牧产业的比较优势,林业产业发挥的新经济增长点,对农民增收具有重要的作用;由于大庆市渔业现有水产品多数为人工养殖鱼类,且类别较少、产值较低,对农民收入的增加效果不显著。

### 6.4.4　小结

(1)采用灰色关联分析法分析农、林、牧、渔业发展与农民收入的相关性,结果表明,大庆市农、林、牧、渔业发展与农民收入具有相关性,农民收入与畜牧业、种植业的相关性较大,与渔业、林业的相关性较小。

(2)运用时间序列分析法分析农业生产结构调整对农民收入的影响,结果表明,大庆市农、林、牧、渔各业均对农民收入具有正向影响,种植业拉动农民收入增加的效果最显著,其次是林业、畜牧业对农民收入增加的效果较显著,而渔业对农民收入的影响不显著。

# 6.5　推进大庆市农业结构调整的政策建议

结合以上对大庆市农业结构演变的分析和实地调研访谈情况,又进一步对大庆市农业结构调整对农民收入的影响进行实证分析,依据近年来大庆市农业结构调整中存在的现实问题和模型分析的结果,提出推进大庆市农业结构向多元化、品质化、科技化、专业化、市场化、产业化方向调整的政策建议。

### 6.5.1　增加经济作物和饲料作物种植面积

统筹粮经饲的种植结构,科学调整作物分配比例,兼顾农业农村部、黑龙江省农业局及大庆市农业委员会的部署;稳定三元种植结构,积极推广多元化种植方式,合理调整种植面积。大庆市粮食作物种植比例过大,逐步调增经济作物、饲料作物和蔬菜、瓜果的比例;继续减少玉米种植,减库存,发挥玉米的优良深加工,提升玉米的本身价值,如玉米饮品、玉米油等;增加经济作物种植面积,提升特色产品的附加值,以销定产,促进供需平衡;扩大饲料作物种植面积,建设现代饲草饲料产业体系,通过畜牧业带动紫花苜蓿、青贮玉米等饲草饲料发展,将粮改饲落到实处;加快引进战略性龙头企业和项目,龙头企业牵头,项目配套带动,建设各级饲料作物示范区,做好成果转化和示范推广工作。

### 6.5.2　种植效益高的农产品品种

积极引导农户适度调减过剩农产品的产出,在农业生产中发挥当地优势,避开相似农产品之间的竞争,转向附加值高、效益高的绿色农产品品种上,从而进行生产调整。加大大豆、油料、甜菜等种植效益较高的作物生产,同时保证粮食作物的生产效益;蔬菜、瓜果的生产成本高于粮食作物,可适当减少生产投入,合理控制成本,同时保证产品的新鲜程度。对缺乏市场优势和缺失竞争能力的农产品,采取有必要的减少或淘汰,而农产品品种的优质和安全在现代社会具有较大优势,因此,重点扶持优势品种,并逐步形成特色产品的供应,增加效益,促使农产品在竞争的市场中处于有利地位。推广大庆市沙土地远近闻名的西瓜、香瓜,向全国各地售卖,不局限于附近周边地区,增加绿色农产品的供给,加大宣传力度,推动大庆市农产品的品牌建设,促进农业的可持续发展。

为更好发挥农产品品质优势,人才是推动技术更新和优化产品品种的主力,也是大庆市农业生产可以充分发挥优势的条件。立足于大庆市农业生产实践,提供大庆市本地高校黑龙江八一农垦大学农业研究型人才实践机会,不仅可以让学生通过业余时间对理论和实践得到充分结合,而且对大庆市农业有更多了解,为培养相关人才奠定基础。但仅仅提供实践机会不足以留住人才,需要从人才的角度出发,关注其实际考量,包括在农村是否能够享受到城市中现代化信息设备,对大庆市农业发展和农产品优势前景进行更好的预期,由此吸引并留住人才。

### 6.5.3　培育新型职业农民,强化转换意识

加强培育现代大庆市新型职业农民,调动农民的农业生产积极性,抛去懒散、懈怠的态度,将农民农业生产作为一项专门的职业去培训辅导,发挥其辐射作用,发展集生产和销售于一体的新型农业经营主体,培养更多的农业经纪人、创业带头人,为大庆市职业农民和新兴农业经营主体营造良好发展环境。对小型家庭农户的机械生产给予补贴,增加对农户的服务指导,切实地提高农业从业人员素质,增强转换转变意识。合理分布主要农作物的推广面积,增加试验田种植及现代农田示范地,发现种植潜质,以获取更好的产品得到能量储备,并统一分类指导推广良种,重视各品种的示范田,对普通品种、杂交品种、优质品种进行全方面地对比,从而发挥技术应用价值,以先进技术完善新局面,发展转型跨越式的引导,以更好发挥大庆市农业特殊的优势,推进农业科技的发展。

### 6.5.4 重视畜养殖业的特色基地

着力提升大庆市畜牧业和水产业发展,稳定畜牧业作为大庆市农业支柱产业的生产优势及畜牧业在农业结构中的比例;继续发挥大庆市生猪的生产模式优势,保持猪肉在肉类总产量的重要地位,同时提高优良品种生猪的生产比例,提升质量。增强农户畜牧养殖的综合能力,进一步加快牛、羊、禽及特色养殖品种的发展,形成规模化的标准,专注改良品种和疫病的防治。充分利用大庆市地域优势、草地及农作物秸秆资源,提升牛羊肉在肉类总产量中的比例,重视特色养殖的生产基地,对于集约化的生产给予相应的扶持;拓宽生产狐貉农户的销售渠道,提供宣传及营销平台或与相关养殖企业联合,进而稳定产业产出数额增长,推动成为多元化深层次的特色养殖区生产基地。将畜牧养殖与饲料饲草产业相互结合,加快大庆市农村一、二、三产业融合发展;继续强化龙头企业和品牌建设,提升畜品加工能力,增强大庆市养殖业的管理、服务和流通等发展建设的动力。

### 6.5.5 提高区域优势特色产品的供给能力

大庆市各区域的自然条件和地域文化及农民素质存在差异,因此,各地区农业的生产方式和农产品的品种质量也不同。立足于地域特点、资源禀赋和发展基础,发展大庆市农业生产区域的特色主导产业至关重要。加大大庆市农村居民在生产和生活上的改革力度,城乡互动协调发展,充分发挥大庆市主要农业生产地区的优势,增加农民收入的来源渠道,保障农民非农收入的合法权益,为农户家庭提供保障。在大庆城区建设肇源县、肇州县、林甸县、杜尔伯特蒙古族自治县和大同区生产的农产品集合点,让经销商统筹各地的优势和资源,分类整合带动市场,让农业基地产品发挥联动作用,即建设大同区特色果蔬大市场、肇源县优质大米江鱼市场、肇州县大豆现榨豆油食品区、杜尔伯特蒙古族自治县优质奶业服务站、林甸县杂粮杂豆营养区等特色农产品及农产品加工园区,不仅为特色县区的农业发展搭建了平台,而且为小家庭农户提供了便捷的销售渠道。适时选取大庆市杜尔伯特蒙古族自治县、林甸县合适场地增加牛、羊的养殖场,配备基础设施,引进新品种、优质品种进行繁殖,并实行规模化生产饲养,充分利用区域优势对各生产地区进行比较优势结构调整,打造整体优质化农产品的农业五位一体模式。

### 6.5.6 推进农业产业链整合,拓展价值链

抓住当前大庆市供给与需求之间的结构升级,实施特色经济作物生产、加工、流通相结合的产业化发展战略,突出建设好特色产业种植基地,带动市场、合作社、龙头企业的拓展。推进乡村振兴战略,加快推进农业产业链整合,鼓励农民创业,拓宽农民就业渠道,延长产业链,提升农业结构调整深度,有效弥补传统农业经营方式竞争优势不足。拓宽市场链条渠道,增加与电子商务相关企业合作,快速推广互联网平台运营,推动线上销售,实现销售的便捷性。通过构建大庆市农村与城市连接的农贸市场,让城里人能够更方便地品尝到农产品,而且给农户家庭构建了让他们不再奔波售卖而导致滞销的平台,使小家小户的农产品能够与市场对接。搭建大庆市乡村到区县互联网模式的城乡运送平台,每天定时定地通过运输的方式将农产品送到城镇居民的家庭中,日销保证产品的质量而不至于坏烂,制定

周预定模式,这样会由于订单的提前量,为现代都市人在工作和家庭繁忙之间而为吃什么发愁,维持农民家庭实现产供销与满足城镇居民需要间的供需处于稳定状态,能有效地缓解农民生产后顾虑,有利于高效率地促进农民收入的提高。

# 6.6　结论与展望

## 6.6.1　结论

本章从整个大庆市及大庆市主要农业生产区域两条主线出发,探究农业结构和农民收入的演变过程,并结合访谈探索大庆市近年来农业结构调整的效果;选取时间序列数据,构建大庆农业生产结构调整对农民收入的回归模型,揭示大庆市农业生产结构调整对农民收入的影响程度,据此提出优化大庆市农业结构、促进农民增收的建议,推进大庆市现代农业发展。

(1)从大庆市农业结构的演变可以看出,大庆市的农业以畜牧业和种植业为主导。大庆市在近两年的结构调整过程中,粮食作物种植面积有所下降,经济作物、饲料作物和蔬菜、瓜果种植面积有所上升,但种植业结构仍以粮食作物为主;农作物产品中玉米种植面积大幅度下降,水稻、大豆、小麦的种植面积增加,呈现一增三减的趋势,调整后粮食作物结构中仍以玉米为主;畜产品产量变化中,牛奶产量大幅度下降,肉类、禽蛋产量呈现上升趋势;肉类产量结构中,牛羊肉产量比例增加,禽肉和猪肉产量比例减少,但猪肉产量比例仍最大;水产品鱼类、虾蟹类和贝类产量下降;林业育苗面积、北药种植、林下种养殖等聚焦发展,地域优势突出。农业结构的调整取得成效:农业结构得到了初步优化、促进当地农民增收、社会和生态效益得到了提高。

(2)从大庆市各农业生产区域结构和特征来看,近年来各区域农业结构有所调整,农产品产量变化均有差异,区域特征明显。粮食产量最多的是肇源县,水产品和牛奶产量杜尔伯特蒙古族自治县最多,肉类产量肇源县、肇州县较多。由此可见,肇源县和肇州县以种植业和畜牧业发展为重点,杜尔伯特蒙古族自治县以畜牧业和渔业发展为重点。实地调查发现,各区域经济发展和自然条件的不同,农户结构调整方式也有差别,存在农业生产中经营发展方式的局限性,小农户家庭机械化程度较低,农民懒散心态较普遍,剩余劳动力不能得到充分利用等现实问题。

(3)从大庆市和各县区农民收入的变化与比较分析来看,大庆市农村居民收入水平显著提高。实证分析大庆市农业结构调整对农民收入的影响,采用灰色关联度分析法分析农、林、牧、渔业发展与农民收入的相关性,结果表明,畜牧业与农民收入的相关性最大,林业与农民收入的相关性最小;运用时间序列分析法分析农业生产结构调整对农民收入的影响,结果表明,农、林、牧、渔各业对农民收入具有正向影响,种植业对农民收入的影响最显著,其次畜牧业和林业影响较显著,进一步验证了大庆市加大农业结构调整的原因,同时也表明大庆市在近两年的农业结构调整过程中,尽管调减了种植业比例,但种植业仍是大庆市农业的主要产业。

因此,未来大庆市农业结构调整在发挥区域特色,重视地方产品品种、质量及技术含量的基础上,应适当增加经济作物和饲料作物比例,强化农民的综合能力,增强品牌意识,重视畜养殖业的特色基地,将农业区域结构向优质化发展,推进农业产业链整合。

### 6.6.2　展望

本章内容尚存在不足和有待进一步分析的关注点,具体如下。

(1)由于《大庆统计年鉴》数据的局限性,缺乏按收入来源和收入性质分类的农民收入数据,对大庆市农民收入的结构不能进行深入系统的探究。

(2)由于微观层面的抽样调查数据不全面,对农业结构内部和外部调整的影响因素考虑较少。

因此,下一步可以依据全国第三次农业普查大庆市各区域的数据,或者通过问卷调查的方式,了解大庆市农户农业生产和收入的实时情况,开展进一步的讨论和论证,针对现实状况做出可行性分析。

# 第7章 种植结构调整下大庆市特色种植业的发展

## 7.1 引 言

### 7.1.1 背景与意义

农业结构调整是农业农村经济工作的重点,是推进农业供给侧结构性改革、提高农业竞争力、增加农民收入的重要手段。种植业在整个大农业系统中处于基础地位,关系到国家粮食安全,因而其发展关乎国家命脉。近年来对种植业结构的调整也体现了其发展的迫切性。

发展特色农业是农业结构调整的重要组成部分,国家十分重视调整农业结构与发展特色农业,连续多年在中央"一号文件"中突出强调。2015年中央"一号文件"强调深入推进农业结构调整,立足各地资源优势,大力培育特色农业。2017年中央"一号文件"强调要做大、做强优势特色产业。实施优势特色农业提质增效行动计划,促进杂粮杂豆、蔬菜瓜果、中药材等产业提档升级,把地方土特产和小品种做成带动农民增收的大产业。2018年中央"一号文件"进一步强调深入推进农业特色化,创建特色农产品优势区。2019年中央"一号文件"继续强调要因地制宜地加快发展多样性特色农业,倡导"一村一品""一县一业"。可见,因地制宜发展特色农业,尤其是特色种植业,是适应新世纪农业农村经济发展的需要,对振兴区域经济、增加农民收入有着十分重要的意义。

自2013年国家开启新一轮农业结构调整以来,根据黑龙江省的农业结构调整指导意见,并结合大庆市资源状况和农业发展实际,2015—2017年的大庆市委员会工作会议对农业结构调整均做了部署和规划,其中种植业结构调整一直是近年来的调整重点。2015年大庆市委员会提出"要调整农业结构促增收";2016年大庆市委员会提出"坚持市场导向,加快农业结构战略性调整",并明确了"向特色作物上调"的调整方向。通过近些年的发展,畜牧业已然占据大庆市农业的"半壁江山",在畜牧业占主导地位的形势下,要提振种植业、推动种植业发展,必须走区域化布局、差异化发展、标准化生产、产业化经营的特色种植业道路。

可见,发展特色种植业不仅关乎种植区农民的收益,也关系到大庆市农产品的品牌、声誉和农业生态,已经成为提升大庆市种植业竞争力的重要举措。大庆市农业和农村的发展必须根据大庆市经济社会发展的实际,立足长远与可持续发展,以特色种植业作为突破口与战略重点,优化空间布局,完善产业体系。当前大庆市种植结构调整为特色种植业发展带来契机,特色种植业要借此机会再度兴起,必须面对激烈的市场竞争带来的挑战,其发展将面临各种困难。如何有效利用大庆市的自然资源禀赋,发挥农业资源优势,打破各种不利因素的限制是当前发展特色种植业需要解决的关键问题。因此,本章将立足于种植业结构调整,分析大庆市特色种植业发展概况,从自然因素、经济市场因素、农业科技因素、政策因素方面分析大庆市发展特色种植业的优势条件与限制因素,接下来基于实地调研结果,对特色种植业成本收益与农户种植意愿影响因素进行分析,最后为大庆特色种植业未来发展提出建议,以期以特色种植业引领大庆市农业提质增效、为大庆市种植业结构进一步调整提供依据。

### 7.1.2 国内外研究综述

国内外很少有学者对特色种植业进行专门研究,而特色种植业属于特色农业的一部分。所以本章在梳理国内外文献时,将对特色种植业的相关研究归纳在对特色农业的研究之下。

**1. 国外研究综述**

(1)有关特色农业竞争力研究

多数学者用比较优势指数来研究特色农业竞争力。如 David Leishman 在对阿根廷、澳大利亚等六个主要羊毛出口国牧羊业的国际竞争力进行评价时,Frank C. Lee 等通过比较成本价格研究美国和加拿大的农业产业竞争力时。Aderson,K. 运用了 RCA 法评估了中国从1965—1987 年在纺织品、服装、农产品、其他初级产品和制成品中的比较优势。其结果显示,中国农业的比较优势在之前的几十年中不断减少。Andersson A 等介绍了瑞典通过农业关联产业的发展形成了一个"闭环式"流程,使每个环节的投入品在这个循环中得到充分利用,从而提高了农业产业链经济效益,而且降低了农业活动对自然环境的影响。

(2)有关特色农业产业化的研究

美国劳动力与经济理事会从集群活动方面进行研究,指出农业未来方向之一便是实现多种产业的汇聚,而农业产业集群主要是由生产、支持和加工这三个方面构成的。马歇尔认为特色农业产业集群是在劳动力市场、衍生的附属产业及科学技术等因素共同影响下形成的。迈克·波特分析了加利福尼亚葡萄酒集群的结构及竞争优势。斯德芬通过实证分析了美国的农业发展存在的问题,认为美国应该大力发展规模农业。埃内斯托等对荷兰花卉产业进行深入调查,认为荷兰完善的花卉产业链条、优质品种开发、科学育种是促使其规模化发展的重要影响因素。Edward M Bergman 等研究了特色农业产业集群和区域集群的概念并进行了比较应用。

(3)有关特色农业产业布局的研究

Welsh 提出,特色农业产业布局受区域经济发展水平和农业各部门之间相互作用的影响。Otto 等从特色农业产业发展与品牌建设等角度,研究了特色花卉产业的世界分布格局。Robert 则从特色农业发展的促进因素出发,指出特色农业产业的空间布局应注重规模化与产业化。De. Pinto 等通过分析土地利用变化,分析出特色农业产业布局受到政府政策、基础设施等诸多因素影响。

（4）有关特色农业的研究

有关特色农业的发展方向，Schieffer J. 提出精确农业的发展方向，认为精准农业技术的确提高了资源利用效率，但也降低了政策的效力，特别是依赖经济刺激的政策。有关特色农业的政策建议，Sesan T 等通过分析得出在特色农业专业化、产业化发展上，在一些国家普遍存在着运行模式不合理的问题，对特色农业发展成效产生了较大影响；Bathla s 等提出特色农业的发展可以加速农业发展并助力农民脱离贫困。

**2. 国内研究综述**

（1）关于特色农业、特色种植业的研究

国内学者对特色种植业的理论研究比较丰富，主要在理论研究、发展模式、产业化与竞争力等方面。

乔家君认为欠发达农区发展特色种植能够激发经济活力，并提出特色种植业是指在较大农区范围内具有示范推广意义的种植产业，发展特色种植业对调整产业结构、提高农民收入水平、发展村域经济有十分重要的推动作用。尚霄丽等认为特色种植业的根本是自然资源，依托是特色农产品生产与加工技术，核心是具有特色的农产品。陈绪敖、林树恒等，王生林等，牛晓敏等运用 SWOT 分析，对区域特色农业发展进行了分析。

朱鹤健等提出研究设计出适宜闽东南的特色水果的果农草牧复合系统的生态模式。刘冬兰提出通过"公司＋基地＋农户"模式来发展特色农业。李维贤提出通过"互联网＋农业"的发展模式来推动农产品销售、流通。张海霞对涿鹿县运用现代农业园区、农业龙头企业、家庭农场、专业合作社带动四种模式发展特色种植业的提质增效情况进行了分析。金莲等提出了 3 类共 15 种特色农业发展模式。

牛若峰提出农业产业化发展要充分发挥区域比较优势，逐步形成若干各具特色的专业化生产区（带）。尹君琳等、库尔勒、胡平波、韩志峰、杨明华、朱海霞均对特色农业产业集群与产业化经营进行了研究。俞燕运用结构方程模型（SEM）对新疆维吾尔自治区吐鲁番葡萄集群区域品牌形成机理模型进行研究。米婧运用模糊综合评价法，对特色农业产业核心竞争力进行研究并构建综合模型。

（2）基于种植结构调整视角下的特色种植业研究

李娟探究了山东省种植业结构调整存在的问题，并据此提出山东省应加强政策引导，突出发展特色种植业。熊飞提出发展特色产业、走差异化发展道路是竹山县调整种植结构、提高农业效益的关键，并分析了近年来竹山县发展特色种植业的成效、问题，据此提出竹山县种植结构调整的对策建议。赵海萍在探究邓州市种植业结构调整的问题中提出邓州市应依托本地现有资源优势发展特色种植业、壮大特色种植品牌。朱方林等在研究江苏省农业结构调整问题时提出重点发展优质粮食、休闲农业等六大优势主导产业。周立提出大力发展特色农业，从而引领洛阳市农业结构调整走出一条新路径。郑风田指出我国农业结构缺乏特色，应向特色化发展，以提高我国农业整体竞争力。石红梅对安溪茶特色农业发展在农业产业结构优化过程中的具体方式进行了探讨。刘荣章等从特色农业视角分析了福建省现代农业发展的实现路径和成效等。周立提出我国农业应以培育壮大特色农业为引领，加快推动农业结构调整和优化升级。

（3）关于种植决策影响因素的研究

许多学者选用 Logistic 回归模型分析农户种植意愿与影响因素，如吕美晔等在研究山区农户种植绿色农产品生产意愿时、刘萍等在研究菏泽市农户油用牡丹种植意愿及影响因素时、李玉勤分析杂粮种植农户生产行为时、徐莉分析影响新疆维吾尔自治区西北部农户种植决策的主要因素时、王亚坤等研究谷子种植户持续种植意愿时、宋长鸣研究生产者在蔬菜价格波动下的蔬菜种植意愿时。陈新建等运用有序 Probit 模型研究了广东水果种植户风险偏好及影响因素。

（4）关于大庆市种植业发展的研究

对于大庆市种植业结构调整，许多学者也从不同角度进行了研究和探讨。刘秀岩以"经济带"建设为背景研究了大庆市农业产业结构，同时提出发展特色农业。王世喜等提出10 种适宜大庆市农业产业结构调整的新模式。杨树果等探究了大庆市种植结构调整的演变，并提出进一步调整的对策措施。强红梅阐述了大庆市农业结构调整与发展特色农业的成效，并进一步提出大庆市农业结构调整的思路。秦月等分析了大庆市种植结构调整状况并评价其效果，进而为大庆市调整种植结构提供对策建议。

（5）关于大庆市发展特色种植业的研究

对于大庆市发展特色种植业，部分学者也有了一定的研究。李冬雪等提出大庆市已经建成肇源县、肇州县、杜尔伯特蒙古族自治区、林甸县和大同区的 30 个特色种植业产区，并针对存在的问题提出发展措施。冯静等对大庆市特色中草药产业进行了分析，认为大庆市发展特色中草药产业市场前景广阔，对大庆市休闲旅游和杂粮两大特色产业进行了阐述，并提出发展建议。

### 3. 研究评述

国内外学者对于农业结构调整和特色农业的研究为本章的研究打下了理论基础。国外学者的研究大多从农业产业方面入手，没有专门针对特色种植业的研究。而国内学者对农业结构调整、特色农业及两者之间的关系研究已经十分丰富，但研究大多从宏观上对特色农业、农业结构调整的研究，基于种植业结构调整视角研究特色种植业的专门性研究较少。因此，本章选择种植结构调整为背景，研究地区特色种植业的发展，具有一定的研究价值。

# 7.2 相关概念及基础理论

## 7.2.1 相关概念

### 1. 种植结构调整

种植结构是指一个地区或国家在农作物种类种植比例上的问题。种植结构属于农业生产结构的第二层次，是指种植业内部粮食作物、经济作物、饲料作物种植面积所占比例和相互关系。种植结构调整即改变农产品生产结构、品种结构和质量结构来优化种植业内部结构,在实际上改善生产技术,提升农户家庭收入,促进经济效益。

### 2. 特色农业

对于"特色农业"概念,学术界尚未形成统一界定,本章对各位学者的定义进行综合比较,认为特色农业是人们立足于地区自然资源、区位条件、技术发展等优势条件,根据市场需要和社会需要发展起来的具有一定规模的特殊农业类型。特色农业以"特""优""名""精""新"等为基本特点,具有较强的市场竞争力与经济价值。

### 3. 特色种植业

特色种植业是依托特色农产品发展而来的,是指人们充分利用一定区域内具有比较优势的自然资源、依托市场条件,开发和生产出品质优、价值高、市场竞争力强的种植品及其加工品。大庆市依托独特的自然禀赋与市场条件,生产出的杂粮类、葵花籽、香瓜等作物品质优、市场竞争力强,因此本章将大庆市特色作物范围确定为绿豆、红小豆、谷子、高粱四种特色粮食作物与葵花籽、香瓜两种特色经济作物。

### 4. 特色农产品

特色农产品是指在传统农业发展过程中,立足于地理环境、市场变化、技术发展等优势条件形成的具有资源条件独特性、区域特征显著性、产品品质特殊性的农产品。一方面,特色农产品是凭借其独有的自然禀赋而产生,是其他地区难以模仿,甚至无法大范围种植的。另一方面,特色农产品又可以利用当地的资源、环境、技术、政策等要素来重点突出其比较优势,进而使其优于其他地区的农产品。因此,它具有明显的发展优势和潜力。

## 7.2.2　基础理论

### 1. 农业产业化理论

农业产业化是在农户、市场等多种因素共同影响之下形成的,以市场为导向,以农户为基础,以龙头企业或合作经济组织为依托,以科技进步为支撑,以经济效益为中心,以系统服务为手段,包含布局区域化、生产规模化、集约化、产加销一体化、服务专业化、社会化、经营管理企业化、市场化等内容,将农业生产过程的产前、产中、产后诸环节联结为一个完整的产业系统,以此实现特色种植业产业化。

### 2. 生产决策行为理论

亚当·斯密在《国富论》中首次提出"理性经济人"的假设,认为经济决策的主体都是充满理性的,即所追求的目标都是使自己的利益最大化。生产决策行为理论就是由古典决策理论发展而来,认为收入是影响农户决策行为的重要因素。农户的生产供给行为追求净收入最大化,符合理性经济人假设。农民在进行生产决策时,劳动收入、资金投入、利润回报一般是最先考虑的因素。

### 3. 比较优势理论

大卫·李嘉图的比较优势理论是在亚当·斯密的绝对优势理论的基础上加以完善和

发展形成的。比较优势理论认为,各国无论是否具有绝对优势,只要不同地区之间产品生产成本的比例不一样,即使一国在生产上与别国相比都处于绝对劣势,均存在着使贸易方获益的贸易基础。比较优势理论主要受两个条件影响,一是绝对成本,每个国家或地区都有自己的天然优势,都有可能在生产、交易过程中处于绝对有利地位,在这一基础上发展的特色农业产业都具有较强的竞争力。二是生产同一种农产品,采用的生产技术也相同,但是一方的生产效率更高时,劳动成本就越低,这样在完全竞争的市场环境下就可以获得更多的经济福利。每个国家与地区集中生产并出口其具有"比较优势"的产品,扩大优势,进口其具有"比较劣势"的产品,规避劣势。

# 7.3 大庆市种植业结构调整及特色种植业概况

种植结构的调整为发展特色种植业带来契机,发展特色种植业又能够进一步推动种植结构调整,因此本章将分析种植业结构调整状况及特色种植业发展概况,着重分析新一轮种植业结构调整中特色种植业的发展。

## 7.3.1 大庆市种植结构调整状况

1985 年以来,大庆市响应国家政策号召,不断调整种植业结构,主要分为三个阶段。

1985—1997 年,农作物种植总面积轻微波动,粮食作物种植面积呈上升趋势,从 31.8 万公顷增至 37.8 万公顷,比例由 70.9% 升至 81.9%;经济作物种植面积稳中有降,从 11.5 万公顷降至 7.6 万公顷,比例从 25.7% 降至 16.4%;饲料作物种植面积有所下降,从 1.5 万公顷降至 0.8 万公顷,比例从 3.5% 降至 1.7%。这一阶段受传统二元结构影响,农业生产效益较低。

1998—2012 年,农作物种植面积大幅增加,粮食作物所占比例先降后升,先从 80% 降至 2008 年的 75.4%,随后升至 2012 年的 89.5%;经济作物比例大幅下降,从 18.4% 降至 8.6%;同期饲料作物比例呈现先升后降趋势,从 1.62% 升至 9.9%,随后降至 1.9%,峰值出现在 2005 年。这一阶段以农业增效为目标,政府加大对农业的扶持力度,种植结构向三元结构转变。

2013 年新一轮结构调整以来,农作物播种总面积呈下降趋势,从 2013 年的 72.6 万公顷降至 2017 年的 71.9 万公顷。从种植结构来看,粮食作物在农作物生产中始终处于主导地位,占总种植面积的比例保持在 89% 以上,且略有上升,先是从 2013 年的 89.8% 上升至 2015 年的 93.4%,随后降至 2017 年的 90.5%;经济作物占总种植面积的比例从 2013 年的 8.6% 降至 2015 年的 5.6%,随后回升至 2017 年的 8.3%;饲料作物占总种植面积的比例总体呈下降趋势,从 2013 年的 1.7% 降至 2016 年的 0.73%,2017 年回升至 1.19%(图 7-1)。这一阶段农产品向优质、高效发展,农产品品质与区域结构优化。

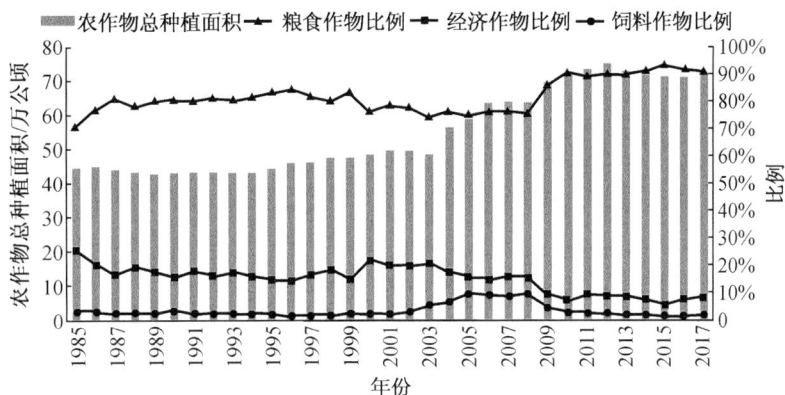

图 7 - 1　1985—2017 年大庆市农作物总种植面积及各类作物占总种植面积的比例

（数据来源:《大庆市统计年鉴 2017》）

## 7.3.2　大庆市特色种植业发展及现状

大庆市毗邻黑龙江省省会哈尔滨市,市场广阔,交通便利,农产品流通渠道广阔;下辖五区四县,其中大多数县区位于第一积温带,部分位于第二积温带,日照时间长,昼夜温差大,雨热同季,有利于农作物和牧草生长;土地资源充裕,沙壤土地面积较大,地温较高,发展特色杂粮、特色果蔬等特色作物具有得天独厚的优势。大庆市依托自然禀赋与市场条件,绿豆、红小豆、谷子、高粱、葵花籽、香瓜等特色作物种植久负盛名。

### 1.特色种植业发展阶段

特色种植业的发展以种植结构调整为背景。种植结构的调整,既能够给特色种植业的发展带来机遇,又能够限制特色种植业的发展。因此,基于大庆市三轮种植结构调整演变和国家政策背景分析特色种植业的发展阶段。

（1）初步发展阶段

2001 年以前,大庆市种植结构还是传统的"粮食作物—经济作物"二元结构,与后两轮结构调整相比,粮食作物占比相对较低、经济作物占比较高。这样的结构为发展特色经济作物创造条件,特色种植业发展形势良好,已经初步建成了 30 个特色农业种植区。如肇源县的优质水稻,古龙镇贡米、葵花、番茄,肇州县的中草药,杜尔伯特蒙古族自治县的杂豆、林甸县的大葱,大同区的胡萝卜等特色品种。

（2）持续发展阶段

2001 年以后,大庆市种植结构逐渐由传统的二元结构向三元结构转变。2003 年农业部发布《优势农产品区域布局规划（2003—2007 年）》,开始建设优势农产品产业带;2004 年黑龙江省推行"一免两补"政策,使得耕地面积开始猛增,极大地调动了农民种地的积极性。大庆市发展特色农业已经取得一定的成就,建设有向荣葡萄采摘园区、三胜无公害农产品种植基地、红骥牧场蔬菜棚室园区等特色种植与旅游业相结合的观光基地。

（3）发展受限阶段

2007—2009 年,正值"十一五"规划较为关键的 3 年,应"十一五"规划加强粮食主产区生产能力建设的要求,粮食作物比例开始上升,同时调减了经济作物与饲料作物比例,之后经济作物与饲料作物比例不断下降,在一定程度上制约了特色种植业的发展。

（4）再度兴起阶段

2016年以来,为响应国家2016—2020年种植业结构调整规划号召,大庆市种植结构调整基本遵循"向优质绿色上调,向特色作物上调"的原则,小幅度下调粮食作物种植面积,适当调高经济作物和饲料作物,种植结构不断优化,粮经饲比例优化,从2015年的93.7∶5.3∶0.9调整到2017年的90.5∶8.3∶1.2,再次为特色种植业发展提供机遇。

**2.特色种植业现状**

（1）特色作物生长与加工特点

①生长特点

高粱、谷子、红小豆、绿豆、葵花籽与香瓜均具有抗逆性强、生长期短、耐旱不耐涝的特点。高粱、谷子、红小豆、绿豆、葵花籽还具有耐贫瘠的特点,对土质要求不高,且具有一定的养地功能;而香瓜需在排水良好、土层深厚的黑钙土或草甸土上种植。葵花籽播种期一般在4月10日—4月20日,应选择无农药残留污染的盐碱地,盐碱地的蓄水能力强,多少雨水都不会产生涝情;高粱、谷子、红小豆、绿豆等杂粮作物播种期一般在5月中下旬,生长期短;香瓜一般在4月上旬育膜,5月上旬定植,7月上旬上市。绿豆、红小豆受气象灾害影响较大,产量不稳定且市场价格波动大。

②加工特点

香瓜无须深加工处理即可上市,上市初期市场价格高,可选择自行零售,后期收购商上门收购,价格略低,市场价格浮动大。葵花籽只需经过原料预处理－筛选－风选－人工挑选－炒制－冷凉－精拣－包装过程即可上市。目前市场上杂粮加工食品品种较为丰富,有杂粮面包、杂粮饼干、杂粮包子等糕点类食品,荞麦面粉、杂粮类挂面等面食类,还有绿豆粉丝、豆沙、杂粮粥、杂粮饮料、杂粮酱等。

（2）特色作物种植面积变化

2013—2019年,绿豆、红小豆、谷子的种植面积总体呈上升趋势,高粱、瓜果、葵花籽总体呈下降趋势。绿豆种植面积2015—2018年大幅增长至2018年的52.1万亩,2019年下降至23.9万亩;2013—2017年红小豆种植面积上升至2017年的36.2万亩,2018年降至25.9万亩,随后回升至2019年31.5万亩;谷子种植面积呈稳定增长趋势,从2013年的4.5万亩上升到2019年的13.5万亩;高粱种植面积呈现波动趋势,2015年种植面积跌至最低12.3万亩,随后上升,2016年种植面积最大,达到31.6万亩,后降至2019年的20.3万亩;瓜果种植面积由2013年的19.8万亩下降至2015年的7.6万亩,随后回升至2018年的14.1万亩,2019年降至12.1万亩;葵花籽种植面积先升后降,由2013年的5.6万亩升至2016年的12.2万亩,随后大幅下降至2018年的2.1万亩,下降近6倍之多(图7-2)。

2019年绿豆种植面积的大幅下降,可能是由于2018年绿豆在生长期内受涝灾影响,影响当年绿豆的产量,进而迫使许多种植户退出绿豆种植。2019年绿豆产量的下降,使得红小豆成为目前大庆市种植面积最大的特色作物。

自2016年大庆市委员会明确"向特色作物上调"的调整方向后,特色种植业得到一定发展,特色作物种植面积较 2015 年前有所上升,但近年来绿豆、葵花籽、高粱等特色作物种植面积波动幅度大,需要进一步调整。

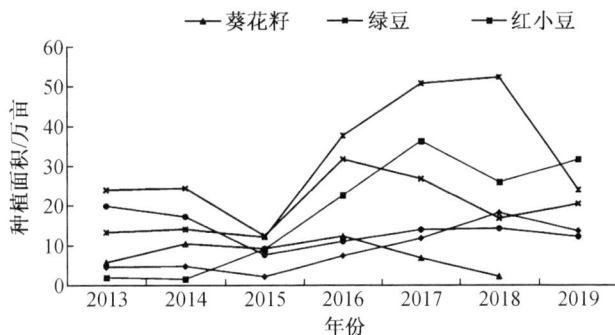

**图 7 - 2 2013—2019 年大庆市特色作物种植面积变化**

(数据来源:《黑龙江省统计年鉴 2019》、大庆市农业农村局)

(3)特色种植业区域布局

肇源县谷子、高粱种植面积分别占全市谷子、高粱种植面积的 64.3% 与 67.9%;肇州县葵花籽种植面积 1.4 万亩,占全市葵花籽种植面积的 64.7%,瓜果种植面积 6.3 万亩,占全市瓜果种植面积的 52.1%;2019 年大庆市红小豆种植集中在林甸县,占全市红小豆种植总面积的 90.7%;2019 年杜尔伯特蒙古族自治县绿豆种植面积 13.7 万亩,占全市绿豆种植面积的 57.2%(表 7 -1)。

**表 7 - 1 2019 年大庆市各县区特色种植业情况** 单位:万亩

| 县区 | 特色作物 | 各县区面积 | 占比 |
|---|---|---|---|
| 肇源县 | 谷子 | 8.7 | 64.3% |
| | 高粱 | 13.8 | 67.9% |
| 肇州县 | 瓜果 | 6.3 | 52.1% |
| | 葵花籽(2018) | 1.4 | 64.7% |
| 林甸县 | 红小豆 | 28.6 | 90.7% |
| | 绿豆 | 5.7 | 23.8% |
| 杜尔伯特蒙古族自治县 | 绿豆 | 13.7 | 57.2% |
| | 高粱 | 5.0 | 24.6% |
| 市辖区 | 瓜果 | 2.4 | 19.8% |

注:数据来源,根据大庆农业农村局、大庆市统计局数据计算。

从表 7 -1 可看出,大庆市种植业结构调整立足于各区域的发展实际,四县以及市辖区已经形成区域特色种植格局。即肇源县高粱和谷子种植区,林甸县的红小豆种植区,杜尔伯特蒙古族自治县的绿豆种植区,肇州县葵花籽和瓜果种植区,市辖区的瓜果种植区。

(4)特色作物品种品质状况

各县区特色作物种植品种各有不同。对大庆市四县区的特色作物种植情况调查发现，四个县区种植品种差异明显（表7-2）。但综合来看，四县中种植较为普遍的是"珍珠红"红小豆，"鹦哥绿""小明绿"绿豆，"敖杂1号"及"吉杂"系列高粱，"千金谷"谷子。葵花籽种植品种为龙食葵2号与龙食葵3号。

表7-2 大庆市各县区特色作物的主栽品种

| 县区 | 各杂粮作物的主栽品种 | | | | |
|---|---|---|---|---|---|
| | 红小豆 | 绿豆 | 葵花籽 | 高粱 | 谷子 |
| 杜尔伯特蒙古族自治县 | 珍珠红 | 小明绿 杜绿1号 绿丰4号 | — | 吉梁3号 吉杂99号 敖杂1号 敖杂2号 | 千斤谷 |
| 林甸县 | 珍珠红 宝清红 大红袍 | 绿丰5号 密荚王 鹦哥绿 | — | 敖杂1号 林杂1号 吉杂90号 | 龙谷25 嫩选15 嫩选17 |
| 肇源县 | 大红袍 红沙面 | 鹦哥绿 小黄绿豆 大绿豆 | — | 四杂25 吉杂24 吉杂25 吉杂29 龙杂31 | 千斤谷 金苗叉谷 龙谷39 |
| 肇州县 | 珍珠红 | 小明绿 | 龙食葵2号(黑贝) 龙食葵3号 | 吉梁3号 | 千斤谷 |

特色作物品质不断提升。大庆市优质、绿色作物不断发展，有机、绿色农产品数量连年攀升，逐步实现由特色向优质绿色转变。特色种植业发展过程中，一些特色农产品以其上佳品质获得一定的市场，深得消费者的喜爱。例如，托古小米通过了国家 AA 级绿色食品标识认证，同时申请了地理标志保护产品，不仅直接进入大型商超进行销售，同时成为人民大会堂的接待米；巴哈西伯绿豆被评为"绿色无污染食品""有机食品"，杜尔伯特蒙古族自治县被欧盟相关组织认证为"有机食品基地"，近销国内各大城市超市及农贸市场，远销韩国、日本、新加坡等国及欧盟国家；肇源县的古龙贡米早在康熙年间就是宫廷贡米，目前已经获国家绿色食品证书。

(5)特色农产品品牌

近年来，大庆市生态农业品牌建设数量、质量均有所提升。大庆享有"中国优质果品之乡"的美誉，杜尔伯特蒙古族自治县白音诺勒乡（现连环湖镇）被授予"中国绿豆之乡"称号。现已打造一系列较为知名的特色农产品品牌，包括老街基农副产品有限公司打造的"老街基"品牌农产品7大系列160多个品类；托古农产品有限公司拥有国内最先进的小米加工包装及小米深加工(小米挂面、小米锅巴等)生产线,打造了一系列"托古"品牌产品。乾绪康有机小米、鲇鱼沟大米等品牌享誉盛名,还有古龙贡米、茂兴地瓜、肇州大瓜子、宏福小柿子等区域内较为知名的优势农产品品牌正在成长(表7-3)。

表7-3 大庆市特色农产品品牌

| 产地 | 品牌来源 | 品牌名称 | 主营特色产品 |
|---|---|---|---|
| 肇源县 | 肇源县鲇鱼沟实业集团有限公司 | 鲇鱼沟 | 杂粮 |
| | 大庆市乾绪康米业有限公司 | 乾绪康 | 有机小米 |
| | 娄家寨粮食种植专业合作社 | 娄家寨 | 有机杂粮 |
| | 古龙镇立徒山精致米加工厂 | 立源 | 小米 |
| | 肇源县古贡米业有限公司 | 古贡 | 小米、杂粮 |
| 肇州县 | 大庆老街基农副产品有限公司 | 老街基 | 小米、瓜子 |
| | 大庆市托古农产品有限公司 | 托古 | 小米 |
| | 肇州县禾鑫农产品经销有限公司 | 大沟 | 小米、杂粮 |
| | 肇州县谷源香农产品有限公司 | 萨日湖 | 小米 |
| 林甸县 | 大庆宏福农业股份有限公司 | 宏福柿 | 番茄 |
| 杜尔伯特蒙古族自治县 | 白音诺勒乡巴哈西伯绿豆 | 绿珍珠 | 绿豆 |
| | 黑龙江省龙泰农业股份有限公司 | 沙禾 | 小米、绿豆等 |
| | 杜尔伯特亿丰绿豆种植合作社 | 素食猫、绿洲 | 绿豆 |
| 市辖区 | 双榆树乡 | 双榆小米、庆同花 | 小米 |
| | 黑龙江省龙泰农业股份有限公司 | 沙禾 | 红豆 |

(6)特色种植业产业化

2017年大庆市农业产业化经营收入突破620亿元大关,同比增长8%;利润35亿元,同比增长7.5%。大庆市特色种植业发展过程中,形成了一批从事特色种植业加工的新型经营主体,特色种植业产业化主要靠龙头企业、合作社与小型收购市场来完成。

大庆市从事农产品加工的规模较大、工艺较为先进的龙头企业以肇州县谷源香农产品有限公司、大庆市老街基农副产品有限公司等为代表,形成了龙头企业带动农户、合作组织等生产经营主体的多种融合发展模式。

近年来,合作社不断发展完善,形成多种经营模式,引领农户增收明显,农户参与意愿效果较为强烈。合作社通过保底分红模式、托管模式、土地流转等方式将农户与合作社的利益紧密地联系在一起。通常能够做到"统一签订合同、统一供种供药、统一技术指导、统一价格回收"的四个统一模式,同时开展技术培训、提供信息咨询服务等。

除特色农产品加工企业、种植合作社外,大庆市农产品收购站点也在特色种植业发展中发挥了举足轻重的作用。小型收购网点直接对接种植规模小、未签订订单合同的散户。对于种植户来说,小型收购网点没有合作社与加工企业的限制和硬性规定,对品质、品种要求不是十分严格,决策权掌握在农户自己手中,因此比较受小型散户青睐。

# 7.4 大庆市特色种植业发展条件
# 及限制因素分析

种植结构及特色种植业的形成,是多种因素共同作用下的结果,本节将大庆市特色种植业发展实际与实地调研发现的问题综合起来,从自然资源、经济市场、农业科技及政策环境四方面明晰特色种植业的发展条件与限制因素,以便有针对性地提出对策与建议。

## 7.4.1 特色种植业发展条件

### 1. 自然资源条件

特色种植业的构建和发展以区域内特色资源条件为基础,自然资源对发展特色种植业有着决定性影响。自然资源的优势越明显,越易打造特色优势产区,如新疆维吾尔自治区的哈密瓜、山东的金丝小枣等。大庆市隶属北温带大陆性季风气候,全年无霜期短,昼夜温差大,雨热同季,土地资源充裕,现有耕地面积1 173.9万亩,拥有黑钙土、沙壤土等多种类型土地,适宜种植不同种类农作物,产出能力处于全省前列。沙壤土地面积较大,地温较高,大庆历史上就是杂粮杂豆主产区,拥有丰富的种植经验,发展特色杂粮、特色果蔬具有得天独厚的优势,如肇源县位于黑龙江省第一积温带,种植高粱具有独特的资源优势,因此肇源县是国家特批的唯一一个红高粱的交易基地;林甸县独特的沙质土壤,有机质含量低,结合第二积温带适宜的积温条件共同打造了林甸县红小豆独一无二的绝佳品质,安徽燕之坊食品有限公司旗下的燕之坊珍珠红小豆品质上乘,其原产地即为林甸县。

### 2. 经济条件与市场发展

(1)大庆市社会经济与农业经济发展水平较为领先,农业在大庆市经济发展中的地位不断提升,为发展特色种植业打下良好基础。2017年地区生产总值2 680.5亿元,仅次于省会城市哈尔滨居全省第2位。2019年人均GDP 10.3万元,城镇居民可支配收入41 090元,同比增长7.8%,居全省第1位,在东北三省位列第3位;农村居民人均可支配收入15 978元,同比增长8.3%,居全省第5位;居民人均存款5.3万元,居全省第1位。同时,大庆市种植业产值连年攀升,第一产业增加值从1987年的1.74亿元增加到2018年的199.8亿元,农业经济发展形势良好。

(2)农产品市场逐渐完善。大庆市农副产品批发与零售市场数量增多、规模扩大,不仅具备包容度高、产品全面的综合市场,同时具备红高粱批发市场、中草药批发市场、粮油批发市场等专业性批发市场,日益满足农民及消费者多样化需求。2019年大庆市新建农产品批发集散中心,占地24.63万平方米,是大庆市唯一一个具有辐射功能的一级农副产品交易中心,该农产品批发集散中心将成为大庆乃至全省规模最大、档次最高、功能最全的农产品物流交易平台,为大庆农产品走出大庆、进入更多大中城市提供平台。

(3)市场需求增加。随着人们收入的提高,城乡居民对特色、优质、绿色、有机农产品的价格承受能力提高,人们的饮食需求由吃得饱向吃得好转变,消费需求发生转变,更加注重农产品质量安全和品牌知名度。同时膳食结构更加合理,均衡营养、合理膳食的意识更为普遍,绿色农产品、特色农产品越发受到消费者喜爱。农产品市场的完善与市场需求的增加为特色种植业的发展带来机遇。

### 3. 农业科技条件

#### (1)农业机械化水平不断提高

2007 年以来,大庆市农业机械总动力呈现稳定上升趋势,年增长率 7.5%。农用大中型机械拥有量逐年上升,从 2009 年的 50 471 台增加到 2017 年的 90 834 台;小型机械数量逐渐减少,由 2009 年的 69 466 台下降到 2017 年的 52 909 台(图 7-3)。

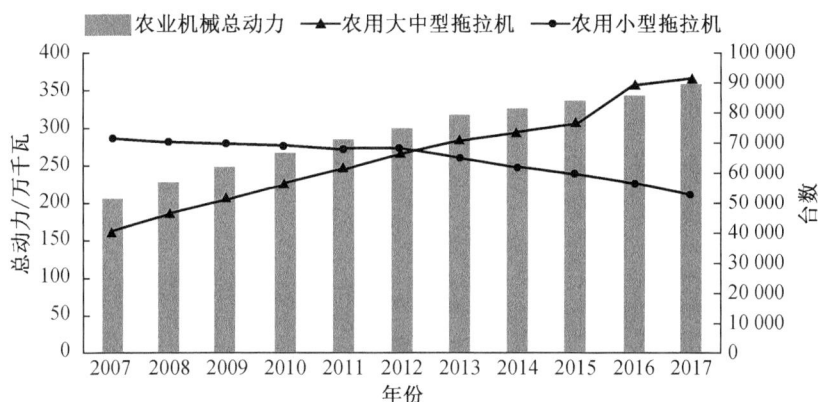

图 7-3　大庆市农业机械总动力

(数据来源:《大庆市统计年鉴 2017》)

大庆市近三年机械累计投资 2.466 亿元,截至 2018 年,大庆市 300 万元以上农机合作社 94 个,加上农民自有的农业机械,农业机械总动力高达 358.6 万千瓦。逐步淘汰能耗高、污染重、性能低的老旧机械,使用大中型高效先进机械替代,从整地、播种、中耕、化学除草、病虫害防治到收获基本实现全程机械化,机械化率达到 97%,为发展特色种植业提供硬件支持。

#### (2)农业技术环境良好

大庆市有 6 所高校、178 家科研院所,科技人才超过 13 万人,科研能力和技术水平较高,为发展特色种植业提供技术支持。黑龙江八一农垦大学农学院设有农学、种子科学与工程等 7 个专业,不断为农业发展培育专业型人才;同时建有新农村发展研究院等 21 个国家、省部级科研平台,以及 7 个省高校重点实验室、工程技术研发中心;大庆设立农业研究院,与大庆市农业科技公司合力,为推动大庆市现代农业发展助力。国家杂粮工程技术研究中心落地大庆市,将全国的杂粮科技资源进行整合,促进了大庆市杂粮产业发展,逐渐带动大庆市形成了从生产、工艺、流通到市场的较为完整的杂粮产业链条。目前大庆市绿豆、红小豆等的生产水平居于全省前列。

### 4. 政策支持

随着 2016 年国家改革玉米临储政策,大幅度下调"镰刀弯"地区籽粒玉米的种植面积,增加特色高效作物的种植成为大庆市农业发展的指向标。在良种培育方面,《黑龙江省现代农作物种业发展规划(2013—2020 年)》中,重点鼓励围绕优势生产基地,建造规划建设长期稳定的良种输送集散中心,延长种子产业链,储备人才,进一步为特色作物品种的繁育和质量安全提供了保障。政策的指向、市场需求变化将特色优势产业的发展由政策宣传转入具体的落地实施阶段,为大庆市特色种植业发展带来了巨大的机遇。

### 7.4.2 特色种植业发展限制因素分析

大庆市特色种植业的发展具备许多的优势条件,但同时存在的自然灾害风险、深加工能力弱、品牌市场占有率低等限制因素阻碍着特色种植业的发展。

#### 1. 自然灾害

大庆市特色作物种植面临着自然灾害风险。大庆降水量集中在 5—9 月,近 5 年 8 月降雨量最高达到 198.4 毫米,夏天易发生洪涝灾害;春季多风少雨,易发生旱灾。高粱、谷子、红小豆、绿豆、葵花籽与香瓜均具有耐旱不耐涝的特点,一旦发生夏涝灾害极易影响农作物产量,影响农民收入,进而影响农民的种植决策。

#### 2. 品牌市场占有率

品牌市场占有率对于稳定消费群体、拓宽销售市场来讲十分重要。大庆市特色种植业品牌竞争力弱,几乎没有能够在国内外市场叫响、持续带动经济增长和农民增收的拳头品牌,原因,首先,传统品牌的比较优势没有真正发挥,品牌不统一,使广大消费者对产品的认知度不清,心理占位率低;其次,对新兴品牌的扶持力度不够,如福兴蔬菜、庆福香瓜等品牌没有打响;最后,缺乏品牌意识,如本市杂粮产品绿色生态、品质高,但没有充分利用优势打造统一的杂粮品牌,导致本市杂粮往往被外地收购商低价收购,加以包装加工,做成高端产品转卖出去,实现利润、口碑双丰收。

#### 3. 农产品深加工能力

经过 20 多年的发展,大庆市目前从事特色农产品深加工、加工能力较强的企业多达几十家,这些企业在产品口碑、品牌形象、经济效益方面都取得了一定的成就。但是,大庆市更多的农产品加工企业为家庭式企业,资金、加工能力、销售渠道有限,客户群体基本固定,且加工能力仅限于特色农产品简单初加工,只能进行储存、干燥、色选及除杂等基础工作,包装及营销手段仍处于初级阶段,农产品大多以原粮和初级加工产品的形式进入市场,几乎没有精深加工过程。多层次的产品开发少之又少,创新度不够,既得不到消费者认可,又缺乏市场竞争力,带动农民增收能力弱,进而影响特色种植业的发展壮大。

#### 4. 市场竞争

近年来,特色农业逐渐兴起。响应国家号召,全国各地都从当地实际情况出发,大力挖掘自身潜力,发展具有自身优势和本地特色的优势农业产业,导致特色种植业市场竞争加剧。大庆市周边城市由于地理位置、气候条件、自然资源等的相似性也形成了较为相似的特色优势农产品结构,因而与相邻城市之间竞争比较激烈。同时随着全球一体化的发展,越来越多的国外进口农产品以优质低价的方式进入中国市场,国内的消费者可以通过电商平台、大型商超等各种方式更加便捷地接触到优质低价的进口农产品。这对大庆市发展特色种植业来说,无疑是巨大的冲击和挑战。

### 5.农业服务体系

目前大庆市农业科技体系发展出现断层现象,即科研部门、推广部门、应用者农民三者之间相互脱节,致使大庆市农业服务体系不够健全。一是大庆市基层农业技术员待遇低、环境艰苦,导致基层有能力、懂实用农业知识的人才流失;二是缺少必要的实验基地,多数县区及乡镇没有专门的试验基地,有些新技术没有适时的试验、示范检验,影响新技术的推广应用;三是非专业人员多,无法科学指导农民开展种植技术应用,专门从事特色种植业种植、收贮、田间管理研究的农业技术人员更是缺乏。个别乡镇没有懂得种植技术的人员,新技术应用盲点,使得特色种植业的种植、管理等各环节技术水平落后。

# 7.5　大庆市农户特色作物种植决策影响因素分析

特色种植业的发展,不仅受到宏观条件的影响,同时还受到微观因素的影响。其中,农户是最重要的微观主体,他们既是农业生产的主体,也是农业生产活动经济效益的直接得利者,了解他们的意愿及决策影响因素对发展特色种植业至关重要。农户的生产行为是在利益驱动下进行的,投入与回报是农户种植决策的最直接、最根本的影响因素,因此本节首先根据调研数据将特色粮食作物与大豆、玉米两种主粮作物,特色粮食作物与特色经济作物的成本收益进行比较,对比得出最具优势的特色作物;农户种植决策同时受到多种因素的影响,因此本节运用二元 Logistics 回归模型定量分析影响农户种植决策的主要因素,为最终决策提供依据。

## 7.5.1　大庆市特色种植业成本收益比较分析

### 1.特色粮食作物与主粮作物成本收益比较

从亩纯收入来看,收入从高到低依次是谷子、红小豆、高粱、大豆、绿豆、玉米。最高亩纯收入为谷子 1 725 元,最低为玉米 440 元。从投入产出比来看,红小豆与谷子的投入产出比明显高于其他作物,红小豆投入产出比最高,为1:10.3,其他依次为谷子、大豆、绿豆、高粱、玉米。玉米的投入产出比最低,为1:2.6。从投入成本来看,红小豆的投入成本最低,为120 元,玉米投入成本最高,投入成本由低到高依次为红小豆、大豆、绿豆、谷子、高粱、玉米(表7-4)。

表 7-4　特色粮食作物与主粮作物效益比较

| 作物 | 亩产量/斤 | 价格/元 | 亩产值/元 | 亩成本/元 | 亩纯收入/元 | 投入产出比 |
|---|---|---|---|---|---|---|
| 高粱 | 1 200 | 0.9 | 1 080 | 270 | 810 | 1:4 |
| 谷子 | 350(脱皮) | 5.5 | 1 925 | 220 | 1 725 | 1:8.75 |
| 红小豆 | 300 | 4.1 | 1 230 | 120 | 1 110 | 1:10.3 |

表 7-4（续）

| 作物 | 亩产量/斤 | 价格/元 | 亩产值/元 | 亩成本/元 | 亩纯收入/元 | 投入产出比 |
|------|----------|--------|----------|----------|-----------|----------|
| 绿豆 | 160 | 4.1 | 656 | 160 | 496 | 1:4.1 |
| 大豆 | 400 | 1.7 | 680 | 150 | 530 | 1:4.5 |
| 玉米 | 1 200 | 0.6 | 720 | 280 | 440 | 1:2.6 |

注:1.亩成本中不含家庭用工成本。

2.数据来源,根据调研数据计算。

通过上述分析可以得出结论,主粮作物玉米在亩纯收入、投入产出比、投入成本方面均处于劣势,综合来看,谷子与红小豆的优势较为突出。

访谈过程中发现,谷子整体产量不高,且谷田杂草种类较多,无法使用大规模机械化除草,仅能通过人工除草来保证秧苗的生长,加重了人力投入,极大程度上影响了谷农种植谷子的积极性。大豆虽然产量较低,但近年来国家补贴倾向性十分明显,在种植纯收入530元的基础上,2019年种植大豆还能够额外获得大豆生产者补贴255元,如此一来种植大豆一亩地纯收益可达785元,极大地激发了农户种植大豆的积极性。

**2. 特色粮食作物与特色经济作物成本收益比较**

从亩纯收入来看,收入从高到低依次是香瓜、谷子、红小豆、高粱、葵花籽、绿豆。最高亩纯收入为香瓜9 500元,最低为绿豆496。香瓜的纯收入远高于其他几种作物。从投入产出比来看,红小豆与谷子的投入产出比明显高于其他作物,红小豆投入产出比最高,为1:10.3,其他依次为谷子、葵花籽、香瓜、绿豆、高粱。玉米的投入产出比最低,为1:2.6。从投入成本来看,红小豆的投入成本最低,为120元,投入成本由低到高依次为红小豆、绿豆、葵花籽、谷子、高粱、香瓜(表7-5)。

表 7-5 特色粮食作物与特色经济作物效益比较

| 作物 | 亩产量/斤 | 价格/元 | 亩产值/元 | 亩成本/元 | 亩纯收入/元 | 投入产出比 |
|------|----------|--------|----------|----------|-----------|----------|
| 高粱 | 1 200 | 0.9 | 1 080 | 270 | 810 | 1:40.00 |
| 谷子 | 350(脱皮) | 5.5 | 1 925 | 220 | 1 725 | 1:8.75 |
| 红小豆 | 300 | 4.1 | 1 230 | 120 | 1 110 | 1:10.30 |
| 绿豆 | 160 | 4.1 | 656 | 160 | 496 | 1:4.10 |
| 香瓜 | 4 000 | 3.0 | 12 000 | 2 500 | 9 500 | 1:4.80 |
| 葵花籽 | 160 | 5.5 | 880 | 160 | 730 | 1:5.50 |

注:1.亩成本中不含家庭用工成本;一个香瓜大棚面积为0.9亩。

2.数据来源,根据调研数据计算。

通过上述分析可以得出结论,香瓜投入成本最高但亩纯收入也远高于其他特色作物;红小豆投入成本最低同时投入产出比最高;与其他特色作物相比,绿豆成本低、产量也低,优势最不显著。

调研发现,种植香瓜的棚室是由政府投资建成的,农户交纳租金承包大棚进行种植,租金为每年 1 000 元,一次性交纳 15 年。若农户后期想要加入生产队伍,则需自行建设棚室,而自行建设耗资巨大,成本高、风险大,农户个人一般情况下无法承担高额的建设费用,因此后期难以加入生产队伍中。并且据香瓜种植户反映,香瓜市场价格波动大,在刚下市时市场价格能够达到 10 元/斤,但只能维持几天,待到收购商成批量收购时价格就会降到 2 元/斤左右,农户会在市场价格高的时候选择零售,而在掉价后选择卖给收购商。因此,适合风险型种植户选择。种植红小豆省时省力,对土地质量要求低,但由于 2018 年红小豆遭受涝灾,影响其产量与市场价格,一定程度上影响了农民的种植积极性。

### 7.5.2　基于 Logistic 模型的农户种植决策影响因素分析

#### 1. 数据来源

在预调查并多次修改问卷后,通过查阅大量文献、政府网站、网络资料与报道、农产品加工企业官方网站,大致明确当地特色作物主要种植区域。在此基础上,选取了林甸县四合乡、三合乡,肇源县古龙镇、大兴乡,肇州县托谷乡、永胜乡,杜尔伯特蒙古族自治县白音诺勒乡等特色种植业发展基础较好的 9 个村。本次调查共发放 240 份问卷,剔除部分逻辑不通、数据不全的问卷后获得有效问卷 221 份,有效率为 92.1%。

#### 2. 样本描述性统计分析

为了全面了解大庆市农户特色作物的基本生产情况,调查内容主要包括农户基本情况、农户经济条件、粮食作物与特色作物种植和销售情况、特色作物认知度、政策支持情况等部分。农户基本情况主要包括户主性别、年龄、文化程度、农业劳动力数量、性别、家庭年总收入、农业年收入、种植业年收入、家庭收入主要来源等方面;粮食作物与特色作物生产情况主要包括自营地与流转地面积,种植作物的种类、面积、成本收益等内容;特色作物种植目的、价格波动程度及销售空间等;特色作物认知度包括对特色作物种植成本、收益、劳累程度与种植技术的认知;政策环境因素包括支持政策、补贴政策、技术培训、农业保险、获取市场信息等。

（1）农户个人及家庭特征

①户主以男性为主。在参与调查的 221 个户主中,男性户主 213 人,女性户主 8 人,男性户主占比 96.4%,女性户主仅占 3.6%。

②中老年人居多。30 岁以下户主数量为 2 人,仅占 0.9%;31～45 岁的户主有 55 人,所占比例为 24.9%;户主年龄主要集中在 46～60 岁,样本量为 130 人,所占比例为 58.8%;61 岁以上的户主 34 人,所占比例为 15.4%。在所有样本农户中,户主年龄在 45 岁以上的共有 164 人,所占比例为 74.2%。因为从事农业生产的收入相对较低,农村劳动力在自身条件允许的情况下,大多选择外出打工,使得中老年人成了农业生产的主力。

③文化程度较低。样本农户户主中文盲有 16 人,所占比例为 7.2%;小学文化 49 人,占比 22.2%;文化程度集中在初中水平,共 101 人,占比 45.7%;高中文化 49 人,占比 22.2%;大专以上仅 6 人,占比 2.7%。文化程度在初中及以下的数量为 166 人,占总样本量的 75.1%。由此可见,样本农户总体文化程度较低,因为大多有知识的青年更加倾向于向城市发展。

④兼业农户较多。农户大多兼营畜牧业或从事非农行业,种植业收入占家庭收入不足

40%的有36户，占比16.3%；41%~60%的85户，占比38.5%；61%~80%的62户，占比27.1%。种植业收入占81%以上的有38户，所占比例为17.2%。种植业收入占家庭收入60%以上的数量为98户，所占比例为44.3%，不足样本量的一半。由此可见，单纯从事种植业已经难以满足大多农户的家庭资金需求，他们更倾向于保障多种收入来源（表7-6）。

表7-6 农户个人及家庭特征的样本统计

| 类型 | 分类 | 频数 | 百分比/% |
|---|---|---|---|
| 户主性别 | 男 | 213 | 96.4 |
| | 女 | 8 | 3.6 |
| 户主年龄 | ≤30岁 | 2 | 0.9 |
| | 31~45岁 | 55 | 24.9 |
| | 46~60岁 | 130 | 58.8 |
| | ≥61岁 | 34 | 15.4 |
| 户主文化程度 | 文盲 | 16 | 7.2 |
| | 小学 | 49 | 22.2 |
| | 初中 | 101 | 45.7 |
| | 高中或技校 | 49 | 22.2 |
| | 大专及以上 | 6 | 2.7 |
| 劳动力数量 | 1人 | 36 | 5.4 |
| | 2人 | 85 | 70.1 |
| | 3人 | 62 | 20.4 |
| | 4人 | 38 | 4.1 |
| 种植业收入占家庭收入的比例 | ≤40% | 36 | 16.3 |
| | 41%~60% | 85 | 38.5 |
| | 61%~80% | 62 | 27.1 |
| | ≥81% | 38 | 17.2 |

（2）农户生产特征

①以小规模散户为主。参与调查的农户中，有195户为普通农户，占绝大多数（88.2%）；种植大户、家庭农场主、合作社牵头人数量分别为12,5,9,占比分别为5.4%、2.3%和4.1%，三者之和占总样本量的11.8%。

②对特色作物的了解程度不够。样本农户中84户未种植过特色作物的表示对特色作物的种植技术、成本收益等情况完全不了解，占比38.0%；种植过特色作物的79户中仅有49户表示对特色作物很了解，占总样本量的22.2%；其余88户均表示了解一点，占比为39.8%。由此可见，77.8%的农户对特色作物了解不够全面，影响种植积极性。

③参加农民专业合作组织的76户，占总样本量的65.6%；大多数（65.6%）农户没有加入合作组织。

④粮食作物销售比较顺利。样本农户中认为自身种植粮食作物销售非常不顺利、不顺利和一般的农户分别有 4,12,31 户,占比分别为 1.8%、5.4% 和 14.0%。大多数农户认为粮食作物销售比较顺利,占比为 52.5%;认为销售十分顺利的有 58 户,占比为 26.2%。认为粮食作物销售顺利的共有 174 户,占总样本量的比例为 78.3%。由此可见,百姓种植粮食作物销售比较顺利。

⑤种植特色作物销路不确定性大。样本农户中认为种植特色作物缺乏销售渠道的有 48 户,占比为 21.7%;表示种植特色作物销路不稳定,不能完全保障销路的农户有 112 户,占总样本量的一半以上(50.7%);能够确保销路的有 61 户,占比 27.6%。

表 7-7　农户生产特征的样本统计

| 类型 | 分类 | 频数 | 百分比/% |
|------|------|------|----------|
| 所属生产类型 | 普通农户 | 195 | 88.2 |
|  | 种植大户 | 12 | 5.4 |
|  | 家庭农场主 | 5 | 2.3 |
|  | 合作社牵头人 | 9 | 4.1 |
| 对特色作物的了解程度 | 不了解 | 84 | 38.0 |
|  | 了解一点 | 88 | 39.8 |
|  | 很了解 | 49 | 22.2 |
| 是否参加合作组织 | 是 | 76 | 65.6 |
|  | 否 | 145 | 34.4 |
| 粮食作物销售是否顺利 | 非常不顺利 | 4 | 1.8 |
|  | 不顺利 | 12 | 5.4 |
|  | 一般 | 31 | 14.0 |
|  | 比较顺利 | 116 | 52.5 |
|  | 非常顺利 | 58 | 26.2 |
| 销路预期 | 没有 | 48 | 21.7 |
|  | 不一定 | 112 | 50.7 |
|  | 有 | 61 | 27.6 |

(3)政策环境特征

①特色作物种植技术指导不普及。接受过种植技术指导的有 74 户,占比为 33.5%;147 户表示从未接受过特色作物种植技术指导,占比为 66.5%,其中包括种植过特色作物的农户,表明特色作物技术指导不完善,农户缺乏专业的特色种植技术与知识。

②粮食作物补贴政策效果较好。221 个农户中仅有 14 户表示对粮食作物补贴政策不满意,占比仅为 6.3%;表示对粮食补贴政策满意与基本满意的农户分别有 69 户和 138 户,总占比为 93.6%,说明农民对粮食补贴政策认可度较高,粮食补贴政策效果较好。

③较难获取市场信息。样本农户中认为很容易和比较容易获得信息的有 59 户,占比为

26.7%;而认为较难获得市场信息的有102户,占比为46.2%;认为很难获取市场信息的有60户,占比为27.1%。由此可见,大多数(73.3%)农户信息比较闭塞,较难获取市场信息,对市场信息的把握不够及时、准确。

表7-8 政策环境特征的样本统计

| 类型 | 分类 | 频数 | 百分比/% |
|---|---|---|---|
| 是否接受过特色种植技术指导 | 是 | 74 | 33.5 |
| | 否 | 147 | 66.5 |
| 对粮食补贴的评价 | 满意 | 69 | 31.2 |
| | 基本满意 | 138 | 62.4 |
| | 不满意 | 14 | 6.3 |
| 获取市场信息的难易程度 | 很难 | 60 | 27.1 |
| | 比较难 | 102 | 46.2 |
| | 比较容易 | 50 | 22.6 |
| | 很容易 | 9 | 4.1 |

(4)特色作物种植意愿影响因素

样本农户中没有种植意愿的农户较多,占总样本量的54.3%;今后打算种植特色作物的有101人,占总样本量的45.7%(表7-9)。

表7-9 种植意愿统计

| 类型 | 分类 | 频数 | 百分比/% |
|---|---|---|---|
| 今后是否种植特色作物 | 是 | 101 | 45.7 |
| | 否 | 120 | 54.3 |

农户的种植决策是多因素决定的,所以在调研时将种植决策原因设为多选题。为了提高收益而选择种植特色作物的农户最多,有78户,所占比例为53.8%,其次是因轮作原因打算种植特色作物的,占比为17.9%;没有种植意愿的农户主要受市场、自然风险、销售渠道、政策补贴与种植技术的影响,占比分别为30%、24%、15%、14.5%(表7-10)。

表7-10 原因统计

| 愿意种植原因 | 频数 | 百分比/% | 不愿意种植原因 | 频数 | 百分比/% |
|---|---|---|---|---|---|
| 形成规模效应 | 11 | 7.6 | 市场、自然风险 | 60 | 30.0 |
| 轮作需要 | 26 | 17.9 | 缺乏销售渠道 | 48 | 24.0 |
| 提高收益 | 78 | 53.8 | 种植技术限制 | 29 | 14.5 |
| 参加合作社 | 14 | 9.7 | 没有补贴 | 30 | 15.0 |

表 7 - 10(续)

| 愿意种植原因 | 频数 | 百分比/% | 不愿意种植原因 | 频数 | 百分比/% |
|---|---|---|---|---|---|
| 什么都种点 | 4 | 2.8 | 劳动力不足 | 19 | 9.5 |
| 家庭自用 | 6 | 4.1 | 种植成本高 | 10 | 5.0 |
| 其他 | 6 | 4.1 | 其他 | 4 | 2.0 |
| 总计 | 145 | 100 | 总计 | 200 | 100 |

(5)农产品销售渠道

农户农产品销售渠道并非单一的一种,可能存在多种销售渠道,所以问卷中将此题同样设为多选题。超过半数(50.9%)的农户都通过收购商上门收购的途径销售;有 56 户参加合作社的由合作社统一销售,占比为 20.4%;26 户种植香瓜的会将农作物直接零售,占比9.5%;22 户将农作物留作家庭自用,所占比例为 8.0%;直销给加工企业的有 19 户,一般为合作社牵头人,占比6.9%;与企业签订订单合同的有 12 户,占比4.4%(图 7 - 4)。

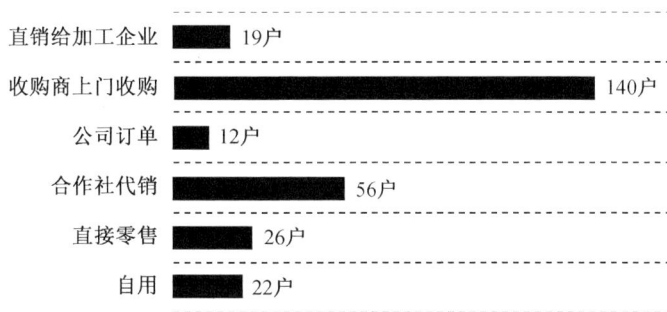

图 7 - 4　农产品销售渠道

(6)获取市场信息的情况

由于农民获取市场信息的渠道可能是多样的,所以问卷将此题设为多选题。农民主要通过村干部(49.0%)、电视(22.4%)、人际沟通(12.5%)来获取市场信息,少量农户通过报纸杂志(7.3%)与互联网(2.0%)获取市场信息,部分参加合作社的农户还可以通过合作社带头人获取市场信息(图 7 - 5)。

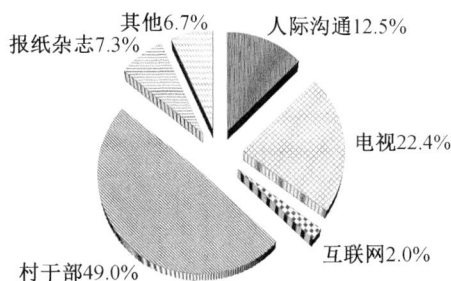

图 7 - 5　农户获取市场信息的情况

（7）特色作物种植诱因及目的

样本农户中未曾种植过特色作物的农户较多，为142户，占比64.3%；种植过特色作物的农户有79户，占比35.7%（表7－11）。

表7－11　样本农户特色作物种植情况

| 类型 | 分类 | 频数 | 百分比/% |
|------|------|------|---------|
| 是否种植过特色作物 | 是 | 79 | 35.7 |
|  | 否 | 142 | 64.3 |

由于农户种植特色作物目的可能是多样的，所以将种植特色作物诱因设为单选题而将种植目的设为多选题。由表7－12可见，种植户多是自主选择种植特色作物，所占比例为40.5%；周围农户、合作社、公司订单与政府宣传也起到了一定的作用，占比分别17.7%、15.2%、15.2%与11.4%。

表7－12　特色作物种植诱因及目的

| 诱因 | 频数 | 百分比/% | 目的 | 频数 | 百分比/% |
|------|------|---------|------|------|---------|
| 政府宣传 | 9 | 11.4 | 销售 | 68 | 73.9 |
| 合作社动员 | 12 | 15.2 | 自用 | 9 | 9.8 |
| 自主参加 | 32 | 40.5 | 轮作需要 | 14 | 15.2 |
| 别人介绍 | 14 | 17.7 | 其他 | 1 | 1.1 |
| 公司订单 | 12 | 15.2 | — | — | — |
| 总计 | 79 | 100 | 总计 | 92 | 100 |

（8）种植户希望获得的支持情况

由于农户在今后想要得到的支持是多方面的，所以问卷将此题设为多选题。农户在今后生产经营活动中最想得到种植补贴、销售渠道、市场信息和种植知识与技术方面的支持，所占比例分别为26.4%、19.6%、17.6%和16.7%；想要得到资金贷款、保险与优良品种方面支持的农户分别占8.2%、7.6%和4.0%（图7－6）。

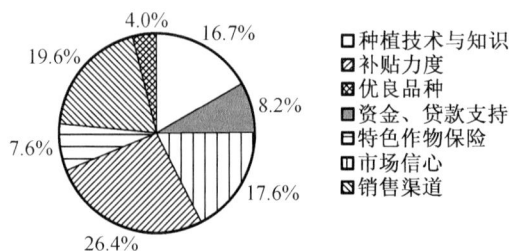

图7－6　农户今后想要获得的支持

### 3.计量模型构建与变量选择

(1)模型构建

在本节中,因变量为农户"是否"有种植意愿是一个二分变量,只能取 0 和 1 两个值,因而考虑用 Logistic 回归模型最理想。因变量设为 $Y$,取值为 0 和 1,自变量为 $X_1$、$X_2 \cdots X_n$。$Y = 1$ 时表示农户愿意种植特色作物,将其概率设为 $P_i$,$Y = 0$ 时表示农户不愿意种植特色作物,其概率为 $1 - P_i$。

建立 Logistic 模型如下:

$$P_i = \frac{1}{1 + \text{EXP}(\beta_0 + \beta_1 X_1 + \beta_2 X_2 + \cdots + \beta_n X_n)}$$

经过 Logit 变化后,得到公式:

$$\text{logit } P_i = \beta_0 + \beta_1 X_1 + \beta_2 X_2 + \cdots + \beta_n X_n$$

即 Logistic 模型的线性模式。

式中　$\beta_0$——常数项(即截距);

　　　$\beta_i$——$X_i (i = 1, 2, \cdots, n)$ 所对应的偏回归系数。

(2)变量选择

本节以农户特色作物种植意愿作为因变量,将影响农户特色作物种植意愿的自变量因素分为三组:农户个人及家庭特征、农户生产特征和政策环境特征。每一组变量分别选取若干变量作为描述变量,共确定了 13 个可测度变量,变量的选取及解释见表 7 – 13。

表 7 – 13　解释变量的含义及其效应预期

| 变量类型 | 一级变量 | 二级变量 | 变量解释 |
|---|---|---|---|
| 因变量 | 特色作物种植意愿 | 农户特色作物种植意愿($Y$) | 愿意 = 1,不愿意 = 0 |
| 自变量 | 个人及家庭特征 | 户主性别($X_1$) | 女 = 0,男 = 1 |
| | | 户主年龄($X_2$) | $\leq 30 = 1, 31 - 45 = 2, 46 - 60 = 3, \geq 61 = 4$ |
| | | 户主文化程度($X_3$) | 文盲 = 1,小学 = 2,初中 = 3,高中或技校 = 4,大专及以上 = 5 |
| | | 劳动力数量($X_4$) | 1 人 = 1,2 人 = 2,3 人 = 3,4 人 = 4 |
| | | 种植业收入占家庭收入的比例($X_5$) | $\leq 40\% = 1, 41\% \sim 60\% = 2,$ $61\% \sim 80\% = 3, \geq 81\% = 4$ |
| | 生产特征 | 所属生产类型($X_6$) | 普通农户 = 1,种植大户 = 2,家庭农场主 = 3,合作社牵头人 = 4 |
| | | 对特色作物的了解程度($X_7$) | 不了解 = 1,了解一点 = 2,很了解 = 3 |
| | | 是否参加合作组织($X_8$) | 否 = 0,是 = 1 |
| | | 粮食作物销售是否顺利($X_9$) | 非常不顺利 = 1,不顺利 = 2,一般 = 3,比较顺利 = 4,非常顺利 = 5 |
| | | 销路预期($X_{10}$) | 没有 = 1,不一定 = 2,有 = 3 |

表 7 – 13(续)

| 变量类型 | 一级变量 | 二级变量 | 变量解释 |
|---|---|---|---|
| | 政策环境特征 | 是否接受过特色种植技术指导($X_{11}$) | 否 = 0,是 = 1 |
| | | 对粮食补贴的评价($X_{12}$) | 不满意 = 1,基本满意 = 2,很满意 = 3 |
| | | 获取市场信息的难易程度($X_{13}$) | 很难 = 1,较难 = 2,比较容易 = 3,很容易 = 4 |

第一组个人及家庭特征,占辉斌、王瑞等选择农户年龄、性别、受教育程度、劳动力数量、收入比例等作为自变量,故将户主性别、年龄、文化程度、家庭劳动力数量、种植业收入占家庭收入的比例作为本节研究的自变量。

第二组生产特征,宋长鸣认为种植技术、对作物的了解程度会影响农户种植意愿,故将其设为自变量,赵晓阳、宋金田等将是否参加合作组织作为自变量因素。所以所属生产类型、是否参加合作组织、是否接受过特色种植技术指导、对特色作物的了解程度、粮食作物销售是否顺利五个变量设为自变量。

第三组政策环境特征,王颜齐等在研究农户"粮改豆"意愿时选择销售渠道及政府对其他农作物补贴作为自变量,贾娟琪等认为粮食补贴政策影响农民种粮决策,包括价格波动程度、销路预期、对粮食补贴的评价。

(3)模型估计结果分析

将进行变量赋值后的数据输入 SPSS 22.0 中,对农户特色作物种植意愿进行 Logistic 回归分析,得到估计结果,最终通过模型检验的变量见表 7 – 14,未通过模型检验的变量见表 7 – 15。B 对应的是最终模型中自变量的参数估计值,其中常系数为 – 15.244;S. E. 为相应的标准误差;Wald 值由回归系数除以标准误差后计算平方得出;Sig. 为显著性。在本模型中,认为置信度在 95% 以上的自变量具有意义,从显著性水平可以看出变量 $X_5$ 种植业收入占家庭收入的比例显著性为 0.002、$X_7$ 对特色作物的了解程度显著性为 0.044、$X_8$ 是否参加合作组织显著性为 0.018、$X_{10}$ 销路预期显著性为 0.000、$X_{12}$ 对粮食补贴的评价显著性为 0.009、$X_{13}$ 获取市场信息的难易程度显著性为 0.000。

表 7 – 14　通过模型检验的变量

| 变量 | B | S. E. | Wald | Df | Sig. | EXP(B) |
|---|---|---|---|---|---|---|
| 种植业收入占家庭收入的比例($X_5$) | 0.924 | 0.303 | 9.274 | 1 | 0.002 ＊＊ | 2.520 |
| 对特色作物的了解程度($X_7$) | 0.768 | 0.382 | 4.045 | 1 | 0.044 ＊ | 2.156 |
| 是否参加合作组织($X_8$) | 1.364 | 0.577 | 5.580 | 1 | 0.018 ＊ | 3.912 |
| 销路预期($X_{10}$) | 2.019 | 0.526 | 14.710 | 1 | 0.000 ＊＊＊ | 7.528 |
| 对粮食补贴的评价($X_{12}$) | – 1.278 | 0.492 | 6.754 | 1 | 0.009 ＊＊ | 0.279 |
| 获取市场信息的难易程度($X_{13}$) | 1.454 | 0.389 | 13.968 | 1 | 0.000 ＊＊＊ | 4.282 |
| 常量 | – 15.244 | 4.405 | 11.978 | 1 | 0.001 | 0.000 |

注:＊表示在 5% 水平上显著,＊＊表示在 1% 水平上显著,＊＊＊表示在 0.1% 的水平上显著。

表 7-15　未通过模型检验的变量

| 变量 | B | S.E. | Wald | Df | Sig. | EXP(B) |
|---|---|---|---|---|---|---|
| 户主性别（$X_1$） | 2.914 | 2.788 | 1.092 | 1 | 0.296 | 18.421 |
| 户主年龄（$X_2$） | 0.778 | 0.441 | 3.114 | 1 | 0.078 | 2.178 |
| 户主文化程度（$X_3$） | 0.334 | 0.334 | 1.000 | 1 | 0.317 | 1.396 |
| 劳动力数量（$X_4$） | 0.512 | 0.484 | 1.120 | 1 | 0.290 | 1.669 |
| 所属生产类型（$X_6$） | 0.286 | 0.477 | 0.358 | 1 | 0.550 | 1.330 |
| 粮食作物销售是否顺利（$X_9$） | -0.284 | 0.317 | 0.804 | 1 | 0.370 | 0.753 |
| 是否接受过特色种植技术指导（$X_{11}$） | 0.409 | 0.599 | 0.465 | 1 | 0.495 | 1.505 |

最终有 6 个变量通过检验，其中对粮食补贴的评价与农户特色作物种植意愿呈负相关关系，种植业收入占家庭收入的比例、对特色作物的了解程度、是否参加合作组织、销路预期及获取市场信息的难易程度与农户特色作物种植意愿呈正相关关系。

种植业收入占家庭收入的比例对农户特色作物种植意愿影响显著且呈正相关，在 1% 的水平上显著。表明种植业收入占家庭收入比例越高，农户从事种植业的专业性越强，对种地的忠诚度越高，越愿意尝试种植特色作物。

对特色作物的了解程度对农户特色作物种植意愿影响显著且呈正相关，在 5% 的水平上显著。表明农户对特色作物的成本收益情况、种植技术等越是了解，种植特色作物的意愿越是强烈。对特色作物不了解的农户种植技术、知识、眼界仅限于当前所从事的行业，所以意愿不强烈。

是否参加合作组织对农户特色作物种植意愿影响在 5% 的水平上显著且呈正相关。说明参加合作社的农户更愿意种植特色作物。这是因为参加合作社的农户相对于普通农户不仅在销售渠道方面有优势，对于市场信息的掌握也比普通农户更为准确，所以对于特色作物的接受度较高。

种植特色作物的销路预期对农户特色作物种植意愿影响在 0.1% 的水平上显著，且呈正相关。说明销路越有保障的农户越愿意种植特色作物。因为销售环节直接关系到农户收益的高低，农产品输出有保障，则农户种植特色作物的积极性越高。

对粮食补贴的评价对农户特色作物种植意愿影响显著且呈负相关，在 1% 的水平上显著。表示对粮食作物补贴政策越不满意的农户，种植特色作物的积极性越高。大多数农户仍然种植大宗粮食作物，所以他们对粮食作物补贴政策越满意，种植粮食作物忠诚度就越高。

获取市场信息的难易程度对农户特色作物种植意愿影响显著且呈正相关，在 0.1% 的水平上显著。表明越容易获得市场信息的农户越倾向于种植特色作物。这是由于许多农户获取市场信息的能力十分局限，对市场信息、政策导向掌握不顺畅，局限于种植传统粮食作物。

# 7.6　大庆市特色种植业发展措施与建议

特色种植业的发展要立足优势条件,以市场为导向,充分考虑特色种植业发展的限制因素与影响农民种植意愿的主要因素,从而有针对性地提出政策建议。

## 7.6.1　进一步调整种植结构

### 1. 因地制宜、突出优势与特色

发展"一村一品""一县一业"项目,增大特色粮食作物与特色经济作物的种植面积,既能实现规模化经营和区域化布局,又能激发农户参与意愿,起到带头示范作用。例如,林甸县红小豆优势产区、肇源县谷子产区、肇州县特色经济作物产区,应根据区域发展优势加快标准化基地建设,加大宣传力度与品牌建设,将其打造成为产销中心。

### 2. 充分利用优势,进一步挖掘并打造特色产业

进一步优化种植业内部结构,在保障粮食安全的基础上,激励农民增加经济作物与饲料作物的种植面积,着重发展特色经济作物。根据资源禀赋、市场需求等实际情况,充分挖掘特色、打造品质一流、潜力十足的特色作物,如马铃薯、中药材、花生等经济作物,燕麦、苜蓿、青贮玉米等饲料作物。

## 7.6.2　加强农业经营的配套支持

### 1. 建立健全风险预警机制

建立预警机制能够及时监测气象变动、地质变化、病虫害等因素对农业生产的影响。与此同时,将事前预防控制与事后补救控制有机地结合起来,提高农户防灾、防损能力。

### 2. 积极争取保险政策支持

农业保险能够减少农户在生产环节遭受风险的损失,保障收益。2019 年 6 月 14 日,中华人民共和国财政部发布《关于开展中央财政对地方优势特色农产品保险奖补试点的通知》,该通知在内蒙古自治区等 10 省开展,鼓励地方开展相关试点,完善地方优势特色农产品保险政策,将价格保险和收入保险纳入奖补政策支持范围。大庆市政府应关注政策方向、积极争取政策支持,联合保险公司进行实地走访与调研,针对实际情况来调控特色种植业保险险种,帮助特色种植户降低自然灾害带来的风险,争取早日为特色种植业发展提供保险保障。

## 7.6.3　推动特色农产品品牌建设

品牌是提高农产品附加值的重要手段,通过品牌溢价,迅速提升特色种植收入。首先,在狠抓质量的基础上,引导企业了解商标的重要性,积极申请注册品牌商标,将杂、小、乱的品牌整合起来,以品牌带动需求,提高企业经济效益,增强市场竞争力。全面增强特色农产

品加工企业的商标意识、品牌保护意识,培育企业负责人法律意识,引导他们在遇到侵权问题时积极寻求法律手段的帮助。同时,通过新媒体和传统媒体共同搭建覆盖面广的宣传平台,入电视、报纸、微信公众号等,加大宣传力度,实行差异化战略,将特色扩大化,努力打造具有大庆特色的独一无二的特色农产品品牌,提高品牌知名度与市场占有率,逐步打造成为区域乃至更大范围内的知名品牌。

### 7.6.4　扶持深加工龙头企业发展壮大

加工企业是连接内部农户与外部市场的关键环节,只有发展精深加工才能使大庆市特色种植业的价值最大化发挥。因此,加强对龙头企业的政策、人才、资金与技术支持,培育一批有能力的龙头企业至关重要,一方面注重招商引资,引进专业性强的大型农产品加工企业,将企业的技术与经验传授给小型加工企业,推动小型加工企业成长;另一方面鼓励发展商会,将特色作物小型加工企业联合起来,培育一个利益共享、风险共担的良性竞争市场,不仅有助于他们互相学习、累积经验,提高加工技术与能力,而且可以共享销售渠道,为客户提供多种、优质的选择,推动大庆市由产地中心向加工中心转变。形成从种植大户、专业合作社到加工企业完整的产业链,增强竞争能力。

### 7.6.5　推动特色农产品品质升级

(1)完善农产品质量监督机制。县食品安全委员会、县质量技术监督局、工商管理局与特色作物产区所在的乡镇、村组等各级部门组建一套健全的、信息流通即时的、覆盖面广的产品质量保障体系。一方面由各级执法部门加大对小商贩的监管力度,严格执行市场准入的规范,重点抓农产品投入品质;另一方面,开展特色农产品安全质量整治工作,狠抓产品质量监测及认证评级。制定一套完善的农产品质量监管制度,推动优质农产品认证地理标志、绿色产品等,确保特色种植业又好又快发展。

(2)通过建立标准化种植基地,在特色作物生产管理、防控技术及技术培训等方面做示范工作,保证培育过程无污染、生产标准化、产品品质统一化,推动特色作物产量与品质双提升,带动特色种植业向规模化、标准化、专业化发展。

### 7.6.6　推进科技成果转化应用

(1)借助高等院校、科研院所的科技资源和人才,结合大庆市的实际情况,进一步推动研发重心转向特色农产品,为特色种植业的发展研发优质种质资源,推动特色作物提质增产。培育引进优良品种、不断推广特色农产品栽培技术,将农业科技成果及时有效地应用到农业生产,推进"政产学研用"紧密结合。以成果转化为导向,打造全新的农业科技创新体系,创新农业技术推广服务方式,培育打造农业科技示范基地和培训基地,实现研发与生产应用高效对接,紧紧抓住大庆市作为国家第三批现代农业示范培育农业示范园区的契机,推动科技成果在农业示范园区、棚室果蔬园区等进行转化、应用和示范。

(2)提高基层服务人员的素质与工资待遇,对基层服务人员的选拔应注重其对实用技术与专业知识的掌握程度,选择高素质、学习能力强的知识青年。同时提高薪资待遇,鼓励当代有志青年积极参与到农业、农村发展当中。

### 7.6.7 激发农户种植意愿

一些地方政府在发展特色农业过程中存在违背农民意愿,强迫命令的行为,实践证明,这种做法终将破坏农民利益,并非长久之计。因此,政府在做出决策时必须充分考虑农民意愿。

**1. 要拓宽农产品销售渠道与市场信息获取渠道**

大庆市应借助发展外向型经济的机会,充分发挥独特优势,推进与周边城市一体化发展,拓宽国内外农产品销售市场,打通特色农产品远销通道。召集产、加、销各方面力量,筹办优质、特色农产品展销会、农产品发布会,加强宣传,集中经营,打造产销中心,扩大国内外农产品市场,稳定并增加客户来源。同时构建汇集大庆市农户、市内外销售企业、加工企业、收购商的农产品销售服务平台,对运用该平台进行交易的农户与企业进行资格审查与交易保障。该平台既可以作为农户和收购商与企业联络平台,也可以提供最新市场信息与市场动态,拓宽农民市场信息的获取途径与销售渠道,有利于农户与企业及时掌握最新有效的市场动态,从而及时地做出调整。借助电视、网络、微信公众号等媒介加大特色农产品宣传力度,以此助力农民增收,农产品企业发展壮大。

**2. 要加强对特色种植业的宣传工作**

派遣基层服务人员,通过走访调研、发放宣传册、讲座等方式对特色作物的成本收益、种植、管理等进行全方面宣传,并且了解农户需求,将农户的意愿与需求整理总结,尽快进行反馈,以便更好地解决农户困难。村干部宣传也具有不可或缺的作用,因此组织村干部培训,通过村干部宣传或示范带头,引领带动农户参与。

**3. 市、县政府加大对特色种植业的支持力度**

目前国家补贴与保险政策大多针对玉米、水稻、大豆等大宗农作物,对特色作物的实际性支持较少。将种植补贴的力度、范围及内容合理化,逐步做到在大宗粮食作物之外,照顾到特色作物的发展;政府应鼓励农产品加工企业与农户签订订单合同,实现订单对接,既保障农民受益,又能够保证企业农产品来源的可靠性。

**4. 鼓励发展农民专业合作组织**

合作社在应对市场风险、获取市场信息、促进农民增收方面具有无可比拟的优势。因此,政府不仅要加强对现有农业合作社的监督与排查,有挂空牌、不干实事的合作社及时撤销其资格,更要鼓励发展多种形式的农民合作组织,通过合作社引导农民更新观念、规范科学管理,推动特色种植业向"龙头企业 + 专业合作社 + 农户"的经营方式快速转变。为农业合作社主要负责人提供培训机会与资金、技术支持,推动其发展壮大,从而带动更多的农户增收致富。

**5. 推进土地流转、鼓励适度规模经营,建立土地流转服务平台,由政府出面担保,保障双方利益**

随着机械化的发展,土地规模经营的效益开始凸显,因此鼓励农民连片种植,有利于以规模化形成竞争优势,提高种植业收入。

# 7.7　结　　论

对大庆市种植结构调整状况及特色种植业发展状况的分析有助于我们更全面地把控该地区特色种植业未来发展的方向与趋势。大庆市特色种植业发展基础较好,地区特色种植业结构不断调优,区域种植特色格局基本形成,种植结构调整为发展特色种植业带来机遇。对大庆市的特色作物种植情况调查发现,四县特色作物种植品种差异明显,但各地作物数量、质量、效益均有较高水平的提升,特色农产品品牌建设稳步推进,农业产业化经营不断发展,农产品市场日益完善。同时,大庆市具备优越的自然资源、经济、农产品市场、农业科技与政策支持条件,发展特色种植业基础稳固。然而,需要注意的是,当前大庆市发展特色种植业尚存在自然灾害、市场竞争、品牌市场占有率低、深加工能力弱、农业服务体系不健全等限制因素。大庆市特色种植业的发展应坚持问题导向,从解决特色种植业发展问题的角度入手实现其更好地向前发展。

特色作物种植户是大庆市特色农作物种植的唯一实施主体,也是大庆市特色农作物发展的重要承载主体。通过对种植户特色农作物种植意愿的实证分析发现,种植业收入占家庭收入比例越高,对特色作物的成本收益情况、种植技术等越是了解,参加了合作社、销路有保障和具有较强的市场信息获取能力的农户对特色农作物的种植意愿强烈,而对粮食作物补贴政策不满意的种植户对特色作物的种植意愿则较低。因此,大庆市应进一步调整种植结构,一是因地制宜、突出优势与特色,发展"一村一品""一县一业"项目,打造特色优势产区;二是充分利用优势、挖掘打造特色产业,进一步发展马铃薯、花生、中药材等经济作物,以及燕麦、苜蓿、青贮玉米等饲料作物。同时应通过加强农业经营的配套支持、建设特色农产品知名品牌、扶持深加工龙头企业、推动特色作物品质升级、推进科技成果转化应用、积极争取政策支持,并通过拓宽农产品销售渠道与市场信息获取渠道、加强宣传、市县政府加大支持力度、鼓励发展农民专业合作组织、推进土地流转等激发农户种植意愿等多种方式来助力特色种植业发展壮大。

# 第8章 大庆市农户对秸秆处理行为及其影响因素

## 8.1 引　言

### 8.1.1 背景与意义

秸秆作为一种重要的农业资源,其资源化利用不仅是发展循环经济的重要内容,而且对资源节约型、环境友好型"两型"社会的建设具有重要意义。随着我国农作物品种改良,作物秸秆总量不断增加,秸秆综合利用成了首要任务,而农户是秸秆综合利用过程中的重要主体之一,其对秸秆的处理行为将直接决定秸秆综合利用的推动进程。但农户对秸秆的不合理利用造成了资源浪费、大气环境污染等一系列问题,从而对我国农业可持续发展进程造成了阻碍。因此国家十分重视,连续多年在"一号文件"中突出强调秸秆综合利用的重要性,为解决农村秸秆资源焚烧问题,从 20 世纪 90 年代开始,国家有关部门颁布了《秸秆禁烧和综合管理办法》《关于加快推进农作物秸秆综合利用的意见》等一系列法律法规。从它们的变化可以看出,国家对秸秆焚烧的处理从"以堵为主"的监督等措施逐步转变为"疏堵结合"的鼓励秸秆综合利用。"十三五"规划要求,若要降低空气污染物向大气中的排放及提高能源结构中生物质能的占比,就应把秸秆资源有计划、科学化的利用。2017 年,中央"一号文件"强调要以县为单位推进农业废弃物资源化利用试点,鼓励各地加大对秸秆综合利用的支持力度。2018—2020 年,中央"一号文件"提出要发展生态循环农业,推进秸秆综合利用,可见因地制宜、多元化地利用秸秆很符合农村生态环境发展的需要。自从国家重视废弃物资源化利用以来,根据黑龙江省出台的《东北黑土地保护性耕作行动计划(2020—2025 年)》和多年的《政府工作报告》,结合大庆市实际情况,2015—2021 年大庆市《政府工作报告》持续强调秸秆资源的重要性,并且做了详细规划。2015 年报告提出开展野外焚烧秸秆等专项整治;2016—2019 年报告提出要支持探索秸秆能源化利用新途径,提高秸秆综合利用水平;2020—2021 年提出加快实施秸秆"五化利用"项目,保证秸秆综合利用率达到90% 以上。

秸秆资源的综合利用不仅关系到环境安全,也关系到资源的节约和能源的消耗,是实现"两型"社会的重要举措。目前秸秆综合利用虽然在数量方面取得了阶段性成功,但是要想其在质量方面取得更进一步发展,最关键的因素就是促进作为秸秆利用主体之一的农户的秸秆处理行为,因此开展针对大庆市农户对秸秆处理行为及其影响因素的研究,有利于大庆市政府更有效利用其资源禀赋、发挥农业资源优势,推动秸秆综合利用工作,提高大庆市农作物的资源利用率。

### 8.1.2　国内外研究综述

#### 1.国外研究综述

近年来,诸多学者对秸秆进行相关研究,提出多种有效的研究方法和理论观点,对本章的研究提供了较为有力的支撑。

（1）关于农作物秸秆利用方式的研究

国外秸秆综合利用方式以秸秆还田为主,目前形成了秸秆直接还田＋化肥＋厩肥的施肥结构制度,其中巴西和美国保护性耕作的面积分别达到了6 769万公顷和3 990万公顷,其分别占耕地总面积的60%和75%。Zorrilla R J等、朱昕勤提出美国和很多西欧国家都采用秸秆打捆氨化的饲料化处理方式来增加饲料蛋白质含量,牲畜消化率提高30%。Ayhand A.、Karen A. Smith等指出秸秆成型燃料的热值与传统煤大致相等,可以代替煤炭作用于居民诸多生活方面。美国从1930年开始研发生物质燃料技术并制造出了相应的机器;1985年自动化家用生物质成型燃料炉具的开发使用为生物质成型燃料产业奠定了基础;2010年在美国建立了一家当时世界上最大的生物质颗粒燃料工厂。美国所生产的颗粒燃料除了供应电厂和企业外,也会以袋装的形式在超市售卖,方便居民取暖使用。Mustafa Balat总结出目前秸秆生产运营纤维素乙醇的国家主要集中在美国、巴西、加拿大。1997年,美国就开始研发秸秆乙醇,得到联邦政府的大力支持,并推广至国家可再生能源发展战略,目前已有上百个提炼厂家生产乙醇。1988年,丹麦诞生了世界上第一座秸秆生物燃料发电厂,目前为止已有上百家秸秆发电厂,它使得丹麦摆脱了对石油进口的依赖,从石油进口国转变为出口国,联合国已将丹麦的秸秆发电技术作为重点项目进行推广。

（2）关于农户行为研究

国外学者对农户行为的研究主要有两个观点。第一个是以恰亚诺夫和俄罗斯A. Chayanov为代表的"生存理性派",它是以经济发展依靠劳动力和产品受用人群的差异性来区分农户决策行为与资本主义企业的行为。第二个是以波普金和美国学者舒尔茨为代表的"经济理性派",其认为农户决策行为与资本主义企业的差距较小,若通过技术创新能保障农户的利益,那么农户也会成为与企业一样追求最大利益的决策者。Lintenberg和Marco分别给出了行为人之间及其与环境之间互相作用的机理模型。Jamnick S F把德国农户对秸秆处理行为分为秸秆还田和离田产业化利用两类进行实证研究。

（3）关于农户对秸秆处理行为影响因素的研究

Hiljbeek运用计划行为理论把欧洲六个农业生态区的农户作为研究对象,运用有机投入进行分析,研究表明有机物和秸秆覆盖都能形成土壤有机质,其优点是长期保护土壤肥力。发达国家针对秸秆综合利用出台的政策主要集中在目标政策、财政政策、税收信贷政策和激励机制四方面。Ervin Ervin. C A提出农户家庭收入较高的情况下更愿意采纳可持续农业技术,原因可能是因为他们具有较高的经济基础来应对技术失败的风险。Desina. A认为农户兼业化程度影响农户对新技术的认可度,二者成反比例增加。Rera通过对农户之间相互作用的实证分析,得出农户的个体行为受其他行为人决策的影响。Rogers E M等、王红彦从农户采纳新技术的角度进行分析,研究表明农户决定采用某种新技术或某种农业可持续发展行为时,要经历认知、兴趣、观察期和采用等四个阶段,而早期使用者的评价、农技推广水平等因素都会对农户行为产生影响。S. Foudi、Doss C R 认为农户对耕地保护投资时,经济、生态和生物等方面因素对其有正向影响。Smockler 从市场需求角度出发,其他因素不变,新技术的边际收益比现有技术更大、边际成本比现有技术更小时,新技术就会产生一定的市场需求。Caswell J A 提出农户采纳一项新技术之前一定会考虑技术的制度适应性,达到双赢的目的。

**2. 国内研究现状**

王文杰等、丁鹏飞等通过实验得出秸秆焚烧对大气环境具有很大的危害,会产生重金属元素和黑炭气溶胶,而黑炭是 $PM_{2.5}$ 的重要组成成分。而任继勤、张彬等、李胜男等通过研究表明秸秆综合利用不仅能减少资源的浪费,而且对保护生态环境具有重要意义。

（1）关于农作物秸秆利用效果的研究

霍丽丽等提出我国秸秆利用依照"多元化利用,农用优先"原则。2019 年我国秸秆利用总量为 8.76 亿吨,秸秆的综合利用使得饲料化和肥料化成本共节约 685.9 亿元,能源化成本节约 20.25 亿元。孙启忠认为秸秆覆盖还田可分为人工覆盖还田和留茬套种残茬覆盖,其优点在于冬季来临时不仅可以保温、保墒,而且有利于抑制田间杂草的生长、降低土壤碳氮比,也能减少黑土地的流失,提高蓄水保墒的能力。黄玉凡指出黑龙江省从 2010 年开始已有 20 多个地区进行了秸秆腐熟还田,实施面积达到 169 万亩,实施效果良好。贾洪东、常忠宝、张士胜等、杨立宾和刘少东提出黑龙江省秸秆肥料化利用包括秸秆直接粉碎还田、腐熟还田和炭化还田三种。秸秆直接粉碎还田后,土壤水分维持在 60% 左右,保持通风,就可以促进秸秆快速腐解;秸秆腐熟还田可帮助农作物提高产量和改善品质;秸秆炭化还田具有增加微生物、提高土壤营养成分等优点。

肖体琼等、戚长秋认为通过化学法和物理法可把秸秆饲料化。化学法包括秸秆氨化、微贮及青贮等方式;物理法是通过改变秸秆的大小长短来提高利用率,例如秸秆粉碎搓揉、烘干后再进行饲喂。秸秆养畜、秸秆过腹还田是我国秸秆饲料化利用的主要方式,且牲畜食用效果较好。潘亚东、陈光等、孟雪靖、袁野通过研究表明我国秸秆能源化利用可归纳为秸秆固化、气化、液化和秸秆发电等方式,它拥有提高居民的生活品质、节约不可再生能源、改善居民室内外环境等优点的同时,还能提高经济效益。解恒参、崔玉忠、刘森指出农作物秸秆可用于建筑材料,其具有保温隔热、环保节能、材料成本低等优点。周治认为农业投入要素的一半左右转化为秸秆,因此可通过加大秸秆综合利用方向来发展农村经济和提高农业综合生产能力。

（2）关于秸秆处理的农户行为研究

姜安印等指出黄宗智在以斯科特、俄罗斯恰亚诺夫为代表的"生存理性派"和以舒尔茨为代表的"经济理性派"的两个观点基础上,进一步提出了"中和理性派"。黄宗智认为农户决策会受到多方面的因素影响,导致从事其他劳动的机会降低,在边际报酬较低的情况下仍然会选择投入劳动。钱忠好、刘旭凡、蔡荣、童洪志、汪婷欣以秸秆禁烧为前提,运用二元 Logistic 模型把农户对秸秆处理行为分为"是否焚烧""还田与否""是否综合利用"。漆军、吕杰基于秸秆综合利用背景,从农户视角出发,运用多元无序 Logistic 回归模型将农户对秸秆处理行为归类为"秸秆还田、秸秆焚烧及出售"和"秸秆焚烧、秸秆做生活燃料或饲料、秸秆销售及秸秆还田或秸秆做沼气"进行实证研究。

(3)关于农户行为的影响因素研究

蒋磊、刘飞认为农户家庭参与农业劳动力数量、家庭收入结构、政府扶持政策、秸秆产业化程度及农户认知等因素对农户采取何种秸秆处理方式都有影响。赵学平、梅付春、李振宇等、马骥、黄武通过研究得出资金、市场、时间、技术等约束条件对农户焚烧秸秆行为的产生有促进作用。王舒娟研究得出耕地面积对农户对秸秆出售行为有显著影响,当耕地面积较大时,农户需耗费更多的成本,最终放弃出售秸秆。高志峰通过研究表明农机服务费支出、秸秆还田数量、农机作业质量及交易服务费都会对农户进行秸秆综合利用产生负面影响。左正强认为农户身份、农户耕地种植规模、耕地和秸秆收购点离家的距离远近等因素都会对农户的秸秆焚烧行为产生影响。刘丽等认为技术认知对耕地水土保持技术采用行为拥有正向影响,且刘洪斌、吕杰构建了"压力—状态—效应—影响"框架来解释农户认知及行为模式。

### 3. 研究评述

综上所述,国内外学者对秸秆综合利用问题已进行了大量研究,为本章研究奠定了基础。学者们基于秸秆焚烧背景下的农户行为研究已经形成了较为完善的框架,大部分学者在分析农户行为时运用二元 Logistic 模型将农户对秸秆处理行为分为"是否焚烧""是否还田"或者"是否综合利用"等进行研究,但是基于秸秆综合利用背景下更细致的划分农户对秸秆处理行为的研究较少,这为本章研究的开展提供了拓展空间。

## 8.2 相关概念及基础理论

### 8.2.1 相关概念

#### 1. 秸秆处理方式

对于秸秆处理方式,国内外差别较大,部分发达国家已经形成了秸秆直接还田 + 厩肥 + 化肥的施肥结构制度,其以还田为主。我国秸秆"五化利用"分为秸秆离田和秸秆还田两种,秸秆离田利用包括秸秆饲料化、秸秆基料化、秸秆原料化及秸秆能源化利用,简称秸秆"四化利用";秸秆肥料化利用又可细分为秸秆直接还田和秸秆堆肥还田,其中秸秆堆肥还田也属于秸秆离田利用。因此,国内秸秆利用可归为五种,即秸秆饲料化、能源化、原料化、基料化利用和秸秆堆肥还田。

#### 2. 农户对秸秆处理行为

秸秆"五化利用"的现阶段下,基于"理性经济人"假设,农户做出秸秆处理行为选择的前提是满足自身效益。秸秆肥料化利用包括直接还田和间接还田,主要指秸秆机械粉碎还田、覆盖还田等方式。秸秆饲料化利用以养畜为主,分为青绿秸秆和干秸秆。青绿秸秆指通过化学法对秸秆进行青贮、氨化和烘干等流程再进行饲喂;干秸秆指改变秸秆的长度和软硬程度,如秸秆粉碎搓揉、造粒等方式使秸秆成为牲畜适口饲料。秸秆能源化也称燃料化利用,指通过不同技术使秸秆作为固体成型燃料、秸秆沼气生产、秸秆乙醇、秸秆生物质油生产及秸秆发电等方式。秸秆基料化主要指用秸秆为动物、植物及微生物的成长提供养料,常见于植物栽培、用于保水等功能的作物秸秆物料。原料化利用指工业原料加工,目前市场上共有秸秆造纸、秸秆板材和餐具加工、秸秆木糖醇生产等方式。另结合实际调研情况,部分农户会将秸秆进行出售,它们有的能明确知道自己将秸秆出售后的用途,有的并不知晓,但由于秸秆出售后均不会造成浪费,因此将秸秆出售行为也归为秸秆处理方式中。本章所要研究的农户对秸秆处理方式指秸秆还田、秸秆做燃料或饲料、秸秆出售、秸秆焚烧或废弃四种。

## 8.2.2　基础理论

### 1.农户行为理论

农户是农业生产过程中的重要主体之一,农户行为指农户从事农业生产经营活动中的各方面抉择。农户既是秸秆的生产主体,也是秸秆直接处理的行为主体,秸秆的回收综合利用很大程度上取决于农户所采取的行为,因此以农户行为理论为基础来研究农户对秸秆处理行为,深入探讨农户对农作物秸秆处理的决策行为和从根本上杜绝农作物秸秆的浪费,对提高秸秆的资源利用率具有一定的现实意义。目前为止国内外关于农户行为理论的研究成果主要分为三个流派。

(1)组织与生产学派

俄罗斯经济学家 A. Chayanov 在《农民经济组织》一书中写到资本主义世界所描述的纯粹经济组织和农户家庭有本质区别,后者更具有社会属性,其本身属于社会关系中的社会组织。农户本身存在生产和消费两种属性,所追求的是劳动生产投入的辛劳程度和家庭消费需求的满足程度之间的均衡。

(2)理性小农学派

舒尔茨在《改造传统农业》一书中提出,农户是在保持一定理性的前提下进行的生产决策,其农业生产的目的是实现更高的利润目标,不管是富裕或者贫困的小农,其生产行为也是追求效率的,生产要素的配置也符合帕累托最优原则。舒尔茨还发现农户在生产时投入多重要素,投资收益率均持平衡状态,因此证明农户做生产决策的前提是具有理性的。波普金以此为基础提出了一个中心假设,即小农是完全理性的,会综合自身特点与外部条件来判断其选择行为的长短期利益,并且使自身收益达到最大化,即"理性小农"。

(3)历史学派

1985 年黄宗智提出小农命题——"拐杖逻辑",即中国小农家庭的收入分为农业收入和非农收入,如果把农业收入比作人的双腿,那么家庭非农收入可作为农业收入的拐杖。作者还提出两个概念,即中国农业是"没有发展的增长"和"过密型的商品化"概念,认为20世纪80年代时期的中国农村改革是反过密化的过程,通过降低人力资本的投入来提高劳动生产率。

### 2. 成本收益理论

成本效益理论可以直观地体现经营主体的盈利水平、盈利能力和发展潜力,所以现在被广泛用于环境和资源领域,研究多重政策的实施效果、不同条件下的行为与效益之间的关系。在经济学角度来看,理性经济人第一原则是人们以预期收益大于预期成本为出发点。对于拥有理性经济人属性的小农户来说,首先考虑成本收益,其次决定采用何种符合自身的秸秆处理方式。从农户的角度出发,秸秆资源处理方式的收益不同而产生收益的差值。例如,秸秆还田,在减少化肥投入成本的同时提高了土壤微生物含量,而且能增加农作物产量,属于一举多得;秸秆出售,不仅能给农户带来更高的经济收益,而且在完善秸秆上下游产业链的同时可增加更多就业机会。不管是哪种方式,在提高农作物受益、减少其他要素投入的同时,对投入的人力、物力、财力等有较高的要求。所以,理性的农户在面临多种条件束缚下,或无法实现其他更高收益时,就会结合自身内外部条件来做出最适合自己的行为决策,来实现自身利益最大化。

### 3. 循环经济理论

循环经济理论以科学发展观为出发点,将资源高效与循环利用作为目的,合理安排农业系统中不同种类生物质的循环利用。将化肥、秸秆等农业资源通过技术创新等手段进行循环再利用,达到农业可持续发展的目标。诸大建认为消费、产品和再生是循环经济核心环节,遵循闭环型物质流动形式,其目的是对各类资源的高效、循环利用为主,遵循"3R"原则("3R"即减量化、利用、再循环),通过降低能源消耗和污染排放,达到提高生产效率的经济增长和生产模式的目的,本质是消除传统经济增长模式中低效、高耗和浪费农业生物质资源等习惯。农作物秸秆就是农业生物质的一种,它不仅可以作为畜禽饲料和沼气原料,而且对其进行还田、饲料化及工业原料的利用都是对于农业资源的循环利用。

## 8.3　大庆市秸秆资源及利用状况

在大庆市 2020 年《政府工作报告》中,有农业稳产增效,增加值上升 3%,粮食总产量达到 90.6 亿斤、粮食种类丰富,因此大庆市秸秆资源呈现总量大、品种多、类型集中的特点,可利用潜力巨大。从区域分布来看,肇州县和肇源县是国家商品粮生产基地、全国粮食生产先进县,因此大庆市秸秆资源量以肇州县、肇源县为主;从资源总量来看,近年来大庆市秸秆资源基本稳定在 700 万吨左右;从品种结构来看,以玉米秸秆、水稻秸秆、大豆秸秆为主,其中玉米秸秆最多,占比 64%,大豆秸秆最少,占比 10%;从季节性来看,大庆市粮食作物一年一熟,因此收获期主要集中在秋季。大庆市 2019 年秸秆资源总量达到 705 万吨,秸秆资源综合利用率为 89%。2020 年国家秸秆综合利用重点市县中大庆市的肇州县、肇源县和林甸县成功入选,累计投入项目资金 3 700 多万元;全市培育 15 个秸秆收储、利用主体,秸秆处理能力达到 31.2 万吨;全市秸秆粉碎还田机械发展到 5 092 套、捡拾打捆机械发展到 223套,这为大庆市秸秆综合利用打下了坚实的基础。

### 8.3.1　大庆市秸秆资源总量

**1. 大庆市各农作物种植情况**

通过查询相关资料和对大庆市农业农村局进行实地调研得知了大庆市各农作物种植面积占比。如图 8 - 1 所示,大庆市三大主粮的种植面积所占比例达到了 89%,其中玉米占比 64%,水稻和大豆分别占比 15% 和 10%,说明大庆市的农作物种植特点是以三大主粮种植为主,其中种植玉米最多。所以展开计算这三种农作物的秸秆理论资源量。

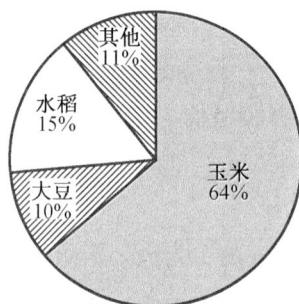

**图 8 - 1　大庆市主要农作物种植面积占比**

**2. 大庆市秸秆资源产量**

农作物秸秆产量可根据以下公式计算可得:

$$PS = PE \cdot RG \tag{8.1}$$

式中　　$RG$——草谷比;

　　　　$PS$——秸秆产量;

　　　　$PE$——农作物产量。

当农作物产量和草谷比已知,即可计算秸秆产量。

由于地区和农作物种类的不同,导致草谷比系数也不尽相同。国家发展和改革委员会于 2019 年在《农业农村部办公厅关于做好农作物秸秆资源台账建设通知》中,列出了东北农区主要农作物草谷比,见表 8 - 1。

**表 8 - 1　东北农区主要农作物草谷比**

| 玉米 | 水稻 | 豆类 | 小麦 | 其他谷物 | 棉花 | 油菜 | 花生 | 薯类 | 甘蔗 |
| --- | --- | --- | --- | --- | --- | --- | --- | --- | --- |
| 1.86 | 0.97 | 1.70 | 0.93 | 0.97 | — | — | — | 0.71 | — |

注:数据来源于农业农村部。

根据已知农作物的草谷比系数及大庆市历年农作物产量,可推算出 2009—2019 年大庆市玉米、水稻和大豆三种农作物秸秆资源总量,见表 8 - 2。结果表明大庆市历年农作物秸秆资源产量丰富,其中尤以玉米和水稻秸秆产量居多。因此可用于综合利用的数量非常可观,这些秸秆资源若能有效利用,一方面能产生巨大经济效益,另一方面能积极推进农业节能减排。

表 8 - 2　大庆市主要农作物产量、面积及秸秆资源量

| 年份 | 水稻 | | | 玉米 | | | 大豆 | | |
|---|---|---|---|---|---|---|---|---|---|
| | 面积<br>/万公顷 | 产量<br>/万吨 | 秸秆量<br>/万吨 | 面积<br>/万公顷 | 产量<br>/万吨 | 秸秆量<br>/万吨 | 面积<br>/万公顷 | 产量<br>/万吨 | 秸秆量<br>/万吨 |
| 2009 | 5.89 | 48.08 | 46.64 | 43.61 | 310.56 | 577.64 | 4.69 | 8.72 | 14.82 |
| 2010 | 6.47 | 58.85 | 57.08 | 49.60 | 416.18 | 744.09 | 4.93 | 10.76 | 18.29 |
| 2011 | 7.05 | 67.59 | 65.56 | 50.41 | 458.68 | 853.14 | 3.37 | 7.12 | 12.10 |
| 2012 | 8.44 | 79.42 | 77.04 | 51.37 | 540.38 | 837.71 | 3.25 | 7.01 | 11.92 |
| 2013 | 8.57 | 60.26 | 58.45 | 48.22 | 396.67 | 737.81 | 4.79 | 6.37 | 10.83 |
| 2014 | 9.07 | 60.32 | 58.51 | 50.90 | 415.08 | 772.05 | 1.89 | 3.24 | 5.51 |
| 2015 | 8.83 | 59.36 | 57.58 | 52.38 | 418.24 | 777.93 | 1.31 | 2.05 | 3.49 |
| 2016 | 10.35 | 74.30 | 72.07 | 41.15 | 294.17 | 547.16 | 1.46 | 2.12 | 3.60 |
| 2017 | 11.06 | 77.60 | 75.27 | 39.93 | 310.41 | 577.36 | 2.98 | 4.96 | 8.43 |
| 2018 | 7.45 | 57.51 | 55.78 | 42.12 | 327.20 | 608.59 | 7.08 | 13.73 | 23.33 |
| 2019 | 10.90 | 72.00 | 70.00 | 44.50 | 330.00 | 613.00 | 7.00 | 13.00 | 22.00 |

注:数据来源于《大庆市统计年鉴 2019》、大庆市农业农村局。

　　年际间秸秆资源量的变化趋势对其综合利用具有直接影响,因此本章根据草谷比体系及历年粮食作物产量,计算得出 2009—2019 年的大庆市秸秆资源产量。从图 8 - 2 来看,2009—2019 年大庆市三大粮食作物种植总面积趋势较为平稳,波动不大,除 2016 年种植面积较少外,每一年种植面积均保持在 54.19 万 ~63.06 万公顷,年际间波动较小,基本处于平稳状态。秸秆资源产量因粮食作物产量变化而改变,年际间波动起伏较大,2009—2012年呈上升趋势,粮食作物产量从 367.36 万吨上升至 626.81 万吨,秸秆资源产量随之变化,从 639.1 万吨上升至 926.67 万吨。从 2013 年开始,大庆市根据黑龙江省的农业结构调整指导意见,并结合大庆市农业实际种植情况进行了种植结构调整,减少玉米种植面积、增加大豆种植面积,因此 2013—2016 年粮食作物产量和秸秆资源产量均呈现下降趋势,粮食作物产量从 477.83 万吨下降至 398.44 万吨,秸秆资源产量随之从 804.09 万吨减少至 687.7万吨,其中 2016 年粮食作物产量和秸秆资源产量最低,均下降至 370.59 万吨和 622.83 万吨。2017—2019 年秸秆产量呈现缓慢上升趋势,从 2017 年的 661.06 万吨上升至 2019 年的705 万吨。

## 8.3.2　大庆市秸秆综合利用措施及现状

### 1. 秸秆综合利用补贴政策

　　大庆市根据 2020 年黑龙江省发布的《2020 年黑龙江省秸秆综合利用工作实施方案》,制定了大庆市秸秆综合利用补贴政策,特别调整了秸秆还田和秸秆离田作业的补贴。

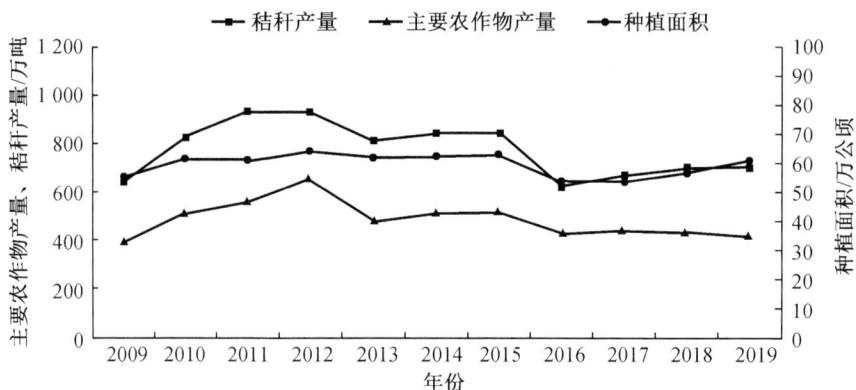

图8-2 2009—2018年大庆市主要农作物种植面积、产量及秸秆理论资源量

（1）秸秆还田作业补贴

玉米秸秆全量翻埋还田、秸秆松耙碎混作业,省级补贴40元/亩;玉米秸秆联合整地碎混还田、水稻秸秆翻埋还田作业,省级补贴25元/亩;水稻秸秆旋耕和原味搅浆还田作业,省级补贴20元/亩。

（2）秸秆离田利用补贴

玉米青贮配套补贴,对市内所有青贮玉米,共补贴100元,分为国家补贴60元/亩、省级补贴40元/亩。秸秆离田利用补贴,对各类经营主体的实际利用量省级补贴50元/吨,以上两项补贴分别按照省级和市、县4:1的比例分担。

（3）秸秆作业农机具购置补贴

对购置秸秆专用机具在享受国家农机购置补贴的基础上,省级按照所购机具享受国家农机购置补贴额度的2/3给予累加补贴,总补额度不超过机械销售价格的50%。

（4）"三年行动计划"相关补贴政策

秸秆成型燃料站建站补贴,按照年产0.25万吨投资100万元、年产1万吨投资300万元、年产2万吨投资590万元的建设标准,分别按照投资额度的70%、50%和30%给予定额补贴。秸秆工业原料化项目建设补贴,肇州县和肇源县新建并已经投产运营的秸秆工业原料化项目,按项目设计能力一次性给予秸秆100元/吨的补贴,以上两项补贴分别按照省级和市、县1:1的比例分担。生物质炉具购置补贴,肇源县和肇州县户用生物质锅炉按照2 100元/台计算,给予70%补贴,省级和市、县按4:1的比例分担。

（5）秸秆离田作业补贴

剩余暂得不到利用的秸秆进行离田作业环节补贴,达到作业标准的省级补贴10元/亩。

**2. 大庆市秸秆综合利用政策具体措施**

大庆市以提高耕地质量、保护生态环境为目标,主推秸秆还田的方式来鼓励各方利益主体进行秸秆综合利用,形成多方共赢的利益连接机制,探索可实施的秸秆综合利用模式,不断提高秸秆处理水平,从而促进其农业可持续发展,特采取以下措施。

（1）以秸秆还田为主,主推秸秆翻埋还田、碎混还田、覆盖还田三种还田模式,发挥新型农业经营主体示范带动作用,引领农户使用新技术,逐年扩大免耕种植面积,改善土壤结构,提高黑土质量。

(2)完善秸秆收储机制,鼓励农村能人、社会化服务组织带头建设秸秆收储场地,对经营主体和相关企业给予相应优惠政策。直至 2019 年全市培育秸秆综合利用示范乡镇 9 个、示范村 58 个,建成秸秆压块站 57 处,新建秸秆综合利用项目 37 个,培育秸秆收储利用企业 200 多家。

(3)肇源县已购置还田、打包机具 662 套,购置水田打浆机 500 套,每个乡镇配备一台无人机;肇州县新建固化成型燃料站 9 个,辐射带动周边农户安装生物质炉具 500 台,已建成规范化秸秆收储点 9 个、秸秆固化燃料加工站 1 个,秸秆有机肥和秸秆制碳企业各 1 家。

(4)继续强化秸秆焚烧监管工作。建立"县主导、乡主体、村落实、组管片、户联防"的网格化管理责任机制,将秸秆禁烧具体工作分化至基层,形成网格化管理体系,共建立一至四级网格 3 317 个,同时加强查处监督措施,保持高压禁烧情形。截至 2020 年,市级出动监察人员共 100 多人,检查县区、乡镇、村屯网格共 100 多个。

### 3.大庆市秸秆综合利用现状

2019 年大庆市秸秆资源综合利用率为 89%,调出秸秆量共 8 908.9 吨,产业化利用能力指数为 0.13。其中肥料化利用率为 66.00%,其中直接还田占比为 58.30%、沤肥和造肥占比为 8.14%;饲料化利用率为 10.32%;燃料化利用率为 12.10%;基料化利用率为 0.26%;原料化利用率为 0.24%。肇州县秸秆综合利用率 92%,产业化利用能力指数为 0.06;肇源县秸秆综合利用率 91%,产业化利用能力指数为 0.08;林甸县秸秆综合利用率 87.00%,产业化利用能力指数为 0.31;杜尔伯特蒙古族自治县秸秆综合利用率 85%,产业化利用能力指数为 0.09(表 8-3)。

表 8-3　2019 年大庆市秸秆综合利用率、产业化利用能力指数

| 市县 | 秸秆综合利用率 | 肥料化 | 饲料化 | 燃料化 | 基料化 | 原料化 | 产业化利用能力指数 |
|---|---|---|---|---|---|---|---|
| 大庆市 | 89% | 66.00% | 10.32% | 12.10% | 0.26% | 0.24% | 0.13 |
| 肇州县 | 92% | 84.10% | 5.21% | 2.69% | 0 | 0 | 0.06 |
| 肇源县 | 91% | 58.57% | 5.22% | 27.48% | 0 | 0 | 0.08 |
| 林甸县 | 87% | 57.00% | 12.48% | 15.67% | 0.38% | 1.47% | 0.31 |
| 杜尔伯特蒙古族自治县 | 85% | 55.15% | 16.61% | 13.57% | 0 | 0 | 0.09 |

由此看出,虽然大庆市目前在秸秆综合利用量上取得了显著成绩,但是就综合利用水平上来说,仍然呈现出经济性弱等特点,且距离秸秆全量化高质量利用还存在一定差距,针对这一现象就需要了解影响作为秸秆利用主体之一的农户的秸秆处理方式的因素,制定相应的政策去改善,由此来提高大庆市秸秆综合利用率。

# 8.4 大庆市农户对秸秆处理行为调查分析

## 8.4.1 问卷内容设计及发放

首先查阅相关资料,明确大庆市四县中主要种植区域,然后在预调研的基础上多次商讨进行问卷完善。最终选取了肇源县古龙镇伍家村、林甸县四季青镇新民村、肇州县永胜乡、兴城镇兴城村和六合村等9个农户对秸秆处理行为差异化较大的村屯。本次调研共发放430份问卷,最终回收有效问卷400份,有效率达到93%。在发放问卷的同时与被调研村民进行交谈,向他们了解当前秸秆处理方式的基本情况,听取他们对推进秸秆综合利用的意见和建议。

通过对相关文献进行梳理,再结合大庆市具体情况,归纳出调研内容主要包括农户个人及家庭基本情况、农业生产情况、农作物秸秆产量及处理情况、农户对秸秆处理政策的认知调查和外部环境五个方面。农户个人及家庭基本情况包括农户性别、年龄、学历、是否为农业生产及相关环节的决策人、是否拥有村干部或党员身份、曾经是否有外出打工经历或正在外出打工、家庭总人数和参与农业劳动力人数;农业生产情况分为耕地情况(自有耕地和租赁土地)、作物种植结构(不同种类作物的产量和面积)、家庭收入结构及农户家是否有秸秆处理机械;农作物秸秆产量及处理情况分为秸秆产量(农作物种类、产量、面积、不同作物种类的秸秆产量)、农户对秸秆处理情况(处理方式、2019年和2020年秸秆利用量与利用率、不同秸秆的处理成本)、出售情况(出售方式、目的地、运输方式、成本);农户对秸秆处理政策的认知调查分为是否了解秸秆处理方式、农户目前采取的秸秆处理方式、是否了解目前秸秆处理相关政策、本村目前的秸秆利用相关政策、秸秆处理补贴政策包括补贴方式和补贴数额、秸秆焚烧奖罚方式和数额;外部环境分为农户所在的村是否对秸秆焚烧的查处力度大、农户是否参加过秸秆处理方式的技术培训、农户所在的村周边是否有与秸秆处理相关的企业或者合作社、本村有无号召过村民集体处理秸秆等。

## 8.4.2 农户对秸秆处理行为统计

在回收的400份有效问卷中,选择"秸秆焚烧或废弃"的农户96户,占比24%;选择"秸秆还田"的农户112户,占比28%;选择"秸秆出售"的农户80户,占比20%;选择"秸秆做生活燃料或饲料"的农户112户,占比28%(表8-4)。从数据来看,虽然大部分农户对于秸秆多样化处理方式是积极的态度,但是还有少部分农户仍然采用"秸秆焚烧或废弃"的方式。

表8-4 农户对秸秆处理方式的样本统计

| 秸秆处理方式 | 秸秆焚烧或废弃 | 秸秆做生活燃料或饲料 | 秸秆出售 | 秸秆还田 |
| --- | --- | --- | --- | --- |
| 样本/户 | 96 | 112 | 80 | 112 |
| 百分比 | 24% | 28% | 20% | 28% |

### 8.4.3　农户个人及家庭特征分析

在 400 个样本中,男性占样本总数比例 50.4%,选择"秸秆焚烧或废弃""秸秆做生活燃料或饲料""秸秆出售""秸秆还田"比例各占 26.00%、22.00%、20.0%、32.0%;女性占样本总数比例 49.6%,选择"秸秆焚烧或废弃""秸秆做生活燃料或饲料""秸秆出售""秸秆还田"比例各占 24.00%、33.90%、20.2%、21.9%。男女性农户在选择不同秸秆处理方式时差异较小,可见性别对农户对秸秆处理方式的差异不大。

年龄在 40 岁及以下的农户占样本总数比例 7.8%;年龄在 41~50 岁的农户占样本总数比例 25.6%;年龄在 51~60 岁的农户占样本总数比例 38.6%;年龄在 61 岁以上的农户占样本总数比例 28%。选择"秸秆焚烧或废弃""秸秆做生活燃料或饲料"的农户年龄分布主要在 51~60 岁及以上的农户样本数中,占比高达 52%、76%;选择"秸秆出售""秸秆还田"的农户年龄分布主要在 41~50 岁及以下的农户样本数中,占比分别为 35%、44%,这类样本农户的文化程度和对新事物的接受能力稍大于年龄大且文化程度低的农户。总的来说,农户年龄较大时,选择"秸秆焚烧或废弃"方式的比例较高。目前大庆市农村从事农业劳动的农户年龄较大,这与现在农村老龄化现象相符合。这可能是由于青壮年在农村发展机会较少,城市中就业机会较多,因此大部分青壮年劳动力转移造成农村空心化现象凸显,而留守在家的劳动力特点是老龄化、接受新事物的能力较低,他们更倾向于用经验来解决问题。

没有接受过教育的农户共 14 人,占样本总数比例 6%;文化程度是小学的农户共 113 人,占样本总数比例 49.1%;文化程度是初中的农户共 82 人,占样本总数比例 35.6%;文化程度是高中或中专的农户共 13 人,占样本总数比例 5.6%;文化程度是大专及以上的农户共 8 人,占样本总数比例 3.7%。选择"秸秆焚烧或废弃"的农户文化程度分布主要在小学及以下农户样本数,共 209 名,占比高达 81.3%;文化程度在高中或中专及以上的农户样本数共 21 名,选择"秸秆做生活燃料或饲料""秸秆出售""秸秆还田"方式占比分别为 40.00%、58.0%、75.0%。可以看出,文化程度越高的农户越会选择更为环保经济的处理方式,原因可能是文化程度高的农户接受新事物的速度比文化程度低的农户快。

农户家中有干部的占样本总数比例 6.1%;农户家中无干部的占样本总数比例 93.9%。选择"秸秆焚烧或废弃"的农户主要集中在无干部的农户家中,比例高达 25.90%,选择"秸秆还田"的农户主要集中在有干部的农户家中,比例高达 64.2%。家中有党员的农户占样本总数比例 15.7%;无党员的农户占样本总数比例 84.3%。选择"秸秆焚烧或废弃"的农户主要集中在无党员的农户家中,比例高达 27.40%,选择"秸秆出售""秸秆还田"方式的农户主要分布在有党员的家庭中,占比分别为 25.2%、38.8%。可见党员或村干部身份对于农户选择秸秆处理方式有着积极影响,这可能是他们因为自身的身份和思想程度略高于普通农户,使得其必须考虑自身的责任。

有外出打工经历的农户样本数占样本总数比例 33.9%,选择"秸秆焚烧或废弃""秸秆做生活燃料或饲料""秸秆出售""秸秆还田"比例各占 23.00%、21.70%、32.0%、23.3%;没有外出打工经历的农户样本数占样本总数比例 66.1%,选择"秸秆焚烧或废弃""秸秆做生活燃料或饲料""秸秆出售""秸秆还田"比例各占 25.73%、31.37%、13.8%、29.1%。就样本数据而言,农户有无外出打工经历对其选择秸秆处理方式而言没有较大差异,由此可见,是否外出打工对于农户选择秸秆处理方式影响较小。大庆市作为农业大市,机械化程度高,农业生产劳动力投入要求较少,且农户外出打工基本在附近服务行业打短工,如酒店保洁员、饭店清洁工等行业。

家庭中参与农业劳动人数为1人的农户占样本总数比例13%;家庭中参与农业劳动人数为2人的农户占样本总数比例57.4%;家庭中参与农业劳动人数为3人的农户占样本总数比例22.6%;家庭中参与农业劳动人数为4人的农户占样本总数比例6%;家庭中参与农业劳动人数为5人的农户占样本总数比例1%。选择"秸秆焚烧或废弃"的家庭分布主要在参与农业劳动人数占比高达43.3%;家庭中参与农业劳动人数在3人及以上的农户中,选择"秸秆做生活燃料或饲料""秸秆出售""秸秆还田"方式占比分别为49%、73%、34.7%。总体来说,参与农业劳动人数越多,农户选择"秸秆焚烧或废弃"方式的比例越小,选择其他秸秆处理方式的比例越大,这可能与农户家庭农业劳动力越多,农业生产过程中劳动时间大大缩短,投入的劳动力成本越小有关(表8-5)。

表8-5　农户个人及家庭特征因素的样本统计

| 变量 | 赋值 | 样本数/个 | 各种秸秆处理方式所占百分比 | | | |
|---|---|---|---|---|---|---|
| | | | 秸秆焚烧或废弃 | 秸秆做生活燃料或饲料 | 秸秆出售 | 秸秆还田 |
| 性别 | 男 | 202 | 26.00% | 22.00% | 20.0% | 32.0% |
| | 女 | 198 | 24.00% | 33.90% | 20.2% | 21.9% |
| 年龄 | 40岁及以下 | 31 | 19.00% | 12.00% | 25.0% | 44.0% |
| | 41~50岁 | 103 | 18.00% | 15.00% | 35.0% | 32.0% |
| | 51~60岁 | 155 | 42.00% | 20.00% | 17.0% | 21.0% |
| | 61岁及以上 | 111 | 10.00% | 56.00% | 7.8% | 26.2% |
| 文化程度 | 文盲 | 24 | 30.00% | 25.70% | 18.4% | 25.9% |
| | 小学 | 197 | 29.40% | 26.70% | 23.9% | 20.0% |
| | 初中 | 143 | 21.90% | 31.00% | 16.2% | 30.9% |
| | 高中(或中专) | 23 | 10.00% | 40.00% | 19.3% | 30.7% |
| | 大专及以上 | 14 | 11.00% | 7.00% | 58.0% | 75.0% |
| 村干部 | 是 | 24 | 4.20% | 17.10% | 14.5% | 64.2% |
| | 否 | 376 | 25.90% | 29.00% | 20.3% | 24.7% |
| 党员 | 是 | 63 | 11.00% | 25.00% | 25.2% | 38.8% |
| | 否 | 337 | 27.40% | 28.90% | 19.2% | 24.5% |
| 外出打工 | 是 | 136 | 23.00% | 21.70% | 32.0% | 23.3% |
| | 否 | 264 | 25.73% | 31.37% | 13.8% | 29.1% |

表 8 - 5（续）

| 变量 | 赋值 | 样本数/个 | 各种秸秆处理方式所占百分比 | | | |
|------|------|-----------|------------|------------|------------|------------|
| | | | 秸秆焚烧或废弃 | 秸秆做生活燃料或饲料 | 秸秆出售 | 秸秆还田 |
| 参与农业人数 | 1 人 | 52 | 43.3% | 30.0% | 13.3% | 13.4% |
| | 2 人 | 230 | 28.0% | 27.0% | 16.4% | 28.6% |
| | 3 人 | 90 | 13.4% | 34.6% | 17.3% | 34.7% |
| | 4 人 | 24 | 10.0% | 3.1% | 73.0% | 13.9% |
| | 5 人 | 10 | — | 49.0% | 31.0% | 20.0% |

### 8.4.4　农业生产特征分析

　　家庭耕地面积在 20 亩及以下的农户占样本总数比例 16.5%；家庭耕地面积在 21 ～ 50 亩的农户占样本总数比例 53.5%；家庭耕地面积在 51 ～ 80 亩的农户样本总数比例 13.9%；家庭耕地面积在 81 ～ 100 亩的农户占样本总数比例 9%；家庭耕地面积在 101 亩及以上的农户占样本总数比例 7.1%。选择"秸秆焚烧或废弃"的农户主要集中在耕地面积在 21 ～ 50 亩及以下的农户，比例高达 35%；选择"秸秆做生活燃料或饲料""秸秆出售""秸秆还田"方式的农户主要分布在 51 ～ 80 亩及以上，占比分别为 38.9%、29.0%、37.5%。耕地面积越大农户可综合利用的秸秆资源就越多，由此产生的成本越低、利润越大，越利于机械化处理，反之农户选择"秸秆焚烧或废弃"方式的可能性就越大（表 8 - 6）。

表 8 - 6　农户耕地面积特征因素的样本统计

| 耕地面积/亩 | 样本数/个 | 各种秸秆处理方式所占百分比 | | | |
|------|-----------|------------|------------|------------|------------|
| | | 秸秆焚烧或废弃 | 秸秆做生活燃料或饲料 | 秸秆出售 | 秸秆还田 |
| ≤20 | 66 | 35% | 26.6% | 18.4% | 20.0% |
| 21 ～ 50 | 214 | 32% | 24.6% | 19.5% | 23.9% |
| 51 ～ 80 | 56 | 8% | 38.9% | 16.0% | 37.1% |
| 81 ～ 100 | 37 | 5% | 36.0% | 28.0% | 31.0% |
| ≥101 | 28 | 5% | 28.5% | 29.0% | 37.5% |

　　家中主要收入来源是务农的农户占样本总数比例 57.8%；家中主要收入来源是务工的农户占样本总数比例 20%；家中主要收入来源是兼业的农户占样本总数比例 22.2%。选择"秸秆焚烧或废弃"的农户主要集中在收入来源是务工的农户，比例高达 39.1%；选择"秸秆做生活燃料或饲料""秸秆出售""秸秆还田"方式的农户主要分布在收入来源是务农和兼业的农户，占比分别为 32%、22.0%、34.0%。在调研样本分布中主要收入来源为务农的农户主要集中在肇源和肇州县，其余两县次之，样本中农户耕地主要有两部分组成，农户人口地 + 租赁他人土地，农户选择"秸秆焚烧或废弃"较少。主要收入来源为务工的农户多数务

工地距离家稍远,一般从事出租车司机、货车司机等,因此选择"秸秆焚烧或废弃"方式逐渐增多。主要收入来源为兼业的农户基本分为两类,一类是在附近打短工或自己作为个体户营业等,这类农户样本数据主要集中在林甸县,林甸县附近有大型的加工厂可供农户进厂务工,同时林甸县有一项特色的扶贫项目,即支持农户通过自主养殖"一黑一白""一大一小"来脱贫致富。另一类是农户自家从事养殖,自产的秸秆可做牛羊的必备饲料,同时也减少了养殖成本,这类样本主要分布在杜尔伯特蒙古族自治县,它是以蒙古族为主体的牧业基地县,境内草原和湿地较多,其畜牧业产值占农业总产值60%以上(表8-7)。

表8-7 农户主要收入来源的样本统计

| 主要收入来源 | 样本数/个 | 各种秸秆处理方式所占百分比 | | | |
| --- | --- | --- | --- | --- | --- |
| | | 秸秆焚烧或废弃 | 秸秆做生活燃料或饲料 | 秸秆出售 | 秸秆还田 |
| 务农 | 231 | 15.0% | 29% | 22.0% | 34.0% |
| 务工 | 80 | 39.1% | 21% | 21.9% | 18.0% |
| 兼业 | 89 | 36.6% | 32% | 14.0% | 17.4% |

农户选择"秸秆焚烧或废弃""秸秆做生活燃料或饲料""秸秆出售"和"秸秆还田"的家庭平均收入分别是43 678.30元、46 211.6元、46 544.44元和54 562.8元,而样本量家庭总收入平均数是47 398.64元。可以看出农户家庭总收入的变化对于农户不同秸秆处理方式的影响较小(表8-8)。

表8-8 农户家庭总收入特征的样本统计

| 变量 | 样本平均数 | 各种秸秆处理方式下的家庭平均收入 | | | |
| --- | --- | --- | --- | --- | --- |
| | | 秸秆焚烧或废弃 | 秸秆做生活燃料或饲料 | 秸秆出售 | 秸秆还田 |
| 家庭总收入/元 | 47 398.64 | 43 678.30 | 46 211.6 | 46 544.44 | 54 562.8 |

处理秸秆时会产生额外支出成本的农户样本数占样本总数比例44%;未产生额外成本的样本数占样本总数比例56%。选择"秸秆焚烧或废弃"的农户主要集中在处理秸秆时会额外支出成本中,占比50.7%,选择"秸秆做生活燃料或饲料""秸秆出售""秸秆还田"的农户主要集中在处理秸秆时未额外支出成本中,比例各占35.7%、28.5%、31.6%。农户处理秸秆时产生额外成本的原因一般是机械化"秸秆还田"后会有残渣滞留在地,且农户对秸秆碎混还田后还需要进行翻埋作业,这不仅增添了作业次数,而且增加成本费用;农户选择"秸秆出售"时,往往离田成本大于预期成本。

机械化作业质量有待改进的样本数占样本总数比例67%;机械化作业质量良好的样本数占样本总数值33%。选择"秸秆焚烧或废弃"的农户主要集中在机械化作业质量有待改进的样本中,占比36.0%,选择"秸秆做生活燃料或饲料""秸秆出售"的农户主要集中在机械化作业质量良好的样本中,比例各占31.0%、36.9%。当秸秆还田时机械化作业效果不好会导致来年耕作后出现病虫害、土壤松散作物易倒伏现象;秸秆离田作业时遇到较为泥汧的土地普通机械就只能等到土地封冻后才能继续作业(表 8 - 9)。

表 8 - 9　农户处理秸秆时额外支出成本、机械化作业质量良好的样本统计

| 变量 | 赋值 | 样本数/个 | 各种秸秆处理方式所占百分比 | | | |
|---|---|---|---|---|---|---|
| | | | 秸秆焚烧或废弃 | 秸秆做生活燃料或饲料 | 秸秆出售 | 秸秆还田 |
| 额外支出成本 | 是 | 177 | 50.7% | 19.0% | 9.3% | 21.0% |
| | 否 | 223 | 4.2% | 35.7% | 28.5% | 31.6% |
| 机械化作业质量良好 | 是 | 134 | 3.8% | 31.0% | 36.9% | 28.3% |
| | 否 | 266 | 36.0% | 23.1% | 11.7% | 29.2% |

## 8.4.5　农户认知特征分析

农户对其他秸秆处理方式了解的样本数占样本总数比例 79%;农户对其他秸秆处理方式不了解的样本数占样本总数比例 21%。选择"秸秆焚烧或废弃"的农户主要分布在农户对其他秸秆处理方式不了解的样本数中,占比 43.70%;选择"秸秆做生活燃料或饲料""秸秆出售""秸秆还田"的农户主要集中在农户对其他秸秆处理方式了解的样本数中,比例各占 31.19%、20.69%、28.5%。对秸秆处理方式了解较多的农户一般更倾向于采用自己的亲朋好友描述亲身经历的结果来决定跟自身情况较为匹配的处理方式,如果农户身边的亲朋好友进行了秸秆还田后结果是正向影响,那么对于农户产生的更多是正向影响,还有少部分农户是由本村种植大户的普及才了解到更多科学的秸秆处理方式。

农户对相关政策较为了解的样本数占样本总数比例 32.6%;农户对相关政策不了解的样本数占样本总数比例 67.4%。选择"秸秆焚烧或废弃"的农户主要集中在农户对相关政策不了解的样本数中,占比 31.90%;选择"秸秆做生活燃料或饲料""秸秆出售""秸秆还田"的农户主要集中在农户对其他秸秆处理方式了解的样本数中,比例各占 26.60%、29.30%、32.1%。从调研可知,多数农户对于目前所宣传的秸秆利用政策熟知度较低,部分农户因为年龄大、受教育程度低,对于宣传的政策根本就不明白所传达的意思,而农户在自己没有理解清楚时就开始宣传,最终的结果就是大家都抗拒新政策的实施,依然采用"秸秆焚烧或废弃"方式(表 8 - 10)。

表 8 - 10　农户认知特征因素的样本统计

| 变量 | 赋值 | 样本数/个 | 各种秸秆处理方式所占百分比 | | | |
|---|---|---|---|---|---|---|
| | | | 秸秆焚烧或废弃 | 秸秆做生活燃料或饲料 | 秸秆出售 | 秸秆还田 |
| 了解其他秸秆处理方式 | 是 | 315 | 19.62% | 31.19% | 20.69% | 28.5% |
| | 否 | 85 | 43.70% | 17.30% | 17.30% | 21.7% |
| 了解相关政策 | 是 | 130 | 12.00% | 26.60% | 29.30% | 32.1% |
| | 否 | 270 | 31.90% | 28.70% | 15.20% | 24.2% |

农户信息获取渠道中,农户了解目前秸秆处理相关政策和秸秆处理方式在人际交流占比53%,村干部宣传25%,互联网13%,电视9%。因此农户了解目前秸秆处理相关政策和秸秆处理方式主要以人际交流形式为主。图8-3显示农户通过人际交流和村干部来获取相关信息的比例高达78%。农户冬季赋闲在家,本村或邻村的村民聚在一起时常口头交流自身在进行农业生产时的所见,村子也设置学习室供农户们学习交流。

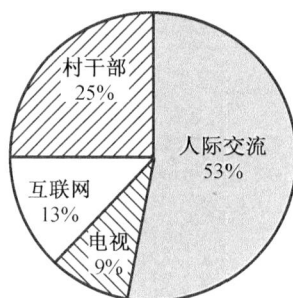

图8-3　农户信息获取渠道

### 8.4.6　外部环境分析

农户所处村镇对"秸秆焚烧或废弃"的查处力度较大的样本占样本总数比例80.8%;农户所处村镇对"秸秆焚烧或废弃"的查处力度较小的样本数占样本总数比例19.2%。选择"秸秆焚烧或废弃"的农户主要集中在查处力度较小的样本数中,占比76.0%;选择"秸秆做生活燃料或饲料""秸秆出售""秸秆还田"的农户主要集中在查处力度较大的样本数中,比例各占32.7%、22.0%、32.3%。因此基层干部对于农户对秸秆焚烧的查处力度越大,越能促进农户选择其余方式来处理秸秆。

接受过技术培训的农户样本数占样本总数比例22.6%;没有接受过技术培训的农户样本数占样本总数比例77.4%。选择"秸秆焚烧或废弃"的农户主要集中在没有接受过技术培训的农户样本数中,占比28.0%;选择"秸秆做生活燃料或饲料""秸秆出售"方式的农户主要集中在没有接受过技术培训中,此类农户只是把秸秆运回家做简单处理后直接饲养牲畜和出售至同村的养殖大户,占比分别为32.8%、21.7%;选择"秸秆还田"的农户主要集中在接受过技术培训的农户样本数中,占比59.6%。因此相关部门组织的技术培训对于农户对秸秆综合利用有着很大的正向影响,更能让农户认识到秸秆的焚烧或废弃是一种资源浪费。

农户周边有秸秆利用市场的样本数占样本总数比例18.7%;农户周边没有秸秆利用市场的样本数占样本总数比例81.3%。选择"秸秆焚烧或废弃"和"秸秆还田"的农户主要集中在农户周边没有秸秆利用市场的样本数中,分别占比30.0%、27.8%;选择"秸秆做生活燃料或饲料""秸秆出售"方式的农户主要集中在农户周边有秸秆利用市场中,占比分别为29.5%、44.0%。可以看出,周边有秸秆利用市场的农户选择秸秆多样化利用方式的占比逐渐增大,反之比例越小。据调研,大庆市农户周边的秸秆利用市场大致可分为三类,家庭农场、企业和养殖场,但是这些秸秆利用主体的辐射范围有限,也是影响大庆市秸秆利用工作的重要问题,在周边有秸秆利用市场的农户中也存在农户对此类问题的担忧(表 8 - 11)。

表 8 - 11　外部环境特征因素的样本统计

| 变量 | 赋值 | 样本数/个 | 各种秸秆处理方式所占百分比 | | | |
|---|---|---|---|---|---|---|
| | | | 秸秆焚烧或废弃 | 秸秆做生活燃料或饲料 | 秸秆出售 | 秸秆还田 |
| 对秸秆焚弃的查处力度大 | 是 | 323 | 13.0% | 32.7% | 22.0% | 32.3% |
| | 否 | 77 | 76.0% | 10.1% | 10.2% | 3.7% |
| 接受过技术培训 | 是 | 90 | 13.4% | 13.6% | 13.4% | 59.6% |
| | 否 | 310 | 28.0% | 32.8% | 21.7% | 17.5% |
| 周边有秸秆利用市场 | 是 | 75 | 2.4% | 29.5% | 44.0% | 24.1% |
| | 否 | 325 | 30.0% | 28.0% | 14.2% | 27.8% |

# 8.5　大庆市农户对秸秆处理行为影响因素的实证分析

## 8.5.1　研究假设

根据对已有学者的研究成果和基础理论的学习,结合大庆市农户处理秸秆的实际情况,提出影响农户对秸秆处理行为的因素共 18 个。本节假设前提:农户是理性经济人,所有的农业活动的目的都是为了使自身的农业生产经济效益最大化;秸秆综合利用能保护黑土地、增加农业生产经济效益和改善农民生活环境。因此,本节提出以下假设。

H1:农户性别对农户对秸秆处理行为有显著影响。农户的性别在进行农业劳动时,女性比男性对于秸秆处理方式更容易采取综合高效利用型的秸秆处理行为。

H2:农户年龄与农户对秸秆处理行为呈负相关性。年龄越小的农户越容易接受秸秆的多样化处理,反之年龄越大的农户由于生活习惯和对秸秆综合利用的认知较弱,进行秸秆焚烧或丢弃的可能性处理行为越大。

H3:农户文化程度与农户对秸秆处理行为呈正相关性。农户所受教育程度越高,对于国家政策及新知识、新技能的接纳度越快,可以说其学习能力逐渐增强,对于秸秆的处理行为更倾向于较为理性和多样化利用。相反,农户文化程度越低则越倾向于进行秸秆焚烧、丢弃。

H4:农户是否为村干部与农户对秸秆处理行为呈正相关性。作为国家基层工作人员,越能清楚明晰地明确国家相关政策的重要性,其自身的职责越能约束其与家人的秸秆焚烧、废弃行为,而促进其综合利用。

H5:农户拥有党员身份与农户对秸秆处理行为呈正相关性。作为一名素质较高的共产党党员,其有一定的义务为群众树立优秀的榜样,在执行政策落实方面起重大促进作用,因此其党员身份对农户对秸秆处理行为呈正向影响。

H6:农户外出打工与农户对秸秆处理行为呈正相关性。农户外出打工时间越长,接受新技术、新理念的可能性越大,且家庭可支配的收入资源量越多,因此对于秸秆综合利用会投入更多资本和技术,其对于秸秆处理行为有推动作用。

H7:农户家庭参与农业劳动人数与农户对秸秆处理行为呈正相关性。农户农业生产过程中投入的劳动力要素越多,则劳作时间越短,农户把精力投入到秸秆综合利用中的可能性越大。

H8:农户家庭耕地面积与农户对秸秆处理行为呈正相关性。农户家庭耕地面积越大,秸秆资源量就越多,则秸秆资源进一步综合利用的可能性就越大。

H9:农户家庭主要收入来源对农户对秸秆处理行为有显著影响。家庭收入以务农、兼业为主的农户,更倾向于采用"劳动时间耗费"型的农业生产方式,如增加劳动、资金的投入来期望提高农业收入。家庭收入以务工为主的农户更倾向于"劳动时间节约"型的农业生产方式,如秸秆焚烧或丢弃。

H10:农户家庭总收入与农户对秸秆处理行为呈正相关性。农户家庭总收入反映了农户在经营决策时所面临的预算约束,当农户的秸秆处理行为面临预算约束时,即使秸秆有着潜在的价值,农户也可能缺乏资源而不对其进行利用,因此农户家庭总收入越高,则对农户对秸秆处理行为呈正相关影响。

H11:农户处理秸秆时额外支出成本与农户对秸秆处理行为呈负相关性。农户进行秸秆综合利用时超出补贴部分的额外支出越多,农户越不会进行秸秆综合利用,预期方向为负。

H12:农户处理秸秆时机械化作业质量良好与农户对秸秆处理行为呈正相关性。农户在处理秸秆时雇佣农机进行作业,若作业质量较弱则会大大降低农户对秸秆综合利用效果,反之对于农户对秸秆处理行为有推动作用。

H13:农户是否了解更多秸秆处理方式与农户对秸秆处理行为呈正相关性。农户对于秸秆综合利用方式了解越多,越能提高农户的积极性,对于秸秆处理行为有推动作用。

H14:农户是否了解相关政策与农户对秸秆处理行为呈正相关性。农户越对现行及更新的秸秆综合利用政策不间断关注,对相关政策越全面地了解,越会对农户的秸秆处理行为产生积极作用。

H15:农户的信息获取渠道与农户对秸秆处理行为呈正相关性。农户获取更多秸秆处理方式信息的渠道越宽,了解相关信息越多,越能促进农户对秸秆处理行为方式的正确选择。

H16:政府对秸秆焚弃的查处力度与农户对秸秆处理行为呈正相关性。基层单位对秸秆焚弃的查处力度越大、惩罚措施越严厉,则会在无形中增加农户对秸秆焚烧或废弃的处理成本,从而使农户改变对秸秆处理的方式。

H17:农户是否接受过技术培训与农户对秸秆处理行为呈正相关性。农户对秸秆处理技术的了解和知识更新程度越高,对秸秆处理方式的了解越全面,越会对农户的秸秆处理行为产生积极作用。

H18:农户周边有秸秆利用市场与农户对秸秆处理行为呈正相关性。农户周边的秸秆利用市场距离农户越近、市场越广泛，表明发达的秸秆利用市场在一定程度上越能促进农户实施秸秆处理行为。

### 8.5.2　计量模型选择与变量选取

#### 1. 模型构建

Logistic 回归模型在医学、计量经济学和管理学等实证分析当中应用最广。Logistic 回归模型根据因变量的不同可分为两种，当因变量属于二分类变量时，可采取二元 Logistic 模型来解释；但是当因变量是多分类变量时，则可以通过多元 Logistic 模型来解释。

农户对秸秆处理方式作为式中因变量，分为四种方式，即"秸秆焚烧或废弃""秸秆做生活燃料或饲料""秸秆出售"和"秸秆还田"，取值 $Y=1$、$Y=2$、$Y=3$、$Y=4$，自变量设为 $X_1$、$X_2 \cdots X_n$，因此本节使用多项无序 Logistic 模型分析农户对秸秆处理方式，所构建具体模型为

$$P(Y_i = j \mid X_i) = \begin{cases} 1/1 + \sum_{K=2}^{J} exp(X_i\beta_k), & j = 1 \\ exp(X_i\beta_j)/1 + \sum_{K=2}^{J} exp(X_i\beta_k), & j = 2, L, J \end{cases} \tag{8.2}$$

若以对数发生比来解释，则为

$$\ln\left[\frac{p(y_i=j)}{p(y_i=J)}\right] = x_i'\beta_j \tag{8.3}$$

式中　$Y_i$——因变量，表示农户不同秸秆处理方式；

$P(Y_i = j|X_i)$——秸秆处理方式 $j$ 被个体 $i$ 选择的概率；

$X_i$——自变量，即影响 $Y_i$ 选择秸秆处理方式的因素；

$I$——样本量农户的序号；

$B_j$——待估参数向量；

$\ln[P(Y_i = j)/P(Y_i = J)]$——秸秆处理方式类别 $j$ 与参照组 $J$ 的发生比的自然对数
形式，并估计它与自变量之间的线性回归关系。

#### 2. 农户对秸秆处理行为影响因素分析

舒尔茨认为身为理性经济人的农户，其会在降低个人成本、增大短期收益的基础上来进行农业生产行为的选择。此外，大庆市的特殊地理环境也在一定程度上要求农户必须在农作物收获后，赶在降雪之前尽快将秸秆处理完毕，然农户在现有的资源环境下及较短的时间内，其生产活动依然会优先考虑其自身利益的最大化。

身为理性经济人的农户参与秸秆综合利用的经济活动则是为了满足自身的一些需求，并为实现这一需求而产生的一系列活动。通常农户的需求动机引导的自身行为的这一过程主要受农户自身及外部环境所影响。农户对秸秆的处理行为受外部影响的因素主要可分为当前农户自身经济发展背景下的经济、政策等方面；农户内部影响因素主要可分为利益需求、生活生产需求、肥料需求、农户对政策的认知、农户个体特征及家庭经济等方面。在此基础上，农户通过不断地增加认知程度来决定自身需求，以求达到利益最大化。

通过对农户行为理论及以成本收益理论相关文献的积累上，本节以农户对秸秆处理方式作为因变量，将影响农户对秸秆处理方式的因素作为自变量分为四组，主要从农户个人

及家庭特征、农业生产特征、农户认知特征及外部环境特征来分析。每一组变量分别选取若干变量作为描述变量,共确定 18 个可测度变量,变量的选取、赋值见表 8 – 12。

表 8 – 12 变量说明表

| 一级变量 | | 二级变量 | 变量赋值 |
|---|---|---|---|
| 因变量 | | 秸秆处理方式 Y | 秸秆焚烧或废弃 =1;秸秆做生活燃料或饲料 =2;秸秆出售 =3;秸秆还田 =4 |
| 自变量 | 农户个人及家庭特征 | 性别($X_1$) | 男 =1,女 =0 |
| | | 年龄($X_2$) | 40 岁及以下 =1,41 ~ 50 =2 岁,51 ~ 60 岁 =3,61 岁及以上 =4 |
| | | 文化程度($X_3$) | 文盲 =1,小学 =2,初中 =3,高中(或中专)=4,大专及以上 =5 |
| | | 是否为村干部($X_4$) | 是 =1,否 =0 |
| | | 是否为党员($X_5$) | 是 =1,否 =0 |
| | | 是否外出打工($X_6$) | 是 =1,否 =0 |
| | | 参与农业劳动人数($X_7$) | 连续变量 |
| | 农业生产特征 | 耕地面积($X_8$) | 连续变量 |
| | | 主要收入来源($X_9$) | 务农 =1,务工 =2,兼业 =3 |
| | | 家庭总收入($X_{10}$) | 连续变量 |
| | | 额外支出成本($X_{11}$) | 是 =1,否 =0 |
| | | 机械化作业质量良好($X_{12}$) | 是 =1,否 =0 |
| | 农户认知特征 | 是否了解秸秆处理方式($X_{13}$) | 是 =1,否 =0 |
| | | 是否了解相关政策($X_{14}$) | 是 =1,否 =0 |
| | | 信息获取渠道($X_{15}$) | 人际交流 =1,电视 =2,互联网 =3,村干部 =4,其他 =5 |
| | 外部环境特征 | 对秸秆焚弃的查处力度大($X_{16}$) | 是 =1,否 =0 |
| | | 是否接受过技术培训($X_{17}$) | 是 =1,否 =0 |
| | | 周边是否有秸秆利用市场($X_{18}$) | 是 =1,否 =0 |

### 3. 变量选取依据

(1)因变量

马恒运通过运用多元 Logistic 模型,从"秸秆焚烧或废弃、秸秆饲料利用、秸秆燃料利用、秸秆还田、秸秆能源化利用"五种方式对农户对秸秆处理行为做调查研究。黄武通过运用多元 Logistic 回归模型,从"秸秆综合利用""秸秆焚烧""秸秆还田"三种方式对镇江市和淮安市农户的秸秆处置行为进行分析研究。漆军把"秸秆焚烧或废弃""秸秆还田"和"秸秆出售"三种处理方式作为因变量,运用多元无序 Logistic 模型来分析农户对秸秆处理行为。

（2）自变量

第一组农户及个人家庭情况特征：李芬妮、郭利京等指出农户个体特征和家庭基本特征包括农户的性别、年龄、文化程度、村干部和党员身份、是否外出打工、参与农业劳动人数，其对农户对秸秆处理行为有显著影响。

第二组农业生产特征：左正强通过研究表明农户家庭收入水平和耕地面积对农户对秸秆处理行为有显著影响；廖薇等认为农户的收入来源、额外支出成本、机械化作业质量特征变量对农户对秸秆处理行为产生影响。

第三组农户认知特征：刘旭凡通过实证研究得出农户对秸秆处理方式和相关政策的理解透彻度对农户对秸秆处理行为有正向影响；刘乐等通过对以秸秆还田为例的环境友好型生产行为的实证研究，得出信息获取渠道的畅通对秸秆处理行为有显著影响。

第四组外部环境特征：何丽华等、李珊珊、李想、苗续认为农户对秸秆处理行为受外部环境特征变量影响，包括对秸秆焚烧的查处力度、接受过技术培训、周边有秸秆利用市场变量等。

### 8.5.3　研究结果及讨论

表 8 - 13 反映的是多元 Logistic 模型在 0.000 的水平上显著，似然比检验卡方值为982.878，说明模型的拟合效果较好，该模型能很好地解释农户对秸秆处理行为的影响因素。

表 8 - 13　模型拟合度似然比检验

| 模型 | −2 对数似然值 | 卡方 | 自由度 | 显著性 |
| --- | --- | --- | --- | --- |
| 仅截距 | 2 566.597 | — | — | — |
| 最终 | 1 583.720 | 982.878 | 57 | 0.000 |

表 8 - 14 反映的是伪 $R$ 方系数中考克斯 - 斯奈尔的伪决定系数是 0.647。这个系数由似然函数计算得出，伪决定系数值越接近于 1，说明该模型整体拟合效果越好。

表 8 - 14　伪 $R$ 方

| | |
| --- | --- |
| 考克斯 - 斯奈尔 | 0.647 |
| 内戈尔科 | 0.693 |
| 麦克法登 | 0.383 |

**1. 通过显著性检验**

表 8 - 15 输出的回归分析结果显示，农户的受教育程度、耕地面积、是否有额外支出成本、机械化作业质量、是否了解相关政策、周边是否有秸秆利用市场六个变量的检测结果均小于 0.05，通过检验，有显著性影响。除额外成本变量与农户对秸秆处理行为呈负相关关系外，其余变量呈正相关关系。

（1）农户文化程度（$X_3$）变量在 5% 和 1% 的置信水平上显著，与农户对秸秆处理行为呈正相关关系，与假设一致。说明农户的文化程度越高越愿意去接受新的农业活动方式，也更加愿意主动接受政府出台的新政策,对秸秆处理行为有正向影响。常年在家务农的农户由于自身文化程度有限和对秸秆利用技术掌握不够,所以较为容易选择"秸秆焚烧或废弃"方式。因此要大力发展农村教育,提高农户的文化水平,增强农户对秸秆综合利用的认可,提高秸秆综合利用能力。

(2)耕地面积($X_8$)变量在1%、5%和10%置信水平上显著,与农户对秸秆处理行为呈正相关关系,与假设一致。所以,农户家庭耕地面积对农户的秸秆处理方式有正向影响。农户家庭耕地面积越大,则使用机械化作业时更加节约成本,且产生的秸秆资源就越多,农户进一步资源利用的可能性就越大。反之农户选择"秸秆焚烧或废弃"的可能性就越大。

(3)处理秸秆时是否有额外支出成本($X_{11}$)变量在10%、5%和1%置信水平上显著,与农户对秸秆处理行为呈负相关关系,与假设一致。由此可见,农户选择秸秆处理方式时未产生额外费用的情况下更愿意选择"秸秆焚烧或废弃"以外的处理方式,对农户选择秸秆处理方式具有负向影响。农户作为经济人,在进行任何农业活动前首要考虑的就是短期花费的成本问题。以前农户的秸秆处理方式就是做生活取暖燃烧用,但是随着农村生活水平的上升,新的生活能源逐渐代替原始能源后,最简单的秸秆处理方式就是焚烧秸秆,既简单又省钱。虽然目前在秸秆综合利用和禁烧的政策下,农户最关心的依然是自己是否需要支出更多的额外成本来处理秸秆,若自身利益得不到保障,那么农户是不会愿意进行秸秆综合利用的。选择"秸秆焚烧或废弃"的大部分农户都担心选择秸秆综合利用会产生更多的成本。

第一,普通农户无法支出庞大的费用去购买农机具,且目前在黑龙江省秸秆综合利用项目补贴名单中,只有部分农机具才给予补贴,而购买这样一套国产设备农机具价格一般在20万左右,进口的在25万左右,但进口机械不在补贴范围内。同时一些单独的配置价格高昂、机械售后维修不便。

第二,农户对秸秆碎混还田后还需要进行翻埋作业,这不仅增添了作业次数,而且增加了成本。

第三,秸秆离田时,一次秸秆大方包离田包括人工、运费和燃油费,加起来大概是88.7元/吨,而补贴则是50元/吨,农户需自付33.7元/吨才能完成处理;一次秸秆小方包离田成本包括人工、运费和燃油费,加起来大概是122元/吨,国补40元/吨 + 省补60元/吨 = 100元/吨,农户需自付22元/吨。

第四,农户的耕地并不全是自有耕地,很多农户除了人口耕地外,其余耕地都是租入,租金价格一般在300~500元/亩,且土地租金还有上涨趋势。

所以当农户的利益得到保障时,大部分的农户还是愿意选择"秸秆焚烧或废弃"以外的方式进行秸秆综合利用的。

(4)机械化作业质量良好($X_{12}$)变量在1%、5%置信水平上显著,与农户对秸秆处理行为呈正相关关系,与假设一致。说明机械化作业质量越好对于农户选择秸秆处理方式有着正向影响。目前大庆市大部分农户无力购买秸秆还田、离田机械,所以选择通过秸秆还田、离田作业主体来进行作业,但作业结果欠佳。例如,秸秆碎混深翻还田:首先,当农户地块不集中时,大型机械GPS定位困难,导致作业质量未能通过智能检测仪在农机作业指挥平台上的合格检测,结果就是成本高、效果差;其次,粉碎秸秆的长度难达标,粉碎不彻底就翻埋,导致来年耕作后出现病虫害、土壤松散作物易倒伏现象。秸秆离田作业过程中由于部分地区农户耕地较为低洼,所以经过台风、暴雨后易出现土地泥泞的状态,并不是所有机械都能适应在此状况中作业,普通机械在较为泥泞的田地里作业会出现秸秆拖堆的情况,只能等待入冬土地封冻才能把大型机械开进地里进行收割作业,但入冬下雪后秸秆潮湿,机械打包效果欠佳。

(5)是否了解相关政策($X_{14}$)变量在 5%、1% 和 10% 的置信水平上显著,与农户对秸秆处理行为呈正相关关系,与假设一致。在 10%、5% 和 1% 的置信水平上,农户选择其余处理方式比选择"秸秆焚烧或废弃"的可能性较大。由此可见,农户了解相关政策变量对农户对秸秆处理行为具有正向影响。据调研所知,了解相关政策的农户的共同点是都拥有较为良好的外部环境,即政府对农户对秸秆综合利用推广的工作效果显著。基层工作人员一般采用到农村对种植户进行定期的政策讲解,然后在村屯里使用高音喇叭、宣传车、组织大家开现场大会等方式,用通俗易懂的语言宣传到户,结果显而易见。此举在增大农户对"秸秆焚烧或废弃"机会成本的同时降低了农户对秸秆综合利用的认知屏障。

(6)周边是否有秸秆利用市场($X_{18}$)变量在 1%、5% 和 10% 上显著,与农户对秸秆处理行为呈正相关关系,与假设一致。在 1%、5% 和 10% 的置信水平上,农户选择"秸秆焚烧或废弃"的可能性较低,因此农户周边有秸秆利用市场对农户对秸秆处理行为具有正向影响。大庆市内秸秆产业化程度低,食用菌基料、原料秸秆使用商品化程度处于初步发展。家庭农场的秸秆吞吐量和辐射范围有限,大型的养殖场饲养数量较多,但是大型的养殖场却不多,农户出售秸秆时需自己花费 20 元/次运费把秸秆运输至养殖场,但养殖场每年需求量和交易价格都不固定,同时远距离运输对农户来说成本高、利润少,所以扩大秸秆利用市场将会显著增加农户对秸秆处理方式的多样性。

**2. 未通过显著性检验**

如表 8 - 15 所示,农户的性别、年龄、是否是村干部或党员身份、是否外出打工、主要收入来源、家庭总收入、参与农业劳动人数、是否了解秸秆处理方式、信息获取渠道、查处力度大、是否接受过技术培训特征变量的检测结果均大于 0.05,未通过检验,与假设不一致。

(1)性别($X_1$)变量、年龄($X_2$)变量均未通过检验,检测结果大于 0.05。可能因为,和假设相比来说所研究区域背景不同,所以无论什么性别的年龄段,对其选择秸秆处理方式影响不大。是否为村干部($X_4$)变量和是否为党员($X_5$)变量均未通过检验,检测结果大于 0.05,变量未通过显著性检验不一定等于变量对农户没有影响,不显著的原因可能是他们自身对于秸秆焚烧的选择几乎没有且样本量选择较少,因此没有通过显著性检验。

(2)是否外出打工($X_6$)变量和参与农业劳动人数($X_7$)变量、主要收入来源($X_9$)变量、农户家庭总收入($X_{10}$)变量均未通过检验,检测结果大于 0.05。可能因为大庆市农业机械化程度高,所需人力劳动不多,且农耕时外出打工人员也会回家务农,所以不会存在劳动力短缺的现象。

(3)是否了解秸秆处理方式($X_{13}$)变量和信息获取渠道($X_{15}$)变量均未通过检验,检测结果大于 0.05。尽管有的农户不了解目前相关的秸秆处理方式,在信息收集渠道方面也窄,但是不影响他们对秸秆的综合利用,他们也会根据同伴行为来采取相关秸秆处理方式。

(4)对秸秆焚弃的查处力度大($X_{16}$)变量和是否接受过技术培训($X_{17}$)变量均未通过检验,检测结果大于 0.05。可能是大庆市根据自身实际情况制定"定区域、定人员、定职责、定任务、定奖励"的"五定"责任制完成大庆市禁止秸秆焚烧"五级网格化"管理体系,采取"市级联动、包片负责、地方同步、全方位覆盖"的方式,采用"监督、核查、曝光、约谈、通报、罚款和问责"七个步骤将监督作用最大限度发挥。据调研所知,市、县和乡镇联合有关农业技术部门会不定期开展理论讲解课和现场实际操作讲解相结合的模式来对村屯种植户和秸秆还田、离田作业主体进行技术培训。

表 8 - 15　农户对秸秆处理行为的回归模型估计结果

| 项目 | 2/1 | 3/1 | 4/1 | 4/2 | 3/2 | 4/3 |
|---|---|---|---|---|---|---|
| $X_1$ | 0.006<br>(0.001) | 0.005<br>(0.000) | 0.992<br>(3.089) | 0.985 *<br>(4.563) | − 0.002<br>0.000 | 0.987<br>(1.969) |
| $X_2$ | 0.339<br>(2.948) | − 0.445<br>(3.544) | − 0.019<br>(0.014) | − 0.418<br>(3.621) | − 0.844<br>(1.933) | 0.426<br>(3.805) |
| $X_3$ | 0.292 * *<br>(5.956) | 0.990 * * *<br>(19.979) | 0.097 * *<br>(6.313) | 0.195 * * *<br>(10.759) | 0.699 * * *<br>(14.188) | 0.864<br>(3.980) |
| $X_4$ | − 1.850<br>(2.080) | − 0.037<br>(0.002) | 0.129<br>(0.048) | 1.979<br>(3.797) | 1.812<br>(0.486) | 0.166<br>(0.048) |
| $X_5$ | − 0.594<br>(2.163) | − 1.140<br>(3.124) | − 0.658<br>(3.489) | − 0.064<br>(0.037) | − 0.547<br>(1.677) | 0.482<br>(1.094) |
| $X_6$ | − 0.724<br>(2.490) | − 0.171<br>(0.224) | − 1.500 *<br>(4.794) | − 0.775<br>(6.504) | 0.553<br>(3.594) | − 1.329<br>(3.563) |
| $X_7$ | 0.025<br>(0.016) | 1.645<br>(2.637) | 0.160<br>(0.612) | 0.135<br>(0.582) | 1.620<br>(3.008) | − 1.485<br>(0.125) |
| $X_8$ | 0.047 * * *<br>(21.484) | 0.026 * *<br>(5.233) | 0.054 * * *<br>(27.208) | 0.007 * * *<br>(0.711) | 0.021 *<br>(7.361) | 0.028 * * *<br>(8.900) |
| $X_{10}$ | 0.000<br>(2.778) | 0.000<br>(0.015) | 0.000<br>(2.101) | 0.000<br>(0.014) | 0.000<br>(1.573) | 0.000<br>(2.518) |
| $X_{11}$ | − 1.045 *<br>(4.331) | − 1.622<br>(6.282) | − 0.438<br>(2.047) | − 1.483 * * *<br>(23.197) | − 0.577<br>(1.375) | − 2.059 * * *<br>(17.963) |
| $X_{12}$ | 2.076 * * *<br>(24.247) | 1.395 * *<br>(6.508) | 2.217 * * *<br>(28.325) | 0.359<br>(4.781) | 0.819 * * *<br>(9.486) | 1.178 * * *<br>(13.834) |
| $X_{13}$ | − 1.616<br>(2.055) | − 1.477<br>(0.845) | − 1.472<br>(1.178) | 0.144<br>(0.277) | 0.140<br>(0.171) | 0.005<br>(0.000) |
| $X_{14}$ | 0.298 *<br>(3.060) | 1.600 * * *<br>(18.287) | 0.496 * *<br>(4.224) | 0.302 * *<br>(4.248) | 0.802 * * *<br>(8.292) | 1.104 * * *<br>(10.971) |
| $X_{15}$ | 0.175<br>(2.785) | − 0.129<br>(0.948) | 0.326<br>(2.033) | 0.150<br>(2.405) | − 0.305<br>(0.358) | 0.455<br>(1.177) |

表 8 – 15（续）

| 项目 | 2/1 | 3/1 | 4/1 | 4/2 | 3/2 | 4/3 |
|---|---|---|---|---|---|---|
| $X_{16}$ | 1. 125<br>（1. 068） | 0. 484<br>（1. 664） | 2. 126<br>（2. 870） | 1. 001<br>（0. 544） | - 0. 641<br>（3. 657） | 1. 643<br>（0. 108） |
| $X_{17}$ | - 0. 719<br>（0. 461） | 0. 228<br>（0. 350） | 1. 800<br>（1. 155） | 2. 518<br>（0. 864） | 0. 947<br>（0. 720） | 1. 572<br>（0. 786） |
| $X_{18}$ | 1. 473 * * *<br>（11. 441） | 1. 930 * * *<br>（8. 239） | 2. 738 *<br>（4. 521） | 4. 211 * *<br>（5. 263） | 0. 457 * *<br>（6. 521） | 4. 668 * * *<br>（17. 923） |
| 参照组：$X_9$ | | | | | | |
| 务工 | - 0. 625<br>（2. 207） | - 0. 752<br>（2. 199） | - 0. 193<br>（0. 163） | 0. 432<br>（1. 160） | - 0. 127<br>（0. 112） | 0. 560<br>（1. 287） |
| 务农 | - 1. 984<br>（2. 689） | - 1. 104<br>（0. 102） | - 2. 414<br>（2. 133） | - 0. 430<br>（1. 215） | 0. 881<br>（0. 449） | - 1. 310<br>（8. 175） |
| 似然比检验卡方值 | 982. 878 * * * | | | | | |

注：1 表示"秸秆焚烧或废弃"，2 表示"秸秆做生活燃料或饲料"，3 表示"秸秆出售"，4 表示"秸秆还田"；2/1 表示"秸秆做生活燃料或饲料"类别相对参照组"秸秆焚烧或废弃"的发生比例，其余等同；*、**、***分别表示 10%、5%、1% 的显著性水平；括号内为 Z 统计值。

# 8.6　优化大庆市农户对秸秆处理行为的建议

通过上述对大庆市农户对秸秆处理行为的实证研究，得出影响农户对秸秆处理行为的六项重要影响因素，基于此，提出促进大庆市农户对秸秆处理的建议。

## 8.6.1　加强科学文化教育，以提升农户对秸秆综合利用认知

### 1. 提高农户受教育程度

农户只有同时具备对新技术的理解和认同的前提条件下，才会采纳所推广的任何秸秆利用方式。秸秆综合利用作为一项可持续的新型农业技术，农户只有理解并接受什么是秸秆综合利用，它才能被广大农户采纳。据调研，目前大庆市农户学历停留在小学和初中的居多，且多数农户年龄在 51 岁以上，所以农村基层工作人员在进行推广工作时多会面临农户文化程度低、老龄化严重等问题，进而影响农户对新事物、新技术产生信任感，导致新政策、新技术推广速度缓慢、效果欠佳。因此可将提高农户的科学文化水平作为促进农户对秸秆综合利用的首要条件。由前文分析得出，农户的受教育程度低是影响大庆市农户选择处理秸秆方式的主要因素之一，而事实也确实如此，农村受教育水平普遍不高已成为制约农户发展的最主要因素之一。以应扩大科学文化教育在农村的覆盖面，鼓励并保护青少年上学的权利，以提高年轻一代农村居民的文化水平，建立科学的三观，使其提高对新技术的

理解能力,缩短对新知识的接受期;增加专门针对经常从事农业生产的农村居民农业生产的科学教育。对于以少数民族为主的大庆市杜尔伯特蒙古族自治县来说,应注重文化教育的差异性,可采用特定语言进行培训等方式更能增强效果。

**2.拓宽信息渠道**

拓宽信息渠道以方便农户接受农业信息。网络信息传播迅速,农村居民因受教育程度所限,所以辨别信息真伪能力不强,易错听、错信,如"秸秆还田会造成严重的病虫害"此类消息,政府可采用大信息网来拓宽信息渠道。首先设置专门的信息机构,政府相关部门与各类科研机构进行合作,建立一定范围的信息检索关系,作为获取真实信息的重要渠道;其次创新政府信息公开形式、拓宽公开渠道,提供微信公众号、微博账号、网上查询信息动态等信息全部上网,并陆续将更多事项设置其中,确保政务公开工作多方面融入日常;最后在全市发放电子便民联系卡,方便农户咨询政策、反映问题,结合大走访大调研、领导干部进村入户,了解群众存在的真实问题及意见,并且做到及时反馈、解决。

## 8.6.2 增大耕地集中程度,以提高农户农业生产效率

加强农户耕地集中程度有利于提升农户农业生产效率。农户的耕地面积受家庭人口数和土地流转情况的影响,但农户自身的耕地面积有限,想要扩大种植面积只有增加土地承包面积,如果种植面积较为分散则更浪费农户的精力,农户在此基础上进行秸秆多样化处理就会加大农户整个农业生产过程的投入成本。将耕地进行规模化利用不仅有利于提高耕地的资源利用效率,而且能提高秸秆处理机械化作业程度,减少农户的额外支出成本,最终提高农户对秸秆综合利用的积极性。政府有关部门可根据各村镇实际情况充分尊重农户的个人意愿和权益的前提下进行土地整合,针对耕地面积分散的小农户,通过耕地调整不仅提高了种植效率,而且更有利于农户对耕地的管理。

## 8.6.3 通过相关金融政策扶持,以降低农户对秸秆处理成本

根据当地农业种植结构、综合经济发展实力因地制宜地制定相关政策,切实保障制度的有效性和合理性,保障各个利用主体的利益。首先,大庆市秸秆综合利用补贴政策采用的是省级对县级直接拨付补贴资金,由县级政府进行分配,在此基础上政府可根据实际情况对部分补贴额项目适当增加补贴额度,可扩大农户购买相应农机具的补贴范围;对农户选择秸秆还田和秸秆离田作业产生的额外成本可在其余途径进行补贴,如进行了以上两种行为的农户购买农业生产物资时可凭借证明享受额外的优惠政策。其次,对于有购买农机具意愿但是自身经济能力弱的农户提供无息贷款,增加农户积极性,然后对于财政补贴政策和专项贷款都要建立健全管控机制,达到专款专用的目的;通过减免相关税额等手段增大企业的活力,在促进企业发展的同时为当地农户增加就业与收入,最终实现双赢。最后,可设立专项奖励。在验收评比后选出较好和较差的单位,对秸秆处理较差的单位在充分调查原因后进行单位负责人罚款和集体罚款及减少来年秸秆补贴资金;对秸秆处理较好的单位进行奖励,可分为资金奖励和示范宣传,可申请下一年度秸秆补贴额度上调的同时把较差单位的罚款作为额外奖励,并且进行多方面宣传示范,如对于秸秆处理好的单位发放荣誉证书。

### 8.6.4　加大科技创新投入，以提高机械化作业质量

鼓励各科研机构与政府合作解决秸秆综合利用过程中所产生的共性问题，攻关现有的技术性难题，探索实用性较强的机械设备。首先，研发农户能自主使用的机械，例如，轻松调整机械，使得秸秆粉碎长度和秸秆翻埋深度达到还田要求的机械，智能测试"秸秆含水率是否达到30%、秸秆粉碎长度达到 5 ~ 10 cm、秸秆翻埋深度达到 25 ~ 30 cm"的合格率百分百，才能从根本上解决以往秸秆还田产生的秸秆氮化后引起的反硝化作用而损失氮素和病虫害问题。其次，可加大秸秆收储运环节机械的高适应能力，如收运机械幅度自动调节功能、不断研发满足地域功能性的秸秆收运机械，减少因"无法有效处理湿度较大的秸秆、零部件配件不齐全和大型机械 GPS 定位不准确"等问题而产生的机械化处理效果不佳、经济效益低等结果。最后，增加秸秆固化成型燃料生产设备来提高秸秆燃料化利用；继续鼓励秸秆饲料化利用，降低秸秆收获过程中的秸秆含杂率，降低秸秆处理过程中的秸秆除尘成本。开发适合农村的、操作方便和性能优质的机械设备，为秸秆综合利用工作保驾护航。

### 8.6.5　现有基础上增加秸秆利用专项课程与多渠道培训

培训是宣传秸秆综合利用的最主要手段，农村留守的大龄劳动力成了主要力量，因此要重点培训此类人群，针对其独有的特点培训内容要浅显易懂。在培训形式上，应该学习秸秆利用较好的村镇，如增加开现场大会次数、互联网远程培训、面授培训的形式来补充以往的不足；在培训内容上，要重点结合农户在过去选择秸秆处理方式后所产生的问题进行专门的详细讲解，采取理论 + 实践的方式调动农户的积极性。大致可分为以下两方面。

（1）一方面，首先加强秸秆综合利用节本增收效果的宣传力度，可通过农"土专家"、种植大户、"社区领袖"和科技人员宣传示范等方式。其次是针对农业环保宣传，因为农户拥有"短期效益"思想 + 环境危害的滞后性，所以其忽略了农业环境的重要性。目前，从大庆市区耕地总体质量看，耕层土壤板结、多年耕作形成犁耕层、养分不平衡、土壤次生盐渍化和沙化加剧等问题显著。因此可通过现场大会、广播、微信群小视频等形式，让农户充分了解到农业环境问题的重要性，大力宣传有关秸秆综合利用的科普知识，引导农户树立环保意识，调动农户的积极性和主动性，达到减少农业生产所带来的环境危害和提高对农业生态环境污染的认知度的目的。最后，实施秸秆造肥，与农业高校合作指导农户科学沤肥，宣传秸秆沤肥对土壤改良的优点，鼓励农户利用闲置场地自行沤肥，或者以村为单位进行集体沤肥。

（2）另一方面，发挥新型农业经营主体和种植大户对秸秆综合利用的带头作用。种植大户、新型农业经营主体（如农民专业合作社、家庭农场）对秸秆综合利用的认知和采纳度相较于普通农户而言略高，而普通农户易受周边农户的影响，在他人处得到预期效果后再跟随的意愿较为强烈。可建立秸秆综合利用示范村、示范户，定期召集农户进行经验分享，同时参观已经实现的秸秆综合利用成果；鼓励新型经营主体、种植大户与普通农户形成互助小组进行知识扩散，县域之间也可学习交流。肇源县和肇州县都是我国名副其实的"粮仓"，因此，肇源县、肇州县可充分总结自身经验，为其他地区提供借鉴，发挥带头作用，而其他区域可多到肇源县、肇州县学习参观，或聘请具有经验丰富的农业科技人员或杰出的种

植户进行经验交流。

### 8.6.6 支持秸秆相关产业,带动农户对秸秆综合利用

加大对外招商力度的同时鼓励本地企业一同参与到秸秆综合利用项目中,破解当前秸秆综合利用产业结构单一化、缺乏竞争力等难题,力争引进高标准、可持续的高端项目,同时拓展出口路径,由此撬动整个产业链条。增加订单服务,企业所生产的压块燃料和饲草不仅可以县内消耗,而且可通过订单的方式销往市外、省外等地。支持一批秸秆综合利用产业化示范企业和新型农业经营主体,在继续执行其秸秆利用补贴的同时进一步扩大扶持范围,积极展开秸秆综合利用的跨省、市合作。建设示范收储场,一是利用产业扶持政策,选择带动能力强的村办收储合作社,可以带资进入或者劳务入社的方式建设示范收储场;二是在全乡镇选择出生产基础好、创新意识强的农机合作社或者玉米种植合作社建设村级示范收储场。以点带面发挥引领带头作用,为大庆市秸秆综合利用创造良好环境。

# 8.7 研究结论

本章以对黑龙江省大庆市开展实地问卷调查数据为基础,对大庆市农户对秸秆处理行为进行了描述性统计分析,并从调查得出的18个可能影响农户对秸秆处理行为的潜在因素出发,运用 SPSS 软件对其进行多元回归分析。最终得出在当前秸秆综合利用政策背景下,农户仍然持续秸秆焚烧的原因,主要有以下几方面。

(1)农户文化素养有待提高;

(2)农户处理秸秆时有额外成本增加;

(3)机械化处理秸秆作业质量有待提高;

(4)耕地布局较为分散;

(5)农户对于目前秸秆处理相关政策的了解程度不够理想;

(6)农户周边秸秆利用市场有待进一步扩大。

从长远来看,农户现存的相关问题若是得不到解决,则更容易导致固化其现存的焚烧行为。而这与政府出台一系列政策想要达到的秸秆综合利用是相背离的,因此基于以上几点原因,针对性提出了以下六项对策建议。

(1)加强科学文化教育,以提升农户对秸秆综合利用认知;

(2)增大耕地集中程度,以提高农户农业生产效率;

(3)通过相关金融政策扶持,以降低农户对秸秆处理成本;

(4)加大科技创新投入,以提高机械化作业质量;

(5)在现有基础上增加秸秆专项课程与多渠道培训;

(6)支持秸秆相关产业,带动农户对秸秆综合利用。

# 第9章 大庆市农村秸秆能源化利用前景规划

## 9.1 引 言

农村能源,指农村地区的能源供应与消费,涉及农村地区工农业生产和农村生活多个方面。它属于能源建设与行业管理的范畴,而不是一个单纯的能源生产或加工种类的划分,主要包括农村电气化、农村地区能源资源的开发利用、农村生产和生活能源的节约等。农村能源的开发主要包括薪柴、作物秸秆、人畜粪便等生物质能(包括制取沼气和直接燃烧),以及太阳能、风能、小水电、小窑煤和地热能等,多属于可再生能源。农村能源的节约则主要包括省柴节煤炉(灶、炕)、农业机械节能、农产品加工节能等。大庆市农村农户生活用能主要用途就是采暖,可利用秸秆开发生物质能等清洁能源,向农户供应燃气,用于生活。因此本章中的农村能源特指作物秸秆的能源化利用。

## 9.2 大庆市农村能源现状

### 9.2.1 秸秆产量和综合利用情况

2020 年,大庆市秸秆产量 501.11 万吨,可收集量 436.50 万吨。其中肇源县、林甸县、肇州县、杜尔伯特蒙古族自治县和大同区"四县一区"的秸秆产量占大庆市秸秆总产量的95.98%,可收集量占大庆市秸秆可收集总量的95.91%(表9-1)。

秸秆综合利用量 405.26 万吨,秸秆综合利用率92.84%。其中肥料化利用量293.73 万吨,利用率比例67.29%,饲料化利用量48.73 万吨,利用率比例11.16%,燃料化利用量53.79 万吨,利用率比例12.32%,基料化利用量2.60 万吨,利用率比例0.60%,原料化利用量6.41 万吨,利用率比例1.47%(表9-1、表9-2)。可见,大庆市秸秆的综合利用主要是肥料化、燃料化和饲料化。

肥料化利用方面,五区四县的利用率均在 60% 以上;燃料化[①]利用率较高的区域是龙凤区(27.33%)、肇源县(25.13%)和红岗区(16.98%);饲料化利用率较高的区域是肇州县、林

---

① 大庆市高新区虽然燃料化利用率较高,但由于其秸秆产量和可收集量较少,因此不予考虑。

甸县、杜尔伯特蒙古族自治县、让胡路区、红岗区和大同区,利用率均在10%以上(表9-2)。

表9-1  2020年大庆市秸秆产量及综合利用量                单位:万吨

| 指标项目 | 秸秆产生量 | 秸秆可收集量 | 秸秆综合利用量 | 其中 | | | | |
|---|---|---|---|---|---|---|---|---|
| | | | | 肥料化利用量 | 饲料化利用量 | 燃料化利用量 | 基料化利用量 | 原料化利用量 |
| 大庆市 | 501.11 | 436.50 | 405.26 | 293.73 | 48.73 | 53.79 | 2.60 | 6.41 |
| 肇州县 | 96.54 | 86.22 | 82.00 | 65.80 | 9.13 | 7.07 | 0.00 | 0.00 |
| 肇源县 | 123.85 | 105.77 | 101.21 | 72.18 | 3.89 | 25.13 | 0.00 | 0.00 |
| 林甸县 | 119.26 | 103.56 | 93.54 | 70.35 | 11.79 | 9.78 | 0.20 | 1.41 |
| 杜尔伯特蒙古族自治县 | 86.06 | 73.86 | 66.60 | 44.50 | 10.30 | 6.80 | 0.00 | 5.00 |
| 萨尔图区 | 0.80 | 0.71 | 0.71 | 0.71 | 0.00 | 0.00 | 0.00 | 0.00 |
| 龙凤区 | 2.36 | 2.08 | 1.91 | 1.27 | 0.07 | 0.57 | 0.00 | 0.00 |
| 让胡路区 | 9.17 | 8.17 | 7.37 | 4.92 | 2.22 | 0.23 | 0.00 | 0.00 |
| 红岗区 | 5.28 | 4.71 | 4.35 | 2.90 | 0.64 | 0.80 | 0.00 | 0.00 |
| 大同区 | 55.28 | 49.24 | 45.39 | 29.90 | 10.12 | 2.97 | 2.40 | 0.00 |
| 高新区 | 0.89 | 0.79 | 0.79 | 0.00 | 0.35 | 0.43 | 0.00 | 0.00 |
| 油田农场 | 1.61 | 1.40 | 1.40 | 1.19 | 0.20 | 0.00 | 0.00 | 0.00 |

表9-2  2020年大庆市秸秆综合利用率                单位:%

| 指标项目 | 秸秆综合利用率 | 其中 | | | | |
|---|---|---|---|---|---|---|
| | | 肥料化利用比例 | 饲料化利用比例 | 燃料化利用比例 | 基料化利用比例 | 原料化利用比例 |
| 大庆市 | 92.84 | 67.29 | 11.16 | 12.32 | 0.60 | 1.47 |
| 肇州县 | 95.11 | 76.32 | 10.58 | 8.20 | 0.00 | 0.00 |
| 肇源县 | 95.68 | 68.24 | 3.68 | 23.76 | 0.00 | 0.00 |
| 林甸县 | 90.32 | 67.93 | 11.39 | 9.44 | 0.20 | 1.36 |
| 杜尔伯特蒙古族自治县 | 90.18 | 60.25 | 13.95 | 9.20 | 0.00 | 6.77 |
| 萨尔图区 | 100.00 | 100.00 | 0.00 | 0.00 | 0.00 | 0.00 |
| 龙凤区 | 91.61 | 60.99 | 3.28 | 27.33 | 0.00 | 0.00 |
| 让胡路区 | 90.18 | 60.19 | 27.13 | 2.86 | 0.00 | 0.00 |
| 红岗区 | 92.30 | 61.68 | 13.64 | 16.98 | 0.00 | 0.00 |
| 大同区 | 92.19 | 60.72 | 20.56 | 6.04 | 4.87 | 0.00 |
| 高新区 | 100.00 | 0.38 | 44.83 | 54.79 | 0.00 | 0.00 |
| 油田农场 | 100.00 | 85.55 | 14.45 | 0.00 | 0.00 | 0.00 |

## 9.2.2 秸秆能源化利用情况

### 1.秸秆能源化利用现状

（1）秸秆固化站情况

①总体情况

2017—2020 年大庆市拟建设秸秆固化成型燃料站 117 处,其中已建成 100 处,取消建设计划 4 处,正在建设 13 处。在已建成的 100 处固化站中,正常生产运行 90 处、待产状态 8 处、停产状态 2 处。年满负荷生产能力 46 万吨(表 9 - 3)。

②销售情况

固化站既生产秸秆成型燃料,也生产饲料。生产的秸秆成型燃料主要销售给洗浴、电厂、特种纤维有限公司、农户等,饲料主要销往内蒙古自治区、吉林、山东、河南、河北等地的养殖场、牧场等。

③成本收益

从 2020 年压块站的利润来看,生产秸秆成型燃料的利润在 40 ~ 300 元/吨,生产饲料的利润在 100 ~ 320 元/吨(表 9 - 4),总体上生产饲料较生产秸秆燃料获得更多利润。这一点在 2021 年的全面调查中也得到印证,约 95% 的压块站都同时生产饲料。

（2）生物质锅炉

大庆市共新建(改建)生物质锅炉 6 处,均在肇源县,规模最大的 20 蒸吨,其次是 6 蒸吨和 2 蒸吨。其中,4 处已通过验收,正在申请补贴资金,补贴标准为 5 万元/蒸吨,2 处验收未通过,未获得补贴。

（3）户用生物质炉具

大庆市共安装户用生物质炉具 6 866 台,其中肇州县 1 466 台,肇源县 5 400 台。已全部安装完成并投入使用,均在正常使用中。生物质炉具总体造价 2 100 元,补 1 470 元,农户自付 630 元。

### 2.秸秆能源化利用存在的问题

（1）固化站未能按期完成建设

2020 年新建固化站建设、验收进度缓慢。调查发现,大同区 13 处固化站全部未完成建设,杜尔伯特蒙古族自治县 5 处固化站未完成验收,肇州县 7 处固化站未完成验收,肇源县 4 处固化站未完成验收。

（2）固化站建设和管理规范性较差

①部分固化站缺少除尘设备

全市 2019 年建设固化站 23 处,其中 4 处缺少除尘设备,其中龙凤区 1 处、肇源县 1 处、大同区 2 处。

②部分企业台账管理不完善

杜尔伯特蒙古族自治县、肇源县部分固化站企业没有原料收储和产品生产、销售台账,未形成台账管理意识;验收依据不充分,无与该项目相关的制度文件;验收材料不完整,无设备采购合同及发票等。

表 9 – 3　秸秆固化成型燃料站建设情况统计

| 序号 | 县(市、区) | 合计 | 2017年 | | | 2018年 | | | 2019年 | | | 2020年 | | | 年满负荷生产能力/万吨 |
|---|---|---|---|---|---|---|---|---|---|---|---|---|---|---|---|
| | | | 小计 | 2 500 吨 | 1 万吨 | 小计 | 2 500 吨 | 1 万吨 | 小计 | 2 500 吨 | 1 万吨 | 小计 | 2 500 吨 | 1 万吨 | |
| 1 | 大庆市 | 106 | 5.00 | — | — | 51.00 | — | — | 23.00 | — | — | 27.00 | — | — | — |
| 2 | 肇州县 | 21 | 1.00 | 1.00 | — | 14.00 | 14.00 | — | 0 | — | — | 6.00 | 5.00 | 1 | 6.00 |
| 3 | 肇源县 | 39 | 1.00 | 1.00 | — | 34.00 | 24.00 | 10 | 1.00 | 1.00 | — | 3.00 | 2.00 | 1 | 18.00 |
| 4 | 杜尔伯特蒙古族自治县 | 9 | 1.00 | 1.00 | — | 0 | — | — | 1.00 | — | 1 | 7.00 | 1.00 | 6 | 7.50 |
| 5 | 林甸县 | 19 | 1.00 | 1.00 | — | 1.00 | 1.00 | — | 15.00 | 13.00 | 2 | 2.00 | 2.00 | 0 | 6.25 |
| 6 | 大同区 | 15 | 1.00 | 1.00 | — | 2.00 | 2.00 | — | 4.00 | 4.00 | — | 8.00 | 5.00 | 3 | 6.00 |
| 7 | 红岗区 | 1 | 0 | — | — | 0 | — | — | 0 | — | — | 1.00 | — | 1 | 1.00 |
| 8 | 让胡路区 | 1 | 0 | — | — | 0 | — | — | 1.00 | — | 1 | 0 | — | — | 1.00 |
| 9 | 龙凤区 | 1 | 0 | — | — | 0 | — | — | 1.00 | 1.00 | — | 0 | — | — | 0.25 |
| | 年满负荷生产能力/万吨 | 46 | 1.25 | 1.25 | 0 | 20.25 | 10.25 | 10 | 8.75 | 4.75 | 4 | 15.75 | 3.75 | 12 | |

表 9 - 4　2020 年部分秸秆固化站成本收益情况

| 固化站名称 | 生产能力/吨 | 玉米（水稻）秸秆/吨 | 收集成本/元/吨 | 生产秸秆成型燃料 | | | | 生产饲料 | | | |
|---|---|---|---|---|---|---|---|---|---|---|---|
| | | | | 产量/吨 | 生产成本/元/吨 | 销售价格/元/吨 | 利润/元/吨 | 产量/吨 | 生产成本/元/吨 | 销售价格/元/吨 | 利润/元/吨 |
| 肇源县蔚蓝生物质材料制造有限公司 | 10 000 | 10 000 | 190 | 5 160.9 | 360 | 480 | 120 | — | — | — | — |
| 大庆市林甸天福农业科技发展有限公司 | 10 000 | 15 000 | 220 | 6 500.0 | 150 | 450 | 300 | 4 500 | 310 | 420 | 110 |
| 黑龙江肇州盛科农业发展有限公司 | 2 500 | 12 000 | 220 | 8 500.0 | 500 | 560 | 60 | 1 000 | 350 | 450 | 100 |
| 杜尔伯特蒙古族自治县宏成新能源科技有限公司 | 10 000 | 7 000 | 140/170 | 1 300.0 | 310 | 350 | 40 | — | — | — | — |
| 大同区万昌谷物秸秆压块燃料站 | 2 500 | 11 000 | 150 | 3 000.0 | 130 | 350 | 220 | 2 000 | 130 | 450 | 320 |
| 大庆肇源子辰农业科技有限公司 | 2 500 | 1 500 | 250 | 1 200.0 | 450 | 550 | 100 | — | — | — | — |
| 大庆市让胡路金色牧场新能源有限公司 | 10 000 | 15 000 | 180 | 5 500.0 | 300 | 400 | 100 | 4 500 | 320 | 420 | 100 |

③建设地点离村庄过近

肇州县孙维东家庭农场和合胜玉米种植专业合作社两处固化站建在村内,存在一定的消防和环境污染隐患。

（3）固化站达产率低,部分处于停产待产状态

①固化站达产率低

达产率20%以下的固化站占秸秆固化站总数的41%,达产率20%~50%的固化站占比为47%,达产率在50%以上的固化站占比仅为12%。整体来看,大庆市固化站的达产率比较低。

②部分固化站处于停产、待产状态

大同区停产1处(源木新能源固化站)、待产1处(万昌谷物固化站);肇源县停产1处(和平乡东旺生物质材料制造有限公司),待产7处(肇源县东兴村金禾生物质材料制造有限公司、头台镇全部的6家企业)。

（4）部分补贴资金未到位

目前对固化站建设的补贴为建设规模秸秆压块10 000吨/年的补贴75万元,建设规模在2 500吨/年的补贴35万元。调查发现,肇州县2018年建设的14处固化站,部分补贴未到位(差10.5万元)。

# 9.3　大庆市农村能源工作面临的机遇与挑战

## 9.3.1　发展机遇

### 1. 政策支持

《2021年黑龙江省秸秆综合利用工作实施方案》中,将肇州县、肇源县作为秸秆能源化利用领域。

（1）积极推广生物质锅炉、秸秆固化成型、秸秆发电、秸秆生物气化和热解气化等技术。鼓励县乡集中供热小燃煤锅炉的生物质改造替换,继续引导农户安装户用生物质炉具,推动"秸秆代煤""压块代煤"。依托黑龙江省现有生物质发电项目,根据当地秸秆资源条件、分布特点、收集半径及保障能力,加强秸秆供需衔接,发挥好生物质电厂转化利用秸秆能力。

（2）对农村秸秆替代散煤进行补贴。按照黑龙江省委、省政府关于推进重点地区散煤污染治理的工作要求,推进秸秆等生物质清洁能源替代散煤,对重点地区集中购置安装户用生物质炉具,改造或新建生物质锅炉进行补贴。

（3）对户用生物质炉具购置补贴。对包括大庆在内的4个市有秸秆固化成型燃料稳定来源,以整村、屯为单位购置安装户用生物质炉具的农户,按照每户购置安装1台,每台2 100元测算,给予实际购置价格的70%补贴,即每户最高补贴资金1 470元,高出部分由农户自筹承担。

（4）对生物质锅炉补贴。对包括大庆市在内的 4 个市乡村两级（不含城中村和城市近郊区，其中城市供热网络能够辐射到的为城市近郊区）为农户集中供热的企业和政府、学校、卫生院等机关事业单位，改造或新建生物质锅炉替代燃煤锅炉，列入散煤污染治理"三重一改"的燃煤锅炉改造生物质锅炉，并实际燃用秸秆成型燃料或秸秆打捆直燃的，每蒸吨给予 5 万元定额补贴，单个项目锅炉最高补贴额度不超过 50 万元。

### 2. 户用生物质采暖炉具符合乡村振兴发展需求

推广生物质成型燃料高效清洁利用是实施乡村振兴战略、促进北方农村清洁取暖工作的重要举措，而是否具备针对户用生物质采暖炉具的适用性标准是决定该技术能否良性发展的关键。研究表明，鉴于我国生物质原料以秸秆型为主，标准应充分考虑燃料的特性，不宜把 氮氧化物（$NOx$）作为民用炉具标准关注的核心污染物，而忽视了生物质在低硫、碳中和等方面的清洁属性。生物质燃料自身较高的含氧量导致其完全燃烧所需空气量和理论烟气排放量明显低于燃煤，指出了户用生物质炉具排放标准直接参照燃煤炉基准氧含量的不合理性。综合目前国内生物质成型燃料炉具技术水准和国外相关排放标准，建议户用生物质炉具合理的污染物排放浓度折算氧含量（质量分数）标准由原来的 9% 改为 13% ～ 15% 。相比于散煤的污染物排放，以生物质成型颗粒为燃料时，水暖炉和烤火炉的 $PM_{2.5}$ 排放因子分别有 52.5% 和 51.3% 的减排效果；水暖炉的一氧化碳（$CO$）排放因子有 56.7% 的减排效果，而烤火炉的 $CO$ 排放因子会增加 37.4% 的排放量；生物质成型颗粒的含硫量低，未检测出二氧化硫（$SO_2$）排放；相对于散煤，生物质成型颗粒在 $NOx$ 方面并无减排效果。

### 3. 煤炭价格上涨，秸秆替代效应凸显

2021 年，受进口煤炭减少、国内特别是内蒙古自治区煤炭产量减少，以及夏季用电需求和冬季需煤量高等因素的影响，煤炭价格持续走高。根据国家统计局 10 月 9 日公布的数据显示，9 月下旬全国煤炭价格继续呈大幅上涨态势。无烟煤（洗中块，挥发份 ≤8%）价格 1 714.4 元/吨，较上期上涨 32.4 元/吨，涨幅 1.9%。普通混煤（山西粉煤与块煤的混合煤，热值 4 500 大卡）价格 1 043.7 元/吨，较上期上涨 138.5 元/吨，涨幅 15.3%。虽然从全国来看，随着南方天气转凉用电量下降及全国各地采取限电措施，煤炭价格预期不会上涨，但由于东北地区正处于冬季需煤量上涨阶段，煤炭价格一度达到 1 800 ～ 2 000 元/吨。由于煤炭价格上涨，作为替代产品的秸秆等能源的需求量增加，推动了颗粒燃料的广泛使用。随着煤炭资源的不断减少，燃煤费用的不断加大，煤炭的价格上涨将更加有利于加快颗粒机的建设步伐。

## 9.3.2　面临的挑战

### 1. 秸秆综合利用目标可能会制约秸秆能源化进程

根据《2021 年黑龙江省秸秆综合利用工作实施方案》，2021 年肇州县、肇源县秸秆综合利用率要稳定在 95% 以上，秸秆还田利用率要稳定在 65% 以上，加上近 20% 的饲料化利用等，这意味着作为秸秆能源化利用的主要区域的肇州县和肇源县可用于能源化的秸秆总量

仅在20%左右。随着秸秆能源化需求的增长,秸秆产量和可收集量可能会限制秸秆能源化进程。而且随着秸秆能源化需求的增加,秸秆收集的价格也可能上涨,这将挤占秸秆固化成型企业的一部分利润,对压块站来说也是一个挑战。

### 2. 政策扶持及激励措施的力度不够,政策支持系统尚不健全

世界各国发展可再生能源的经验证明,凡是可再生能源发展较好的国家或项目,都无一例外地和政府的优惠扶持政策有关。我国农村能源技术仍处在成长发展阶段,更需要政府的大力支持。修订后的《中华人民共和国可再生能源法》从总体上为可再生能源的产业发展和市场应用奠定了政策基础与发展环境,但体系还不完善,经济激励力度较弱,缺乏相关配套的实施细则和财政扶持、补贴优惠等完善的配套政策与技术规范体系。此外,尽管现有政策补贴落实较好,但对补贴资金的监控、相关政策咨询及评估等系统尚未建立,且信息传播还主要依赖传统的上传下达的方式,这都将限制秸秆能源化的发展。理论上讲,农村能源政策支持系统应包括信息传播、政策监控、政策咨询和政策评估等在内的体系,这需要强大的功能系统来实现。尽管农业农村部不断完善台账管理,但由于缺乏系统的支撑,数据的准确性和实效性较差。

### 3. 科技投入和创新能力严重不足

农村能源行业要获得持续健康发展,真正融入市场经济,须要大幅度增加科技投入,提高技术创新能力,降低生产成本,提高产品和装置的经济性、可靠性与稳定性,提高系统运行和管理的自动化水平。但目前农村能源行业的技术开发和科技创新主要依靠企业自身进行,研究和开发的资金投入少,使用分散,缺乏高端科研人才和核心技术,很难或基本得不到国家科研基金项目的支撑,难以在更大范围和更深层次上得到快速突破与发展。

### 4. 标准体系不健全,产业体系薄弱

大多数农村能源制造企业基础薄弱,生产工艺落后,质量管理工作混乱,标准、规范和技术要求体系不健全,产品检验手段匮乏,质量难以得到保证。在现有技术水平和政策环境下,秸秆的开发利用成本高,再加上资源分散、规模小、生产不连续等特点,在现行市场条件下缺乏竞争力,产业化、商业化步履艰难。

### 5. 管理服务滞后,市场保障机制不够健全

农村是秸秆能源发展的重要战场和应用领域,但秸秆在农村能源体系中的重要地位和作用没有得到足够的重视。长期以来,该产业缺乏明确的和切实可行的发展目标,管理手段仍沿用旧的方式,缺少和市场结合的创新机制。同时,能源资源评价、技术标准、产品检测和认证等体系不完善,人才培养不能满足市场快速发展的需要,没有形成支撑可再生能源产业发展的、完善的市场保障机制和技术服务体系。在农村能源建设中,专业技术人才的缺乏,科学技术水平的低下,使得一些能源项目无法在农村推广利用,农村能源建设不能顺利开展。

# 9.4　大庆市农村能源工作目标

根据《黑龙江省加快煤炭资源高效开发利用行动方案》(黑发改煤炭〔2021〕45号)、《黑龙江省散煤污染治理"三重一改"攻坚行动实施方案(2020—2022)》(黑政办规〔2020〕13号)、《大庆市散煤污染治理专项行动方案(2020—2022)》(庆气联发〔2020〕6号)等相关文件,明确大庆市散煤污染治理目标及秸秆压块替代散煤的目标。

大庆市散煤污染治理的主要目标:2020—2022年,开展散煤污染治理专项行动,突出对散煤使用环节实施综合整治,有效降低以散煤为主的燃煤污染。到2022年,压减替代散煤19.34万吨,占全市散煤使用量的30.15%,实现环境空气质量总体改善。其中2020年,计划削减和替代散煤使用量4.02万吨,完成总目标的21%;2021年,计划削减和替代散煤使用量14.18万吨,完成总目标的73%;2022年,计划削减和替代散煤使用量1.14万吨,完成总目标的6%。

# 9.5　大庆市农村能源工作重点任务

实施农村地区秸秆压块替代是加快调整能源结构,实现散煤替代的重点任务之一。加强秸秆收、储、运和加工体系建设;加快建设与秸秆固化燃料加工配套的秸秆收集储运中心;对基础条件好的村开展以秸秆固化燃料为主的生物质替代民用散煤整村试点;有计划、分步骤改造农村传统炉具,加快推动全市高效清洁燃烧炉具的普及;鼓励、引导乡村机关单位和上楼农户新建或改造生物质锅炉、秸秆直燃锅炉,压块燃料示范供暖面积达15.4万平方米。到2022年底,拟建秸秆固化成型燃料站43个,安装户用生物质炉具0.58万台,可替代散煤1.74万吨(占散煤替代总目标的9%)。其中2020年,建设固化成型燃料站15个,安装户用生物质炉具0.44万台,替代散煤1.32万吨(占32.8%);2021年,建设固化成型燃料站13个,安装户用生物质炉具0.065万台,替代散煤0.195万吨(占1.38%);2022年,建设固化成型燃料站15个,安装户用生物质炉具0.075万台,替代散煤0.225万吨(占19.74%)。

# 9.6　大庆市农村能源工作的实施

## 9.6.1　加强科技创新,为农村能源持续发展提供技术支撑

进一步明确农村能源科技创新重点,努力提高整体科技创新能力,加快先进适用技术的研究与推广应用,加强前沿科学技术的研发和能力建设;进一步建立和完善农村能源产品与工程的质量标准及检测评价体系。通过关键技术突破、多技术集成优化和工程试点示范,为实现农村用能清洁化,生产生活废弃物的无害化、资源化处理提供强有力的技术保

障,形成"经济、可靠、持续、环保、高效"的农村能源供给和环境质量改善的整体技术能力。

### 9.6.2 加大宣传力度,提高全民节能减排意识

农村能源建设是一项涉及农村千家万户的大事,是一件让农民得实惠的实事。农业、农村节能减排工作大有作为。各级政府应加大宣传力度,通过各种媒体向社会广泛宣传,提高农民对农村能源建设的认识,形成全社会重视农村能源建设、关心农村能源建设、支持农村能源建设的良好氛围。同时,通过激励机制,增强农民发展农村能源建设的自觉性和主动性,营造农村能源建设的良好氛围,促进我国农村发展循环经济、低碳经济,加快乡村振兴建设步伐。

### 9.6.3 强化后续管理,确保农村能源建设效益的发挥

农村能源建设集农业生产、工程建筑、管理服务为一体,建设是基础,管理服务是关键。目前,在农村能源建设中,要加强秸秆固化后续服务管理工作,要注重秸秆的综合利用,把农村能源建设与种植业和养殖业发展结合起来,探索产业化运营与物业化服务的新模式,把加强服务体系建设作为提高使用率、发挥综合效益、巩固建设成果的重要举措切实抓好,"建、管、用"同举并重,通过加强技术培训,提高队伍素质,不断提高后续服务能力和管理水平,确保农村能源工程安全生产和长效运营。

### 9.6.4 加强农村能源人才队伍建设

适应当前农村发展形势,依托高等科研院校,引进科技人才,注重农村能源新技术的开发,壮大农村能源人才队伍,从而提高农村能源建设的科技水平。对农民进行基础知识的教授和基本技能的训练,提高农民工作技能。稳定农村能源人才队伍,推动农村能源事业可持续发展。

### 9.6.5 加强农村能源基础设施建设

加大农村能源基础设施建设、运营维护及资金投入,确保能源建设工作顺利开展。综合推广农民使用生物质能源,减少一次能源的使用。应用物联网、大数据等信息技术,改善农村用能效率低、环境污染大的情况,构建"互联网 + 农村能源"的现代能源体系。

### 9.6.6 实施更加积极的现代农业产业政策

系统地规划农村能源建设工作,制定相应的法律法规,保证能源建设各个阶段工作的顺利进行。出台相应的补贴政策,探索针对不同地区的清洁能源推广激励机制。在对技术、经济可行性进行充分论证的基础上,制定有利于现行农村能源政策发挥更大作用的现代农业产业政策。通过建立能源农业产业园区,充分发挥其对周边农村区域的辐射和带动作用。这不仅有助于能源政策的深化,而且还有助于加快农村城镇化建设进程,实现能源产业与农业的可持续协调发展。

### 9.6.7 充分发挥市场的决定性作用

目前大庆市农村能源政策具有较强的外部溢出效应,但是过多依靠政府支持和推动会

影响政策功能的充分发挥,必须让市场发挥决定性作用。如重建设、轻管理、轻维护的现象;能源设施投资资金来源单一,大部分来自上级财政拨款等。目前有限的补贴并不能完全弥补建设和运营成本,秸秆固化成型企业难以为继。因此,除了要加大财政资金投入、积极落实相关配套政策,还应该开拓资金来源、增加投资主体,加大对农业、科技、风险投资等方面的资金整合力度,力争更高效地实现大庆市农村能源建设的目标。

# 参 考 文 献

[1]  高强,孔祥智.中国农业结构调整的总体估价与趋势判断[J].改革,2014(11):80-91.

[2]  张兵,刘丹.当前农业结构战略性调整需要关注的问题[J].农业经济问题,2013(8):26-31.

[3]  马睿泽.东北地区振兴发展中的人力资本优化问题研究[J].学习与探索,2018(12):63-67.

[4]  李昕,关会娟.人力资本积累对我国经济增长影响的机制分析[J].审计与经济研究,2017,32(3):100-108.

[5]  董志华.人力资本与经济增长互动关系研究:基于中国人力资本指数的实证分析[J].宏观经济研究,2017(4):88-98.

[6]  王丽娟,陈飞.人力资本与经济增长的动态关联性研究:基于VAR模型[J].经济问题,2017(7):32-36.

[7]  陈治国,杨生博,杜金华,等.农村人力资本结构对农业经济增长的影响效应研究[J].河北地质大学学报,2017,40(5):79-84.

[8]  VAN VUGT D,FRANKE A C,GILLER K E. Understanding variability in the bene fits of N2-fixation in soybean-maize rotations on smallholder farmers' fields in Malawi[J]. Agriculture,Ecosystems and Environment,2018(261):241-250.

[9]  MOURTZINIS S,MARBURGER D,GASKA J,et al. Corn and soybean yield response to tillage,rotation,and nematicide seed treatment[J]. Crop Sci,2017(57):1704-1712.

[10]  MOURTZINIS S,MARBURGER D,GASKA J,et al. Corn,soybean,and wheat yield response to crop rotation,nitrogen rates,and foliar fungicide applicatio[J]. Crop Sci,2017(57):983-992.

[11]  陈海江,司伟,魏丹,等.粮豆轮作技术的"减肥增效"效应研究:基于东北地区轮作定位试验和农户调研分析[J].大豆科学,2018,37(4):545-550.

[12]  刘丽,刘野,王新利.基于遗传算法的农业机械调配研究[J].农机化研究,2019,41(11):1-7.

[13]  金光春,胡胜德,杨树果,等.韩日两国"六次产业化"规划人教育培训比较研究[J].世界农业,2018(3):161-165.

[14]  金光春,胡胜德,杨树果,等.韩国"农村融复合产业"培育及支援法律制度分析[J].世界农业,2017(8):118-122.

[15]  张慧琴,吕杰.农户对粮食生产补贴政策认知与规模变动反应研究:基于黑龙江省种粮农户的调查[J].农业现代化研究,2017,38(4):614-622.

［16］ LIU M X,YANG S G,LI H W. Analysis on the influence of soybean target price policy on farmers' behavioral decision-making［J］. Modern Economy,2018(3):161 – 165.

［17］ 吴桐,颜繁琪.中美贸易关系缓和对大豆产业发展的影响:以黑龙江省为例［J］.黑龙江金融,2019(4):68 – 70.

［18］ 程遥.供给侧改革与黑龙江大豆产业发展研究［J］.大豆科学,2018,37(1):126 – 130.

［19］ 翟涛,吴玲.开放视角下中国大豆产业发展态势与振兴策略研究［J］.大豆科学,2020,39(3):472 – 478.

［20］ 程遥,马禹,宁健康.中美贸易争端背景下中国大豆产业发展研究［J］.大豆科学,2020,39(2):311 – 316.

［21］ 茹蕾,杨易,陈瑞剑.中国大豆产业发展空间及境内外布局建议［J］.农业经济,2020(2):9 – 11.

［22］ 侯荣娜,戴旭宏.中美贸易战视角下振兴东北地区大豆产业发展的政策选择［J］.农村经济,2019(12):26 – 32.

［23］ 杨树果.产业链视角下的中国大豆产业经济研究［M］.北京:中国农业大学出版社,2016.

［24］ 尤薇薇.五大连池市大豆产业发展研究［D］.长春:吉林大学,2018.

［25］ 于敏,柏娜,姜明伦.中国大豆产业"走出去"现状及对策［J］.农业展望,2018,14(11):91 – 95.

［26］ 丁宝根.中国对俄远东地区农业投资动力、风险及策略［J］.对外经贸实务,2018(12):76 – 79.

［27］ 杨学峰.中国东北与俄罗斯远东农业合作问题及对策［J］.对外经贸,2018(9):6 – 7,10.

［28］ 刘怫翔.对中俄农业合作中的共识与分歧的研究［J］.农业经济,2018(8):15 – 17.

［29］ 安玉书.对俄农业合作之大豆种植贸易现状分析:以黑龙江省同江口岸为例［J］.银行家,2019(6):139 – 140.

［30］ 汤丹.我国农业结构调整对农民收入影响的区域差异［J］.经济问题探索,2016(2):180 – 184.

［31］ 杨树果,田中艳.大庆市种植业结构演变与调整对策［J］.黑龙江农业科学,2016(2):128 – 132.

［32］ BATHLA S,THORAT S,JOSHI P K,et al. Where to invest to accelerate agricultural growth and poverty reduction［J］. Economic & Political Weekly,2017,39(11):10.

［33］ 陈绪敖,唐德剑,祁蒙.基于品牌整合理论的安康富硒茶品牌管理对策研究［J］.江西农业学报,2019,31(7):138 – 143.

［34］ 秦月,杨树果.大庆市种植业结构调整状况及效果分析［J］.黑龙江农业科学,2018(8):93 – 99.

［35］ 叶初升,马玉婷.新中国农业结构变迁70年:历史演进与经验总结［J］.南京社会科学,2019(12):1 – 9,33.

［36］ 王颜齐,孟杰,毕欣宁.种植户"粮改豆"意愿及影响因素的实证分析:基于黑龙江和内蒙古两地微观样本[J].农业现代化研究,2017,38(4):696-704.

［37］ 刘少东,汪春,张伟,等.黑龙江垦区玉米秸秆腐解规律试验研究[J].农机化研究,2019,41(8):186-190.

［38］ 孟雪靖,杨永健,周诗丹.黑龙江省农作物秸秆资源利用现状及对策研究[J].农业经济,2018(3):38-40.

［39］ 袁野,王耀武,林姚宇,等.基于秸秆的生活热能复合供应模式在黑龙江省村镇的资源可行性评估[J].可再生能源,2018,36(4):475-483.

［40］ 周治.我国农业秸秆高值化利用现状与困境分析[J].中国农业科技导报,2021,23(2):9-16.

［41］ 毕于运,高春雨,王红彦,等.我国农作物秸秆离田多元化利用现状与策略[J].中国农业资源与区划,2019,40(9):1-11.

［42］ 余威震,罗小锋,李容容.孰轻孰重:市场经济下能力培育与环境建设:基于农户绿色技术采纳行为的实证[J].华中农业大学学报(社会科学版),2019(3):71-78.

［43］ 刘乐,张娇,张崇尚.经营规模的扩大有助于农户采取环境友好型生产行为吗:以秸秆还田为例[J].农业技术经济,2017(5):17-26.

［44］ 李想.多重约束下的农户绿色生产技术采用行为分析[J].统计与决策,2019,35(14):61-64.

［45］ 何利华,王守富.海南农户秸秆资源化利用行为影响因素研究:以琼海文敬村为例[J].热带农业科学,2019,39(9):130-134.

［46］ 霍丽丽,赵立欣,孟海波,等.中国农作物秸秆综合利用潜力研究[J].农业工程学报,2019,35(13):218-224.

［47］ 姜安印,杨志良.认知理性视角下小农户的行为逻辑[J].华南农业大学学报(社会科学版),2021,20(2):54-65.

［48］ 刘丽,褚力其,姜志德.技术认知、风险感知对黄土高原农户水土保持耕作技术采用意愿的影响及代际差异[J].资源科学,2020,42(4):763-775.

［49］ 刘洪彬,吕杰.大城市郊区农户对耕地质量保护认知行为差异及其影响因素:基于PSER分析框架的实证检验[J].南京农业大学学报(社会科学版),2017,17(6):71-81.

［50］ 李胜男,纪雄辉,邓凯,等.区域秸秆资源分布及全量化利用潜力分析[J].农业工程学报,2020,36(12):221-228.